The

Chaebol

of

Korea

한국의 재벌 5

재벌의 노사관계와 사회적 쟁점

나남출판

나남신서 1105

한국의 재벌 5
재벌의 노사관계와 사회적 쟁점

2005년 7월 18일 발행
2005년 7월 18일 1쇄

저자_ 이재희 外
발행자_ 趙相浩
편집_ 방순영·배종연
디자인_ 이필숙
발행처_ (주) **나남출판**
주소_ 413-756 경기도 파주시 교하읍
　　　 출판도시 518-4
전화_ (031) 955-4600 (代)
FAX_ (031) 955-4555
등록_ 제 1-71호(79. 5. 12)
홈페이지_ www.nanam.net
전자우편_ post@nanam.net

ISBN 89-300-8105-3
ISBN 89-300-8100-2 (세트)
책값은 뒤표지에 있습니다.

참여사회연구소·인하대 산업경제연구소 공동기획 │ 한국의 재벌 5

재벌의 **노사관계**와 **사회적 쟁점**

강신준 · 김성희 · 허민영 · 김상조 · 홍덕률 · 강병구 · 이재희

NANAM
나남출판

The Labor Relations of Korean Chaebols and Other Social Issues

Shin-Joon Gang · Sung-Hee Kim · Min-Young Hu · Sang-Jo Kim
Duck-Ryul Hong · Byung-Goo Kang · Jae-Hyee Lee

NANAM
NANAM Publishing House

〈한국의 재벌〉을 발간하면서

경제위기 이후 재벌에 관한 논의가 더욱 무성해졌다. 재벌개혁의 방향과 방법을 제시하는 논의뿐만 아니라 재벌정책의 모순과 부당성을 역설하는 논의도 많아졌다. 그러나 논의는 종종 논리보다 수사(修辭)에 치우쳤고, 실증보다 예단에 의존했다. 과학성을 내세우는 연구도 그런 경우가 많았다.

이러한 과학성의 결핍은 방법론적 선택에 따른 것일 수도 있고, 신념의 과잉이 가져온 것일 수도 있다. 그러나 자료와 통계의 부족도 중요한 원인이었다고 생각된다. 추상적 이론과 일상적 관찰에만 의존한 분석에서 과학성을 기대하기는 어렵다. 부적절한 통계로부터 무리하게 도출된 결론은 더욱 의심스럽다.

그래서 우리는 재벌관련 자료들을 최대한 수집해서 정리했고, 그렇게 정리된 자료를 사용해서 기초적 분석을 시도했다. 과학적 재벌연구의 토대를 마련하고, 하나의 모범을 제시하려 한 것이다. 그리고 이제 그 성과를 내놓게 되었다.

이 책은 1999년에 출간된 《한국 5대재벌백서》의 후속이기도 하다. 《한국 5대재벌백서》는 참여사회연구소가 기획했는데, 당시 재벌문제의 심각성과 재벌개혁의 시급함이 발간을 서두르게 했다. 그래서 분석기간도 1995년부터 1997년까지로 한정해야 했다.

그 후 참여사회연구소는 후속발간을 계획했으나 실행하지 못하다가 2002년 8월에 한국학술진흥재단의 기초학문육성지원사업 지원과제로 선정된 '한국의 재벌: 기초자료 수집, 분석 및 평가'의 일부로 추진하게 되었다. 7명의 전임연구원과 15명의 공동연구원이 참여한 이 연구사업은 《한국 5대재벌백서》의 대표필자였던 김균 교수가 제안하고 이끌었으며, 참여사회연구소와 인하대학교 산업경제연구소가 공동 주관했다.

연구사업단은 조사와 분석의 대상을 자산총액 기준 30대 재벌로 정했다. 구체적으로는 공정거래위원회가 상호출자제한대상으로 지정한 기업집단들 중 공기업집단을 제외했고, 사기업집단이더라도 지배주주가 개인이 아닌 법인이라면 제외했다. 분석대상 기간은 1987년부터 2002년으로 하되 가능하면 2003년도 포함하기로 했다. 1987년은 공정거래법의 대규모기업집단지정제도가 실시되기 시작한 해이다.

재벌관련 자료를 수집하여 정리하고 분석하는 작업이 진행되면서 발간계획이 수정되었다. 분석의 비중을 늘리면서 다섯 권으로 나눠 발간하고, 재벌연구에 필요한 기본자료들을 부표로 만들어서 부록 CD에 모아 수록하기로 했다. 그리고 책명은《한국의 재벌》로 하되 다섯 권의 부제를 각각 "재벌의 사업구조와 경제력 집중", "재벌의 재무구조와 자금조달", "재벌의 소유구조", "재벌의 경영지배구조와 인맥 혼맥", "재벌의 노사관계와 사회적 쟁점"으로 정했다.

《한국의 재벌》은 필자 16인뿐만 아니라 연구사업단 전원이 함께 이루어낸 결과이며, 긴밀한 협조와 협의의 산물이다. 자료의 일관성과 체계성을 위해 수집단계에서부터 통합자료관리팀이 운용되었고, 각 연구팀에 의한 자료의 정리와 분석은 거듭된 연구회의와 워크숍에서 검토와 조정을 거쳤다. 그리고 2003년 5월과 2004년 5월에 서울에서 발표회를 개최하고, 2005년 1월에 동경에서 발표회를 개최하여 여러 전문가의 평가와 조언을 들었다. 이처럼 장기간의 대규모 공동작업으로 학문의 토대를 마련하는 사업은 한국학술진흥재단의 지원이 없었더라면 불가능했을 것이다.

자료조사와 분석 그리고 집필이 마무리되어 갈 무렵《한국5대재벌백서》의 출판을 맡았던 나남출판을 찾았다. 이번에도 조상호 사장은 흔쾌히 출판을 승낙했고, 방순영 부장과 편집부 여러분이 정성을 다했다. 16인이 쓴 들쭉날쭉한 원고는 5권으로 정리된《한국의 재벌》이 되었고, 그 많은 표와 그림도 가지런히 배열되었다. 그러는 동안 강대일 씨는 부록 CD를 깔끔하게 만들어 주었다. 감사드린다.

2005년 6월
연구책임자 김 진 방

머 리 말

'재벌의 노사관계와 사회적 쟁점'을 다루고 있는 이 책은 다섯 권으로 구성된 〈한국의 재벌〉의 마지막 권이다. 이 책은 1부와 2부로 구성되어 있는데, 1부(1~2장)에서는 재벌의 노사관계를 다룬 글 2편이, 2부(3~6장)에서는 재벌을 둘러싼 사회적 쟁점을 다룬 글 4편이 포함되어 있다.

제1장 "노동관련 주요 경영지표"는 강신준 교수가 쓴 글로, 노사관계의 경제적 토대가 되는 지표와 자료를 정리하였다. 한국신용평가㈜ 재무제표 등을 활용하여 1987년에서 2001년까지 고용, 임금, 노동과정의 세 범주와 연관된 경영지표들을 추출하여 그 변화를 제시하고 있다. 노사관계는 이와 같은 경제적 관계 위에서 제도적으로 상호 이해가 조정되는 과정인 단체교섭을 거치게 된다.

제2장 "단체교섭"은 강신준, 김성희, 허민영 세 사람이 나누어 썼다. 강신준 교수가 맡은 1절은 노동조합의 개괄적 현황을 다루고 있다. 김성희 박사가 맡은 2절에서는 재벌기업의 파업현황을 시기별로 정리하고 그것을 비재벌과 비교하였다. 허민영 박사가 맡은 3절에서는 현총련과 대노협을 중심으로 1987년 이후 이들의 활동과 단체교섭, 단체행동을 살펴본 뒤 그 한계를 지적하였다.

제3장 "소액주주운동의 성과와 과제"는 김상조 교수의 글로서, 외환위기 이후 경제분야 시민운동을 대표하는 것으로 평가되는 참여연대의 기업지배구조 개선운동을 다루었다. 기업지배구조 개선과 관련된 사법적 규율의 의의를 밝히고, 제일은행과 삼성전자의 주주대표소송을 구체적 사례로 다루었다. 그리고 대표소송제도와 집단소송제도를 한국 현실에 착근시키는 과제를 제시하였다.

제4장 "'전경련 위기'의 실체와 원인 분석"은 홍덕률 교수의 글로서, 흔히 '재계의

맏형', '재계의 총본산', '재계의 창구'로 불리는 전경련이 최근 겪고 있는 위기의 실체
외 원인을 분석하였다. 전경련의 위기는 그 출범과정에서 배태되어 이후의 활동과정
에서 강화되었다. 이런 관점에서, 위기요인을 조직의 출범과정에서 배태된 요인, 조
직특성에 내재된 요인, 정치적·이데올로기적 실천과정에서 강화된 요인으로 구분하
여 분석하였고, 특히 사회민주화와 더불어 전경련 위기가 현재화되는 과정을 구체적
으로 제시하였다.

제5장 "재벌정책의 변화와 평가"는 강병구 교수가 쓴 글로시, 니시서는 그 동안의
재벌정책을 관계법령을 중심으로 정리하고, 정책수단의 효과성 평가를 중심으로 하여
정책평가를 수행하였다. 1980년부터 2004년까지를 여섯 시기로 나누어 각 시기별 재
벌정책의 특징을 검토하였고, 이어 재벌정책의 유형과 정책수단의 변화 및 특징 등을
다루고 그것을 평가하였다. 1987년 이후 재벌정책은 재무구조 개선에는 기여했지만
경제력집중 완화에는 기여했다고 할 수 없고, 재벌의 지배구조는 오히려 견고해졌고
재벌의 전반적 경제지배력이 증가한 것으로 평가하였다.

제6장 "한국의 재벌관련 문헌: 1945~2002"는 이재희 교수가 쓴 글로서, 해방 이후
출간된 재벌관련 문헌의 흐름을 통계적으로 정리하여 분석하였다. 수집된 재벌관련
문헌 5,742건을 연구문헌과 자료문헌으로 나누어 다루었고, 연구문헌의 경우 국내와
외국의 차이, 국내 각 생산주체별 차이를 분석하였다. 이어서 국내 박사학위논문의 참
고문헌을 조사하여 어떤 재벌관련 문헌이 학술영역에서 어떻게 활용되는지를 검토하
였다.

이 책에서 다룬 주제들은 모두 중요하면서도 지금까지 재벌연구에서 깊이 있게 다
루어지지 않은 것들이다. 또한 이들은 단순히 각자의 개인적 연구성과라기보다는 지
난 3년간 여러 차례의 그룹모임을 거쳐 다듬어진 공동연구의 결과물이다. 그러므로
이 책의 내용이 관심 있는 연구자나 일반인에게 많은 도움이 될 것으로 기대한다. 끝
으로, 이 책이 한국 재벌에 관련된 사회적 쟁점들을 모두 포괄하지는 않고 있기 때문
에 재벌의 중소기업 지배, 정경유착 등 다른 주요 사회적 쟁점에 관해서 향후 보완적
연구가 이루지기를 또한 기대한다.

2005년 6월

이 재 희

한국의 재벌 5

재벌의 노사관계와 사회적 쟁점

차 례

표차례

그림차례

부표차례

제1부

재벌의 노사관계

제 **1** 장　노동관련 주요 경영지표

1. 자료분석 범주와 개요

1.1.　분석 범주

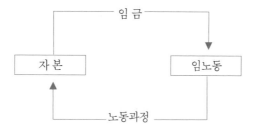

이 책에서는 재벌의 노사관계를 크게 네 가지 범주로 나누어 살펴보고자 한다.

노사관계의 경제적 토대는 자본유통정식을 통해서 가장 압축적으로 표현되는데 여기에는 크게 세 가지의 경제적 범주가 연관되어 있다. 즉, 자본유통정식〔G-W(A, Pm) … W′-G′〕[1]에서 자본과 임노동 간의 관계는 G-W(노동력의 구매)와 W … W′

---

1) G(*Geld*): 화폐, W(*Ware*): 상품, A(*Arbeitskraft*): 노동력, Pm(*Produktionsmittel*): 생산수단, G′: 가치의 증식

W′(노동력의 사용 혹은 노동과정)의 두 가지 교환과정으로 이루어지고 이들 두 과정
은 노동력시장의 형성(혹은 노동력의 상품화)을 그 전제로 하고 있다. 그리하여 노사
산의 계급적 이해는 먼저 상호 교환과정의 전제가 되는 노동력의 상품화, 그 다음 교
환과정의 내용을 이루는 두 범주, 즉 임금이 결정되는 G-W, 그리고 임금의 대가로
노동력이 사용되는 W … W′ 등 모두 세 가지 범주로 이루어져 있다. 이들 세 범주는
고용, 임금, 노동과정이 세 개념으로 파악된다.

한편 이런 경제적 관계 위에서 노사관계는 제도적으로 상호간의 계급적 이해가 조정
되는 과정인 단체교섭을 거치게 되는데 이것이 네 번째 범주이다. 네 번째 범주는 노
동조합, 노동쟁의, 노동조합운동의 세 부분으로 나누어 제2장에서 다루게 될 것이다.

1.2.   자료해석상의 유의점

여기에서 만들어진 자료를 이해하는 데 있어 유의해야 할 사항은 다음과 같다.

먼저 분석대상자료의 범위가 갖는 한계이다. 노사관계와 관련된 기업내부자료는 주
로 한국신용평가㈜에 의존해야 했고, 따라서 그 범위는 공정거래위원회에서 지정된
재벌기업 전체가 아니라 한국신용평가㈜를 통해서 재무제표의 입수가 가능한 기업들
에 한정되었다. 이는 한국신용평가㈜를 제외하고 기업내부자료에 접근할 수 있는 가
능성이 봉쇄되어 있었기 때문이다. 사용자는 물론 노동조합도 노사관계와 관련된 기
업내부자료를 공개하기를 거부하였다. 우리나라 노사관계의 현주소를 보여주는 이런
태도들은 단체교섭이 기업별로 이루어지기 때문인 것으로 이해된다. 즉, 기업별 교섭
구조에서는 노사관계가 다수의 수요자와 다수의 공급자 간에 공개적이고 객관적으로
이루어지는 시장적 성격을 띠기보다는 기업내부에서 내부자간에 이루어지는 은밀한
거래의 성격을 가지며, 거래 당사자인 사용자와 노동조합은 모두 기업외부에 대해서
배타적 이해관계를 공동으로 취하게 될 가능성이 높기 때문이다.

다음으로 지적되어야 할 부분은 자료의 신뢰성 문제이다. 한국신용평가㈜의 자료가
객관적 검증과 가공을 거친 자료가 아니라 개별 기업이 증권감독원에 보고하는 자료
를 거의 그대로 옮겨놓은 것이기 때문에 각 자료는 일관성이 결여되었다. 게다가 절대
치를 신뢰하기 어려운 항목들도 많았다. 예를 들어 종업원 수가 1인으로 나타나 있는
경우가 적지 않았다. 따라서 여기에서 분석된 자료들을 해석하는 데에는 절대치에 지
나친 의미를 부여하지 말고 평균과 추세치에만 의미를 부여하는 것이 바람직하다고
생각된다. 이런 문제 때문에 평균과 추세치를 얻는 과정에서 평균치로부터 수백 배 이

상의 편차를 보이는 값들은 연구자가 임의로 제거하였다. 그 결과 각 계정항목별로 관찰대상 수는 일정하지 않게 되어 자료의 일관성에는 신뢰도가 좀 떨어지는 문제점이 존재한다.

1.3.   분석방법 개요

분석방법은 일차적으로 한국신용평가㈜의 재무제표를 기초로 분석범주에 맞는 계정항목을 분석시각에 따라 다양하게 가공하는 방식으로 이루어졌다. 각 항목별 특성을 반영하는 내용을 제외하고 공동으로 적용한 분석기준은 30대 재벌 평균과 5대 재벌 평균, 그리고 노조 유무별·규모별 기준이었다.

다른 한편 관찰값들을 전국적 평균값과 비교하는 데는 주로 한국노동연구원의 《KLI 노동통계》와 한국은행의 《기업경영분석》을 원용하였다.

모든 분석은 애초 연구계획단계에서 설정한 시기에만 국한하였다. 즉, 시기적으로 1987년에서 2001년까지의 시기만을 대상으로 하였다.

2. 고용

한국신용평가㈜를 통해서 파악된 재벌기업들의 종업원 수는 IMF 경제위기 직전인 1996년을 정점으로 지속적 감소추세를 보인다. 더구나 이런 감소추세는 우선 절대적 수준에서 2000년 이후의 종업원 수가 1987년 수준 이하로 떨어지는 양상을 보일 뿐만 아니라 상대적 수준에서도 전체 기업 수의 감소세에 비해 종업원 수의 감소가 더욱 급속하게 이루어짐으로써 기업당 평균 종업원 수의 감소로 이어진다. 2001년의 기업당 평균 종업원 수는 1987년에 비해 30대 재벌과 5대 재벌 모두에서 약 1/3이 감소하였다. 특히 이런 경향이 1997년 이후에 뚜렷하게 나타난다는 점에서 IMF 경제위기 이후의 구조조정이 노동자들의 고용에 심각한 영향을 미쳤다는 점을 확인할 수 있다. 즉, 재벌 대기업들이 구조조정과정에서 고용조정을 주요한 수단으로 사용하였다는 것으로 이해된다. 전국 평균과 비교해볼 때 재벌기업들의 기업당 종업원 수는 40~60배 정도의 규모인 것으로 나타났다.

한편 이런 전반적 고용감소추세 내용에서는 직종간 차이가 뚜렷하게 나타나는 것을 확인할 수 있다. 즉, 1997년의 급격한 고용조정 이후 사무직은 절대수에서도 약간의 회복세를 보이는 데 반해 생산직의 경우에는 급격한 감소세가 이어진다. 이는 재벌기업들에서 1997년 이후 이루어진 구조조정이 단순한 고용조정으로 그친 것이 아니라 업종이나 생산과정에서의 변화를 수반한 것이었음을 짐작하게 한다. 이는 1997년 위기 이후의 경기회복과정에서 재벌기업들의 전략적 중심이 전통 제조업으로부터 점차 이탈하고 있다는 것으로 해석된다.

한편 생산직과 사무직 간의 구성비율은 절대수에서는 5대 재벌 평균이 30대 재벌 평균에 비해 사무직 비중이 높은 것으로 나타났시만 두 직종 간의 비율은 전체적 추이에서 별로 변화가 없다는 점에서 이런 사무직 증가와 생산직 감소 경향은 기업규모에 상관없이 전체 기업에서 진행되는 일반적 경향이라는 것이 확인된다. 이른바 고용 없는 성장과 생산직 감소라는 경향이 일반적 경향으로 나타나는 것이다.

〈표 1-1〉 종업원 수

(단위: 명)

연 도	30대 합계	30대 기업 수	기업당 평균(30대)	5대 합계	5대 기업 수	기업당 평균(5대)
1987년	671,286	334	2,010	412,711	126	3,275
1988년	719,492	346	2,079	444,997	132	3,371
1989년	747,129	351	2,129	459,360	134	3,428
1990년	743,952	366	2,033	447,743	138	3,245
1991년	765,997	382	2,005	460,668	142	3,244
1992년	757,313	386	1,962	448,356	145	3,092
1993년	849,624	386	2,201	522,727	146	3,580
1994년	903,222	411	2,198	557,658	149	3,743
1995년	963,591	453	2,127	603,407	153	3,944
1996년	1,040,172	509	2,044	637,385	169	3,772
1997년	951,589	533	1,785	628,446	185	3,397
1998년	831,288	484	1,718	568,441	178	3,193
1999년	705,120	408	1,728	480,783	147	3,271
2000년	648,141	406	1,596	419,619	142	2,955
2001년	532,608	390	1,366	314,736	143	2,201

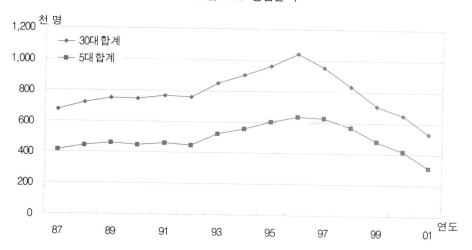

〈그림 1-1〉 종업원 수

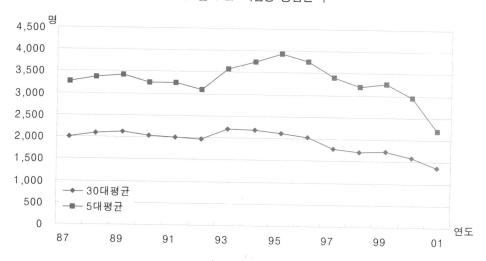

〈그림 1-2〉 기업당 종업원 수

〈표 1-2〉 기업당 종업원 수(30대 평균/전국 평균)

(단위: 백 명, 명, %)

연 도	전국 평균(a)	30대 평균(b)	b/a
1987년	43	2,010	46.2
1988년	44	2,079	47.3
1989년	43	2,129	49.9
1990년	42	2,033	48.7
1991년	40	2,005	50.3
1992년	40	1,962	49.3
1993년	37	2,201	58.9
1994년	36	2,198	60.5
1995년	35	2,127	61.4
1996년	33	2,044	61.2
1997년	31	1,785	56.9
1998년	29	1,718	59.2
1999년	4	1,728	391.6
2000년	5	1,596	353.6
2001년	5	1,366	290.7

주: 1999년 이후 통계자료의 변경으로 시계열이 단절됨.
자료: KLI(2003), 《2003 KLI 노동통계》.

〈그림 1-3〉 기업당 종업원 수(b/a, 30대 재벌 평균/전국 평균)

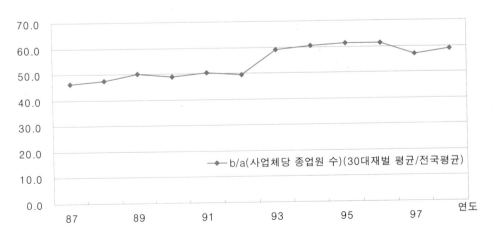

<표 1-3> 종업원 수(사무직)

(단위: 명, 개)

연 도	5대 합계	5대 기업 수	기업당 평균(5대)	30대 합계	30대 기업 수	기업당 평균(30대)
1987	70,271	54	1,301	120,958	127	952
1988	80,105	43	1,863	129,959	107	1,215
1989	88,099	47	1,874	144,222	117	1,233
1990	89,332	43	2,077	160,173	126	1,271
1991	92,108	41	2,247	169,902	124	1,370
1992	95,105	45	2,113	173,718	133	1,306
1993	128,231	43	2,982	207,816	124	1,676
1994	148,529	47	3,160	229,591	132	1,739
1995	172,264	46	3,745	255,882	131	1,953
1996	178,541	53	3,369	269,750	149	1,810
1997	204,325	153	1,335	299,762	406	738
1998	183,015	150	1,220	270,504	402	673
1999	159,836	90	1,776	226,434	198	1,144
2000	157,146	84	1,871	235,442	202	1,166
2001	115,314	67	1,721	177,697	162	1,097

<그림 1-4> 종업원 수(사무직)

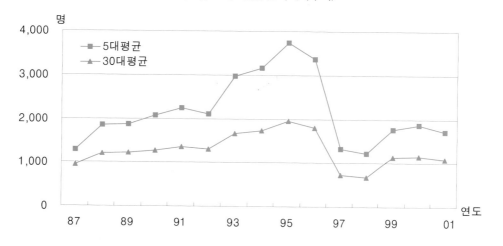

〈표 1-4〉 종업원 수(생산직)

(단위: 명, 개)

연도	5대 합계	5대 기업 수	기업당 평균(5대)	30대 합계	30대 기업 수	기업당 평균(30대)
1987	220,247	53	4,156	352,518	122	2,889
1988	220,682	42	5,254	350,830	105	3,341
1989	212,270	45	4,717	342,183	112	3,055
1990	191,273	41	4,665	337,014	121	2,785
1991	212,949	40	5,324	360,563	119	3,030
1992	186,352	43	4,334	331,619	128	2,591
1993	157,598	40	3,940	286,078	118	2,424
1994	163,650	43	3,806	295,586	123	2,403
1995	188,109	43	4,375	317,309	124	2,559
1996	200,211	50	4,004	340,303	143	2,380
1997	312,338	127	2,459	463,365	341	1,359
1998	333,595	121	2,757	476,521	326	1,462
1999	294,713	73	4,037	377,997	164	2,305
2000	245,040	75	3,267	372,344	195	1,909
2001	176,930	102	1,735	315,552	285	1,107

〈그림 1-5〉 종업원 수(생산직)

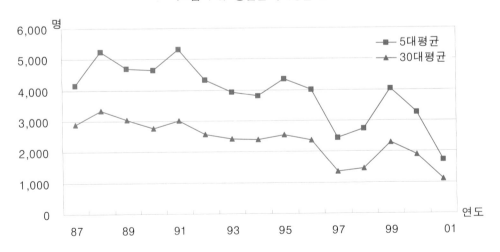

〈표 1-5〉 생산직과 사무직의 구성

(단위: 명)

연 도	생산직(5대)	사무직(5대)	생산직(30대)	사무직(30대)
1987	4,156	1,301	2,889	952
1988	5,254	1,863	3,341	1,215
1989	4,717	1,874	3,055	1,233
1990	4,665	2,077	2,785	1,271
1991	5,324	2,247	3,030	1,370
1992	4,334	2,113	2,591	1,306
1993	3,940	2,982	2,424	1,676
1994	3,806	3,160	2,403	1,739
1995	4,375	3,745	2,559	1,953
1996	4,004	3,369	2,380	1,810
1997	2,459	1,335	1,359	738
1998	2,757	1,220	1,462	673
1999	4,037	1,776	2,305	1,144
2000	3,267	1,871	1,909	1,166
2001	1,735	1,721	1,107	1,097

〈표 1-6〉 생산직과 사무직의 구성비율

연 도	생산직/사무직(5대)	생산직/사무직(30대)
1987	3.2	3.0
1988	2.8	2.8
1989	2.5	2.5
1990	2.2	2.2
1991	2.4	2.2
1992	2.1	2.0
1993	1.3	1.4
1994	1.2	1.4
1995	1.2	1.3
1996	1.2	1.3
1997	1.8	1.8
1998	2.3	2.2
1999	2.3	2.0
2000	1.7	1.6
2001	1.0	1.0

〈그림 1-6〉 생산직/사무직

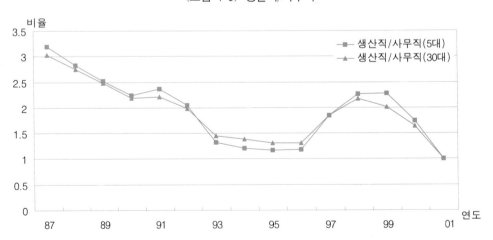

3. 임금 및 노동비용

3.1.   인건비

인건비는 제조업과 비제조업 간의 격차가 매우 커서 전체적 통계의 의미를 읽어내기 어려운 문제점이 있었기 때문에 대상을 제조업으로 국한하여 분석하였다. 전반적으로 인건비 상승률은 전 기간에 걸쳐 꾸준한 증가세를 유지했다. 특히 경제위기 직후의 1998년에도 인건비(1인당)는 감소세가 아니라 오히려 상당한 증가율을 보여 정규직의 경우 경제위기로 인한 급격한 임금조건 변화가 없었다는 것을 보여준다. 이는 재벌기업 정규직 노동자의 경우 경제위기의 영향을 그다지 크게 받지 않았다는 것을 보여준다.

한편 재벌 내부구조를 보면 30대 재벌 평균 인건비와 5대 재벌 평균 인건비 간에 1996년을 기점으로 이전에는 5대 재벌 평균이 낮았으나 이후에는 5대 재벌 평균이 30대 재벌 평균을 추월하여 그 격차가 날로 벌어지는 경향을 보인다.

이런 경향은 IMF를 기준으로 시기별로 나누어 분석하면 더욱 뚜렷하게 드러난다. IMF 이전 시기의 연평균 인건비는 30대 재벌의 경우 IMF 이후 평균 15배 증가하였는 데 반해 5대 재벌은 1.7배의 증가율을 보이는 것이다.

규모별로는 전반적으로 뚜렷한 특징이 나타나지 않았다. 단지 규모가 상대적으로 큰 기업에서는 인건비 상승이 안정적 경향을 보였지만 중소규모에서는 다소 불안정한 모습이 드러나서 중소규모 사업장의 인건비가 보다 탄력적이라는 것이 드러났다.

노동조합의 조직 여부가 인건비에 미치는 영향은 노동조합이 조직되어 있는 기업의 인건비가 노동조합이 조직되어 있지 않은 기업의 인건비를 대체로 상회하는 것으로 나타났다. 특히 경제위기를 벗어나는 1999년부터는 두 기업군간의 인건비 격차가 매우 뚜렷하게 나타난다. 임금비용에 노동조합의 교섭정책이 집중되어 있는 우리나라 노사관계의 현실을 반영하는 현상으로 이해된다.

38

<표 1-7> 인건비 평균 (종업원 1인당, 제조업)

(단위: 천 원)

연 도	30대 평균	5대 평균
1987년	9,203	8,217
1988년	10,550	10,085
1989년	13,419	12,940
1990년	15,827	15,038
1991년	19,327	18,253
1992년	21,914	20,942
1993년	24,591	23,809
1994년	26,282	25,334
1995년	28,645	27,756
1996년	29,209	31,136
1997년	29,566	31,774
1998년	30,931	34,024
1999년	32,327	34,458
2000년	35,146	36,980
2001년	35,533	41,589

<그림 1-7> 인건비 (종업원 1인당)

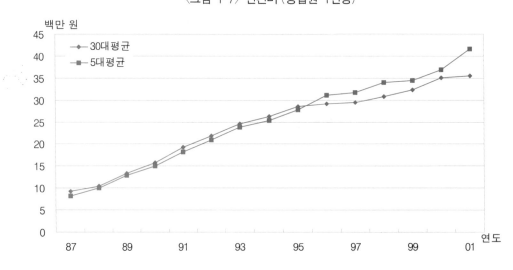

〈표 1-8〉 인건비의 변화 (종업원 1인당, 제조업)

(단위: 천 원, %)

구 분	IMF 이전(A)	IMF 이후(B)	증가율(B/A)
30대 재벌 평균	21,670	33,465	1.54
5대 재벌 평균	21,222	36,768	1.73

〈그림 1-8〉 인건비 (종업원 1인당, IMF 이전·이후)

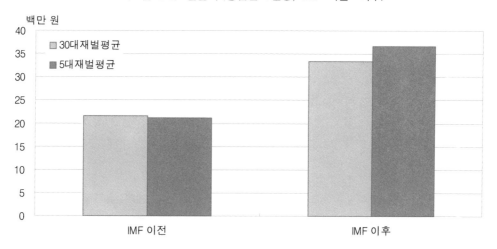

〈표 1-9〉 인건비 (종업원 1인당, 제조업, 규모별)

(단위: 천 원)

연 도	300명 미만	1,000명 미만	1,000명 이상
1987	8,967	11,578	7,891
1988	10,010	12,073	9,826
1989	13,174	14,506	12,854
1990	14,746	17,964	15,234
1991	19,128	21,410	18,246
1992	22,581	23,408	20,453
1993	29,425	22,857	21,509
1994	26,226	30,196	23,741
1995	30,048	29,979	26,271
1996	30,206	27,084	29,391
1997	30,731	26,287	30,705
1998	30,256	28,598	33,533
1999	37,561	27,748	35,602
2000	35,439	29,948	39,451
2001	33,318	33,998	40,970

〈그림 1-9〉 인건비 (종업원 1인당, 규모별)

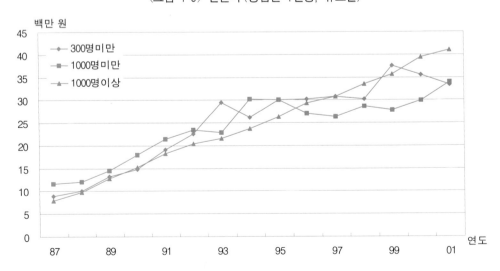

〈표 1-10〉 인건비 (종업원 1인당, 제조업, 노조 유무별)

(단위: 천 원)

연 도	노조 유	노조 무
1988	10,744	10,464
1989	13,582	13,456
1990	15,851	16,066
1992	22,327	21,781
1993	23,514	25,132
1994	28,117	25,142
1995	30,507	27,476
1996	29,589	29,004
1997	29,132	29,786
1998	30,554	31,135
1999	36,702	30,000
2000	35,645	30,145
2001	37,003	34,870

〈그림 1-10〉 인건비 (종업원 1인당, 노조 유무별)

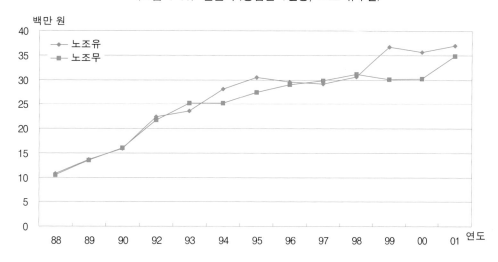

3.2.   노무비 (기업당)

동일한 제조업 내에서도 사무직까지 포함되는 인건비에 비해 상대적으로 생산직의 임
금비용을 더욱 집중적으로 반영하는 노무비의 경우 전반적 상승추세는 1993년 이후 상
승률이 가팔라지다가 1997년 위기를 전환점으로 상승률이 잠깐 꺾였다. 역시 위기의
영향인 것으로 해석된다. 그러나 위기가 사그라지는 1999년 이후에는 위기 이전에 비
해 훨씬 높은 상승률을 보여 재벌기업 정규식 노동자들의 상태는 위기 이후 오히려 개
선된 모습을 보인다. 위기의 나쁜 영향은 주로 비재벌, 비정규직 노동자들에게 집중적
으로 전가되었으리라는 간접적 함의가 여기에서 얻어진다. 특히 1996년을 정점으로
재벌기업의 기업당 생산직 종업원 수가 모두 감소하는 현상과 관련지어 보면 1인당으
로 계산되는 노무비를 상정하면 재벌기업 내부의 생산직 노동자들은 1997년 위기 이후
오히려 상대적으로 특별히 유리한 임금조건을 누리고 있다는 것을 짐작할 수 있다.

30대 재벌과 5대 재벌 간의 격차는 1997년 위기 이후 급격히 벌어지는 것으로 나타
나고 있는데 이는 앞의 함의와 연결시켜 볼 때 재벌 내부에서도 5대 재벌기업의 노동
자들이 30대 재벌기업 전체 노동자들의 평균에 비하여 보다 유리한 조건을 누리고 있
다는 것으로 이해된다. 노동계층 내부의 양극화와 차별성이 점차 확대되고 있다는 것
을 여기에서 미루어 짐작할 수 있다.

IMF 위기를 기점으로 한 시기별 양상에서 이런 경향은 다시 한 번 확인된다. 즉,
IMF 위기 이전에 비해 이후의 노무비 증가율은 30대 재벌의 경우 약 2.0배인 데 반해
5대 재벌의 경우 약 2.2배에 달하고 있는 것이다. 결국 기업의 집중도가 노동자들의
임금비용과 상당한 관련을 가지고 있다는 점이 확인되는 셈이다.

노동조합이 있는 사업장과 없는 사업장 사이에는 노무비에서 어떤 차이가 있을까?
일반적으로 간단하게 추정할 수 있는 바와 같이 노동조합이 있는 사업장의 노무비가
노동조합이 없는 사업장보다 노무비가 당연히 높게 나타났다. 이는 노무비가 총액으
로 계산된 것이라는 점을 감안할 때 노동조합이 조직된 사업장의 규모가 크기 때문인
것일 수도 있다.

〈표 1-11〉 노무비 (제조업)

(단위: 천 원)

연 도	30대 평균	5대 평균
1987	13,267,898	21,955,943
1988	17,069,326	27,956,829
1989	20,992,623	35,556,928
1990	24,380,572	38,897,975
1991	27,817,832	43,849,177
1992	30,242,697	47,074,674
1993	31,893,353	49,925,004
1994	36,694,287	59,164,010
1995	42,743,957	76,239,760
1996	44,754,099	80,402,409
1997	47,548,859	87,965,944
1998	47,522,918	82,495,936
1999	64,537,706	118,673,169
2000	79,299,951	143,035,213
2001	77,825,067	140,372,827

〈그림 1-11〉 노무비

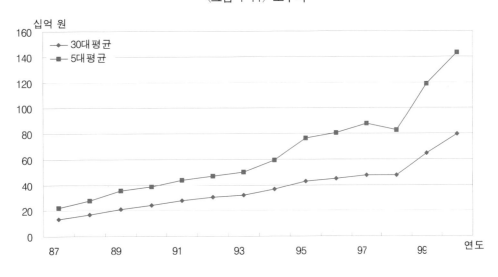

44

〈표 1-12〉 노무비(IMF 전후 비교)

(단위: 천 원)

구 분	IMF 이전(A)	IMF 이후(B)	증가율(B/A)
30대 평균	31,353,256	64,372,365	2.05
5대 평균	52,435,093	114,451,391	2.18

〈그림 1-12〉 노무비(IMF 이전·이후)

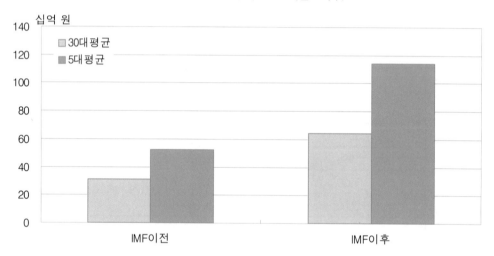

〈표 1-13〉 노무비 (노조 유무별)

(단위: 천 원)

연 도	노조 유	노조 무
1988	29,149,321	10,816,152
1989	29,484,920	15,257,565
1990	33,894,316	16,009,281
1992	45,019,584	21,079,377
1993	49,678,451	21,770,983
1994	54,297,029	23,745,143
1995	60,450,274	28,218,415
1996	66,643,928	29,316,010
1997	68,466,961	33,684,535
1998	66,334,998	34,400,911
1999	82,194,513	46,087,334
2000	99,961,350	57,088,947
2001	101,464,951	56,999,456

〈그림 1-13〉 노무비 (노조 유무별)

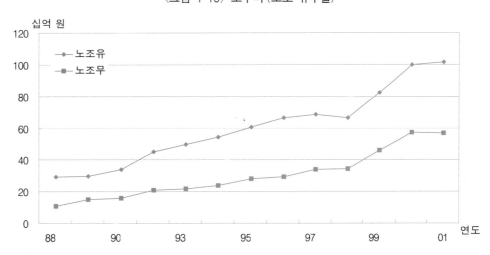

3.3.   당기제조총액

당기제조총액은 노무비와 매우 유사한 추이를 보인다. 즉, 지속적 상승세를 유지하다가 경제위기가 닥쳤던 1997년과 1998년에 일시적으로 감소하고 다시 이후에는 급격한 상승세를 보이는 것이다.

　IMF 이전과 이후 기간의 연간 평균에서는 5대 재벌이 30대 재벌의 경우보다 약간 높게 나타났지만 특기할 만한 정도는 아니라고 생각된다.

　노조 유무별로는 노동조합이 없는 기업들에서는 전체기간 동안 별다른 뚜렷한 변화가 드러나지 않고 안정적 추세를 보이고 있는 데 반해 노동조합이 있는 기업들에서는 30대 재벌 전체평균의 추이와 궤를 같이하고 있는 것을 볼 수 있다. 노동조합이 있는 기업과 노동조합이 없는 기업 간의 차이가 분명하게 드러나고 있는 셈이다.

<표 1-14> 당기제조총액 (기업당 평균)

(단위: 천 원)

연도	30대 평균	5대 평균
1987	154,696,832	253,699,876
1988	172,928,159	279,548,667
1989	185,673,692	307,194,519
1990	206,376,713	331,672,736
1991	233,312,514	373,815,640
1992	267,474,522	420,904,082
1993	297,447,644	477,695,848
1994	326,430,442	545,225,611
1995	357,886,615	657,246,785
1996	379,641,573	700,680,113
1997	362,810,503	669,926,024
1998	387,405,757	631,081,727
1999	571,369,923	1,046,916,480
2000	708,503,862	1,289,230,068
2001	592,780,090	979,994,987

〈그림 1-14〉 당기제조총액

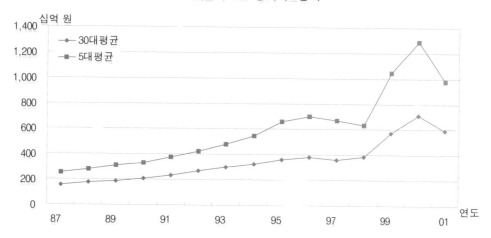

〈표 1-15〉 당기제조총액 (IMF 이전·이후 비교)

(단위: 천 원)

	IMF 이전(A)	IMF 이후(B)	증가율(B/A)
30대	276,144,442	543,437,334	1.97
5대	464,271,943	941,915,328	2.03

〈그림 1-15〉 당기제조총액 (IMF 이전·이후)

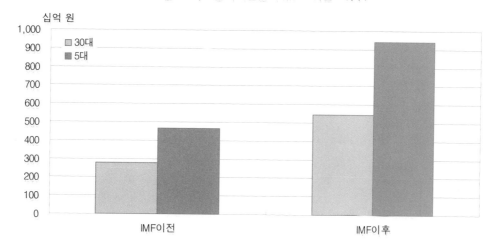

48

〈표 1-16〉 당기제조총액(노조 유무별)

(단위: 천 원)

연 도	노조 유	노조 무
1988	85,777,202	90,637,758
1989	89,531,663	97,151,784
1990	113,896,815	93,619,661
1992	130,526,221	139,935,657
1993	147,551,493	151,350,396
1994	187,502,097	139,810,429
1995	230,489,403	128,166,984
1996	240,761,456	140,561,426
1997	225,744,182	138,724,221
1998	247,862,089	143,715,569
1999	421,862,416	158,142,360
2000	572,493,467	148,468,419
2001	416,679,731	180,057,671

〈그림 1-16〉 당기제조총액(노조 유무별)

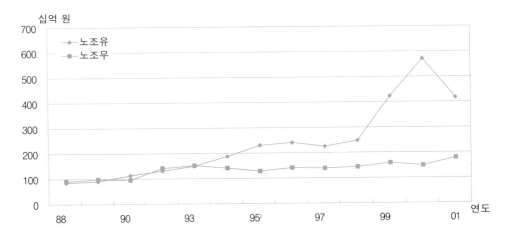

〈표 1-17〉 노무비/당기제조총액

연 도	30대	5대
1987	0.086	0.087
1988	0.099	0.100
1989	0.113	0.116
1990	0.118	0.117
1991	0.119	0.117
1992	0.113	0.112
1993	0.107	0.105
1994	0.112	0.109
1995	0.119	0.117
1996	0.117	0.114
1997	0.131	0.131
1998	0.124	0.132
1999	0.113	0.113
2000	0.112	0.111
2001	0.131	0.143

〈그림 1-17〉 당기제조총액 대비 노무비 비율

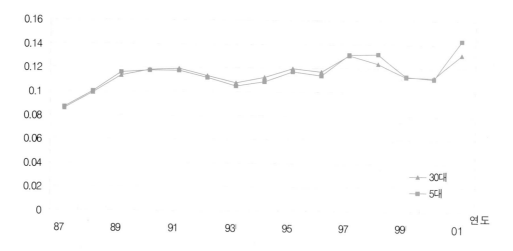

3.4.   노무비/당기제조총액

당기제조총액에서 노무비가 차지하는 비중에서는 30대 재벌 평균과 5대 재벌 평균 간에 별다른 차이가 드러나지 않는다. 전체적 추이에서도 완만한 부침을 보이고는 있으나 전체적으로 뚜렷한 상승이나 하락 경향을 발견하기는 어려웠다.

3.5.   노동소득분배율

종업원 1인당 인건비/부가가치의 비율로 계산되는 노동소득분배율은 궁극적으로 생산요소의 소득으로 분배되는 부가가치 가운데 노동력 요소의 몫을 나타낸다는 점에서 노사관계 교섭전선의 본질적 부분을 이룬다. 그런데 이 비율은 30대 재벌 평균이 오히려 5대 재벌 평균보다 높게 나타난다. 재벌의 기업집중도와 노동의 이해 간에는 별다른 관련이 없다는 것을 보여주는 것이다. 즉, 기업집단의 규모가 커진다고 해서 노동의 이해가 증가하는 것으로 볼 수는 없는 것이다.

한편 30대 재벌 평균과 전국 평균을 비교해보면 전체기간 동안 30대 재벌 평균이 전국 평균을 상회한 적은 거의 없는 것으로 나타난다. 이는 재벌기업들의 인건비가 절대액에서는 전국 평균보다 높겠지만 생산된 총 부가가치 가운데 노동자들에게 돌아가는 몫의 상대적 비율은 낮다는 것을 의미하고 결국 재벌기업에서의 소득분배가 국민경제 전체의 소득분배구조를 악화시키는 데 일조한다는 것을 의미한다. 물론 이런 구조는 기업별로 교섭이 이루어지는 노동조합의 분할적 교섭구조에 가장 큰 원인이 있다고 할 수 있을 것이다. 노동조합 진영 전체에서 소득분배가 교섭정책에 반영되지도 않으며 교섭구조 자체가 그런 사회 전체의 소득분배구조와 관련 없이 기업단위에서 이루어지기 때문이다. 기업별 교섭구조하에서 재벌기업의 노사관계는 사회 전체의 소득분배구조에 나쁜 영향만을 미치고 있음을 시사해주는 것이다.

기업규모와 노동소득분배율 간의 관계는 역비례관계가 나타난다. 즉, 규모가 클수록 노동소득분배율은 더욱 낮아지는 것으로 나타나는 것이다. 이는 역시 절대액수에서는 노동자들의 임금이 기업규모와 비례할 수 있을지 모르나 상대적으로는 오히려 낮다는 것을 보여준다.

노동조합과 노동소득분배율과의 관련은 부정적인 것으로 나타난다. 노동조합이 조직되어 있는 기업의 노동소득분배율이 노동조합이 조직되어 있지 않은 기업들에 비해 오히려 높게 나타난다. 이는 재벌기업 노동조합들의 교섭정책이 노동소득분배율과는 무관하게 이루어진 것을 반영하는 것으로 해석된다.

〈표 1-18〉 노동소득분배율 (30대 재벌/5대 재벌)

연 도	30대 평균	5대 평균
1987	0.481	0.550
1988	0.464	0.540
1989	0.466	0.437
1990	0.458	0.424
1991	0.474	0.426
1992	0.472	0.429
1993	0.473	0.438
1994	0.467	0.384
1995	0.441	0.378
1996	0.445	0.413
1997	0.509	0.467
1998	0.478	0.377
1999	0.353	0.263
2000	0.415	0.327
2001	0.397	0.352

〈그림 1-18〉 노동소득분배율 (제조업)

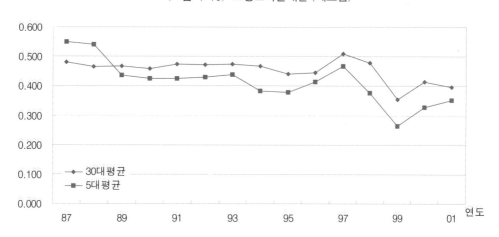

〈표 1-19〉노동소득분배율 (30대・전국)

연 도	30대 평균	전국 평균
1987	0.481	0.470
1988	0.464	0.489
1989	0.466	0.512
1990	0.458	0.523
1991	0.474	0.533
1992	0.472	0.539
1993	0.473	0.525
1994	0.467	0.511
1995	0.441	0.476
1996	0.445	0.530
1997	0.509	0.521
1998	0.478	0.457
1999	0.353	0.416
2000	0.415	0.477
2001	0.397	0.515

〈그림 1-19〉노동소득분배율 (제조업, 30대・전국)

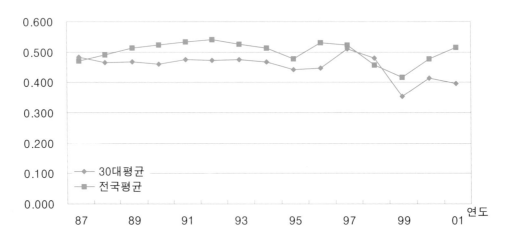

〈표 1-20〉 기업규모별 노동소득분배율

연 도	300명 미만	1,000명 미만	1,000명 이상
1987	0.593	0.477	0.408
1988	0.659	0.397	0.423
1989	0.469	0.498	0.446
1990	0.474	0.466	0.434
1991	0.514	0.437	0.454
1992	0.481	0.510	0.439
1993	0.528	0.464	0.424
1994	0.540	0.454	0.416
1995	0.549	0.375	0.397
1996	0.453	0.440	0.433
1997	0.577	0.530	0.414
1998	0.562	0.519	0.385
1999	0.454	0.345	0.266
2000	0.454	0.434	0.361
2001	0.384	0.481	0.365

〈그림 1-20〉 노동소득분배율 (종업원 1인당, 규모별) ― 제조업

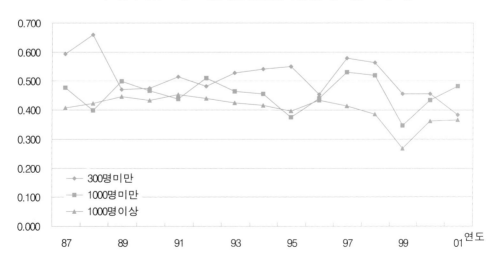

<표 1-21> 노동소득분배율(노조 유무별)

연 도	노조 유	노조 무
1988	0.412	0.491
1989	0.449	0.477
1990	0.451	0.462
1992	0.504	0.455
1993	0.444	0.488
1994	0.444	0.484
1995	0.422	0.454
1996	0.406	0.470
1997	0.390	0.594
1998	0.357	0.593
1999	0.276	0.423
2000	0.355	0.466
2001	0.332	0.437

<그림 1-21> 노동소득분배율(종업원 1인당, 노조 유무별) ― 제조업

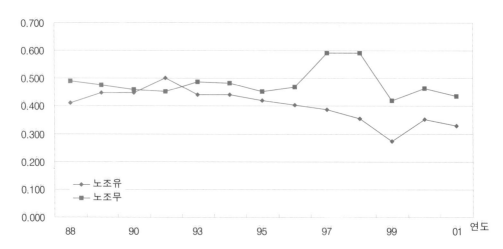

3.6. 인건비/매출액

매출액 대비 인건비의 비중은 1990년을 전후하여 지속적 하락세를 보이며 2001년에는 1990년 전후에 비해 거의 1/3로 감소하였다. 특히 1990년 이후에는 5대 재벌 평균이 30대 재벌 평균보다 낮아서 이 비율이 기업규모가 클수록 낮아지고 있다는 것을 보여준다.

〈표 1-22〉 기업규모별 인건비/매출액 (1인당)

연 도	30대	5대
1987	0.035	0.046
1988	0.038	0.056
1989	0.048	0.069
1990	0.062	0.063
1991	0.070	0.061
1992	0.053	0.042
1993	0.061	0.037
1994	0.064	0.037
1995	0.057	0.035
1996	0.055	0.036
1997	0.046	0.031
1998	0.043	0.034
1999	0.028	0.027
2000	0.032	0.026
2001	0.024	0.022

〈그림 1-22〉 인건비 (1인당)/매출액

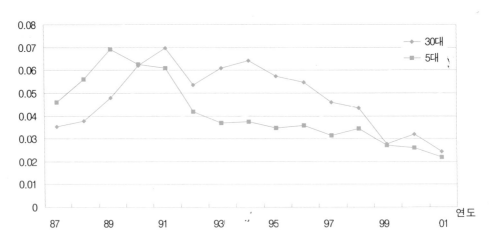

3.7.   인건비/경상이익

경상이익 대비 인건비의 비중은 1997년 위기 전후의 급격한 변동을 제외하고는 1992
년을 정점으로 지속적으로 하락하는 경향을 보인다. 인건비 비율은 각종 경영지표에
서 점차 하락하고 있다는 것을 의미하고, 이는 기업단위에서는 노동과의 교섭문제 중
요성이 점차 상대적으로 하락하고 있다는 것을 보여준다. 기업단위의 교섭전선이 의
제 자체의 비중에서 점차 약화되고 있는 것이다.

〈표 1-23〉 인건비/경상이익 (30대 재벌/5대 재벌)

연 도	30대 평균	5대 평균
1987	2. 38	-0. 97
1988	2. 62	1. 30
1989	2. 47	1. 14
1990	2. 43	3. 16
1991	3. 32	4. 17
1992	6. 64	7. 14
1993	5. 32	3. 64
1994	2. 68	1. 85
1995	2. 18	1. 56
1996	3. 60	1. 78
1997	-7. 86	4. 97
1998	-1. 63	-6. 45
1999	1. 06	0. 94
2000	1. 42	1. 01
2001	1. 84	-5. 22

〈그림 1-23〉 인건비 (1인당)/경상이익 (1인당)

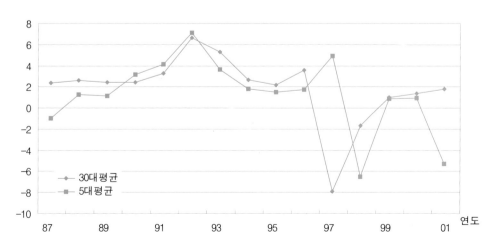

3.8. 총 노동비용

총 노동비용에서 30대 재벌의 증가율은 1989년을 기점으로 전국 평균의 증가율에 비해 점차 계속 하락하는 경향을 보였다. 이는 노사관계의 중요성이 다른 기업들에 비해 재벌기업들에서 보다 더 급속하게 감소했다는 것을 말해준다. 교섭전선의 약화가 재벌기업들에서 보다 급속하게 이루어진 것이다.

<표 1-24> 총노동비용 (30대 재벌/전국)

(단위: 천 원)

연 도	30대 평균 (인건비) (a)	전국 평균 (노동비용총액) (b)	a/b
1987	9,203	468	19.7
1988	10,550	546	19.3
1989	13,419	659	20.4
1990	15,827	816	19.4
1991	19,327	1,011	19.1
1992	21,914	1,179	18.6
1993	24,591	1,336	18.4
1994	26,282	1,501	17.5
1995	28,645	1,726	16.6
1996	29,209	1,870	15.6
1997	29,566	2,082	14.2
1998	30,931	2,337	13.2
1999	32,327	2,383	13.6
2000	35,146	2,795	12.6
2001	35,533	2,676	13.3

〈그림 1-24〉 노동비용 (30대 평균/전국 평균)

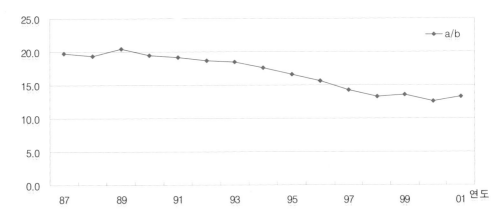

4. 노동과정

4.1. 매출액

기업 성장성을 보여주는 가장 대표적인 지표인 매출액(종업원 1인당)은 꾸준한 상승세 속에서 1997년 이후에 보다 큰 폭으로 증가하고 있다. 1997년 위기가 재벌기업의 성 장속도를 늦춘 것이 아니라 오히려 촉진한 것으로 이해된다. 한편 30대 재벌 평균과 5대 재벌 평균 간의 관계에서는 1991년을 전환점으로 이전까지는 5대 재벌의 매출액 이 낮다가 이후에는 높게 나타나고 있다. 따라서 기업집단의 규모를 키운 것이 기업성 장에 도움이 되었다는 것을 반증하는 것으로 이해된다. 즉, 기업집단의 규모를 키울 유인이 있었던 것이다.

규모별로 보면 중소규모 기업들간에는 일관된 경향이 나타나지 않지만 1천 명 이상 의 대기업은 계속해서 이들 중소규모의 기업들에 비해 낮은 1인당 매출액을 기록하고 있다. 이는 제조업이 비교적 규모가 큰 기업들로 이루어져 있는 반면 비제조업 부문의 기업들은 중소규모의 기업이 많기 때문인 것으로 이해된다. 금융주도적 구조조정이 이루어진 1997년 이후 중소규모의 기업들에서 매출액이 급증하고 있는 것은 바로 이 를 간접적으로 설명해주는 부분이 아닐까 싶다.

노동조합과의 관련성에서는 노동조합이 없는 기업의 성장성이 노동조합이 있는 기 업의 성장성보다 높게 나타났다.

<표 1-25> 매출액 (종업원 1인당)

(단위: 천 원)

연 도	30대 평균	5대 평균
1987	260,836	178,802
1988	279,155	180,459
1989	281,221	187,624
1990	255,382	240,529
1991	277,134	300,306
1992	410,161	499,717
1993	403,077	647,615
1994	410,107	678,635
1995	498,861	800,009
1996	535,040	868,151
1997	645,200	1,014,987
1998	712,010	991,284
1999	1,169,084	1,271,031
2000	1,104,916	1,431,703
2001	1,454,894	1,912,840

<그림 1-25> 매출액 (종업원 1인당)

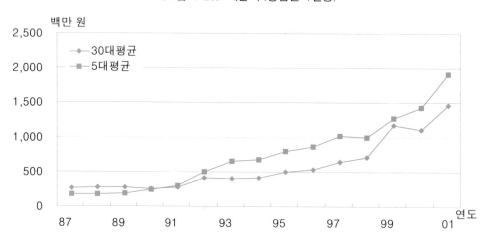

<표 1-26> 종업원 1인당 매출액(규모별)

(단위: 천 원)

연 도	300명 미만	1,000명 미만	1,000명 이상
1987	484,964	209,268	108,142
1988	554,119	219,486	111,532
1989	536,972	232,472	121,431
1990	381,790	270,766	146,451
1991	336,176	355,785	178,243
1992	641,336	415,791	204,491
1993	606,412	411,073	228,697
1994	516,071	503,024	257,319
1995	619,850	589,878	300,041
1996	656,501	567,130	354,528
1997	731,437	745,439	430,997
1998	651,383	1,104,076	528,356
1999	745,128	1,291,756	696,212
2000	1,159,793	1,528,184	682,099
2001	1,809,935	1,505,330	784,023

<그림 1-26> 종업원 1인당 매출액(규모별)

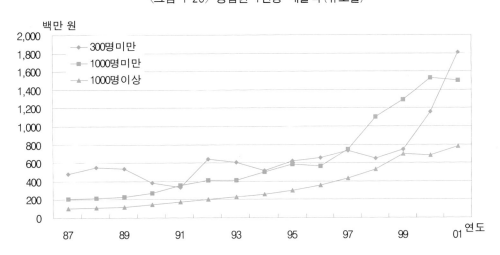

〈표 1-27〉 종업원 1인당 매출액(노조 유무별)

(단위: 천 원)

연 도	노조 유	노조 무
1988	91,887	363,302
1989	111,226	387,364
1990	130,677	337,926
1992	193,319	535,508
1993	205,703	509,787
1994	234,319	524,428
1995	310,164	617,929
1996	337,522	638,588
1997	448,627	745,827
1998	517,926	813,492
1999	634,518	990,062
2000	690,453	1,317,748
2001	820,106	1,750,144

〈그림 1-27〉 매출액(종업원 1인당, 노조 유무별)

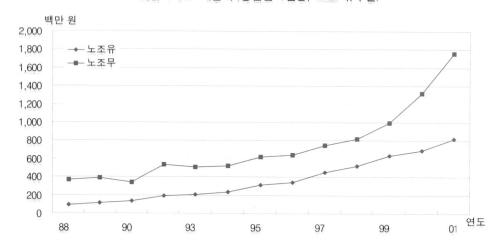

4.2.　경상이익

　　기업 수익성을 보여주는 기본적 지표인 경상이익(종업원 1인당)은 1997년 경제위기 이전까지는 비교적 완만한 증가세가 이어지다가 1997년 이후에는 급격한 변동이 나타난다. 이는 위기 이후 기업 수익성이 매우 불안정해졌다는 것을 반영하는 것으로 이해되고 위기 이후의 구조조정 결과로 해석되기도 한다.

　　규모별로 보면 규모가 작은 기업에서 변동폭이 크게 나타나서 역시 비제조업이 포함된 중소규모 기업들에서 수익성 변동이 보다 극심한 것을 보여주는 것으로 이해된다.

　　노동조합의 존재 여부는 경상이익에 그다지 직접적 영향을 미치지 않는 것으로 나타났다. 즉, 노조 유무별 경상이익의 변동 추이는 양자간에 특별한 관련이 나타나지 않고 거의 비슷한 경향으로 나타난다. 그래서 노동조합의 조직 여부는 기업 수익성과 직접적 관련이 없는 것으로 이해된다. 그러나 1997년 이후의 변화는 이전의 변화와 다소 다르게 나타나는데 노동조합이 있는 기업이 노동조합이 없는 기업보다 경상이익 변동폭이 크게 나타난다. 이는 수익성의 불안정성을 반영하는 셈인데 노동조합이 있는 기업에서는 수익성이 상대적으로 안정되는 것으로 나타나서 노동보호가 이루어지는 기업과 이루어지지 않는 기업 간의 차이가 이런 수익성의 안정성 차이로 나타나는 것으로 이해된다. 이를 보다 확대해석하면 1997년 위기 이후 수익성의 주된 원천이 노동 측의 자산이 아닐까 싶은 추정을 불러일으킨다. 즉, 노동 측의 자산을 수익으로 수탈 가능한 기업과 가능하지 않은 기업 간의 차이가 수익성의 안정성과 불안정성으로 나타나는 것은 아닐까 싶은 것이다.

〈표 1-28〉 경상이익 (종업원 1인당)

(단위: 천 원)

연 도	30대 평균	5대 평균
1987	3,859	-8,503
1988	4,031	7,752
1989	5,441	11,362
1990	6,524	4,765
1991	5,815	4,378
1992	3,299	723
1993	4,624	6,544
1994	9,798	13,706
1995	13,127	17,763
1996	8,106	17,497
1997	-3,764	6,390
1998	-19,005	-5,276
1999	30,486	36,740
2000	24,703	36,668
2001	19,284	-7,962

〈그림 1-28〉 경상이익 (종업원 1인당)

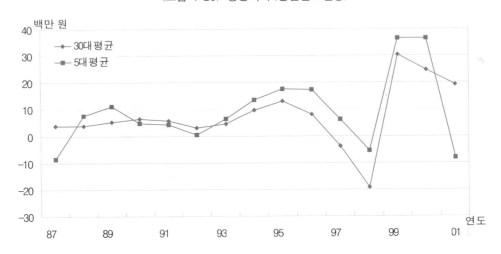

〈표 1-29〉 종업원 1인당 경상이익 (규모별)

(단위: 천 원)

연 도	300명 미만	1,000명 미만	1,000명 이상
1987	5,133	3,591	2,853
1988	1,634	5,881	4,758
1989	6,794	5,056	4,534
1990	10,235	4,562	4,517
1991	6,714	5,321	5,230
1992	2,074	2,796	4,736
1993	4,631	3,328	5,353
1994	12,889	8,384	7,640
1995	19,050	7,719	9,528
1996	12,551	2,412	6,021
1997	-4,209	-6,246	-222
1998	-24,277	-11,161	-15,584
1999	14,809	3,492	5,983
2000	17,492	-489	-2,869
2001	-26,245	-4,826	-3,320

〈그림 1-29〉 경상이익 (종업원 1인당, 규모별)

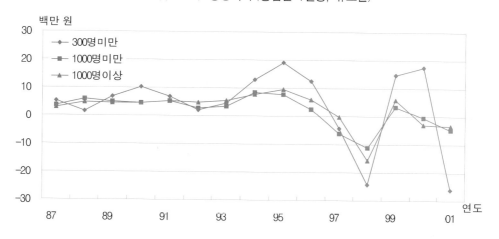

〈표 1-30〉 종업원 1인당 경상이익 (노조 유무별)

(단위: 천 원)

연 도	노조 유	노조 무
1988	5,160	3,554
1989	5,930	5,148
1990	4,005	8,102
1992	3,013	3,464
1993	5,901	3,947
1994	9,249	10,134
1995	14,136	12,515
1996	7,016	8,661
1997	-3,005	-3,839
1998	-7,036	-13,464
1999	6,866	10,967
2000	7,926	-899
2001	5,191	24,260

〈그림 1-30〉 경상이익 (종업원 1인당, 노조 유무별)

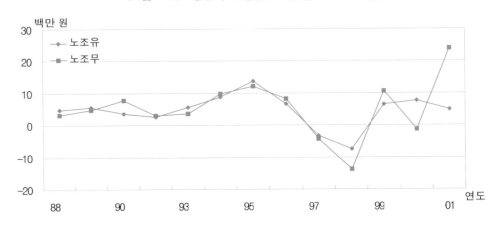

4.3.   부가가치

기업 내부에서 순수하게 창출된 가치를 보여주는 종업원 1인당 부가가치는 1999년까지 지속적 상승을 보이다가 이후 급속하게 하락하는 추이를 보인다. 이런 추이는 5대 재벌 평균과 30대 재벌 평균 간에 별다른 차이가 없는 것으로 나타났다. 이는 1997년 위기 이후 재벌기업들의 생산성이 급격히 하락하였다는 것을 보여준다.

규모별로는 규모가 작은 기업에서 부가가치가 높게 나타났는데 이는 비제조업(특히 금융업) 부분이 통계에 포함된 결과로 이해된다. 비제조업부문은 제조업부문에 비해 1인당 부가가치가 매우 높게 나타나기 때문이다.

노동조합이 조직되어 있는 기업의 경우는 노동조합이 조직되어 있지 않은 기업의 경우보다 1인당 부가가치가 전반적으로 높게 나타나고, 특히 1990년대 중반 이후에는 분명히 높게 나타난다. 이는 노동조합이 급격한 생산성 증가를 방어하는 역할을 수행하기 때문인 것으로 추정된다.

<표 1-31> 부가가치 (종업원 1인당)

(단위: 천 원)

연 도	5대 평균	30대 평균
1987	22,263	23,907
1988	29,754	31,028
1989	54,716	45,767
1990	54,014	56,454
1991	67,552	79,411
1992	95,669	106,181
1993	109,561	130,339
1994	113,403	109,828
1995	129,925	128,080
1996	131,572	147,491
1997	146,739	162,675
1998	195,299	221,599
1999	244,012	263,303
2000	238,355	225,192
2001	147,682	100,843

<그림 1-31> 부가가치 (종업원 1인당)

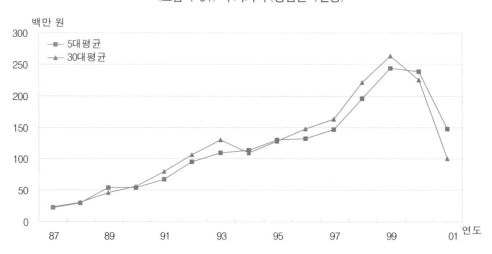

〈표 1-32〉 종업원 1인당 부가가치 (규모별)

(단위: 천 원)

연 도	300명 미만	1,000명 미만	1,000명 이상
1987	22,610	29,453	21,192
1988	33,512	32,746	27,483
1989	60,552	32,638	41,799
1990	73,461	42,706	50,113
1991	116,117	56,642	56,834
1992	177,790	54,728	68,041
1993	258,536	58,521	64,801
1994	169,442	72,945	75,066
1995	190,753	83,948	85,601
1996	231,748	70,923	84,316
1997	246,441	77,858	93,090
1998	337,715	102,583	114,011
1999	399,998	125,205	155,565
2000	288,071	132,739	195,447
2001	94,985	89,413	121,758

〈그림 1-32〉 부가가치 (종업원 1인당, 규모별)

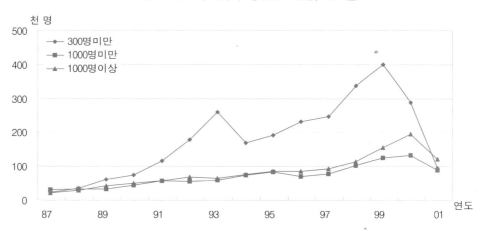

〈표 1-33〉 종업원 1인당 부가가치 (노조 유무별)

연 도	노조 유	노조 무
1988	33,807	29,839
1989	50,852	42,726
1990	63,745	51,865
1992	108,221	105,037
1993	110,375	145,659
1994	122,582	101,975
1995	134,903	123,904
1996	119,011	162,067
1997	154,077	166,795
1998	222,113	221,342
1999	255,726	324,548
2000	211,516	273,666
2001	119,408	138,716

〈그림 1-33〉 부가가치 (종업원 1인당, 노조 유무별)

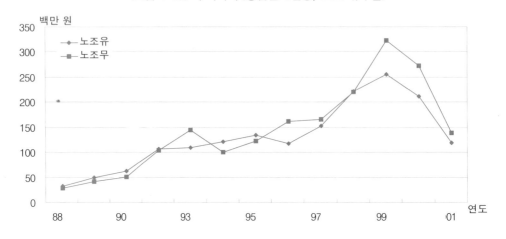

4.4.   부가가치율

매출액에서 부가가치가 차지하는 비율(부가가치/매출액)을 나타내는 부가가치율은 매출액 가운데 생산요소에게 배분되는 소득을 보여주는 것으로 생산성을 나타내는 대표적 지표로 사용된다. 이 비율은 비제조업을 포함할 경우 30대 재벌 평균과 5대 재벌 평균 모두에서 매우 불안정한 변동양상을 보였다.

　반면 제조업에 한정할 경우 30대 재벌의 1인당 평균 부가가치율은 안정적 추이를 보이면서 1990년대 이후 지속적 감소추세를 보인다. 이에 반해 전국 평균은 1990년대 후반부터 감소추세를 보여 양자간에 시간적 격차가 존재함을 보여준다. 또한 30대 재벌 평균과 전국 평균 간의 관계는 전국 평균이 30대 재벌 평균보다 계속 높은 부가가치율을 유지하는 것으로 나타났다. 이는 재벌 제조업체들의 생산성이 지속적으로 하락하고 있을 뿐만 아니라 전국 평균에 비해 매우 낮은 수준이라는 것을 보여준다. 특히 1997년 위기 이후에도 이런 경향은 개선되지 않고 재벌기업의 생산효율성이 매우 낮다는 것을 간접적으로 보여준다.

　노동조합의 조직화 여부가 기업의 생산성과 갖는 관계는 노동조합이 조직되어 있을 경우 생산성이 상대적으로 안정적 경향을 갖는 현상이 드러났다. 특히 1997년 위기 이후에는 노동조합이 있는 기업에서 생산성이 보다 높게 나타나서 노동조합의 존재가 생산성 향상에 역기능보다는 순기능을 하는 것으로 나타났다.

<표 1-34> 1인당 부가가치율 (비제조업 포함)

(단위: %)

연 도	5대 평균	30대 평균
1987	25. 4	25. 2
1988	23. 7	14. 3
1989	6. 8	27. 2
1990	3. 2	16. 9
1991	27. 9	8. 6
1992	23. 3	28. 3
1993	24. 4	28. 5
1994	28. 1	21. 1
1995	26. 0	24. 7
1996	17. 0	18. 8
1997	17. 3	20. 6
1998	16. 5	17. 5
1999	29. 9	19. 0
2000	23. 1	19. 8
2001	12. 0	23. 3

<그림 1-34> 1인당 부가가치

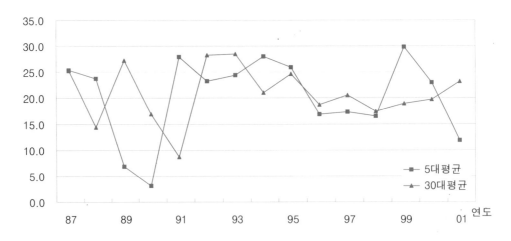

〈표 1-35〉 1인당 부가가치율 (제조업)

(단위: %)

연 도	30대 평균	전국 평균
1987년	14.7	22.6
1988년	17.0	24.7
1989년	19.4	26.9
1990년	19.9	26.1
1991년	20.0	26.2
1992년	19.0	25.8
1993년	15.2	26.1
1994년	17.3	26.3
1995년	16.5	26.4
1996년	15.8	24.3
1997년	10.3	21.8
1998년	9.0	21.3
1999년	11.8	23.4
2000년	8.2	20.2
2001년	9.5	19.3

〈그림 1-35〉 부가가치/매출액 (제조업)

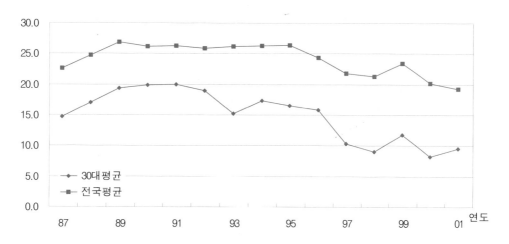

〈표 1-36〉 부가가치율 (노조 유무별)

(단위: %)

연 도	노조 유	노조 무
1988년	32. 57	23. 14
1989년	33. 49	27. 90
1990년	33. 00	21. 74
1992년	32. 24	44. 83
1993년	33. 57	42. 73
1994년	32. 37	26. 32
1995년	29. 65	21. 42
1996년	25. 95	28. 85
1997년	22. 10	31. 31
1998년	19. 41	20. 67
1999년	29. 87	12. 77
2000년	23. 12	17. 92
2001년	20. 49	15. 60

〈그림 1-36〉 부가가치율 (노조 유무별)

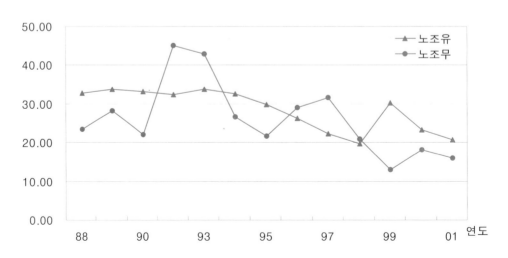

4.5.   매출액경상이익률

기업 수익성을 보여주는 지표인 매출액경상이익률은 비제조업을 포함시켰을 경우 1990년대 이후 별로 개선의 기미가 보이지 않으며 30대 재벌 평균과 5대 재벌 평균 간에도 별다른 차이가 드러나지도 않는다. 30대 재벌 전체에 걸쳐 비슷한 추이를 보이는 것이다.

그러나 제조업만을 살펴보면 1994년, 1995년의 일시적 상승을 제외하고는 지속적으로 수익성이 하락하는 추세를 보인다. 특히 이런 추이는 전국 평균과 비교해볼 때 1990년대 이후 계속 전국 평균을 하회하고 있어서 재벌기업의 수익성은 매우 낮은 것을 보여준다. 특히 이 전국 평균과 30대 재벌 간의 격차는 1997년의 위기시에 두드러지게 나타나 1997년의 위기가 재벌기업의 낮은 수익성과 무관하지 않다는 것을 간접적으로 보여준다.

규모별로 보면 1997년 위기 이전에는 1천 명 이상 대기업의 수익성이 높았지만 위기 이후에는 300명 이하의 소기업 수익성이 높은 것으로 나타나는데, 이는 소규모 비제조업부문의 영향 때문인 것으로 이해된다.

노동조합과 기업수익률 간의 관계는 노동조합이 있는 기업에서 수익률이 높게 나타났다. 그래서 노동조합의 존재 여부는 기업수익률에 별다른 장애요인이 되지 않는다는 것을 여기에서 알 수 있다.

〈표 1-37〉 매출액경상이익률 (30대 · 5대)

연 도	30대 평균	5대 평균
1987년	0.015	-0.048
1988년	0.014	0.043
1989년	0.019	0.061
1990년	0.026	0.020
1991년	0.021	0.015
1992년	0.008	0.001
1993년	0.011	0.010
1994년	0.024	0.020
1995년	0.026	0.022
1996년	0.015	0.020
1997년	-0.006	0.006
1998년	-0.027	-0.005
1999년	0.026	0.029
2000년	0.022	0.026
2001년	0.013	-0.004

〈그림 1-37〉 매출액대비 경상이익 (30대 · 5대 평균)

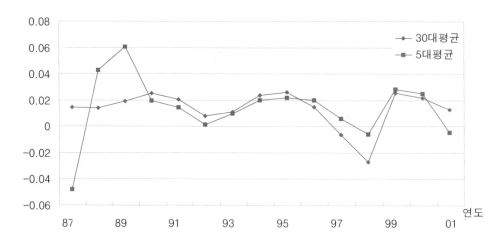

〈표 1-38〉 매출액경상이익률 (제조업, 30대·전국)

연 도	30대 평균	전국 평균
1987년	0.027	0.036
1988년	0.026	0.041
1989년	0.031	0.025
1990년	0.031	0.023
1991년	0.022	0.018
1992년	0.005	0.015
1993년	0.008	0.017
1994년	0.024	0.027
1995년	0.011	0.036
1996년	0.003	0.009
1997년	-0.018	0.003
1998년	-0.027	0.018
1999년	0.013	0.016
2000년	0.003	0.012
2001년	0.000	0.003

〈그림 1-38〉 경상이익/매출액 (제조업)

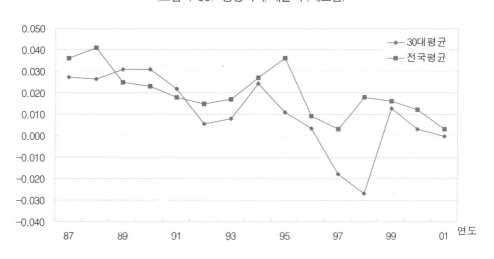

〈표 1-39〉 매출액경상이익률 (규모별)

연 도	300명 미만	1,000명 미만	1,000명 이상
1987년	0.011	0.017	0.026
1988년	0.003	0.027	0.043
1989년	0.013	0.022	0.037
1990년	0.027	0.017	0.031
1991년	0.020	0.015	0.029
1992년	0.003	0.007	0.023
1993년	0.008	0.008	0.023
1994년	0.025	0.017	0.030
1995년	0.031	0.013	0.032
1996년	0.019	0.004	0.017
1997년	-0.006	-0.008	-0.001
1998년	-0.037	-0.010	-0.029
1999년	0.020	0.003	0.009
2000년	0.015	0.000	-0.004
2001년	-0.015	-0.003	-0.004

〈그림 1-39〉 매출액대비 경상이익률 (규모별)

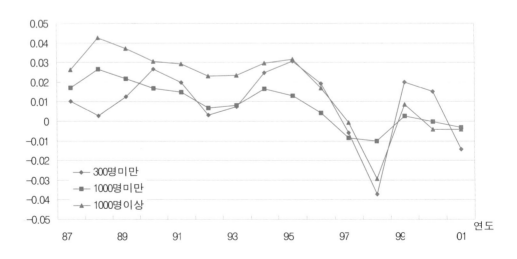

제 **2** 장　　**단체교섭**

1. 노동조합 개황

1.1.　　노동조합의 수

재벌의 노동조합 수는 그 절대수에서 노동조합의 민주화가 이루어지는 1987년 이후 지속적 증가세를 보이다가 1997년을 정점으로 급격히 감소했다. 그러나 이런 추이가 노동조합의 조직화를 곧바로 설명해주는 것은 아니다. 오히려 사업장 수를 기준으로 한 조직화 정도는 전 기간에 걸쳐 별다른 변화 없이 일정한 수준을 보인다.

한편 전국 노동조합 수에서 재벌 노동조합이 차지하는 비중은 2~4%의 수준을 보이는데 시기별 추이를 보면 노조민주화가 이루어진 1987년 이후 점차 증가하다가 1997년을 정점으로 급격히 감소하는 현상을 보인다. 전국 노동조합의 수가 1989년을 정점으로 이후 지속적으로 감소한다는 점에 비추어보면 이는 재벌노조들이 상대적으로 안정적이고 지속적인 조직상태를 보인다는 것을 보여준다. 이는 재벌 노사관계의 성격이 다른 사업장들에 비해 비교적 안정적이라는 것을 간접적으로 반영하는 것으로 해석된다. 그것은 재벌노조가 상대적으로 조직적 이점을 가지고 있다는 것을 반영해 주는 것으로도 이해된다.

또한 규모별 구성을 보면 점차 대규모 노동조합의 비중이 전반적으로 감소하고 소규모 노동조합의 비중이 증가하는 현상이 드러난다.

<표 2-1> 노동조합 수의 추이

(단위: 개, %)

연 도	대상기업 수 (A)	30대 재벌 노조 수 (B)	B/A	전국 노동조합 수 (C)	B/C
1988	425	143	0.336	6,164	0.023
1989	437	173	0.396	7,883	0.022
1990	469	188	0.401	7,698	0.024
1992	510	194	0.380	7,527	0.026
1993	511	170	0.333	7,147	0.024
1994	545	223	0.409	7,025	0.032
1995	600	237	0.395	6,606	0.036
1996	668	242	0.362	6,424	0.038
1997	691	226	0.327	5,733	0.039
1998	572	196	0.343	5,560	0.035
1999	457	171	0.374	5,637	0.030
2000	496	176	0.355	5,698	0.031
2001	411	132	0.321	6,150	0.021

<그림 2-1a> 노조조직 수준 (B/A)

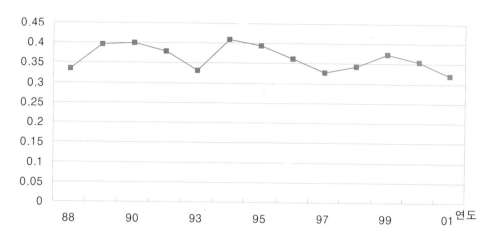

<그림 2-1b> 재벌노조의 비중 (B/C)

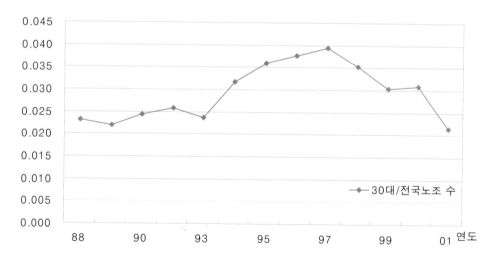

〈표 2-2〉 규모별 노조 수의 추이

(단위: 개)

연 도	100명 미만	300명 미만	500명 미만	1,000명 미만	1,000명 이상
1988	39	56	25	51	70
1989	37	39	25	19	53
1990	15	35	26	61	77
1992	34	40	23	38	59
1993	31	37	21	34	47
1994	45	47	29	45	57
1995	50	51	27	48	61
1996	57	49	30	49	57
1997	59	52	33	33	49
1998	50	47	27	28	44
1999	46	41	24	24	36
2000	46	39	24	29	38
2001	35	28	16	24	29

〈그림 2-2〉 규모별 노조 수의 구성

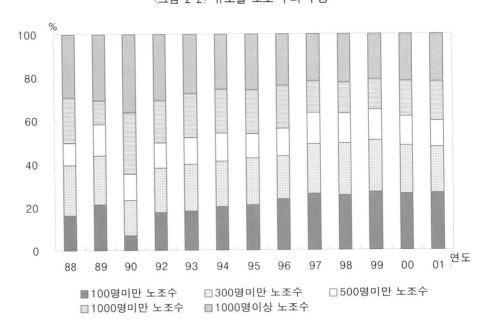

1.2. 노동조합원 수

조합원 수를 기준으로 할 때 재벌 노동조합이 우리나라 전체 노동조합에서 차지하는 비중은 30대 재벌의 경우 10% 이상, 5대 재벌의 경우만으로도 10% 가까운 수준으로 조합 수의 비중에 비하면 훨씬 높게 나타난다. 시기별 추이는 1990년을 정점으로 이후 지속적으로 하락하는 경향을 보인다. 특히 IMF 경제위기의 여파로 보이는 1999년 이후에는 급격한 하락세가 나타나는데 전국적으로는 오히려 이 시기에 조합원 수가 조금 증가하는 경향을 보이는 것과 비교할 때 이는 다소 특이한 현상으로 보인다. 이로 인하여 전체 노동진영 내에서 재벌 노동조합의 위상은 1999년 이후 계속 위축되는 경향을 보인다.

조합원 수의 남녀 구성비에서는 여성 조합원의 구성비가 갈수록 감소해서 여성의 노동보호가 남성에 비해 더욱 취약해지는 것을 그대로 보여준다. 특히 이런 추이는 전국 평균과 비교해볼 때 재벌의 경우 현격하게 떨어지며 재벌 내에서도 5대 재벌 평균이 30대 재벌 평균에 비해 더욱 낮은 것으로 나타나서 기업규모가 클수록 여성 노동자가 노동조합의 조직적 보호로부터 배제되어 있다는 것을 보여준다.

또한 이런 현상은 노동조합이 대기업일수록 남성 중심의 경향을 가진다는 점을 말해주며 그 결과 그런 노동조합일수록 보다 보수적인 경향을 띨 가능성이 많다는 것을 보여준다.

84

<표 2-3> 재벌 노동조합의 조합원 수 추이

(단위: 명, %)

연 도	노조원 수 (30대 재벌)	노조원 수 (5대 재벌)	전국 노동조합원 수	노조원 수 비중(30대)	노조원 수 비중(5대)
1988	206,660	120,457	1,707,456	0.12	0.07
1989	217,271	128,309	1,932,415	0.11	0.07
1990	399,618	198,477	1,886,884	0.21	0.11
1992	275,193	153,684	1,734,598	0.16	0.09
1993	221,886	115,063	1,667,373	0.13	0.07
1994	261,119	130,638	1,659,011	0.16	0.08
1995	276,560	141,801	1,614,800	0.17	0.09
1996	280,024	146,352	1,598,558	0.18	0.09
1997	260,663	177,607	1,484,194	0.18	0.12
1998	256,688	148,828	1,401,940	0.18	0.11
1999	183,389	131,389	1,480,666	0.12	0.09
2000	191,005	126,408	1,536,995	0.12	0.08
2001	150,478	91,441	1,568,723	0.10	0.06

<그림 2-3> 조합원 수

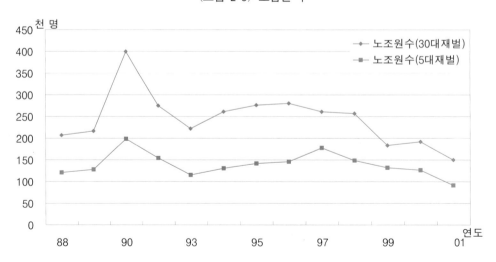

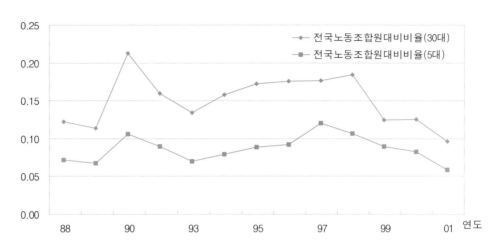

〈그림 2-4〉 조합원 수 비중

〈표 2-4〉 조합원의 남녀 구성 비율

(단위: 명, %)

연 도	노조원 수 (30대·남) (A)	노조원 수 (30대·여) (B)	B/A	노조원 수 (5대·남) (C)	노조원 수 (5대·여) (D)	D/C
1988	148,561	58,099	0.39	97,918	22,539	0.23
1989	162,800	54,471	0.33	104,301	24,008	0.23
1990	323,405	76,213	0.24	168,351	30,126	0.18
1992	231,537	43,656	0.19	134,300	19,384	0.14
1993	190,174	31,712	0.17	102,396	12,667	0.12
1994	226,163	34,956	0.15	116,379	14,259	0.12
1995	239,579	36,981	0.15	123,973	17,828	0.14
1996	247,629	32,395	0.13	130,458	15,894	0.12
1997	232,011	28,652	0.12	163,736	13,871	0.08
1998	221,935	34,753	0.16	136,481	12,347	0.09
1999	161,981	21,408	0.13	120,516	10,873	0.09
2000	163,092	27,913	0.17	114,832	11,576	0.10
2001	127,833	22,645	0.18	86,092	5,349	0.06

<표 2-5> 조합원의 남녀 비율(전국)

(단위: 명, %)

연도	노조원(남) (전국 평균) (E)	노조원(여) (전국 평균) (F)	F/E
1988	1,094,905	430,183	0.39
1989	1,318,422	506,671	0.38
1990	1,384,730	502,154	0.36
1992	1,323,521	411,077	0.31
1993	1,275,859	391,514	0.31
1994	1,285,627	373,384	0.29
1995	1,254,133	360,667	0.29
1996	1,259,932	338,626	0.27
1997	1,194,414	289,780	0.24
1998	1,148,435	253,505	0.22
1999	1,173,239	307,427	0.26
2000	1,221,117	305,878	0.25
2001	1,263,314	305,409	0.24

<그림 2-5> 노조원 남녀 비율

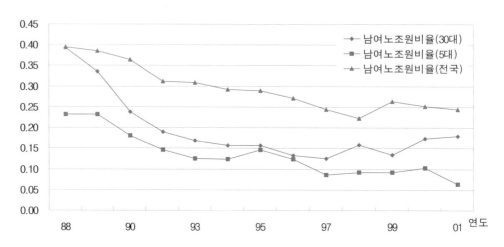

1.3.   노동조합 규모: 조합당 조합원 수

재벌 노동조합의 조합당 조합원 수는 전국 평균에 비해 30대 재벌의 경우 4~5배, 5대 재벌의 경우 7~8배 정도에 달하는 것으로 나타났다. 기업별 교섭구조 때문에 교섭력이 기업단위에서 결정되는 우리나라 노사관계의 지형에 비추어 볼 때 이런 조합 규모의 차이는 대기업 노동조합이 전체 노동조합 진영의 교섭력에 미칠 수 있는 영향력이 매우 크다는 것을 쉽게 짐작할 수 있다.

한편 조합원 수에 따른 규모별 노동조합의 구성은 전체 기간에서 심각한 변화를 보이지 않는다. 이는 앞에서 이미 보았듯이 노동조합의 수에서는 대규모 노동조합 수의 비중이 1990년을 정점으로 전반적으로 계속 하락하는 반면, 재벌 노동조합의 조합당 조합원 수는 별로 감소하지 않는다는 점과 대비시켜 볼 때 규모가 큰 사업장일수록 조합원 수가 비교적 안정적이라는 점을 나타낸다고 생각된다. 이러한 경향은 조합원 규모가 클수록 노동조합의 교섭력과 노사관계가 보다 안정적이라는 점을 잘 보여주는 것으로 이해된다.

<표 2-6> 조합당 조합원 수와 비율

(단위: 명, %)

연도	조합당 조합원 수(30대) (A)	조합당 조합원 수(5대) (B)	전국 조합당 조합원 수 (C)	조합당 조합원 수 비율(30대) (A/C)	조합당 조합원 수 비율(5대) (B/C)
1988	1,445	2,273	277	5.2	8.2
1989	1,256	2,005	245	5.1	8.2
1990	2,126	3,970	245	8.7	16.2
1992	1,419	2,605	230	6.2	11.3
1993	1,305	2,448	233	5.6	10.5
1994	1,171	2,177	236	5.0	9.2
1995	1,167	2,085	244	4.8	8.5
1996	1,157	2,005	249	4.7	8.1
1997	1,153	2,651	259	4.5	10.2
1998	1,310	2,126	252	5.2	8.4
1999	1,072	1,961	263	4.1	7.5
2000	1,085	1,945	270	4.0	7.2
2001	1,140	2,078	255	4.5	8.1

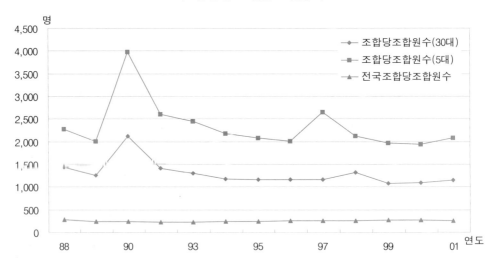

<그림 2-6> 조합당 조합원 수

<표 2-7> 규모별 조합원 수(조합당)의 추이

(단위: 명)

연도	100명 미만	300명 미만	500명 미만	1,000명 미만	1,000명 이상
1988	1,742	10,850	9,637	32,689	250,492
1989	1,427	7,618	9,963	12,609	185,654
1990	789	6,510	10,226	36,415	355,904
1992	1,849	7,478	8,846	26,993	171,878
1993	1,639	6,906	8,366	23,788	181,187
1994	2,231	8,991	11,532	30,714	207,539
1995	2,358	9,462	10,507	32,937	221,296
1996	2,877	8,879	12,013	34,292	221,963
1997	2,821	9,552	13,495	23,218	211,577
1998	2,352	7,832	10,468	19,535	216,501
1999	2,143	7,313	9,737	17,648	183,389
2000	2,215	6,971	9,576	19,491	152,752
2001	1,474	5,095	6,563	15,357	121,989

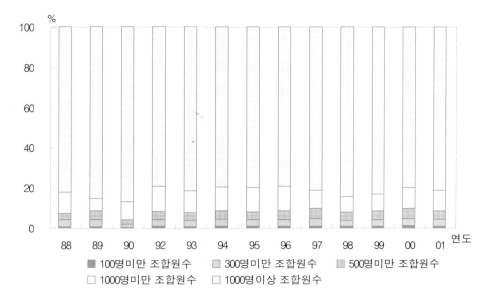

〈그림 2-7〉 조합원 수 규모별 구성

범례:
- 100명미만 조합원수
- 300명미만 조합원수
- 500명미만 조합원수
- 1000명미만 조합원수
- 1000명이상 조합원수

2. 파업실태 분석

2.1. 들어가는 말: 파업분석과 재벌 노사관계

2.1.1. 파업분석의 의미

파업은 피터슨(Peterson, 1938: 3)의 정의에 따르면, "불만을 표출하거나 요구를 관철하기 위해 **노동자의 한 집단이 행하는 일시적 작업중단**"이다(Hyman, 1988: 17; 강조는 인용자). 작업장에 되돌아갈 것을 예정하고 있으므로 일시적이며, 연장노동거부나 태업과 달리 작업이 중단된다는 점에서 구별되며, 노동자집단에 의해서 행해지는 집단적 행위이며 "불만을 표출하거나 요구를 관철하기 위한 계산된 행위"(Griffin, 1939: 20~22; Hyman, 1988에서 재인용)이다.

그러나 "이런 고전적 정의는 자연발생적 해석이나 정치적 해석과 상충된다"(Durand and Dubois, 1975: 3; Edwards and Hyman, 1996에서 재인용)는 주장이 제기된다. 파업은 교섭목표가 분명하지 않은 분노의 표출이거나 사회정치적 행위일 수 있다는 것이며, 잦지는 않지만 한번 일어나면 대규모 거리시위로 이어지는 프랑스의 정치적 파업과 같은 변수를 고려하지 못하는 측면이 있다.[1]

파업은 갈등적·대립적 노사관계와 협력적·합의적 노사관계라는 노사관계의 대별되는 특징을 구별해주는 유용한 지표이다. 그런 점에서 파업분석은 전투적 노동운동, 적대적 노사관계로 평가되는 한국 노동운동과 노사관계 분석의 중요한 시발점이다. 하지만 파업분석을 통해 한국의 노동문제를 전반적으로 해석한 연구가 거의 없었다는 사실은 의아함을 넘어 한국 노동연구 기반의 협소함을 의심케 할 정도이다〔개별 파업 사례분석을 제외하고 시계열 자료를 활용한 연구로는 강명세(1995), 최근의 김유선 (2004)을 들 수 있다〕. 특히, 한국 노동운동을 대표한다고 해도 과언이 아닌 재벌 대기업 노동조합 파업의 특징을 별도로 다룬 연구결과는 거의 없었으며, 기본적 파업현황에 대한 통계도 따로 분류되어 정리된 바 없는 지경이다.

파업이 매우 중요한 노동지표임에도 불구하고 양적 자료에 의존한 파업연구가 이루어지기 힘들었던 데는 몇 가지 요인이 작용한다. 먼저, 파업에 관한 공식자료의 한계가 크게 작용한다. 국가별 정의의 차이와 그 포괄범위의 차이로 인해 국가별 비교에 많은 한계가 존재한다(이에 대해서는 Shalev, 1978; Franzosi, 1995를 참조; 한국에 대한 국제비교 해석으로는 김유선, 2004를 참조).

둘째, 서구 국가들에서 1980년대 이후 파업이 전반적으로 줄어들었다는 사실에 대해 '노동의 침묵이 재현된 것인가'라는 질문을 제기한 샬레브의 연구(Shalev, 1991)는 파업감소와 노동조합의 전투성 약화가 직접적 관련성을 갖는 것만은 아님을 제시한다. 파업감소가 조직노동의 온건화를 의미하며 나아가 이것이 노사간에 협력해야 할 상황과 필요에 따른 것인지, 아니면 조직노동 약화를 의미하는 것인지를 구별하는 것이다. 어려운 시기에는 후일을 대비해 조합원이 불만을 누적시키며 이 경우에는 파업이 경기변동과 동조적 양상을 보일 것으로 해석하는 견해도 존재하며, 자본과의 협력을 위해 전투성을 폐기하더라도 이는 일부에만 국한될 뿐인 경우도 있고 노동자 응집력의 약화와 사용자 힘의 우위로 인해 파업이 태업, 준법투쟁, 연장노동거부 등 약화된 형태로 지속될 것이라는 견해 또한 존재한다(Shalev, 1991: 103~104). 따라서 파업의 양적 지표에 대한 연구가 기대만큼 노동의 전투성/온건성이나 노사관계의 대립성/협력성에 대한 충분한 설명지표가 되기는 어렵다.

셋째는 두 번째와 연관되는 사항으로 사례연구를 중심으로 한 파업연구야말로 파업이 단체교섭제도와 조직구조에 치중한 논의를 벗어나 사회적 과정으로 노사관계를 역

---

1) 그러나 한국의 경우처럼 파업통계 자체가 이런 정치적 파업이나 연대파업을 제외하고 집계되는 경우가 있기 때문에 양적 분석을 염두에 둘 때 피터슨의 정의처럼 좁지만 좀더 명확한 정의에 기초하는 것이 현실적일 것이다.

동적으로 인식할 수 있는 설명을 제시해준다는 관점이 존재한다. 켈리는 파업을 중심으로 하는 집단적 동원이론을 "어떻게 개인을 집단적 조직을 창조하고 유지하려는 의지와 능력을 갖춘 집단적 행위자로 변형시키는가, 그리고 그들을 사용자에 맞서 집단적 행동에 나설 수 있게 하는가"(Kelly, 1998)에 대한 이론이라고 본다. 사례분석을 중심으로 파업연구가 많이 진행되었던 데는 사회적 과정에 대한 접근이 노동에 대한 더 풍부한 해석을 가능케 한다는 시각이 뒷받침되고 있다.

그럼에도 불구하고 파업에 대한 양적 분석은 사례연구에서 충분히 설명할 수 없는 유용한 정보를 얻을 수 있는 유력한 수단이며, 사례연구와 함께 보완적으로 활용될 필요가 있다. "이용 가능한 정보가 없는 것보다는 낫다"(Shalev, 1991: 103). 더구나 노동과 자본 진영 모두에서 찬반 양론으로 세계적으로 주목받고 있는 한국 노동운동과 노사관계를 독자적으로 해석할 독자적 이론과 정보축적이 필요한 시점에서 주목받는 주요 이유인 파업이란 변수를 다루는 연구가 활성화되어야 할 것이다.[2]

2.1.2. 파업과 노동운동, 노사관계

이하에서는 파업이란 변수가 한국 노동운동과 노사관계 분석을 위해 적극적으로 고려되어야 할 요소라는 점에 주목한다. 특히, 기업별 노조체계에서 재벌 대기업 중심 경제구조를 반영하면서 재벌 대기업 노동조합이 중심적 역할을 한다는 일반적 해석을 평가할 수 있는 기초자료를 제공해 주는 의미를 갖는다. 한국의 전반적 파업현황과 30대 재벌 계열사의 파업현황을 비교 평가하는 것을 통해 한국 노동운동과 노사관계의 특성과 재벌기업의 영향을 살펴본다.

1) 파업과 노동운동

파업은 노동 전투성의 핵심 지표이다. 켈리(Kelly, 1996)는 노조의 전투성(*militancy*)과 온건성(*moderation*)을 목표, 조합원 기반, 제도적 기반, 방법, 이념의 요소에 따라 구분했다. 전투적 노조는 거의 양보가 없는 야심적 요구를 갖고 조합원의 동원에 강하게 의존하며 단체교섭이나 독자적 규제에 기반하여 쟁의행위에 대한 빈번한 위협이나 실제 활용을 통해 갈등적 이해관계라는 이념을 추구한다. 반면, 온건 노조는 수용을 뜻하는 잦은 양보가 동반된 온건한 요구를 하며(수용성), 사용자나 삼자의 역할

---

2) 한국 노동운동과 노사관계를 노동의 관점에서 주목하고 있는 연구로는 대표적으로 무디(Moody, 1997)와 워터맨(Waterman, 1999)을 들 수 있다. 다만 사회운동적 조합주의의 전형으로 평가하고 있는 점에서 국내의 노동운동 내부 평가와는 궤를 약간 달리하는 점도 존재한다.

92

<표 2-8> 노조의 전투성과 온건성의 구분과 특징

	전투성	온건성
목표	거의 양보가 없고 규모나 범위에서 야심적 요구	다소간의 양보를 동반한 온건한 요구(수용성)
조합원 기반	조합원의 동원에 강하게 의존	사용자, 제3자, 법에 크게 의존(탈동원화)
제도적 기반	단체교섭이나 독자적 규제에 대한 의존	비교섭적 제도를 활용할 의향을 갖거나 지지(예종)
방법	쟁의 행위에 대한 빈번한 위협이나 실제 사용 / 갈등적 이해의 이념	쟁의행위에 대한 위협이나 실제 사용을 자주 하지 않음(묵인)
이념		동반자 관계의 이념(포섭)

자료: Kelly(1996).

또는 법에 강하게 의존하는 경향을 보이며(탈동원화), 비교섭적 제도를 기꺼이 받아들이고(예속성), 쟁의행위 위협이나 활용에 별로 의존하지 않고(묵인의 경향), 동반자 이데올로기를 갖는다(포섭)(<표 2-8> 참조). 켈리는 영국의 전기전자분야의 엔지니어와 기술공을 대표하는 노조인 AEEU를 온건 노조의 대표적 사례로 지목하는데, 한국 전자산업의 재벌기업노조도 이런 특징과 공통되는 점이 많은 것으로 평가할 수 있다(김성희·박현미, 1999). 반면 자동차산업의 재벌기업노조는 대표적인 전투적 노조로 꼽힌다.

  2) 대립적 노사관계와 협력적 노사관계
  한국 자동차산업의 기업 수준에서 나타나는 노사관계는 갈등적·대립적 관계의 전형으로 꼽힌다. 현장작업자의 참여가 배제된 현장통제 위주의 작업장관리체계와 기업목표 중심의 생산합리화전략을 축으로 전개되는 기업의 노조배제적 노사관계전략과, 다른 한편으로 임금교섭을 축으로 한 비타협적 교섭태도와 갈등적 노사관계 인식을 바탕으로 하는 기업별 노조의 전투적 노동조합운동 노선이 맞부딪치는 관계이다. 이런 대립적 노사관계에서 공동이익의 관계나 그 실현수단은 거의 찾아보기 어렵다. 한편 기업별 노조라는 한계로 인해 경영위기상황이 닥칠 때 기업경영에 대한 협조적 태도가 나타나기도 한다. 따라서 한 기업의 노사관계라 하더라도 영역별·주체별·시기별로 다양한 모습을 띠는 것이지, 모순과 차이가 없는 단일하고 안정된 성격만을 갖지는 않는다.
  노사관계는 상품시장과 노동시장이라는 내외적 조건과 환경뿐 아니라 노동조합, 사

〈표 2-9〉 주체 전략과 노사관계 특징에 대한 일반적 관점

		사용자 전략	
		참 여	배 제
노동의 전략	전투성	미정형화되거나 논리적으로만 가능한 형태	대립적 노사관계
	온건성	협력적 노사관계	가부장적 노사관계

용자, 국가라는 세 주체의 전략과 활동방침에도 영향을 받는다. 1990년대 중반 이후 권위주의 국가의 점진적 해체를 통해 국가의 노사관계에 대한 규정력은 약화되었다. 특히, 기업단위 노사관계 분석에서는 노사간의 관계만으로 평가하는 것도 가능하다.[3]

기업별 노사관계를 결정짓는 가장 간단한 모형으로서 사용자와 노동조합의 전략을 중심으로 구분해본다. 사용자의 전략은 참여/배제 전략을 중심으로 설정할 수 있으며 노동조합의 노선은 전투성/온건성을 기준으로 구분된다. 전투적 노조와 사용자의 배제전략으로 인해 대립적 노사관계가 형성되고 온건 노조와 사용자의 참여전략이 결합될 때 협력적 노사관계가 형성된다고 볼 수 있다.[4]

사용자의 참여전략도 집단적 수준의 의사결정 참가의 전략인지 개별적 수준에서 생산성향상 목표에만 종속된 수동적 참가의 전략인지를 구별하는 것이 중요하다.

아울러 통합적이면서 일관된 주체의 전략이란 과연 현실성이 있는 가정인가 (Hyman, 1992; Edwards, 1986) 하는 문제가 제기된다. 사용자의 일관되고 통일된 전략이나 원리에 기초한 행위나 방침을 상정하는 것은 지나친 가정이다. 아울러 노동의 전략도 구사할 수 있는 권력자원에 의해 제약을 받으며 이는 밑으로부터 나온다. 이런 측면에서 행위나 전략과 함께 구조를 고려하면서 구체적 수준에서 노사간 상호관계를 규명할 필요가 있다.

한국의 기업 수준의 노사관계는 노조배제, 현장참여배제라는 사용자의 배제적 노사

---

3) 물론 거시 수준의 노사관계가 미시 수준의 기업 수준·작업장 수준에 미치는 영향과 양자의 상호작용관계를 무시할 수 없다. 공장체제와 국가와의 상호관계〔공장장치와 국가 간의 제도적 관계(분리 또는 혼합)〕와 공장체제에 대한 국가개입양식〔직접 또는 간접)〕를 분석한 연구로는 뷰러웨이(Burawoy, 1985)를 참조. 그러나 그의 구분방식은 자본주의 발전단계가 다른 국가들을 비교하거나 상대적으로 긴 시간의 역사적 변화를 평가하기에 적합하지만, 동일한 발전수준의 국가 내에서 공장체제가 왜 다른가를 분석할 때에는 국가의 문제가 중요한 변수로 다루어질 이유는 없는 것으로 보인다. 동의를 기반으로 하느냐, 강제를 기반으로 하느냐를 구분기준으로 삼으면 될 것이다. 한국의 권위주의적 통제정책이 약화·변화되는 과정의 노동조합과 노사관계의 변화에 대해서는 임영일(1998)과 노중기(1999)를 참조.

4) 그러나 이는 매우 단순한 구분법이며 현실을 충분히 설명해줄 수 없다(〈표 2-9〉 참조).

관계전략과 노동의 전투적 전략이 맞부딪히는 대립적 노사관계로 특징지을 수 있다. 기업 수준을 넘는 영역에서 산별 제도화나 작업장 제도화 어느 한쪽으로도 제도적 타협을 유도할 시도가 이루어진 바 없기 때문에 재벌 대기업을 중심으로 형성된 대립적 노사관계는 한국 사회 전반의 대립적 노사관계로 그대로 확대되어 나타났다고 평가할 수 있다.

3) 한국 노사관계의 시기별 구분

파업양상 해석을 위해 한국 노사관계와 노사전략을 시기별로 구분해본다. 한국 노사관계의 특징은 노동의 전투성과 자본의 배제전략이 충돌하는 대립적 성격을 갖는 것으로 정의한다. 아울러 이 대립성의 기반에는 경제구조를 반영하여 재벌 대기업의 노사관계가 중요한 영향을 행사하는 주요 변수로 작용한다는 전제로부터 출발한다.

시기별로 보면, 1987년 이전에는 독재정부와, 자본의 배제전략과 노조의 미조직화

〈표 2-10〉 한국 노사관계의 시기별 구분

	정치체제 (노동관)	노동시장(구조)	노사전략	노사관계	주요 주체
1987년 이전	독재정치 (통제대상)	재벌의 상품시장에서 독점적 지위가 노동시장으로 파급되지 않은 시기	노조 미형성 또는 약세로 자본의 배제전략과 노동자 집단의 미조직화 시기	노조의 미형성·약세의 시기로 가부장적 노사관계, 자본의 일방적 지배관계나 종속적 협력관계. 정부의 노사관계 관리역할이 두드러짐	정부
1987~ 1990년대 초	제한된 민주화 (통제 대상)	내부 노동시장 형성기: 고임금과 우월한 노동조건의 구축기	자본의 배제전략과 노동의 전투주의의 충돌	갈등적·대립적 노사관계의 전면화	정부 노동
1990년대 초 ~1997	절차적 민주화 +시장 자유화 (실질적 배제-개혁대상)	내부 노동시장 구축 완성기	자본의 신경영전략(배제와 부분적 동의전략)과 노동의 전투주의 충돌	갈등적·대립적 성격의 재벌단위로 확장과 복합성 부각	자본 노동
1998~	상동 (실질적 배제-형식적 포섭 대상)	내부 노동시장 재편기	경제위기시 고용조정 이후 헤게모니 쟁탈기	기업단위 노사관계의 중층성 부각 (산업단위, 작업장단위, 하청관계)	자본

자료: 노중기(1997); 김성희(2003).

가 어우러진 권위주의적 통제체제로서 재벌의 노동시장에 대한 상대적 보상이 이루어지지 않은 시기이다. 1987년부터 1990년대 초 노태우 정부 시절 동안 노동은 정부의 통제대상에서 벗어나지 못했다. 1991년 같은 날 등장한 보수 3당 합당과 전노협이 상징하듯 제한된 민주화의 한계는 신공안정국으로 드러나고 언제나 노동에 대한 배제와 대립으로 귀결되었다. 이 시기 노동자 대투쟁의 역사가 시작되었기 때문에 대립수준은 치열했고 자본의 한결같은 배제전략과 대결하는 시기였다. 3저호황의 종결로 닥친 경제불황은 중소기업의 도산과 휴·폐업, 고용조정, 소사장제 도입 등으로 이어졌다.

문민정부의 등장으로 절차적 민주화가 진전되었으나 자본 자유화와 유연화의 물결이 동시에 더 강력한 흐름으로 몰아치면서 내부노동시장의 부분형성에도 불구하고 지속되는 자본의 배제전략은 갈등적·대립적 노사관계를 전면화시키기에 이른다. 이 시기 자본은 정부에게 의지했던 노사관계 관리역할의 전면에 나서면서 합리화와 유연화를 추구하는 신경영전략을 본격적으로 전개하기 시작했다.

1997년 이후 시기는 경제위기로 인해 대규모 고용조정이 발생하면서 노사관계의 대규모 격돌이 다시 진행되는 시기로 이행했다. 실질적 배제와 형식적 포섭의 기제는 가혹해진 시장유연화의 압력으로 표면화된다.

김영삼 정부 이래 노동정책의 흐름은 노동개혁을 표방하면서 결국 노동을 개혁대상으로 삼거나 노동시장 유연화를 개혁으로 해석하는 '개혁포기와 유연화 강화'의 역사이다. 정권 시작점에서 제시된 정책목표는 조금 달랐지만 결국 극도로 제한된 참여공간을 열어놓고 배제와 순치의 대상으로 삼는 데 그쳤다.

기본적 수준의 제도화를 방기한 채 가해지는 유연화 압력에 대해 한국의 노동자들은 정부정책에 전면적으로 항거하는 정치적 저항과 파업으로 대응해왔다. 매년 계속되는 '뜨거운 불만의 겨울'[5]은 제도화의 과제를 왜곡하고 유연화를 강화하는 노동정책에 대한 집단적 저항과 불만의 표출이다. 그러나 이 정치적 파업과 저항의 성격은 제도화의 진공상태에서 탄생한 것이다. 노동자들의 요구와 의식이 철저한 변화를 요구해서 전국적 저항이 나온 것이 아니라, 갈등을 흡수할 수 있는 제도적 틀을 한국 노동

---

5) 1996년 이후 거의 매년 계속된 노동자들의 겨울투쟁은 노동자에게 '뜨거운 겨울'(*hot winter*)이자 '불만의 겨울'(*winter of discontent*)이다. 1969년 이탈리아 노동자들의 작업장 민주주의를 위한 투쟁을 일컫는 '뜨거운 가을'(*Hot Autumn*), 그리고 1978~1979년 영국의 노동자들이 IMF 구제금융에 의한 공공지출 삭감과 실업정책에 대해 벌인 투쟁과 1984년 광산 노동자들의 반대처정부 투쟁을 가리키는 '불만의 겨울'(*Winter of Discontent*)을 합성한 표현으로, 한국 노동자들이 노동법 개악과 신자유주의 구조조정 정책에 맞서 벌인 겨울투쟁을 표현하기에 가장 적합한 개념이다(김성희, 1998). '불만의 겨울'이란 말은 셰익스피어의 《리처드 3세》에 처음 쓰였으며, 대공황기의 노동상황을 담은 존 스타인벡의 소설 제목으로도 쓰였다.

운동의 요구와 지향에 비해 너무 좁게, 또 낮게 설정한 정부정책의 한계 탓이라고 할 수 있다.[6] 현재 강화된 유연화와 미약한 제도화 수준에서 그대로 만족하라는 요구를 노무현 정부는 매우 공세적으로 수행하는 중이다.

2.1.3. 자료와 분석방법

파업현황을 분석한 자료의 출처와 가공방법은 다음과 같다. 첫째, 파업현황 자료는 노동부가 매년 전국의 근로감독관의 보고를 토대로 작성하는 노사분규 발생현황 엑셀 자료를 재가공하여 사용하였다.[7] 둘째, 재벌 계열사는 공정거래위원회가 발표하는 매년 30대 재벌 계열사 현황목록을 근거로 파업이 발생한 사업장이 재벌기업에 속하는지 여부를 표시하고 이를 별도로 분류하였다. 이 두 가지를 각각 통계 프로그램으로 가공하여 각각의 현황과 비교를 표와 그래프로 나타낸 것이다.

여기서 사용된 주요 변수는 다음과 같다. ① 파업참가 노동자 수 평균, ② 기업규모 별(1,000+, 300+, 100+, 30+, 30-) 분포, ③ 근로자 수 대비 조합원 수 비율, ④ 조합원 수 대비 참가근로자 수의 전체 평균(참가율 평균), ⑤ 산업별 분포(대분류별), ⑥ 적법 유무 중 비적법 도수와 비중, ⑦ 해결유형, ⑧ 평균 파업지속일수, ⑨ 손실일수(=참가자 수×분규일수)이다. 이 자료들은 전체와 재벌기업의 현황을 비교 설명하는 방식을 택했다. 아울러 연도별 변화를 파악하고 노사관계 주요 변화, 노사갈등 쟁점변화 흐름과 견주어 평가한다.

셋째, 재벌 계열사의 파업통계도 앞의 순서와 같은 방법으로 정리하고, 마지막에 재벌그룹별 참가율, 분규일수, 손실일수의 비교를 추가하였다.

넷째, 전체와 재벌기업의 비교통계로서 ① 참가율 평균 비교도표, ② 산업별분포

---

6) 제도화의 미비 탓이라고 할 수 있는 근거는 김영삼 정부 시절 노사관계개혁위원회에서 3금 조항 중 어떤 조항도 개선되지 않았다는 점, 김대중 정부 시절 구조조정 방향에 대한 어떤 조정도 불가능했을 뿐 아니라 3금 조항이 완전히 해결되지 않은 점을 들 수 있다. 기본적 수준의 제도화조차 제시하지 않은 채 참여와 타협의 노사관계를 구축하자는 주장에 동의하는 노동자는 많지 않다.

7) 노동부는 노사분규관련 자료원본을 공개하지 않고 전체 통계치만을 제공한다. 정보제공에 대한 정부관료의 낙후된 인식이 자라나는 배경에는 파업을 백안시하고 파업현황을 정확히 파악하고 자료화하는 것의 의미를 무시하는 독재정부 시절의 비민주적·관료적 태도와 함께 정권 관리적 차원의 시각에서 파업과 노사갈등을 바라보는, 아직까지도 꾸준히 지속되는 갈등이 아닌 협력만을 제도화하려는 낙후된 노사관계 인식의 반영이라고 할 수 있다. 다른 한편 자료의 신빙성에 대한 자신감이 없다는 점도 후진적 정보인식에 한몫을 한다. 이 점은 이 자료가 한국의 파업과 갈등적 노사관계의 지표로 활용되는 데 치명적 약점으로 작용하기도 한다. 기본자료도 제대로 구축하고 만들어내지 못하는 정부의 책임방기는 한국 사회를 해부하는 연구와 정책대안의 마련에 심각한 장애를 초래한다. 아울러 이 자료를 마련하기까지 단병호 의원실을 비롯한 여러 사람들의 도움이 있었음을 밝혀둔다.

비교, ③ 비적법비율 비교, ④ 해결유형의 비교, ⑤ 분규일수 비교(산업별·기업규모별 비교 포함), ⑥ 손실일수 비교(산업별·기업규모별 비교 포함), ⑦ 최고 분규, 손실일수의 재벌그룹 전체 평균, 재벌 평균과의 분규일수, 손실일수의 비교의 순서로 정리하였다.

　다섯째, 연도간 비교자료를 해석하여 연도별 변화와 노사관계 주요 변화, 노동영역 갈등의 쟁점 흐름과 견주어 평가한다.

　파업통계에서 사용된 변수는 다음과 같다.

① 연도

② 일련번호

③ 지역: (1) 서울 (2) 부산 (3) 대구 (4) 인천 (5) 광주 (6) 대전 (7) 경기 (8) 강원 (9) 충북 (10) 충남 (11) 전북 (12) 전남 (13) 경북 (14) 경남 (15) 제주

④ 근로자 수

⑤ 조합원 수

⑥ 참가 근로자 수

⑦ 산업분류: 1992년 이전 구산업분류체계로 소분류기준, 1995년과 1996년은 1998년 이전 분류기준으로 소분류로 작성된 것을 모두 신분류체계의 중분류기준으로 전환하였고 산업별 분포에 대한 해석에서는 대분류만을 고려하였다.

⑧ 발생원인: 1988~1989년의 경우, (1) 체불임금 (2) 임금인상 (3) 휴폐업 및 조업단축 (4) 근로조건 (5) 단체협약 (6) 해고 (7) 사납금 (8) 부당노동행위 (9) 기타. 1990~1991년의 경우, (1) 체불임금 (2) 임금인상 (3) 휴폐업 및 조업단축 (4) 근로조건 (5) 단체협약 (6) 해고 (7) 기타. 1992년 이후에는 (1) 체불임금 (2) 임금인상 (3) 단체협약 (4) 해고 (5) 부당노동행위 (6) 기타

⑨ 행동유형: 1991년 이전의 경우, (1) 작업거부 (2) 농성 (3) 시위 (4) 기타. 1992년 이후에는 (1) 작업거부 (2) 일반농성 (3) 점거농성(농성 및 시위가 점거농성으로 통일)

⑩ 발생년월일

⑪ 해결년월일

⑫ 쟁의일수: ⑪과 ⑩의 차이를 계산하여 입력. 구체적 산식은 (⑪-⑩ +1)로 하루 파업의 경우 1일로 계산

⑬ 적법 유무: (0) 불법 (1) 합법

⑭ 해결유형: (1) 노사합의 (2) 사법 및 행정처리 (3) 자체종결 (4) 기타

98

여기서는 파업관련 항목들이 제대로 집계되지 못한 1990년 이전의 자료는 전체 흐름 파악에만 활용하고 1990년 이후부터 2001년까지의 자료를 주로 다룬다. 가장 큰 이유는 재벌 파업 현황을 파악하는 것이 최종 목적이기 때문에 사업장명이 명시되지 않은 자료를 사용할 수 없기 때문이다. 안타깝게도 대폭발이라고 불릴 만한 파업의 초급증 현상이 나타났던 1987년 이후 3년간 데이터에는 사업장이 명시되어 있지 않고 그나마 1987년과 1988년은 전체 평균 외에 사업장별 집계조차 되어 있지 않다. 1987년 이전의 자료 또한 상세한 데이터를 구할 수 없었다. 또한 파업의 정도를 분석하는 데 파업의 빈도 외에 참가자 수와 파업손실일 수가 한 국가 내 파업 정도를 연도별 비교하는 중요한 지표이다. 집중도를 평가할 수 없는 1987년에서 1989년까지 자료들은 참고로만 살펴볼 수밖에 없다는 점도 작용했다.

2.2.　한국의 파업현황: 시계열 자료

파업현황 자료를 기초로 한국의 파업현황을 시계열로 살펴본다. 1987년 이전 노동의 침묵(*Quiescence of Labor*) 상태에서 1987년 이후 3년간 대폭발(*Grand Explosion*)의 시기를 지나, 1990년대 초·중반 노동 침묵의 재현(*Resurgence of Labor Quiescence*)에 대한 논란이 제기될 정도로 파업건수가 줄어드는 시기를 거쳐 1998년 이후 구조조정과 대량감원을 둘러싼 불만표출로 파업이 다시 증가하는 시기적 변화를 드러냈다.

2.2.1.　전반적 파업 흐름
1987년부터 3년간은 노동자 대투쟁의 시기, 대폭발의 시기였다. 1987년은 파업건수가 3,749건이고 파업손실일수는 700만 일에 달했다. 이런 흐름은 1988년과 1989년까지 이어져 1,500건이 넘는 파업과 500~600만에 달하는 파업손실일수를 기록했다. 그러나 1990년부터 대투쟁 열기는 사라지고 파업건수 322건을 기록한 이래 경제위기 직전인 1997년에는 78건까지 감소했다가 구조조정 파업이 증가하면서 2003년에는 320건으로 평년 수준으로 회복되었다.

1987년 이전의 변화는 파업건수 외에 유의미한 통계로 보기 어렵다. 그리고 1987년 이후 3년간 대폭발의 시기 통계는 앞서 언급한 것처럼 사업장 통계가 별도로 집계되지 않아 재벌기업의 파업 특징을 분석하고자 하는 백서의 성격상 분석에서 제외하지 않을 수 없다.

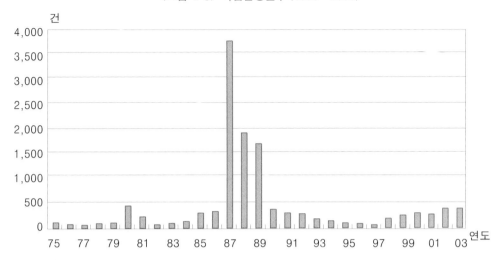

〈그림 2-8〉 파업발생건수 (1975~2003)

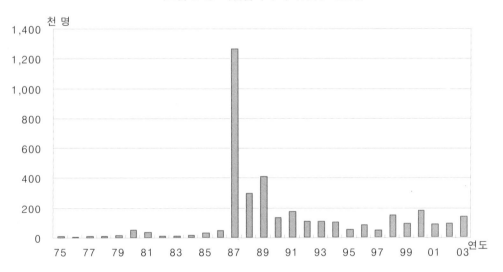

〈그림 2-9〉 파업참가자 수 (1975~2003)

〈그림 2-10〉 파업손실일수 (1975~2003)

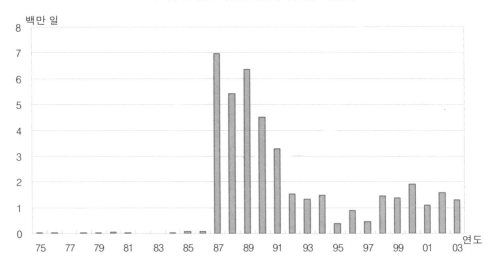

2.2.2.　파업발생건수 추이

노동의 침묵(*Quiesence of Labor*)에서부터 불만의 대폭발(*Grand Explosion of Discontent*)로 이어졌던 1987년 이후 3년이 지난 후 파업건수는 안정화되는 경향을 보인다.

　1990년 이후 파업건수는 예전과 비교해서 크게 안정화되었지만 전반적으로 U자형 곡선을 띠고 있다. 1990년대 중반이 파업의 전반적 소강기로 나타난다. 그런데 전반적 파업이 감소한 시기에 재벌의 파업은 증가했거나 비중이 높아지는 특징을 보인다. 구조조정 파업이 증가한 1998년과 1999년에도 재벌기업의 비중은 증가하는 양상을 보인다. 이는 1990년대 초 중소기업의 휴·폐업 등의 영향과 1987년 이후 노사관리전략에 새로운 변화를 보인 신경영전략 영향의 반영이라고 볼 수 있다. 특히, 일시적 소강 국면과 신공안정국을 지나서 신경영전략에 기반한 자본과 민주노총 출범으로 전열을 정비한 노동 간에 노사 정면대결이 1990년대 중반에 본격적으로 전개되었던 현실의 반영이라고 할 수 있다. 1995년을 제외하면 재벌기업의 파업빈도수의 변화와 동일한 흐름을 가진다. 특히, 전반적 파업건수 변화 추이와 재벌의 파업건수 변화 추이가 동조현상을 보인다.

〈표 2-11〉 전체 파업과 재벌 파업의 추이 (1990~2001)

	1990	1991	1992	1993	1994	1995	1996	1997	1998	1999	2000	2001
전체 파업발생건수	322	238	236	150	123	88	85	76	150	214	259	244
30대 재벌기업 파업발생건수 (비중)	19 (5.9)	34 (14.3)	17 (7.2)	26 (17.3)	23 (18.7)	15 (17.0)	22 (25.9)	8 (10.5)	26 (17.3)	41 (19.2)	17 (6.6)	18 (7.4)
비재벌기업 파업건수	303	204	219	124	100	73	63	68	124	173	242	226

〈그림 2-11〉 파업발생빈도 : 전체 (1990~2001)

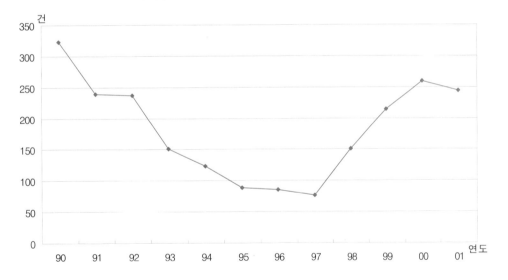

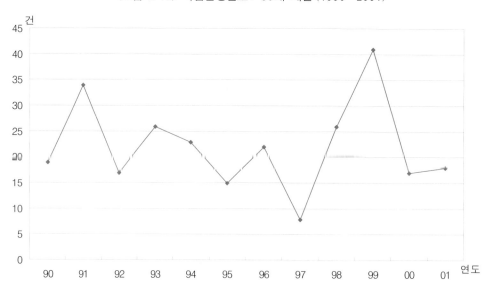

〈그림 2-12〉 파업발생빈도 : 30대 재벌(1990~2001)

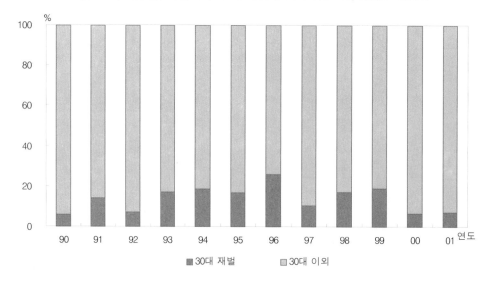

〈그림 2-13〉 연도별 파업에서 30대 재벌이 차지하는 비중(1990~2001)

2.2.3.　　파업사업장의 파업조직화 특성

　1) 파업사업장 노동자 수
　연도별 파업사업장 노동자 수의 추이를 보면 전체 통계에서는 거의 변화가 없고 다만 1998년 경제위기 직후 구조조정 파업이 잦았던 시절에만 비교적 노동자 수가 많은 기업에서 파업이 많았던 것으로 평가된다. 그러나 재벌기업의 경우에는 1998년과 2000년에 노동자 수 규모가 크게 증가했다. 따라서 1998년 이후 파업사업장의 재벌-비재벌 간 노동자 수 규모의 차이도 크게 나타났다. 이 요인은 구조조정 파업으로 대형 사업장 파업이 증가했음을 반영하는 지표라고 할 것이다.

〈표 2-12〉 파업사업장 평균 노동자 수의 추이: 전체와 30대 재벌의 비교 (1990~2001)

	1990	1991	1992	1993	1994	1995	1996	1997	1998	1999	2000	2001
전 체	1,027	1,435	685	1,203	1,302	935	1,625	1,007	3,351	1,737	1,766	1,246
재 벌	5,598	4,720	3,400	4,456	4,227	3,319	4,947	4,504	8,674	5,268	10,675	6,747

〈그림 2-14〉 파업사업장 평균 노동자 수 추이: 전체와 30대 재벌의 비교 (1990~2001)

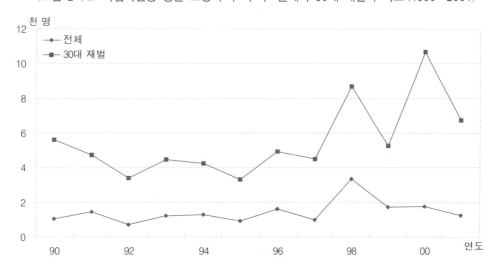

2) 파업사업장의 조직률

조직률은 노조의 파업역량을 평가할 수 있는 절대적 지표는 아니지만 그래도 전투성의 가장 유력한 자원이라는 관점(Visser, 1991)에서 볼 때 파업사업장의 조직률 변화는 파업변화를 설명할 수 있는 중요한 변수이다.

연도별 파업사업장의 조직률은 1999년까지 60% 전후로 비슷한 양상을 보이다 2000년 이후 50%대로 하락해 전반적 조직률 하락 추세를 부분적으로 반영하는 것으로 추론할 수 있다. 반면 30대 재벌기업 파업사업장의 조직률은 1990년대 초반 70%대를 보이고 중반 이후 하락세를 보이다가 경제위기 이후 다시 상승세로 돌아섰다.

전체 조직률이 줄곧 하락세를 보인 것과 전반적으로 유사한 양상을 보이는데, 30대 재벌의 경우 1999년 이후 파업사업장의 조직률이 매우 높게 나타나는 것이 두드러진 특징이다. 파업조직률이 전투성 증가에 미친 영향 측면에서 볼 때 30대 재벌의 경우 전반적 조직률 정체와 상관없이 1999년 이후 긍정적 영향을 미쳤던 것으로 평가된다.

〈표 2-13〉 파업사업장 조직률 추이 비교(1990~2001)

	1990	1991	1992	1993	1994	1995	1996	1997	1998	1999	2000	2001
전 체	64.9	67.1	64.1	62.8	68.2	56.4	62.8	59.5	64.3	64.8	57.2	59.7
30대 재벌	74.2	70.9	72.2	61.6	70.4	53.3	60.5	55.3	57.2	72.1	65.8	67.3

〈그림 2-15〉 파업사업장 조직률 추이: 전체와 30대 재벌의 비교(1990~2001)

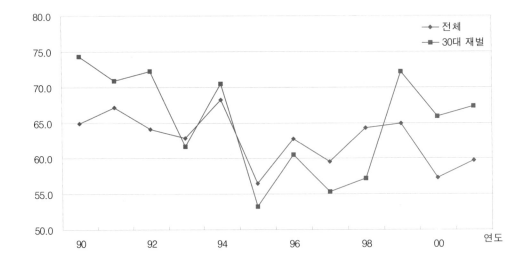

3) 파업참가율

사업장 단위의 파업 참가율(파업참가자 수÷조합원 수×100)은 파업분석의 핵심변수 중 하나이다.[8] 조직된 노동자 중에 파업에 참가하는 비율이 높을수록 노동조합의 파업이 갖는 파급력과 이로 인한 교섭력은 증가된다. 연도별 파업사업장 파업참가율을 보면 1999년과 2001년을 제외하고는 90%를 모두 상회한다. 100%를 넘는 경우도 나오는데 이는 비조합원도 파업에 참가했던 사례가 있을 정도로 파업조직 강도가 높은 편이었던 현실의 반영이라고 하겠다. 30대 재벌의 경우에는 1998년 이후 뚜렷한 하강세를 보인다. 이는 대기업 노동자의 조합 충성도나 파업참여율이 급속히 쇠퇴하고 있음을 보여준다. 그 이유는 구조조정 파업의 특성이나 재벌 대기업의 분리대응전략이 작용한 결과로 볼 수 있다.

〈표 2-14〉 파업사업장 파업참가율(파업참가자수÷조합원 수×100) 비교(1990~2001)

	1990	1991	1992	1993	1994	1995	1996	1997	1998	1999	2000	2001
전 체	91.8	95.3	91.0	100.3	98.3	-	96.5	100.0	82.4	74.7	98.8	79.0
30대 재벌	104.6	84.7	92.2	100.0	93.3	-	93.5	100.0	70.0	63.8	67.3	50.9

주: 노동부의 자료에는 유독 1995년에만 참가율 통계가 누락되어 있다.

〈그림 2-16〉 파업사업장 파업참가율 추이 : 전체와 30대 재벌의 비교(1990~2001)

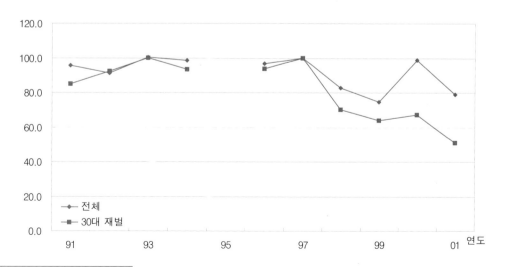

_____

8) 물론 일국 전체 차원의 통계로서 핵심변수이지만, 여기서는 사업장 단위의 상호 비교를 위해 개별 파업사업장 단위의 파업참가율을 사용한다.

2.2.4. 연도별 파업양상의 핵심적 특징

파업을 측정하는 가장 중요한 지표인 손실일수를 포함해서 그 기초자료가 되면서 파업으로 인한 노사갈등 정도를 표현하는 지표인 파업일수와 합법/비합법 파업의 여부 등 핵심적 지표를 살펴본다.

1) 파업손실일수

전반적 파업손실일수는 1998년을 제외하면 일정한 수준을 유지하는 경향을 보인다. 1998년은 구조조정과 고용조정에 대항하는 파업이 많았던 현실을 반영한다. 반면 재벌의 파업손실일수는 급증한다. 1991년 전노협 출범 이후 신공안정국하에서 치열하게 대치했던 대기업노조와 정부, 자본의 관계가 반영된 결과라고 할 수 있다. 1997년 이후에는 해를 건너 증감을 거듭하는데, 지속적 파업이 갖는 조직적 손실과 피로도가 반영된 결과로 평가된다.

연도별 재벌과 비재벌의 손실일수 추이는 재벌 파업손실일수 등락현상을 반영한다. 이런 추이는 파업일수에 의한 요인인지, 파업참가자 수의 차이에서 연유한 것인지 추가분석이 필요하다.

〈표 2-15〉 파업손실일수 (파업참가자 수×파업일수)의 추이 (1990~2001)

	1990	1991	1992	1993	1994	1995
전 체	7,321.8	14,443.9	9,602.1	22,249.0	20,661.4	12,568.9
30대 재벌	36,488.8	25,379.3	74,891.9	103,718.1	86,899.3	41,547.1
	1996	1997	1998	1999	2000	2001
전 체	16,282.3	7,809.9	30,343.3	7,075.1	9,650.0	7,388.4
30대 재벌	40,222.4	29,505.5	58,600.6	14,560.8	53,847.5	23,832.5

〈그림 2-17〉 파업손실일수 추이 : 전체와 30대 재벌의 비교(1990~2001)

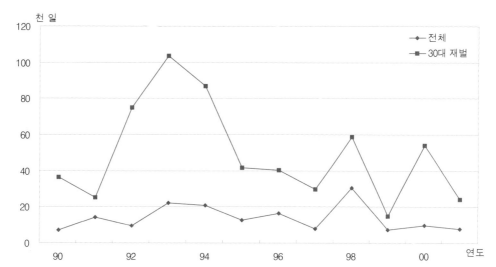

2) 파업지속일수

이런 점에서 파업지속기간을 비교하면 흥미 있는 결과가 나온다. 손실일수 추이와는 상관없이 파업일수 추이에서는 전체 파업사업장의 지속기간이 더 길어 비재벌의 파업이 더 오래 지속되었음을 알 수 있다. 1990년대 초·중반 재벌의 손실일수가 훨씬 컸던 기간에도 동일한 양상이었다. 결국 이 시기 재벌의 손실일수 증가는 파업참가자 수가 컸던 대규모 사업장이 다수 파업에 참여한 거대규모 사업장의 파업이 많았던 결과로 해석된다. 신경영전략에 대응하는 대기업 사업장의 파업이 많았으나 상대적으로 지속기간은 길지 않았으며, 구조조정이 진행된 이후에는 장기화되는 경향을 보인다.

재벌과 비재벌의 파업일수는 전반적으로 비재벌이 다소 긴 가운데 동조적 현상을 보인다. 전반적 흐름은 1999년 이후 파업일수가 길어짐을 알 수 있다. 타협안 마련이 쉽지 않은 구조조정관련 파업으로 인한 장기 파업사업장이 증가했던 현상의 반영이라고 할 수 있다.

〈표 2-16〉 파업일수 추이 : 전체와 30대 재벌의 비교(1990~2001)

	1990	1991	1992	1993	1994	1995	1996	1997	1998	1999	2000	2001
전 체	21.7	18.3	20.3	19.8	19.0	22.0	29.6	19.1	27.2	19.7	34.5	30.2
30대 재벌	23.0	13.4	13.9	23.1	17.9	14.4	21.6	16.6	21.2	15.6	26.6	26.2

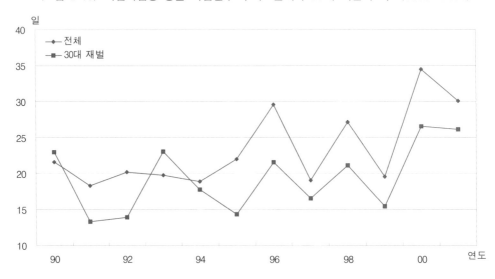

〈그림 2-18〉 파업사업장 평균 파업일수 추이: 전체와 30대 재벌의 비교(1990~2001)

3) 합법-비합법파업의 비중

파업의 강도 차이를 해석하는 또 하나의 유력한 변수는 비합법파업의 비중이다. 한국 노사관계의 파행현상과 비제도화된 성격을 반영하는 독특한 지표라고 할 수 있다.

합법파업의 비중을 보면 점차 비합법파업은 소멸해 가는 것을 알 수 있다. 1994년 이전 60%대, 1990년과 1991년 재벌기업의 경우 20~30%대에 머물렀던 합법파업의 비중은 1990년대 중반부터 꾸준히 증가해 100%에 육박한다. 절차적 민주주의 수준에서만 볼 때 노사관계의 제도화가 완결단계에 이르렀음을 보여준다. 그러나 손실일수나 파업빈도로 볼 때 노사관계 제도화가 실질적 수준에 이르렀는지에 대해서는 긍정적 답을 내리기 어렵다. 갈등과 협력의 동시 제도화라는 노사관계 제도화 정의에 비추어 볼 때 갈등의 제도화 추세가 자리잡았다고 보기에는 손실일수나 파업빈도에서 급속하고 안정적인 하락추세는 발견할 수 없기 때문이다.

한편 재벌과 비재벌이 합법파업의 비중에서 뚜렷한 차이를 보이지 않는다. 그러나 1991년 이전에는 재벌의 비합법파업 비중이 매우 높았다는 점만은 추가해석이 필요하다. 대기업 노동조합이 노동탄압정책과 정면으로 맞섰던 시기의 산물이라 해석된다.

〈표 2-17〉 합법파업의 비중 추이 : 전체와 30대 재벌의 비교 (1990~2001)

	1990	1991	1992	1993	1994	1995	1996	1997	1998	1999	2000	2001
전 체	42.5	59.7	64.0	76.0	66.3	84.1	84.7	78.9	92.7	98.6	100.0	98.8
30대 재벌	26.3	38.2	64.7	65.4	66.7	86.7	68.2	100.0	84.6	97.6	100.0	94.4

〈그림 2-19〉 합법파업의 비중 추이 : 전체와 30대 재벌의 비교 (1990~2001)

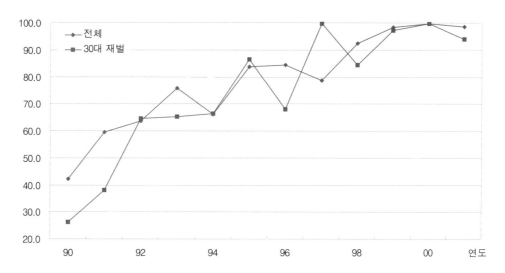

2.3. 재벌기업의 파업현황

이하에서는 재벌기업의 파업현황을 재벌그룹별로 살펴보고 분석한다. 여기서는 재벌그룹 중 계열사에서 파업이 비교적 여러 해에 걸쳐 지속 발생했던 재벌그룹을 주로 다룬다. 그러나 유력한 재벌그룹들의 파업현황 파악도 중요하기 때문에 삼성, LG와 같이 계열사에서 파업이 잦았다고 보기 어려운 재벌그룹도 포함했다. 또한 그룹이 해체된 대우그룹, 한라그룹이나 현대자동차그룹에 통합되어 해체된 기아그룹 등 1990년대 주요 재벌 중 2000년 이후 해체된 재벌그룹 중 계열사 파업이 자주 일어났던 그룹들도 분석대상에 포함했다. 먼저 재벌그룹별 파업현황을 살펴보고 재벌그룹간 비교 분석한다.

2.3.1. 재벌그룹별 파업현황

1) 현대그룹의 파업현황

현대그룹은 파업 발생빈도도 높고 손실일수도 높은 특징을 보인다. 현대그룹의 파업발생건수(파업빈도)는 1990년부터 2001년까지 총 81건으로 같은 기간 전체 파업건수 2,185건의 4.8%에 해당하며, 같은 기간 재벌기업 파업건수 266건의 30.5%를 차지한다. 연평균으로 현대그룹에서는 6.75건의 파업이 발생했다.

파업발생 사업장의 평균 노동자 수는 전체 평균 1,443.3명이나 30대 재벌의 5,544.6명보다 월등히 높은 9,912명을 기록해 상대적으로 거대규모 사업장의 파업이 주로 발생했다. 파업사업장 조직률은 현대그룹이 총평균 72.4%로서 전체 62.7%, 30대 재벌 평균 65.1%에 비해 높아 파업지향성이 발휘되는 데 유리한 조건을 갖추었음을 알 수 있다.

파업밀도를 측정하는 지표인 파업참가율에서는 1993년부터 1997년까지 100%를 기록하는 등 전체적으로 82.6%에 달해, 전체 평균 91.7%와 30대 재벌 평균 83.7%에 비해서는 약간 낮지만 파업 수가 많았던 사실에 견주어 보면 매우 높은 참가율을 기록했다.

평균 파업지속일수는 19.0일로서 전체평균 23.5일과 30대 재벌 평균 19.5일에 비해 역시 다소 낮으나 이 또한 파업빈도에 비추어보면 비교적 높은 수준임을 알 수 있다.

합법파업의 비중은 82%로서 전체 평균인 78.9%와 30대 재벌 평균 74.4%보다 더 높아 파업의 빈발과정에서 법에 규정된 파업절차를 따라 진행되는 관행이 정착된 것으로 평가된다. 1990년과 1991년을 제외히면 거의 100%에 육박한다고 할 수 있다.

가장 중요한 항목인 파업손실일수는 1990년에서 2001년까지 연간 파업당 평균 손실일수는 112,594.2일에 이르러 전체 평균 13,783.0일에 비해서나 30대 재벌의 파업당 평균 손실일수인 49,124.5일에 비해서 월등히 높은 수준으로 대규모 파업이라는 특징이 뚜렷이 드러난다.

〈표 2-18〉 현대그룹의 연도별 파업현황 (1990~2001)

(단위: 건, 명, %, 일)

연 도	파업 빈도	평균 노동자 수	평균 조직률	평균 파업참가율	평균 지속일수	평균 손실일수	합법파업 수	합법파업 비중
1990	7	10,866.4	85.9	83.0	18.0	153,819.6	1	0.14
1991	8	4,252.9	75.5	90.1	21.8	36,485.0	5	0.63
1992	10	4,946.1	71.6	98.2	17.9	122,123.3	9	0.90
1993	13	10,191.0	69.6	100.0	36.1	286,604.9	10	0.77
1994	3	11,195.7	78.6	100.0	43.3	517,318.3	3	1.00
1995	2	600.0	61.3	100.0	10.5	3,331.5	2	1.00
1996	4	2,726.8	70.0	100.0	13.0	27,922.3	3	0.75
1997	1	3,129.0	80.6	100.0	11.0	27,753.0	1	1.00
1998	9	14,865.6	65.3	76.2	13.3	28,590.8	7	0.78
1999	12	8,985.1	72.9	38.7	15.0	12,218.8	11	0.92
2000	6	32,527.0	68.8	42.3	16.8	102,588.7	6	1.00
2001	6	14,653.5	68.2	62.1	10.8	32,369.8	6	1.00
총 계	81	118,939			227.6	1,351,126.0	64	
총평균	6.75	9,912	72.4	82.6	19.0	112,594	5.3	0.82

2) 대우그룹의 파업현황

2000년 그룹해체 이전까지 대우그룹의 파업도 지속적 대규모 파업의 양상을 보인다.

대우그룹은 이 기간 총 파업발생건수는 39건으로 같은 기간 전체 파업건수 1,864건의 2.1%에 해당하며, 같은 기간 재벌기업 파업건수 231건의 16.9%로서 현대그룹 다음의 비중을 차지한다. 연간 평균으로 대우그룹에서는 3.9건의 파업이 발생했다.

파업발생 사업장의 평균 노동자 수는 6,312명으로 전체 평균 1,443.3명이나 30대 재벌의 5,544.6명보다 매우 높은 수준이다. 파업사업상 조직률은 대우그룹이 총평균 58.7%로서 전체 62.7%, 30대 재벌 평균 65.1%에 낮아 단순히 노조조직률 측면에서 본 노조조직강도는 높지 않은 편이다. 이는 조직률이 30%에 못 미치는 대우자판, 경북자동차판매 등 판매서비스업종 파업사업장의 영향이기도 하지만 중기, 조선 등 중공업부문에서도 현대그룹에 비해 낮은 조직률을 기록하고 있는 대우그룹의 전반적 특징으로 평가할 수 있다.

파업밀도를 측정하는 지표인 파업참가율에서는 1993년부터 1997년까지 100%를 기록하는 등 전체적으로 84.9%이며, 전체 평균 91.7%보다 낮고 30대 재벌 평균 83.7%보다 다소 높은 수준이다. 평균 파업지속일수는 21.4일로서 전체 평균 23.5일

〈표 2-19〉 대우그룹의 연도별 파업현황 (1990~1999)

(단위: 건, 명, %, 일)

연도	파업 빈도	평균 노동자 수	평균 조직률	평균 파업참가율	평균 지속일수	평균 손실일수	합법파업 수	합법파업 비중
1990	1	2,400.0	52.1	79.9	12.0	12,000.0	0	0.00
1991	8	10,339.0	75.3	69.0	9.0	35,086.3	0	0.00
1992	0	-	-	-	-	-	-	-
1993	2	2,810.0	48.4	100.0	34.0	46,240.0	0	0.00
1994	2	1,778.0	65.6	100.0	23.5	28,500.0	0	0.00
1995	3	11,375.7	65.2	100.0	19.0	159,941.0	2	0.67
1996	3	646.7	54.4	100.0	36.0	13,160.0	2	0.67
1997	2	10,615.5	59.7	100.0	17.5	69,268.5	2	1.00
1998	7	9,835.3	44.6	64.0	28.9	155,644.4	7	1.00
1999	11	7,014.0	62.9	50.9	13.2	20,458.2	11	1.00
총계	39	56,814.1			193.0	540,298.4	24	
총평균	3.9	6,312.7	58.7	84.9	21.4	60,033.2	2.7	0.48

과 30대 재벌 평균 19.5일의 중간 수준이다.

합법파업의 비중은 48%로서 전체 평균인 78.9%와 30대 재벌 평균 74.4%보다 뚜렷이 낮은 특징을 보인다. 그러나 1994년 이전 합법파업 비율이 0%인 데 비해 1997년 이후에는 구조조정 파업임에도 불구하고 100%로 점차 합법절차를 따르는 관행이 뒤늦게 정착된 것으로 나타났다.

가장 중요한 항목인 파업손실일수를 살펴보면, 1990년에서 1999년까지 파업당 평균 손실일수는 60,033.2일에 이르러 전체 평균 13,783.0일에 비해서는 월등히 높고 30대 재벌의 파업당 평균 손실일수인 49,124.5일에 비해서도 1만 일 이상이 긴 대규모 파업이었음을 알 수 있다.

3) 기아그룹의 파업현황

1998년 이후 현대그룹으로 편입된 기아그룹의 파업은 상대적으로 파업성향이 현대, 대우에 비해 뚜렷이 낮은 특징을 보인다. 1990년부터 1997년까지 기아그룹의 총 파업 발생건수는 13건으로 같은 기간 재벌기업 파업건수 164건의 7.9%를 차지한다. 연간 평균으로 기아그룹에서는 1.6건의 파업이 발생했다.

파업발생 사업장의 평균 노동자 수는 10,780명으로 전체 평균 1,443.3명이나 30대 재벌의 5,544.6명보다 매우 높은 수준이다. 전체 그룹 파업건수 중 5건이 2만 명 전

〈표 2-20〉 기아그룹의 연도별 파업현황 (1990~1997)

(단위: 건, 명, %, 일)

연도	파업빈도	평균노동자 수	평균조직률	평균파업참가율	평균지속일수	평균손실일수	합법파업수	합법파업비중
1990	1	17,705.0	49.7	30.7	2.0	5,400.0	0.0	0.00
1991	5	5,653.6	68.2	71.3	12.2	23,081.6	0.0	0.00
1992	1	2,771.0	61.0	100.0	20.0	33,800.0	0.0	0.00
1993	0							
1994	4	8,319.8	64.5	100.0	4.5	21,142.3	3.0	0.75
1995	0							
1996	2	19,451.0	76.5	79.8	12.0	147,152.0	1.0	0.50
1997	0							
총계	13	53,900.4			50.7	230,575.9	4.0	
총평균	1.6	10,780.1	64.0	76.4	10.1	46,115.2	0.8	0.25

후의 기아자동차의 파업이고, 2건이 1만 명이 조금 안 되는 아시아자동차의 파업이었기 때문이다. 파업사업장 조직률은 64.0%로서 전체 62.7%, 30대 재벌 평균 65.1%과 비슷한 수준이다.

파업밀도를 측정하는 지표인 파업참가율에서는 1992년과 1994년 100%를 기록하는 등 전체적으로 76.4%로서 평균보다 낮은 수준이다. 평균 파업지속일수는 10.1일로서 전체 평균 23.5일과 30대 재벌 평균 19.5일보다 뚜렷이 낮은 단기파업의 성격을 띤다.

합법파업의 비중은 25%로서 전체 평균이나 30대 재벌 평균보다 뚜렷이 낮은데, 이는 합법파업이 관행화되기 이전의 파업이 차지하는 비중이 높기 때문이다.

1990년에서 1997년도 파업이 발생한 해의 파업당 평균 손실일수는 46,115.2일에 이르러 전체 평균 13,783.0일에 비해서는 월등히 높지만 30대 재벌의 파업당 평균 손실일수인 49,124.5일에 비해서는 다소 낮은 특징을 보인다.

4) 삼성그룹의 파업현황

삼성그룹은 무노조경영을 전개하는 그룹의 특성상 파업발생이 매우 드문 재벌그룹이다. 1990년부터 2001년까지 파업이 발생한 해는 1990년과 1998년에서 2000년까지 3년간을 합해 4년뿐이다. 1990년에는 경남 울산지역의 중공업 파업의 흐름에서 삼성중공업에서 파업이 발생했고 1998년부터는 구조조정 파업으로 삼성자동차, 삼성상용차, 삼성중공업 등에서 발생했던 파업이었다. 연평균으로는 0.42건의 파업이 발생한 셈이다.

파업발생 사업장의 평균 노동자 수는 2,040.5명이며, 파업사업장 조직률은 41.8%로서 낮은 편이나 무노조경영으로 노조가 매우 제한적으로 인정된 관행으로 견주어 당연한 결과이다. 평균 파업참가율은 자료가 있는 경우만을 보면 251.8%로 월등히 높은데, 이 또한 무노조경영관행과 깊은 관련이 있는 것으로 한 번 파업이 벌어지면 비조합원이 대거 참여하는 파업양상으로 이어졌음을 알 수 있다.

평균 파업지속일수는 36.0일로서 전체평균 23.5일과 30대 재벌 평균 19.5일에 비해 매우 긴 편이며, 구조조정 파업과 무노조경영 관행 사업장의 파업이라는 특징이 반영된 결과로 파업돌입에서 해결까지 오랜 시간이 경과했다.

합법파업은 1998년 이후 100%이고 1990년의 경우만 비합법으로 진행되었다. 1990년에서 2001년까지 파업당 평균 손실일수는 35,619일로서 현대그룹이나 대우그룹과 비교해보면 파업지속일수는 길어도 파업참여인원이 훨씬 적어 다소 낮은 편으로 드러났다.

〈표 2-21〉 삼성그룹의 연도별 파업현황 (1990~2001)

(단위: 건, 명, %, 일)

연 도	파업 빈도	평균 노동자 수	평균 조직률	평균 파업참가율	평균 지속일수	평균 손실일수	합법파업 수	합법파업 비중
1990	1	2,600	17.3	407.6	39	71,526	0	0.00
1991	0							
1992	0							
1993	0							
1994	0							
1995	0							
1996	0							
1997	0							
1998	2	2,850	50.0		42	17,550	2	1.00
1999	1	1,462	0.0		37	22,200	1	1.00
2000	1	1,250	100.0	96.0	26	31,200	1	1.00
2001	0							
총 계	5	8,162			144	142,476	4	
총평균	0.42	2,040.5	41.8	251.8	36.0	35,619.0	1.0	0.75

5) LG그룹의 파업현황

LG그룹은 LG전자의 노경관계라는 구호로 상징되는 협력적 노사관계를 그룹 노사관계의 기본틀로 삼고 있어 무노조경영을 주창하는 삼성그룹과 파업현황에서 유사한 특징을 보인다. 1990년부터 2001년까지 파업이 발생한 해는 계열사의 인수합병과 매각 등 구조조정을 둘러싼 파업이 발생한 1998년과 1999년 두 해뿐이다. 1988년 LG전자 창원공장 파업 수습 이후 본격적으로 협력적 노사관계 이식에 주력했던 사실을 반영하는 결과이다. 또한 1998년과 1999년 발생한 4건의 파업이 LG반도체, LG산전, 데이콤, LG화학과 같이 모두 기업 인수합병이나 매각, 분할과 얽혀 있던 특수상황에서 발생했던 공통점을 갖는다. 연평균으로는 0.33건의 파업이 발생한 셈으로 매우 낮은 편이다.

파업발생 사업장의 평균 노동자 수는 4,030명이며, 파업사업장 조직률은 53.2%로서 낮은 편인데 이는 그룹 전반의 협력적 노사관계 관행에 비추어 당연한 결과로 해석

〈표 2-22〉 LG그룹의 연도별 파업현황 (1990~2001)

(단위: 건, 명, %, 일)

연 도	파업 빈도	평균 노동자 수	평균 조직률	평균 파업참가율	평균 지속일수	평균 손실일수	합법파업 수	합법파업 비중
1990	0							
1991	0							
1992	0							
1993	0							
1994	0							
1995	0							
1996	0							
1997	0							
1998	0							
1999	2	5,760	32.3	434.5	11	60,150	2	1.0
2000	2	2,300	74.0	107.5	43	54,840	2	1.0
2001	0							
총 계	4	8,060			53.5	114,990	4	
총평균	0.33	4,030	53.2	271.0	26.8	57,495	2.0	1.0

된다. 평균 파업참가율은 271.0%로 매우 높은데 구조조정 파업의 특징과 낮은 조직
률로 나타나는 협력적 노사관계 관행과 깊은 관계가 있다.

평균 파업지속일수는 26.8일로서 전체 평균 23.5일과 30대 재벌 평균 19.5일에 비
해 상대적으로 긴 편으로, 파업이 드문 LG그룹의 특성상 파업이 발생하기도 쉽지 않
지만 쉽게 해결도 안 되는 파업양상임을 알 수 있다.

합법파업 비중은 100%인데 합법화 관행이 굳어진 1998년 이후의 파업이 전부이기
때문에 나타난 결과이다. 파업당 평균 손실일수는 57,495일로서 비교적 긴 편으로 현
대그룹이나 대우그룹보다 낮지만 기아그룹보다도 높은데 이는 파업참가율이 높고 지
속기간은 길며 비교적 대규모 사업장의 파업이 주를 이루었기 때문으로 해석된다.

6) 한라그룹의 파업현황

한라그룹이 실질적으로 해체되기 이전인 1999년까지의 파업현황을 살펴본다. 한라그룹의 이 기간 파업건수는 13건으로 연간 평균 1.3건의 파업이 발생한 셈이며, 1990년부터 1999년까지 30대 재벌기업 파업건수 231건의 5.6%를 차지한다.

전체 그룹 파업건수 13건 중 5건이 한라중공업, 4건이 만도기계, 3건이 한라공조, 1건이 한라시멘트의 파업으로 4개 기업의 파업이 전부이다.

파업발생 사업장의 평균 노동자 수는 4,166.9명으로 전체 평균 1,443.3명보다 높고 30대 재벌 평균 5,544.6명보다 다소 낮은 수준이다. 파업사업장 조직률은 51.2%로서 전체 62.7%, 30대 재벌 평균 65.1%보다 낮은 특징을 보이며, 앞의 4개 기업, 특히, 한라중공업, 만도기계, 한라공조의 특징이 반영된 결과이다.

파업밀도를 측정하는 지표인 파업참가율에서는 83.5%로서 전체 평균보다 낮고 재벌 평균과 비슷하나 조직률에 비추어보아 높은 수준이다. 평균 파업지속일수는 15.9일로서 전체 평균 23.5일과 30대 재벌 평균 19.5일보다 다소 낮은 특징을 보인다.

합법파업의 비중은 67%이며, 1990년에서 1999년까지 파업이 발생한 해의 파업당 평균 손실일수는 22,291.5일로 전체 평균 13,783.0일에 비해서는 높고 30대 재벌의 파업당 평균 손실일수인 49,124.5일에 비해서는 낮은 특징을 보인다.

〈표 2-23〉 한라그룹의 연도별 파업현황 (1990~1999)

(단위: 건, 명, %, 일)

연도	파업 빈도	평균 노동자 수	평균 조직률	평균 파업참가율	평균 지속일수	평균 손실일수	합법파업 수	합법파업 비중
1990	0							
1991	0							
1992	0							
1993	1	2,748	46.5	100.0	15.0	19,170.0	0	0.00
1994	1	1,380	47.4	100.0	4.0	2,616.0	1	1.00
1995	0							
1996	3	6,923	48.4	77.0	17.0	33,804.7	1	0.33
1997	2	4,957	48.0	100.0	12.0	28,883.0	2	1.00
1998	3	3,541	56.0	95.0	18.0	40,272.3	2	0.67
1999	3	5,453	61.0	28.0	29.0	9,003.3	3	1.00
총계	13	25,001.5			95.3	133,748.8	9	
총평균	1.3	4,166.9	51.2	83.5	15.9	22,291.5	1.5	0.67

7) 두산그룹의 파업현황

두산그룹의 파업현황은 1996년까지 파업이 발생하고 그 이후 발생하지 않았다는 점에서 다른 재벌그룹의 현황과 구별되는 특징을 보인다. 두산그룹의 총 파업건수는 8건으로 연간 평균 0.67건의 파업이 발생한 셈이다.

전체 그룹 파업건수 8건 중 3건이 두산기계, 2건이 두산종합식품의 파업이고 나머지 3건이 3개의 계열사의 파업으로 두 기업의 파업의 양상이 두산그룹 전체 파업 특징에 많이 반영되어 나타난다.

파업발생 사업장의 평균 노동자 수에서는 1,022.3명으로 재벌 평균은 물론이고 전체 평균 1,443.3명보다 낮은 수준이다. 파업사업장 조직률은 54.9%로서 전체 62.7%, 30대 재벌 평균 65.1%보다 낮다.

파업밀도를 측정하는 지표인 파업참가율에서는 99.3%로서 전체 평균을 약간 웃도는 매우 높은 수준이다. 평균 파업지속일수는 19.6일로서 30대 재벌 평균 19.5일과 비슷하다. 1996년 이전 파업이 다수를 차지하는데도 합법파업의 비중은 100%라는 특

〈표 2-24〉 두산그룹의 연도별 파업현황 (1990~2001)

(단위: 건, 명, %, 일)

연 도	파업 빈도	평균 노동자 수	평균 조직률	평균 파업참가율	평균 지속일수	평균 손실일수	합법파업 수	합법파업 비중
1990	1	810	71.7	100.0	28	16,268	1	1
1991	1	1,450	53.8	100.0	2	1,560	1	1
1992	0							
1993	2	380	63.0	100.0	3	720	2	1
1994	1	1,476	63.2	95.8	missing	missing	1	1
1995	2	893	40.0	100.0	8	3,819	2	1
1996	1	1,126	38.7	100.0	57	24,852	1	1
1997	0							
1998	0							
1999	0							
2000	0							
2001	0							
총 계	8	6,134			98	47,219	8	
총평균	0.67	1,022.3	54.9	99.3	19.6	9,443.8	1.3	1.0

징을 보이며 연간 파업당 평균 손실일수는 9,443.8일로서 전체 평균 13,783.0일에 비해서도 낮고 30대 재벌의 평균 49,124.5일에 비해서는 아주 낮다. 1990년대 전반에 진행된 파업이라는 점을 고려해서 평가할 때 상대적으로 적은 규모로 지속기간도 짧게 합법적으로 진행된 안정적 성격을 띤다고 해석할 수 있다.

8) 롯데그룹의 파업현황

롯데그룹의 파업현황은 총 6건이며 2건 이상 중복되는 기업이 없을 정도로 분산된 특징을 보인다. 롯데그룹의 총 파업건수는 6건으로 연간 평균 0.50건의 파업이 발생한 셈이다.

파업발생 사업장의 평균 노동자 수는 767.8명으로 전체 평균 1,443.3명보다 낮은 수준이다. 2000년 롯데호텔 파업을 제외하고는 비교적 작은 규모의 사업장 파업이 전부를 차지한다. 파업사업장 조직률은 54.1%로서 전체 62.7%, 30대 재벌 평균 65.1%보다 낮다. 파업밀도를 측정하는 지표인 파업참가율에서는 79.0%, 평균 파업지속일수는 15.7일로 모두 낮은 수준이다. 조직화 정도와 파업지향성이 낮은 식음료

〈표 2-25〉 롯데그룹의 연도별 파업현황 (1990~2001)

(단위: 건, 명, %, 일)

연 도	파업 빈도	평균 근로자 수	평균 조직률	평균 파업참가율	평균 지속일수	평균 손실일수	합법파업 수	합법파업 비중
1990	0							
1991	1	250	46.8	100.0	4	468	0	0
1992	1	522	86.6	26.5	12	1,440	0	0
1993	0							
1994	0							
1995	1	100	36.0	100.0	24	864	1	1
1996	1	285	58.9	100.0	15	2,520	1	1
1997	1	250	56.4	100.0	19	2,679	1	1
1998	0							
1999	0							
2000	1	3,200	39.7	47.2	20	12,000	1	1
2001	0							
총 계	6	4,607			94	19,971	4	
총평균	0.50	767.8	54.1	79.0	15.7	3,328.5	0.7	0.7

유통분야에 집중되어 있는 그룹 특성이 반영된 결과로 해석된다.

연간 파업당 평균 손실일수는 3,328.5일로서 전체 평균이나 30대 재벌의 평균에 비해 현저히 낮다. 전반적으로 파업빈도도 낮고 파업의 조직화 가능성 정도나 파업강도 등 모든 측면에서 낮게 나타난다.

9) 효성그룹의 파업현황

효성그룹의 파업건수는 총 9긴으로 현황은 시기별로 분산되어 있다. 그러나 주 생산품이 이륜운송장비인 효성중공업이 3건이고, 1999년 이후 효성중공업을 통합한 ㈜효성의 창원공장이 3건으로 실질적으로 구 효성중공업, 현 ㈜효성의 창원공장이 7건을 차지해서 이 사업장의 특성을 대체로 반영하는 특징을 보인다. 총 9건은 연평균 0.75건에 해당하나 효성중공업(효성 창원공장)만 놓고 보면 계속되는 구조조정으로 인해 파업이 매우 잦았음을 알 수 있다.

전체 파업양상에서는 이 기업(현재는 사업장)의 특성이 절대적 영향을 미친다. 파업

〈표 2-26〉 효성그룹의 연도별 파업현황(1990~2001)

(단위: 건, 명, %, 일)

연 도	파업 빈도	평균 근로자 수	평균 조직률	평균 파업참가율	평균 지속일수	평균 손실일수	합법파업 수	합법파업 비중
1990	0							
1991	0							
1992	1	2,218	60.9	101.5	12	16,440	0	0.00
1993	0							
1994	0							
1995	2	273	65.0	100.0	16	3,460	2	1.00
1996	1	2,989	58.5	71.4	17	21,250	1	1.00
1997	0							
1998	1	2,890	44.3	2.8	25	900	1	1.00
1999	0							
2000	2	1,647	61.0	53.0	22	14,520	2	1.00
2001	2	1,327	70.0	47.0	76	38,380	1	0.50
총 계	9	11,343			168	94,950	3	
총평균	0.75	1,890.5	60.0	62.7	28.0	15,825.0	1.2	0.8

발생 사업장의 평균 노동자 수에서는 1,890.5명으로 30대 재벌 평균보다 낮지만 전체 평균 1,443.3명보다는 높은 수준이다. 파업사업장 조직률은 60.0% 수준으로 전체 62.7%, 30대 재벌 평균 65.1%보다 약간 낮은 편이다. 파업참가율은 62.7%로 역시 낮은 편인 반면, 평균 파업지속일수는 28.0일로서 30대 재벌 평균 19.5일보다 매우 높다. 연간 파업당 평균 손실일수는 15,825.0일로서 전체 평균 13,783.0일에 비해서 약간 높고 30대 재벌의 평균 49,124.5일에 비해서는 매우 낮은 편이다. 2천 명을 웃돌다 밑도는 노동자 수, 60% 전후의 조직률이라는 특성을 갖는 효성중공업(효성 창원공장)의 특성이 그대로 반영된 결과이다.

10) 대림그룹의 파업현황

대림그룹은 1990년부터 2001년까지 총 파업건수 14건, 연평균 1.6건으로 현대, 대우에 이어 재벌그룹 중 세 번째로 파업지향성이 높은 것으로 나타났다. 이 중 총 10건이 이륜운송장비를 주로 생산하는 대림자동차에서 발생했을 정도로 한 기업이 차지하

〈표 2-27〉 대림그룹의 연도별 파업현황(1990~1997)

(단위: 건, 명, %, 일)

연도	파업빈도	평균근로자 수	평균조직률	평균파업참가율	평균지속일수	평균손실일수	합법파업수	합법파업비중
1990	2	830	75	100.0	9	6,150	1	0.50
1991	2	1,172	81	71.0	21	10,750	1	0.50
1992	1	950	78.9	100.0	12	9,000	0	0.00
1993	0							
1994	0							
1995	1	1,420	38.1	100.0	16	8,656	1	1.00
1996	2	704	49	100.0	38	16,968	1	0.50
1997	1	1,230	39.8	100.0	9	4,410	1	1.00
1998	3	898	65	50.0	26	6,793	3	1.00
1999	4	1,034	56	23.0	12	1,512	4	1.00
2000	1	397	63.0	15.2	45	1,710	1	1.00
2001	0							
총계	14	8,635			187	65,949	13	
총평균	1.6	959.4	60.7	73.3	20.8	7,327.6	1.4	0.7

는 비중이 높다. 이 산업의 특성상 지속적 구조조정 압력과 1998년 이후 고강도의 구조조정이 진행되었던 사실이 반영되는 특징을 보이며, 이는 효성그룹보다 빈도는 높지만 양상은 유사한 특징으로 나타난다.

파업발생 사업장의 평균 노동자 수는 959.4명으로 전체 평균 1,443.3명보다 훨씬 낮은데, 1천 명 규모를 상회하다 1998년 이후 그 이하로 떨어진 대림자동차의 특성이 반영된 결과이다. 파업사업장 조직률은 60.7%로서 대림자동차의 1990년대 초 80%에 이르는 높은 조직률, 1990년대 중반 40%를 밑도는 낮은 조직률과 1998년 이후 60%를 넘는 조직률이 연도별 변화나 연평균에 그대로 투영되었다. 이 변화는 대림자동차의 점진적 구조조정이 진행되던 1990년대 중반 상황과 급속한 구조조정이 진행된 1998년 이후 상황이 반영되었다.

파업참가율에서는 73.3%로 평균보다 다소 낮은 수준인데, 1998년 이전·이후가 뚜렷이 대비되는 특징을 보인다. 평균 파업지속일수는 20.8일로서 30대 재벌 평균 19.5일과 대체로 비슷하다. 합법파업의 비중은 70%이고 1997년 이후 계속 100%라는 점은 전체 파업 추이와 비슷한 양상이다.

연평균 파업당 손실일수는 7,327.6일로 전체 평균 13,783.0일이나 재벌 평균 49,124.5일에 비해서 아주 낮다. 이는 파업사업장 규모와 조직률이 낮은 데 따른 결과이다.

2.3.2. 재벌그룹간 파업현황 비교

재벌그룹의 파업지향성을 파업빈도(전체 파업건수와 연평균 파업건수)로 볼 때, 1위는 현대, 2위는 대우, 3위는 기아와 대림 순으로 순서를 매길 수 있다. 파업손실일수로 평가할 때 1위는 현대, 2위는 대우, 3위는 기아, 4위는 한라 순이다. 파업지향성이 매우 높은 그룹은 현대와 대우, 중간 수준이나 특정 기업이나 사업장에 편중된 경우가 기아, 대림, 한라와 같은 재벌그룹이며, 낮은 수준으로는 효성, 롯데, 두산이고, 그룹 특성상 파업이 예외적으로 발생했던 경우로 삼성, LG를 들 수 있다. 특정 기업에 편중된 경향은 대체로 모든 그룹에 공통적으로 나타나는 요소로 평가할 수 있으나, 도수는 많지 않아 엄밀히 평가하기 힘들지만 그래도 비교적 뚜렷이 분산된 예로 롯데그룹을 들 수 있다.

1) 파업발생건수 비교

파업발생건수로 볼 때 파업지향성이 가장 높은 그룹은 81건의 현대그룹이며, 다음이 39건의 대우그룹으로 다른 재벌그룹과 뚜렷한 격차를 보여준다. 그 다음으로 대림, 기아, 한라가 비슷한 수이며, 효성, 두산, 롯데, 삼성, LG의 순이다.

연평균 발생건수로 살펴보더라도 비슷한 결과를 보인다. 다만 기아와 대림이 비슷한 수이긴 하나 전체 건수의 순서와 바뀔 뿐이다. 이는 기아그룹이 해체되기 이전인 1997년까지의 평균값을 구해서 달라진 것이다.

이를 그림으로 살펴보면 파업지향성의 분포가 현대·대우의 상위권, 기아·대림·한라의 중위권, 효성·두산·롯데·삼성·LG의 하위권으로 나뉘어짐을 알 수 있다. 이 중 삼성의 무노조경영과 LG의 협력적 노사관계라는 그룹 지향성을 감안하면 예외적 파업발생의 예로 삼성·LG라는 두 그룹을 하위권에서 별도로 분류할 수 있다.

〈표 2-28〉 재벌그룹별 파업발생건수 비교

	총 수	연평균
현 대	81	6.75
대 우	39	3.9
기 아	13	1.6
대 림	14	1.6
한 라	13	1.3
효 성	9	0.75
두 산	8	0.67
롯 데	6	0.50
삼 성	5	0.42
엘 지	4	0.33

<그림 2-20〉 재벌그룹별 파업발생건수의 총수와 연평균 비교

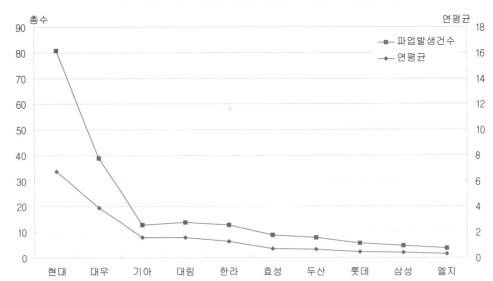

2.3.3.　파업규모 비교

파업규모를 비교하는 핵심지표인 파업손실일수를 비교해본다. 여기서 사용하는 총평균 파업손실일수란 매년 파업건당 손실일수 평균의 연평균값을 의미한다.

재벌그룹별 파업손실일수에서도 현대그룹이 압도적 비중을 차지하며, 대우그룹이 그 다음 순위를 차지한다. 파업건수에서 비슷한 중위분포를 보인 기아, 대림, 한라의 경우 파업손실일수 측면에서는 기아의 파업지향성이 뚜렷이 높고 한라그룹이 그 다음을 차지하는 반면, 대림그룹은 파업빈도에 비해 손실일수는 뚜렷이 낮게 나온다. 이는 파업사업장 규모의 차이가 가장 큰 영향을 미치는 요소이기 때문이다.

파업건당 평균손실일수를 측정했기 때문에 LG, 삼성 등 파업이 적은 그룹의 평균손실일수도 높게 나오는데, 이는 몇 번 안 되는 파업의 파업손실일수가 크게 나타났기 때문이다.

따라서 총평균 파업손실일수는 파업지향성의 유력한 지표가 아니다. 파업지향성은 파업빈도를 중심으로 파악하면서 기업규모, 조직률, 파업참가율, 파업지속일수를 동시에 고려하여 보완적으로 해석할 필요가 있다.

〈표 2-29〉 재벌그룹별 평균손실일수 비교

그룹명	평균 손실일수(일)
현대	112,594.0
대우	60,033.2
기아	46,115.2
대림	7,327.6
한라	22,291.5
효성	15,825.0
두산	9,443.8
롯데	3,328.5
삼성	35,619.0
엘지	57,495.0

〈그림 2-21〉 재벌그룹별 총 평균파업손실일수 비교

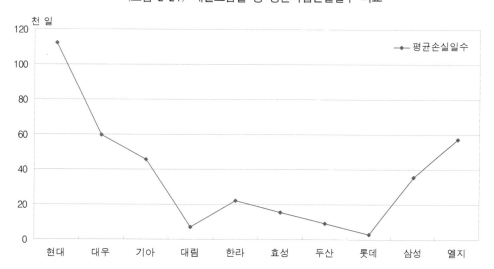

2.4. 연도별 파업현황: 재벌-전체 비교를 중심으로

여기서는 1990년부터 2001년까지 연도별 파업현황을 매년 단위로 살펴보고 재벌기업과 전체 기업의 파업양상을 비교한다. 특히, 시계열자료에서 다루지 못했던 지역별 분포나 기업규모별 분포자료를 추가 분석한다.

2.4.1. 1990년의 파업현황

1) 지역별 분포

1990년 파업통계의 지역별 분포를 보면 서울, 경기, 경남 순으로 다른 지역에 비해 뚜렷한 특징을 보인다. 그 다음 순위는 인천과 부산이 차지한다.

이런 지역적 특징이 재벌기업의 파업 현황에서 그대로 나타나지는 않는다. 재벌기업의 경우 현대그룹 계열사 사업장이 집중되어 있던 경남지역에서 뚜렷이 높은 비중을 보였다.

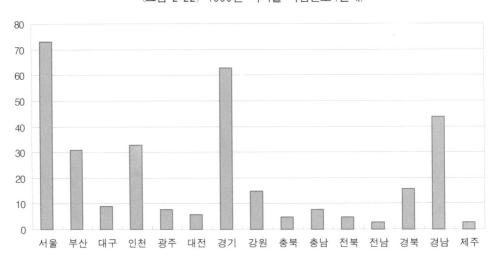

〈그림 2-22〉 1990년 지역별 파업빈도 (전체)

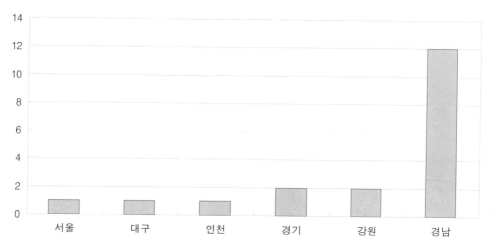

〈그림 2-23〉 1990년 지역별 파업빈도 (재벌)

2) 파업사업장의 기업규모별 분포

파업사업장의 기업규모별 분포를 보면 30~299인 비중이 63%에 이를 정도로 중소기업 집중도가 높다. 1,000인 이상은 16%, 300~999인 규모에선 20%를 차지한다. 단순빈도로 측정한 파업통계이기에 300인 미만 기업이 85%를 차지하는 기업구조를 고려할 때 파업사업장은 대규모 기업에 상대적으로 집중도가 높다고 할 수 있다.

재벌기업의 경우에는 1,000인 이상 거대규모 사업장의 비중이 57%에 달해 파업의 대기업 집중도를 더욱 뚜렷이 보여준다.

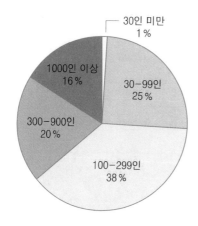

〈그림 2-24〉 1990년 파업사업장의
기업규모별 분포 (전체)

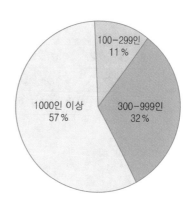

〈그림 2-25〉 1990년 파업사업장의
기업규모별 분포 (재벌)

3) 파업손실일수

이런 대기업 집중성, 재벌 집중성의 특징은 기업규모별 파업손실일수 추이에서 뚜렷하게 드러난다. 파업손실일수 170만 일에서 1,000인 이상 거대기업이 차지하는 비중이 75%에 달할 정도로 파업손실일수 측면에서 대기업 집중도는 매우 뚜렷하다. 특히, 재벌기업의 경우에는 이런 집중도가 더 높아서 손실일수 중 1,000인 이상 기업의 비중은 80%에 이른다. 이런 특징은 앞에서 살펴보았듯이 파업참가율과 파업일수에는 재벌-비재벌기업 간 별 차이가 없는 가운데 파업참가자 수가 높았던 데에 기인한다. 재벌기업이 파업지향적이라는 표현은 적어도 파업일수나 파업빈도 면에서 볼 때는 큰 설득력이 없는 반면, 파업참가자가 많아 파업영향력이 컸을 뿐이라는 사실을 알 수 있다.

〈표 2-30〉 1990년 기업규모별 파업손실 일수 추이 (전체)

기업규모	손실일수(일)
30인 미만	568
30~99인	74,527
100~299인	293,598
300~999인	479,375
1,000인 이상	1,421,678
총 계	2,269,746

〈표 2-31〉 1990년 기업규모별 파업손실 일수 추이 (재벌)

기업규모	손실일수(일)
100~299인	5,817
300~999인	96,260
1,000인 이상	554,722
총 계	656,799

2.4.2.   1991년의 파업현황

1) 지역별 분포

1991년 파업통계의 지역별 분포를 보면 서울, 경기, 경남 순으로 다른 지역에 비해
뚜렷이 많은 특징이 지속된다. 그 다음 인천, 경북, 부산의 순이다.

재벌기업의 경우 현대그룹 계열사 사업장이 집중되어 있던 경남지역이 가장 높고,
경기, 부산, 그리고 서울과 인천이 다음 순이다.

〈그림 2-26〉 1991년 지역별 파업빈도 (전체)

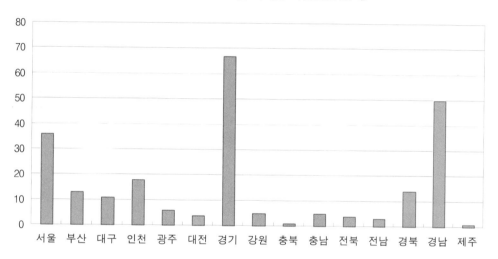

〈그림 2-27〉 1991년 지역별 파업빈도 (재벌)

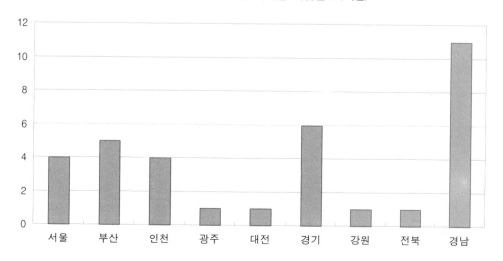

2) 파업사업장의 기업규모별 분포

파업사업장의 기업규모별 분포를 보면 30~299인 비중이 51%이며 300인 이상이 48%로 비슷한 비중을 차지한다. 1,000인 이상 대기업과 300인 이상 기업의 비중이 증가해 전년에 비해 중소기업 집중도가 낮아졌다.

재벌기업의 경우에는 1,000인 이상 거대규모 사업장의 비중이 67%로 전년의 57%에 비해서도 더 높아져 파업의 대기업 집중성이 증가했음을 알 수 있다.

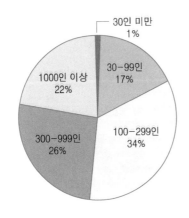

〈그림 2-28〉 1991년 파업사업장의
기업규모별 분포〈전체〉

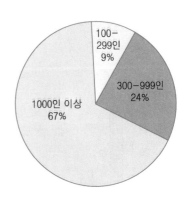

〈그림 2-29〉 1991년 파업사업장의
기업규모별 분포〈재벌〉

3) 파업손실일수

이런 대기업 집중성, 재벌 집중성의 특징은 기업규모별 파업손실일수 추이에서 뚜렷하게 드러난다. 파업손실일수가 전년 170만 일에서 340만 일로 배 이상 증가했고, 이 중 1,000인 이상 거대기업이 차지하는 비중이 전년 75%에서 81.2%로 더 높아졌다.

재벌기업의 경우에는 이런 집중도가 더 높아서 손실일수 중 1,000인 이상 기업이 차지하는 비중은 95%를 넘어 전년의 80%에 비해서도 더욱 높아졌다. 대기업 집중도의 전반적 증가가 나타나면서 재벌 파업사업장은 매우 집중도가 높아졌다.

〈표 2-32〉1991년 기업규모별 파업손실일수 추이 (전체)

기업규모	손실일수(일)
30인 미만	69
30~99인	33,414
100~299인	149,528
300~999인	462,136
1,000인 이상	2,792,504
총 계	3,437,651

〈표 2-33〉1991년 기업규모별 파업손실일수 추이 (재벌)

기업규모	손실일수(일)
100~299인	645
300~999인	38,834
1,000인 이상	823,417
총 계	862,896

2.4.3.   1992년의 파업현황

1) 지역별 분포

1992년 파업빈도의 지역별 분포를 보면 경남이 가장 높은 비중을 차지하여 서울을 앞서 가장 파업이 빈발한 지역으로 등장한다. 그 다음 경기, 서울 순으로 다른 지역에 비해 뚜렷이 많아 세 지역에 집중된 특징이 지속된다. 그 다음 인천, 경북, 부산의 순인 것은 예전과 같다.

재빌기입의 경우 현대그룹 계열사 사업장이 집중되어 있던 경남지역이 압도적 비중을 차지해 산업분쟁의 중심지로 뚜렷하게 부상한다.

〈그림 2-30〉 1992년 지역별 파업빈도 (전체)

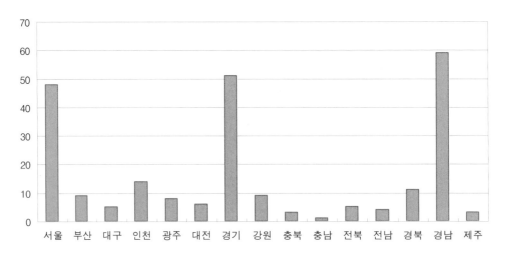

〈그림 2-31〉 1992년 지역별 파업빈도 (재벌)

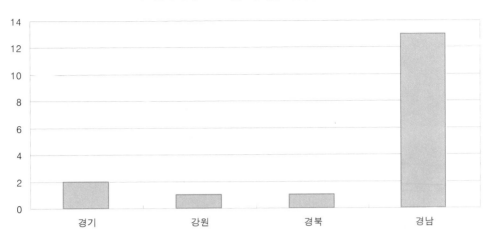

2) 파업사업장의 기업규모별 분포

파업사업장의 기업규모별 분포를 보면 30~299인 비중이 57%로 다소 높아지며 300인 이상의 비중은 40%를 차지한다. 1,000인 이상 대기업의 비중은 다소 감소한다.

재벌기업의 경우에는 1,000인 이상 거대규모 사업장의 비중이 41%로 전년의 67%, 전전년의 57%에 비해서 낮아졌지만, 100%가 300인 이상 규모에서 파업이 발생하여 전체의 기업규모별 파업빈도와 달리 기업집중성이 높아졌다. 이는 재벌기업 규모확대의 반영이면서 동시에 재벌기업 파업의 규모집중도가 증가한 요인이 작용한 결과로 해석된다.

〈그림 2-32〉 1992년 파업사업장의
기업규모별 분포 (전체)

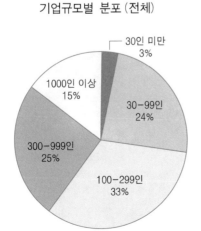

〈그림 2-33〉 1992년 파업사업장의
기업규모별 분포 (재벌)

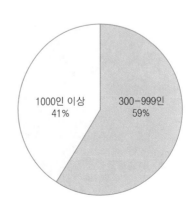

3) 파업손실일수

파업손실일수는 전년 340만 일에서 226만 일 수준으로 감소했고 이 중 1,000인 이상 거대기업이 차지하는 비중은 1990년의 75% 수준으로 전년에 비해 다소 하락했다.

재벌기업의 경우에는 1,000인 이상의 비중은 전년의 95%를 넘는 96% 수준을 기록했다.

〈표 2-34〉 1992년 기업규모별 파업손실 일수 추이(전체)

기업규모	손실일수(일)
30인 미만	1,814
30~99인	49,877
100~299인	237,401
300~999인	273,694
1,000인 이상	1,703,304
총 계	2,266,090

〈표 2-35〉 1992년 기업규모별 파업손실 일수 추이(재벌)

기업규모	손실일수(일)
100~299인	-
300~999인	49,388
1,000인 이상	1,223,775
총 계	1,273,163

2.4.4. 1993년의 파업현황

1) 지역별 분포

1993년 파업빈도의 지역별 분포를 보면 경기가 가장 높고 약간 낮게 서울, 경남의 순이다.

그러나 재벌기업의 경우에는 경남지역이 압도적 비중을 차지하는 예년의 경우와 동일한 양상을 보이는 가운데 지역적으로는 상대적으로 폭넓게 분포되어 나타나는 특징을 보인다.

〈그림 2-34〉 1993년 지역별 파업빈도 (전체)

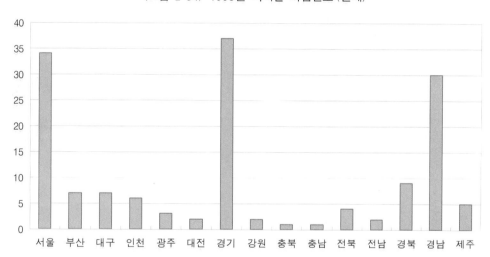

〈그림 2-35〉 1993년 지역별 파업빈도 (재벌)

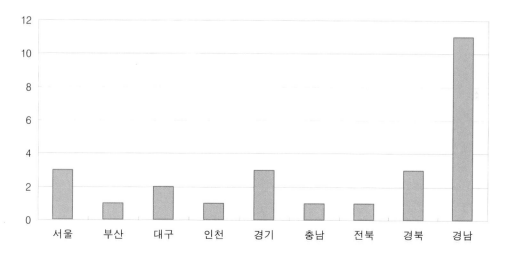

2) 파업사업장의 기업규모별 분포

파업사업장의 기업규모별 분포를 보면 100인 미만의 비중이 다소 축소되어 나타나는 반면, 100인 이상, 1,000인 이상 기업의 파업이 다소 증가한 것으로 드러났다.

재벌기업의 경우에는 대기업 집중성이 여전히 높은 가운데 전체 흐름과 반대로 300인 미만 사업장 파업이 12%를 차지한 것이 두드러진다.

〈그림 2-36〉 1993년 파업사업장의
기업규모별 분포 (전체)

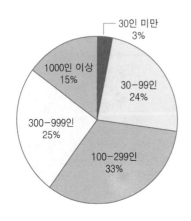

〈그림 2-37〉 1993년 파업사업장의
기업규모별 분포 (재벌)

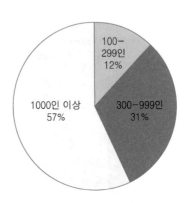

3) 파업손실일수

파업손실일수는 330만 일로 다시 1991년 수준과 비슷하게 증가했으며, 이 중 1,000인 이상 거대기업이 차지하는 비중은 1992년과 비슷한 90% 수준까지 다시 상승했다.

재벌기업의 경우에 1,000인 이상 기업의 파업손실일수 비중은 가장 높은 98% 수준에 달해 압도적 비중을 차지한다.

〈표 2-36〉 1993년 기업규모별 파업손실일수 추이 (전체)

기업규모	손실일수(일)
30인 미만	
30~99인	22,573
100~299인	119,956
300~999인	221,683
1,000인 이상	2,973,144
총 계	3,337,356

〈표 2-37〉 1993년 기업규모별 파업손실일수 추이 (재벌)

기업규모	손실일수(일)
100~299인	4,437
300~999인	57,120
1,000인 이상	2,635,113
총 계	2,696,670

2.4.5.   1994년의 파업현황

1) 지역별 분포

1994년 파업빈도의 지역별 분포를 보면 서울이 가장 높고 다음 경남, 경기의 순이다. 그 다음은 부산, 대구, 전북 순으로 예년과 달리 파업이 증가한 몇몇 지역이 눈에 띤다.

재벌기업의 경우에도 전국화 현상이 다소 폭넓게 나타나면서 경남지역의 압도적 비중도 더욱 축소되는 양상으로 진행되었다.

〈그림 2-38〉 1994년 지역별 파업빈도 (전체)

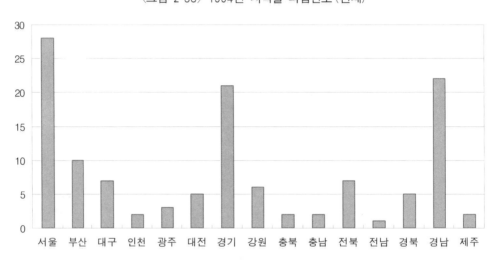

〈그림 2-39〉 1994년 지역별 파업빈도 (재벌)

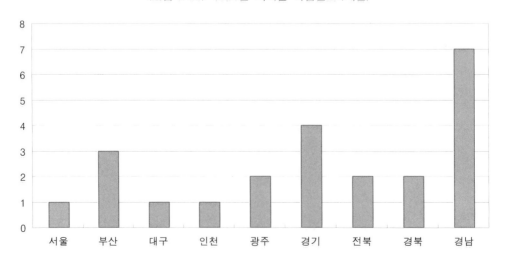

2) 파업사업장의 기업규모별 분포

파업사업장의 기업규모별 분포를 보면 전년과 비슷한 분포를 보이면서 1,000인 미만이 다소 줄어들고 1,000인 이상이 다소 늘어나는 특징을 보인다.

재벌기업의 경우에는 1,000인 이상 기업이 74%로 증가하여 대기업 집중성이 더욱 높아졌고, 그만큼 1,000인 미만 사업장 파업의 비중은 감소되었으며, 300인 미만 사업장 비중은 대체로 유지되었다.

〈그림 2-40〉 1994년 파업사업장의 기업규모별 분포 (전체)

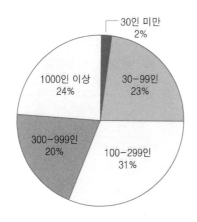

〈그림 2-41〉 1994년 파업사업장의 기업규모별 분포 (재벌)

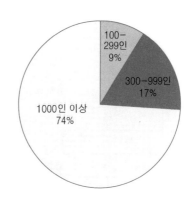

3) 파업손실일수

파업손실일수는 약 240만 일로 1992년 수준으로 다시 감소해 홀수해 증가, 짝수해 감소의 양상이 4년간 계속 이어진다. 이 중 1,000인 이상 거대기업이 차지하는 비중은 1992년 이래 안정적으로 90% 수준을 유지한다.

재벌기업의 경우에 1,000인 이상 기업의 파업손실일수 비중은 전년과 비슷한 압도적 비중을 계속 유지한다.

〈표 2-38〉 1994년 기업규모별 파업손실일수 추이(전체)

기업규모	손실일수(일)
30인 미만	432
30~99인	18,904
100~299인	109,330
300~999인	142,311
1,000인 이상	2,125,746
총 계	2,396,723

〈표 2-39〉 1994년 기업규모별 파업손실일수 추이(재벌)

기업규모	손실일수(일)
100~299인	7,424
300~999인	17,544
1,000인 이상	1,886,817
총 계	1,911,785

2.4.6. 1995년의 파업현황

1) 지역별 분포

1995년 파업빈도의 지역별 분포를 보면 경기, 서울, 경남의 순으로 가장 높은 가운데 3개 지역이 차지하는 전반적 비중이 크게 감소하며, 다른 지역의 파업 수는 큰 변동이 없어 이는 전반적 파업 수의 감소를 반영하는 결과로 해석된다.

재벌기업의 경우에는 2년간 나타났던 재벌 파업의 전국화 현상이 다소 축소되는 가운데, 경남의 압도적 비중이 더욱 축소되고 경기, 서울과 비슷한 양상을 보인다.

〈그림 2-42〉 1995년 지역별 파업빈도 (전체)

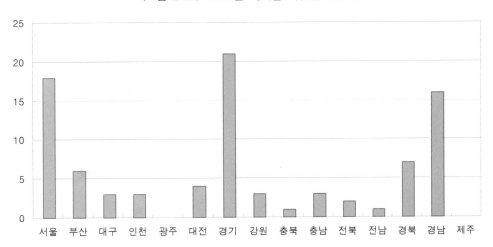

〈그림 2-43〉 1995년 지역별 파업빈도 (재벌)

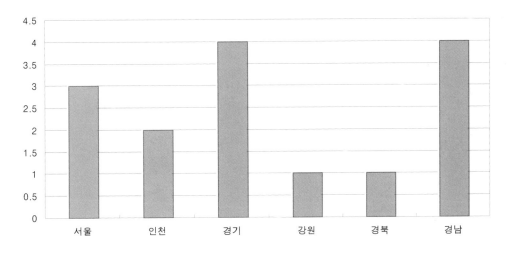

2) 파업사업장의 기업규모별 분포

파업사업장의 기업규모별 분포를 보면 전년에 줄어들었던 1,000인 미만 기업의 비중이 크게 증가하고 1,000인 이상 기업의 비중이 10%가량 줄어든다. 전반적으로 대기업, 재벌부문, 경남지역의 상대적 약세화가 두드러진 특징을 보이는 해이다.

이런 현상은 재벌기업의 경우에도 1,000인 이상 기업의 비중이 급격히 감소하는 것으로 반영되어 나타난다.

〈그림 2-44〉 1995년 파업사업장의
기업규모별 분포 (전체)

〈그림 2-45〉 1995년 파업사업장의
기업규모별 분포 (재벌)

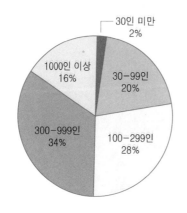

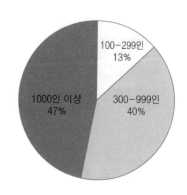

3) 파업손실일수

1995년은 1990년부터 이어지던 홀수해 증가, 짝수해 감소 패턴이 소멸하는 해이다. 파업손실일수는 약 110만 일 수준으로 급격히 감소한다. 하지만 1992년 이후 90%가량의 비중을 안정적으로 유지하던 1,000인 이상 거대기업이 차지하는 비중에는 큰 변화가 나타나지는 않는다.

재벌기업의 경우에 1,000인 이상 기업의 파업손실일수는 전년과 비슷한 압도적 비중을 계속 유지하지만, 전반적 손실일수의 급감을 나타낸다.

〈표 2-40〉 1995년 기업규모별 파업손실일수 추이 (전체)

기업규모	손실일수(일)
30인 미만	1,482
30~99인	18,670
100~299인	55,545
300~999인	124,563
1,000인 이상	893,235
총 계	1,093,495

〈표 2-41〉 1995년 기업규모별 파업손실일수 추이 (재벌)

기업규모	손실일수(일)
100~299인	1,266
300~999인	22,830
1,000인 이상	599,110
총 계	623,206

2.4.7.   1996년의 파업현황

1) 지역별 분포

1996년 파업빈도의 지역별 분포를 보면 다시 경남이 1순위를 차지한 가운데 경기, 서울의 순이며, 충남지역이 그 다음 순위로 파업이 많이 발생한 지역으로 떠오른 것이 두드러진다. 파업 수가 급감한 전년의 추세가 유지되는 양상 속에서 서울, 경기, 경남의 3개 지역이 차지하는 전반적 비중감소가 전년과 동일하게 유지되다, 전녀과 다른 점은 파업이 감소한 지역이 다른 지역에도 여럿 나타난다는 특징 정도이다.

재벌기업의 경우에는 2년간 나타났다 1995년에 축소됐던 재벌파업의 전국화 현상이 다소 증가하는 가운데 경남의 비중이 급감했던 추세에서 반전하는 양상이 나타났다.

〈그림 2-46〉 1996년 지역별 파업빈도 (전체)

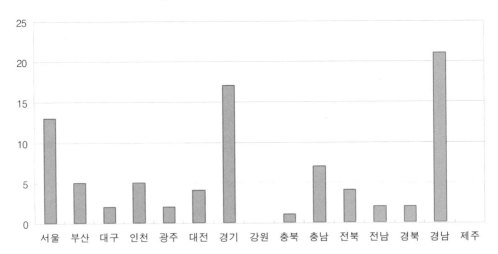

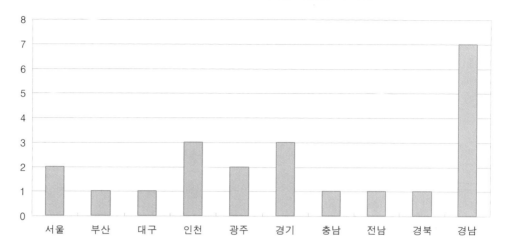

〈그림 2-47〉 1996년 지역별 파업빈도 (재벌)

2) 파업사업장의 기업규모별 분포

파업사업장의 기업규모별 분포를 보면 전년에 줄어들었던 1,000인 이상 기업의 비중이 다시 증가하고 300인 이상 기업의 비중이 57%에 달해 300인 미만보다 더 많아지며, 미미하던 30인 미만 기업의 파업발생이 아예 사라진다.

이런 양상은 재벌기업의 경우에도 이어져 1,000인 이상 기업의 비중이 급격히 감소했다 다시 급격히 증가하게 된다. 거대기업은 압도적 비중을 차지하며 1,000인 미만의 감소세가 두드러진다.

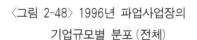

〈그림 2-48〉 1996년 파업사업장의
기업규모별 분포 (전체)

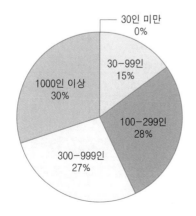

〈그림 2-49〉 1996년 파업사업장의
기업규모별 분포 (재벌)

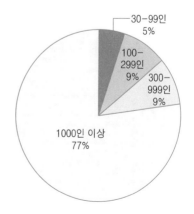

3) 파업손실일수

　1996년의 파업손실일수는 전년 약 110만 일 수준에서 약간 증가한 137만 일 수준으로 파업의 전반적 축소현상을 크게 벗어나지 못한다. 1992년 이후 90%가량을 차지하던 1,000인 이상 거대기업이 차지하는 비중은 약간 감소한다.

　재벌기업의 경우에 1,000인 이상 기업의 파업손실일수는 전년과 비슷한 압도적 비중을 계속 유지한다.

〈표 2-42〉 1996년 기업규모별 파업손실일수 추이 (전체)

기업규모	손실일수 (일)
30인 미만	-
30~99인	22,005
100~299인	63,097
300~999인	250,858
1,000인 이상	1,031,753
총 계	1,367,713

〈표 2-43〉 1996년 기업규모별 파업손실일수 추이 (재벌)

기업규모	손실일수 (일)
30~99인	273
100~299인	3,110
300~999인	14,202
1,000인 이상	827,085
총 계	844,670

2.4.8.   1997년의 파업현황

1) 지역별 분포

1997년 파업빈도의 지역별 분포를 보면 서울이 1위를 차지하고 경기가 그 다음인
데 반해, 경남지역은 7건으로 급감해 인천, 충남과 같은 발생건수를 보인다. 경남지
역의 급감과 함께 상위 3개 지역의 비중은 축소되고 인천, 충남 외에 경북, 대전이 비
슷한 비중을 차지하는 지역별 분포상의 큰 변화를 보인다. 이는 전반적 파업 약세화
현상과 동반해서 나타나고 있어, 경남지역의 파업변화에 따라 전체 판도가 좌우되는
양상을 반영하는 현상이다.

재벌기업의 경우에는 다시 재벌파업의 전국화 현상이 축소되는 가운데 경남의 비중
이 미미한 수준으로 변화했음을 알 수 있다. 특히, 인천지역의 비중이 높아졌는데 이
는 대우자동차 등 대우그룹 파업의 영향이다. 또한 1997년의 파업감소 현상은 재벌기
업 파업의 전반적 감소와 함께 발생했다. 1997년에 정점을 이룬 1990년대 중반의 전
반적 파업감소, 즉 노조 전투성의 감소현상은 지역적으로 경남, 재벌기업, 현대그룹
의 영향이 복합되어 집중적으로 반영된 결과로 해석된다.

〈그림 2-50〉 1997년 지역별 파업빈도 (전체)

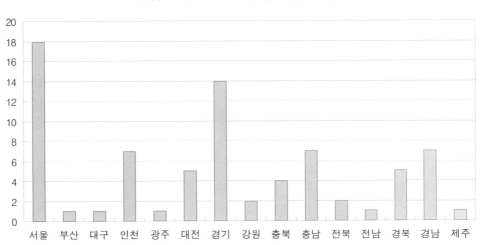

〈그림 2-51〉 1997년 지역별 파업빈도 (재벌)

2) 파업사업장의 기업규모별 분포

전년에 증가해 50%를 넘었던 300인 이상 기업의 비중이 40%로 축소되고 특히 1,000인 이상 거대기업의 비중이 크게 축소되었다. 이 빈자리는 300인 미만 중기업이 메우지만, 단지 비중증대일 뿐 재벌기업, 경남지역 파업의 감소를 상쇄하는 정도는 아니다.

재벌기업의 경우 파업발생건수 자체가 급감한 가운데 1,000인 이상 기업의 비중은 유지되었지만 의미를 부여하기는 어렵다.

〈그림 2-52〉 1997년 파업사업장의
기업규모별 분포 (전체)

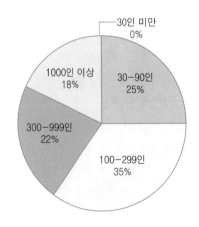

〈그림 2-53〉 1997년 파업사업장의
기업규모별 분포 (재벌)

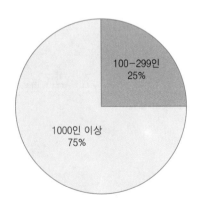

3) 파업손실일수

아무리 낮아도 100만 일을 넘던 파업손실일수가 1997년에 들어와 54만 일대로 떨어졌다. 전반적 파업감소의 반영이며, 부분적으로 재벌기업 파업이 급격히 감소한 것을 반영한다. 1992년 이후 90%가량을 차지하던 1,000인 이상 거대기업이 차지하는 비중은 80% 수준으로 감소한 것이 이를 입증하는 예라 할 수 있다.

재벌기업의 경우 파업손실일수는 20만 일대로 급감한 가운데, 1,000인 이상 기업의 파업손실일수 비중은 예년과 비슷한 수준을 유지한다.

〈표 2-44〉 1997년 기업규모별 파업손실일수 추이 (전체)

기업규모	손실일수(일)
30인 미만	–
30~99인	15,360
100~299인	45,493
300~999인	76,519
1,000인 이상	401,511
총 계	538,883

〈표 2-45〉 1997년 기업규모별 파업손실 일수 추이 (재벌)

기업규모	손실일수(일)
30~99인	
100~299인	7,579
300~999인	
1,000인 이상	228,465
총 계	236,044

150

2.4.9.   1998년의 파업현황

   1) 지역별 분포

   1998년은 구조조정 반대파업으로 인해 파업이 다시 급증하면서 파업빈도의 지역집
중도도 다시 높아지고 경남지역이 1순위를 차지하면서 다시 반등하는 추세를 대표한
다. 다음 서울, 경기지역 순에다 인천, 충남, 경북이 뒤를 잇는다. 파업의 회복세는
경남지역과 3개 지역 집중도의 부활과 함께 나타났다.

   재벌기업의 경우에는 경남지역의 압도적 비중이 다시 나타나면서 인천지역과 서울
지역이 큰 비중을 차지하는 특징을 보인다. 파업감소현상과 정반대로 전투성의 복원
현상은 경남지역, 재벌기업의 파업증가와 동반되어 나타났으며 구조조정 파업의 특성
을 반영하여 인천, 서울지역의 재벌기업 파업이 증가했다.

<그림 2-54> 1998년 지역별 파업빈도 (전체)

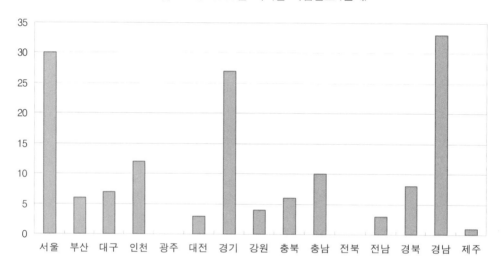

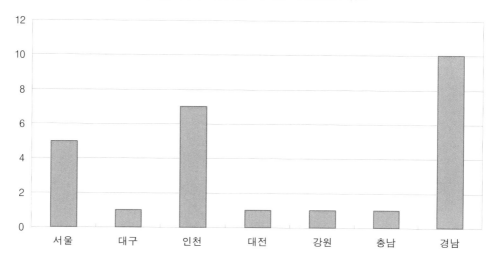

〈그림 2-55〉 1998년 지역별 파업빈도 (재벌)

2) 파업사업장의 기업규모별 분포

전반적 파업감소 추세시 동반 감소했던 300인 이상 기업비중과 1,000인 이상 기업
비중이 다시 증가해 50%를 넘어서게 된다. 파업의 회복세는 파업의 규모집중도와 함
께 나타난 것이다.

전체 추세와 달리 파업감소시에도 별로 비중변화를 보이지 않았던 재벌기업 기업규
모별 분포는 회복시에도 여전한 집중도를 보인다.

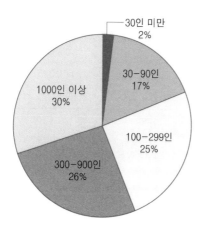

〈그림 2-56〉 1998년 파업사업장의
기업규모별 분포 (전체)

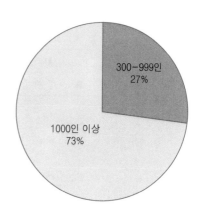

〈그림 2-57〉 1998년 파업사업장의
기업규모별 분포 (재벌)

3) 파업손실일수

파업손실일수는 파업의 회복세를 넘는 수준으로 급증했다. 구조조정 파업의 특성상 대규모 기업, 높은 참가율, 상대적으로 긴 지속일수가 반영된 결과이다. 1,000인 이상 거대기업의 파업손실일수 비중은 다시 90%에 이른다.

재벌기업의 경우 파업손실일수도 폭증한 가운데, 1,000인 이상 기업의 파업손실일수가 압도적 비중을 보인다.

〈표 2-46〉 1998년 기업규모별 파업손실 일수 추이 (전체)

기업규모	손실일수 (일)
30인 미만	1,556
30~99인	39,673
100~299인	125,750
300~999인	246,531
1,000인 이상	3,895,236
총 계	4,308,746

〈표 2-47〉 1998년 기업규모별 파업손실일수 추이 (재벌)

기업규모	손실일수 (일)
30~99인	-
100~299인	-
300~999인	50,220
1,000인 이상	1,473,395
총 계	1,523,615

2.4.10. 1999년의 파업현황

1) 지역별 분포

1999년은 구조조정반대 파업이 지속되는 해로 파업이 높은 수준을 유지하며 상위 3개 지역의 비중이 더욱 높아지는 특징을 보인다. 1998년에는 경남지역이 급증세를 대표했다면 1999년은 서울과 경기지역이 급증하는 양상을 보인다. 전반적으로 파업 수가 증가한 가운데 충북, 인천, 부산, 경북에서 비교적 많은 파업이 발생했다.

재벌기업의 경우에는 경남지역의 급증이 주도하는 가운데 경기지역에서 파업이 많이 발생하는 현상이 나타난다.

〈그림 2-58〉 1999년 지역별 파업빈도 (전체)

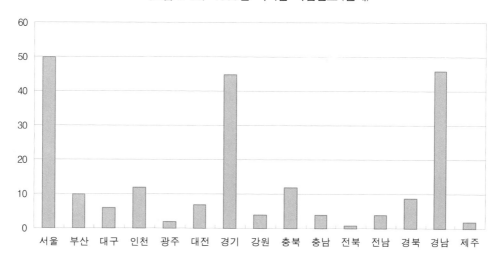

〈그림 2-59〉 1999년 지역별 파업빈도 (재벌)

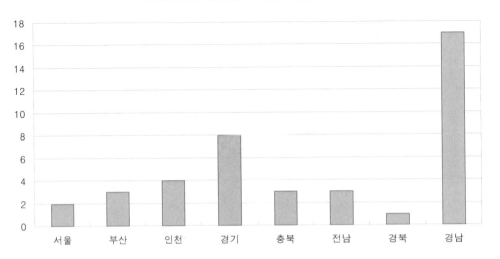

2) 파업사업장의 기업규모별 분포

파업회복세가 함께 나타났던 기업규모 증대현상이 1,000인 이상 거대기업의 비중을
높인 것으로 나타났다.

재벌기업 파업의 기업규모별 분포는 거대기업 집중도가 크게 증가하는 양상으로 나
타났다.

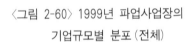

〈그림 2-60〉 1999년 파업사업장의
기업규모별 분포 (전체)

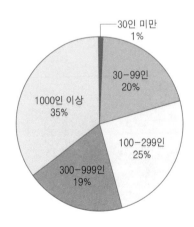

〈그림 2-61〉 1999년 파업사업장의
기업규모별 분포 (재벌)

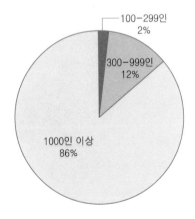

3) 파업손실일수

전년에 폭증했던 파업손실일수는 1990년대 초반에 나타났던 등락점의 중간 수준으로 나타났다. 파업건수가 늘어난 것에 비해 파업손실일수는 별로 늘어나지 않았다. 1,000인 이상 거대기업의 파업손실일수 비중은 다시 80% 수준으로 하락했다.

재벌기업의 경우 파업손실일수는 전년에 비해 급속히 감소했고 파업건수에 비해 파업손실일수가 크게 감소한 것으로 나타났다. 1,000인 이상 기업의 파업손실일수의 압도적 비중은 그대로 유지되었다.

〈표 2-48〉 1999년 기업규모별 파업손실 일수 추이 (전체)

기업규모	손실일수(일)
30인 미만	1,023
30~99인	42,976
100~299인	108,258
300~999인	144,287
1,000인 이상	1,210,455
총 계	1,506,999

〈표 2-49〉 1999년 기업규모별 파업손실 일수 추이 (재벌)

기업규모	손실일수(일)
30~99인	-
100~299인	132
300~999인	12,057
1,000인 이상	584,804
총 계	596,993

2.4.1.　2000년의 파업현황

1) 지역별 분포

　2000년 파업의 지역별 분포는 전년과 비슷한 특징을 보인다. 상위 3개 지역의 비중이 높은 가운데, 경기-서울-경남의 순으로 비중이 높다. 그 외 지역에서 경북, 대구, 충북, 대전이 다음 순위를 차지할 정도로 파업증가현상이 두드러졌다.

　상대적으로 재벌기업의 파업비중이 매우 낮은 가운데 경남지역이 사상 많지만 비중은 크게 축소된 양상을 보인다.

〈그림 2-62〉 2000년 지역별 파업빈도 (전체)

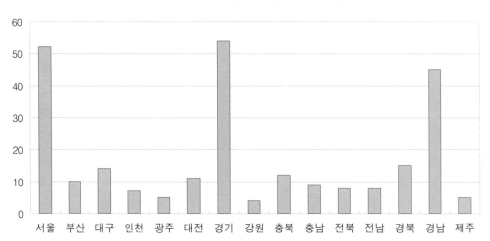

〈그림 2-63〉 2000년 지역별 파업빈도 (재벌)

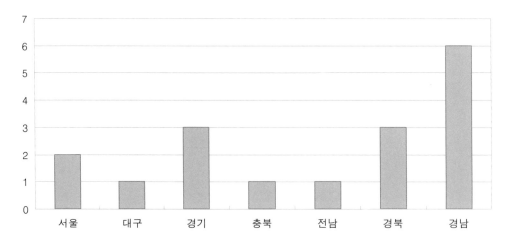

2) 파업사업장의 기업규모별 분포

재벌기업의 파업비중 감소가 두드러진 가운데 기업규모별 분포에서도 이를 반영해 1,000인 미만, 300인 미만 기업의 비중이 증대되고 1,000인 이상 거대기업의 파업은 다시 감소되었다.

재벌기업 파업의 기업규모별 분포에서도 거대기업 집중도가 다시 감소하는 양상으로 이어지면서 1,000인 미만 기업의 비중이 증대했다.

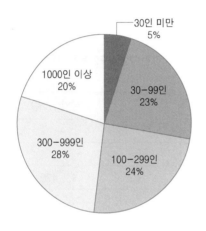

〈그림 2-64〉 2000년 파업사업장의
기업규모별 분포 (전체)

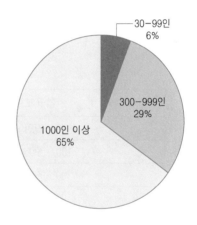

〈그림 2-65〉 2000년 파업사업장의
기업규모별 분포 (재벌)

3) 파업손실일수

1999년보다 파업손실일수가 증가해 1990년대 초반 수준이 되었으며, 전반적 기업규모별 집중도 하락현상과 동일하게 파업손실일수에서도 거대기업의 비중은 70% 수준으로 하락해 최근 몇 년간 가장 낮은 수준을 보였다.

재벌기업의 경우 파업손실일수는 다시 상승했으며 1,000인 이상 기업의 파업손실일수의 압도적 비중도 유지되었다.

〈표 2-50〉 2000년 기업규모별 파업손실일수 추이 (전체)

기업규모	손실일수(일)
30인 미만	8,130
30~99인	56,096
100~299인	227,618
300~999인	371,786
1,000인 이상	1,662,025
총 계	2,325,655

〈표 2-51〉 2000년 기업규모별 파업손실일수 추이 (재벌)

기업규모	손실일수(일)
30~99인	-
100~299인	-
300~999인	22,470
1,000인 이상	785,242
총 계	807,712

2.4.12.   2001년의 파업현황

1) 지역별 분포

2001년 파업의 지역별 분포는 상위 3개 지역 외 지역의 전체적 파업 증가로 인한 파업의 전국화 현상이 두드러진 특징으로 나타났다. 상위 3개 지역의 파업은 약간 감소세인 데 비해 다른 지역의 전반적 파업증가로 비중은 다소 축소되었다. 광주, 전남, 전북, 제주 등 비파업성향의 지역들에서 괄목할 만한 파업건수가 나타났다. 이는 1998년 이후 구조조정 파업의 초기국면에서 대기업, 재벌의 비중이 높아진 것과 달리 구조조정이 비재벌 또는 중규모 이하 기업으로 확산되면서 나타난 결과의 또 다른 반영이다.

이런 파업의 전국화 현상이 재벌기업의 경우에는 나타나지 않는다. 경남과 서울이 동일한 건수로 가장 높아, 경남의 상대적 비중은 축소되었으며, 건수는 낮지만 재벌기업의 파업 목록에 전남과 광주가 등장한 것이 이채롭다.

〈그림 2-66〉 2001년 지역별 파업빈도 (전체)

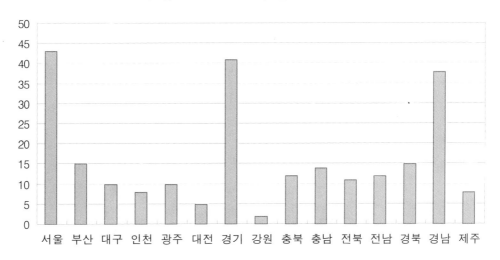

〈그림 2-67〉 2001년 지역별 파업빈도 (재벌)

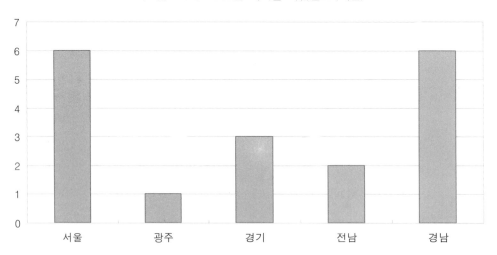

2) 파업사업장의 기업규모별 분포

전반적 파업 회복추세가 비재벌기업의 파업증가 영향으로 나타난 가운데 기업규모별 분포에서도 이를 반영해 100인 미만과 300인 미만 기업의 비중이 증대되고 최근 몇 년간 파업이 발생하지 않던 30인 미만 기업에서도 파업이 나타나는 현상으로 이어졌다. 1,000인 이상 거대기업의 파업은 더욱더 감소되었다.

이를 반영해 재벌기업 파업의 기업규모별 분포에서도 거대기업 집중도가 급속히 감소하는 현상이 나타나 예년 최저 수준인 50%를 밑도는 수준에 이르렀다.

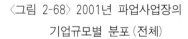

〈그림 2-68〉 2001년 파업사업장의
기업규모별 분포 (전체)

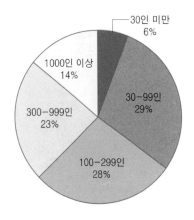

〈그림 2-69〉 2001년 파업사업장의
기업규모별 분포 (재벌)

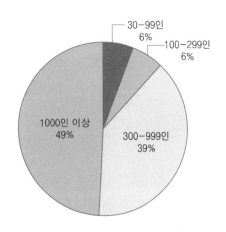

3) 파업손실일수

2001년의 파업손실일수는 전년보다 다소 감소해 1990년대 초반에 나타났던 해를 건너 증감을 반복하는 현상이 재현되지 않는가 히는 예상도 할 수 있다. 전반적으로 1990년대 초반 수준의 손실일수를 보인 가운데, 전반적 기업규모별 집중도 하락현상과 궤를 같이해서 파업손실일수에서도 거대기업의 비중은 70% 이하로 하락해 최근 몇 년간 가장 낮은 수준을 보인 전년보다 더 낮아졌다.

재벌기업의 경우 파업손실일수는 등락을 거듭하는 파업건수 추이처럼 다시 감소했으나, 거대기업의 비중은 유지되었다.

〈표 2-52〉 2001년 기업규모별 파업손실일수 추이(전체)

기업규모	손실일수(일)
30인 미만	5,894
30~99인	53,878
100~299인	170,629
300~999인	287,288
1,000인 이상	1,181,637
총 계	1,699,326

〈표 2-53〉 2001년 기업규모별 파업손실 일수 추이(재벌)

기업규모	손실일수(일)
30~99인	100
100~299인	116
300~999인	36,108
1,000인 이상	368,829
총 계	405,153

2.5. 맺는말: 파업을 통해 본 한국의 노동운동, 노사관계와 재벌

재벌기업과 전체 기업의 파업현황을 비교한 것을 토대로 한국 노사관계와 노동운동에 주는 함의를 정리하면 다음과 같다.

① 대체로 전체 파업양상과 재벌기업의 파업양상에는 큰 차이가 없는 것으로 평가된다. 전반적 동조현상이 가장 두드러진 특징이다. 이는 재벌기업이 차지하는 비중과 영향이 양서으로 반영된 결과이면서 동시에 더 중요하게는 질적으로도 영향을 미쳤던 것으로 해석할 수 있다. 그러나 이 분석만으로는 재벌기업들의 파업이 미친 영향인지, 아니면 재벌기업도 전반적 노사관계 흐름의 영향에서 벗어나지 못하는 것인지는 명확히 구분할 수 없다. 단순 비교분석한 이 글의 한계일 것이다.

② 전반적 동조현상에도 불구하고 재벌기업이 뚜렷이 구별되는 몇 가지 특징이 나타난다.

첫째, 1990년대 중반(더 엄밀히는 1993~1996년 기간) 파업의 전반적 감소 추세에서 재벌기업의 파업만이 두드러지고 전체 비중도 높았다는 사실이다. 이는 1991년 신공안정국을 거치면서 김영삼 정부 출범 이후 절차적 민주주의의 진전이라는 정치적 측면과 함께 시장자유화와 유연화 등 국가경쟁력 강화가 중심쟁점으로 부각되어 자본 중심의 주도권으로 이전되면서 자본이 본격적으로 노사관계 관리와 내부노동시장 재편에 돌입하는 신경영전략이 전개되었던 시기이기 때문으로 해석한다. 신경영전략은 고용 유연화와 동시에 배제적 노사관계 관리정책을 강화하는 방안을 내용으로 하기 때문에 몇 년간 정부와 대결 속에서 노조기반을 구축한 재벌기업 노조와 정면 충돌하게 되고 대립이 발생했다. 그러나 재벌기업의 파업지속일수는 상대적으로 줄어든 것으로 나타난다. 이는 신경영전략이 가지는 부분적 포섭기제, 지속·반복되던 파업투쟁에 피로도가 쌓여 약화된 노조의 투쟁력, 극한적 대결정점 주변의 일정선에서 마무리짓는 벼랑끝 타협관행 확대 등의 요인이 작용한 것으로 평가해볼 수 있다.

둘째, 1998년 이후 구조조정 파업이 횡행하던 시절 재벌기업의 파업손실일수가 증가하는데, 이는 파업지속일수의 증가에 의해서가 아니라 파업참가자가 많아졌기 때문에 나타났다. 재벌 중에서도 대규모 사업장의 파업이 늘어났고, 그만큼 구조조정 파업의 성격을 반영하는 지표라 하겠다.

셋째, 1997년까지 100%에 이르던 사업장 파업참가율이 1998년부터 하락하기 시작하는데 재벌기업의 참가율 하락이 두드러진다. 이는 재벌 대기업에서만 유독 노조 충성도나 몰입도가 이완되는 지표로 해석될 수 있다. 파업한 재벌기업의 조직률이 더 높은 가운데 나온 지표이기 때문에 더욱 이런 해석이 가능하다.

③ 비재벌기업의 두드러진 특징으로 볼 수 있는 사항도 있다. 비재벌기업은 1997년 이후 구조조정 파업이 많아지면서부터 파업지속기간이 매우 길어지고 있다. 장기 악성분규 사업장 수가 늘어나는 것의 반영이다. 구조조정 과정에서 결과를 쉽게 얻을 수 없는 경우가 많기 때문으로 해석된다.

④ 재벌그룹별 파업현황을 비교해보면 다음과 같은 결론이 도출된다.

첫째, 재벌그룹의 파업지향성을 파업빈도(전체 파업건수와 연평균 파업건수)로 평가해보면 1위는 현대, 2위는 대우, 3위는 기아와 대림 순으로 순서를 매길 수 있다.

둘째, 파업손실일수로 평가할 때 1위는 현대, 2위는 대우, 3위는 기아, 4위는 한라 순이다. 파업손실일수에서도 현대그룹은 압도적 비중을 차지하며, 대우그룹이 그 다음 순위를 차지한다. 파업건수에서 비슷한 중위분포를 보인 기아, 대림, 한라의 경우 파업손실일수 측면에서는 기아의 파업지향성이 뚜렷이 높고 한라그룹이 그 다음을 차지하는 반면, 대림그룹은 파업빈도에 비해 손실일수는 뚜렷이 낮게 나온다. 이는 파업사업장 규모의 차이가 가장 큰 영향을 미치는 요소이기 때문이다.

셋째, 결론적으로 파업지향성이 매우 높은 그룹은 현대와 대우, 중간 수준이나 특정 기업이나 사업장에 편중된 경우가 기아, 대림, 한라와 같은 재벌그룹이며, 낮은 수준으로 효성, 롯데, 두산이며 그룹특성상 파업이 예외적으로 발생했던 경우로 삼성, LG를 들 수 있다. 삼성은 무노조경영, LG는 협력적 노사관계 추구라는 독특한 기업문화를 가지고 있지만 구조조정 사안과 연관되어 파업이 발생했던 경우라서 예외적으로 파업지향성이 낮은 경우로 별도 분류한다. 특정기업에 편중된 경향은 대체로 모든 그룹에 공통적으로 나타나는 요소로 평가할 수 있으나, 도수는 많지 않아 엄밀히 평가하기 힘들지만 그래도 비교적 뚜렷이 분산된 예로 롯데그룹을 들 수 있다.

⑤ 파업의 시계열상 흐름은 1987년 이후 3년간 대폭발 이후 1990년대 초의 높은 수준에서 점차 감소하여 1997년 최저수준이다가 1998년 급증하여 다시 1990년대 초반 수준으로 되돌아오는 과정이다. 이는 파업건수, 파업손실일수의 추이로 확인된다. 또한 매년 자료를 기업규모별, 지역별로 분석하면서 전체 흐름과 재벌기업의 흐름을 비교해본 결과, 파업의 시기별 흐름은 대체로 거대기업의 파업비중, 재벌기업의 파업비중, 경남지역의 파업흐름, 현대그룹의 파업흐름과 뚜렷한 연관성을 가진다.

⑥ 전반적 지표변화의 한 가지로 합법파업의 비중이 늘어나 100%에 육박한다는 통계결과가 나온다. 자료의 신뢰성 문제를 논외로 치자면 파업에 관한 한 절차적 민주주의가 완성되었다고 평가할 수 있다. 그러나 손해배상소송, 가압류 등 민형사상 책임을 묻는 등 파업을 노동권으로 인정하지 않는 관행과 맞물려 있는 점이나 다른 파업지

표를 볼 때 노사관계의 제도화와 안정화 지표로 해석하기에는 무리가 있다.

    종합적으로 볼 때 재벌기업 노동조합이 파업지향성(strike-proneness)이 더 강하거나 전투적이라는 증거는 찾아볼 수 없다. 1990년대 중반 신경영전략의 시기에 전면대결 국면이 전개된 이후 구조조정 파업으로 인한 전반적 증가 추세라는 점을 감안한다면 비재벌기업보다 파업추세가 상대적으로 더 안정적이라고 볼 여지도 있다. 물론 한 번 일어나면 규모가 큰 반면, 지속일수는 다소 줄어들고 횟수는 비슷한 추세를 보인다. 재벌 대기업 노동운동의 전투성과 대립적 노사관계라는 성격규정은 한국 노사관계 전반에 붙여질 수 없는 것이다.

    아울러 현재의 갈등수준과 대립적 노사관계를 큰 틀에서 포섭할 만한 제도화의 큰 그릇을 마련하지 못하고 배제적 노동관행을 지속하기 때문에 생긴 문제라고 볼 것인지, 한국 노동운동의 전투성이 문제라고 볼 것인지를 고민해야 시점이다. 재벌 대기업은 적어도 1990년대 중반을 제외하고는 비재벌기업에 비해 한국 전체 파업지표에 비추어 더 전투적이지는 않다.

3. 그룹노조조직의 형성과 전개: 현총련과 대노협을 중심으로

3.1.   머리말

그룹노조조직의 시작은 1975년 럭키금성노조협의회가 결성되면서부터이지만 실질적 그룹노조조직의 시작은 1987년 노동자대투쟁 이후 나타난 현대그룹노동조합총연합(이하 현총련)에서부터라고 해도 과언이 아니다. 1987년 이후 1990년대를 통틀어 그룹노조조직은 현총련을 포함하여 대략 9개 정도가 존재한다. 대우그룹노조협의회, 한진그룹노조협의회, 벽산그룹노조협의회, 대림그룹노조협의회, 쌍용그룹노조협의회, 롯데그룹노조협의회, 동아그룹노조협의회, 기아그룹노조총연맹 등이 그것이다.

    이들 조직들은 대부분 단위사업장 내의 노사관계도 유지하기 어려워 유명무실하다고 해도 과언이 아니다. 이 가운데 현총련 등 몇몇 조직은 1987년 이후부터 1990년대 후반까지 한국 노동조합운동의 주요한 축을 담당하였음은 주지의 사실이다. 또한 이들이 기반한 조직형태와 그 성격을 놓고 적지 않은 쟁점과 논란거리를 제공하였지만 의외로 관련논의는 찾기 어려운 실정이다.

    이하에서는 현총련과 대노협을 중심으로 1987년 이후 두 조직의 현황과 체계, 연대

활동, 단체교섭의 주요 내용과 전술, 단체행동 등을 살펴본 뒤, 현총련과 대노협이
지닌 노조운동의 한계를 지적하고자 한다.

3.2. 현총련의 조직, 교섭 및 단체행동

3.2.1. 조직

1) 결성배경

1987년 7~8월 울산지역 노동자대투쟁 과정에서 현대그룹의 13개 사업장에서 노동
조합이 결성되었다. 노조설립 직후 노동조합들은 사업장별로 임금협상을 진행하였지
만 종합기획실 등 현대그룹 차원의 일괄통제양상이 나타나는 가운데 진척이 없었다.
이에 노조들은 현대계열사 노조간의 단결과 연대 문제와 함께 그룹 차원의 공동대처
문제를 제기하였고, 이후 1987년 8월 8일 11개 노동조합은 현대그룹노동조합협의회를
결성하였다.[9] 단위노조의 협의체적 성격을 지닌 당시 현대그룹노동조합협의회(이하
현노협)의 등장은 영향력이 제한된 각 계열기업 경영진과의 노사협상이 효력을 발휘하
지 못하는 상황에서 총수와의 직접협상에 대한 대중적 요구를 반영한 것이었다.[10]

이후 현대그룹의 주요 노조간부가 구속되고 노동조합 가운데 상당수 노조조직이 와
해되거나 어용화되는 과정을 겪었으며, 현노협의 활동 또한 정지상태에 들어갔다가
해체되었다. 그 뒤 과도기적으로 1989년 가칭 현대그룹연대투쟁본부 등을 결성하여
현대중공업과 현대엔진노동조합의 연대투쟁, 그리고 현대그룹의 1·8테러 및 2·21테
러 등에 맞서 분쇄투쟁을 주도하였다. 한편 1990년 가을 경인지역에 흩어져 있는 다
양한 업종의 20여 개 노동조합 간부들은 등반대회와 수련회 등을 통해 사무실을 개소
하고 일상적 교육활동과 문화행사 개최 등으로 노조에 활기를 불어넣었다. 울산지역
에서는 현대그룹노동조합총연합이 1990년 1월 출범하였으나 의장 사퇴로 또다시 공백
기를 가졌다. 다음 해인 1991년 6월 현대그룹노동조합총연합(이하 현총련)은 제1차
대의원 대회를 통해 총 23개의 기업별 노조를 회원노조로 하여 집행부를 선출하는 등
이때부터 현총련의 실질적 짜임새를 갖출 수 있었다.

---

9) 이때 참여한 노동조합은 현대중공업노동조합(민주노조대책위), 현대중전기노동조합, 현대미포조선노동조합,
현대자동차노동조합, 고려화학노동조합, 금강개발노동조합, 현대종합목재노동조합, 한국프렌지노동조합, 현
대건설언양공장노동조합, 현대엔진노동조합, 현대정공노동조합(민주노조대책위) 등이다.
10) 1987년 이후에도 현대그룹의 임금인상률은 종합기획실에서 그 기준이 마련되고, 이것이 현대자동차와 현대중
공업에 적용되면 타 계열기업들은 이 두 기업의 임금인상률을 근거로 임금인상에 합의하였다(이수원, 1994).

2) 조직현황과 조직체계

① 조직현황

현총련은 크게 1987~1989년의 현노협 시기, 1990~1997년의 현총련 시기, 1998~ 2000년의 현노협의 시기를 거쳐 왔다. 그 본류라 할 수 있는 현총련은 1990년 창립한 이래 18~23개의 단위노조 8만여 명의 조합원으로 구성된 그룹별 노동조합조직이다. 현총련(1997년 기준)은 조직규모 면에서 조합원 수 1천 명 이하의 노조가 9개 노조, 1천~5천 명 7개 노조, 5천 명 이상이 2개 노조로 구성되었다(〈표 2-54〉 참조). 현총련에 참여한 단위노조의 업종별 현황을 보면 금속부문이 14개 노조, 건설부문 3개 노조, 서비스부문 3개 노조, 금융부문 2개 노조, 화학부문이 2개 노조 등으로 금속부문이 압도적으로 많다. 게다가 울산지역에 위치한 노조가 11개, 경인지역에 위치한 노조가 9개 등 대부분의 노조들이 울산과 경인지역에 밀집해 있다. 특히 울산지역에 위치한 노조들의 경우 대개 반경 5km 이내에 존재하여 공간적 밀집 정도가 매우 높았다.

② 조직체계와 집행부

현총련의 조직체계는 〈그림 2-70〉과 같으며 여타 기업별 노동조합과 유사하다. 현총련은 매년 열리는 대의원대회를 통해 의장단(의장, 부의장, 사무총장)을 선출하였으며, 노조위원장들은 각 국과 주요 위원회 등을 관장하였다. 각 국은 그때그때 사업내용에 따라 단위노조 집행간부의 결합 등을 통해 구성되었다.

현총련의 주요 조직으로는 조합원총회(대의원대회), 중앙운영위원회, 중앙집행위원회 등이 있다. 먼저 조합원총회는 현총련의 최고의결기관으로 연 1회 개최하며, 임원선출과 예산 심의 및 결산, 사업계획 수립 등의 기능을 한다. 이 조합원 총회는 실질적으로는 현총련에 가입한 단위노조별로 배정된 대의원 전체로 구성된 대의원대회로 대신해 왔다. [11]

중앙운영위원회의 경우 현총련의 선출직 임원과 각 단위노조 대표자로 구성되며, 분기별로 회의를 소집한다. 또한 경인과 울산 두 지역에 노동조합이 각각 밀집해 있는 것을 감안해 각각 지역운영위원회를 두었다. 중앙위원회의 기능은 총회 및 임시총회의 수임사항을 결정하며 임단협 시기 등 긴급한 사태가 발생할 경우 결의할 수 있다.

---

11) 최초의 정기대의원대회가 열린 1991년도 규약에 따르면 각 단위노조의 규모에 따라 대표자를 제외한 파견대의원이 배정되었는데, 300명 이하에는 2명이, 300~500명에는 3명이, 500~1,000명에는 5명이, 1,000~2,000명에는 7명이, 2,000~5,000명에는 10명이, 5,000~10,000명에는 15명이, 10,000~15,000명에는 20명이, 15,000~20,000명에는 25명이, 20,000~30,000명에는 30명이, 35,000명 이상은 35명으로 규정되어 있다.

〈표 2-54〉 현총련 조합원 수 추이 (1990~1997)

(단위: 명)

지 역	노 소	입 종	1990년	1993년	1995년	1997년	비 고
울 산	고려화학	화학	300	320	190	83	
	다이아몬드호텔	서비스	na	240	200	na	
	대한알미늄	금속	138	109	300	200	
	한국프랜지	금속	872	986	950	920	
	현대강관	금속	630	650	630	525	
	현대로보트	금속	216	232	x	x	합병 (93)
	현대미포조선	금속	2,171	2,035	2,000	2,200	
	현대알루미늄	금속	331	360	350	370	
	현대엔진	금속	2,300	x	x	x	합병 (89)
	현대자동차	금속	28,500	31,027	30,450	34,166	
	현대전동기	금속	263	x	x	x	합병 (93)
	현대정공 (울산)	금속	3,161	3,527	3,200	3,050	
	현대정공 (창원)	금속	1,974	1,956	1,870	1,850	
	현대종합목재	화학	1,395	3,050	1,183	508	
	현대중공업	금속	19,049	18,700	21,400		
	현대중장비	금속	819	796	x	x	합병 (93)
	현대중전기	금속	1,679	1,754	x	x	합병 (93)
	현대철탑	금속	307	290	x	x	합병 (93)
	해성병원	서비스	430	465	450	na	
경 인	고려산업개발	건설		520	na	na	
	금강개발	유통	538*	2,316	2,008	2,873	
	중앙병원	서비스	-	750	1,000	1,100	
	인천제철	금속	-	2,301	2,301	2,501	
	케피코	금속	378	315	530	560	
	현대건설	건설	1,500	300	-	-	
	현대상선육원	운수	-	-	20	-	
	현대엘리베이터	금속	545	551	633	425	
	현대자동차써비스	금속	11,203	8,014	9,500	10,000	
	현대전자	금속	4,326	4,300	-	-	
	현대중기산업	건설	813	665	446	530	
	현대증권	금융	-	1,160	1,120	-	
	현대해상화재보험	금융	-	1,200	1,200	2,600	

주: *는 금강개발 (울산) 수치임. 참관노조도 포함됨.
자료: 현대그룹노동조합협의회 청산위원회, 2002에서 재구성.

168

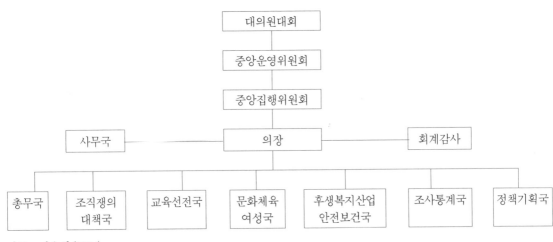

〈그림 2-70〉 현대그룹노동조합총연합 조직체계(1992년)

자료: 이수원(1994).

중앙집행위원회는 현총련 의장, 부의장, 사무총장, 사무차장 및 각 실장으로 구성되며 월 1회 소집된다. 주요 기능으로는 중앙위원회의 결정사항과 제반 일상업무를 집행한다.

현총련의 집행부, 즉 의장, 부의장, 사무총장 등의 선출은 선거관리 규정에 따라 매년 열리는 대의원대회에서 이루어진다. 실제로는 현총련의 각 단위노조 위원장들간의 호선에 의해 이루어지며, 대개 단위노조 중에서도 대기업 노조위원장이 주로 맡게 된다. 현총련의 지도력은 대개 주요 노조의 조건에 따라 좌우되는 경우가 많았다. 파업 등 단체행동이 상대적으로 많았던 초기 현총련의 지도력은 불안정했으며 이런 상태는 오랫동안 지속되었다(〈표 2-55〉 참조).

1987년 현노협 권용목 의장의 구속은 예외로 치더라도 1990년 현총련 1기 이상범 의장(당시 현대자동차노동조합위원장)의 중도사퇴 및 이영현 부의장(당시 현대중공업노동조합위원장 당선자) 구속, 1991년 2기 손봉현 의장(당시 현대정공노조위원장)의 구속, 1992년 3기 이원건 의장(당시 현대중공업노조위원장)의 직권조인, 1993년 4기 김동섭 의장(당시 현대정공노조위원장)의 직권조인 등이 이어졌기 때문이다. 이것은 이 시기 현총련의 조직적 집행력이 거의 없었다는 것을 의미한다. 집행역량에서도 전반적으로 취약하기는 마찬가지였다. 현총련 조합원은 6만여 명이 넘었으나 상근 실무자는 사무차장을 포함해 2~3명에 지나지 않았던 것이다.

주요 결정은 노조위원장들의 회의기구인 중앙운영위원회에서 이루어졌다. 하지만 이러한 결정의 대부분은 각 단위노조의 추인을 받아야 실행할 수 있었던 만큼, 현총련

〈표 2-55〉 현총의 집행부 현황

	현노협	현총련 1기	현총련 2기	현총련 3기	현총련 4기
출범시기	1987~1989	1990. 1	1991. 6	1992. 2	1993. 2
집행부	권용목 의장 (현대엔진 노조위원장)	이상범 의장 (현대자동차 노조위원장)	손봉현 의장 (현대정공 노조위원장)	이원건 의장 (현대중공업 노조위원장)	김동섭 의장 (현대정공 노조위원장)
비 고	의장 구속	의장 자진사퇴	의장 구속	의장 직권조인	의장 직권조인 현총련공동파업

	현총련 5기	현총련 6기	현총련 7기	현총련 8기	현노협
출범시기	1994. 1	1995. 2	1996. 2	1997. 2	1998. 2~
집행부	윤재건 의장 (현대중공업 노조위원장)	이갑용 의장 (현대중공업 노조위원장)	이영희 (현대자동차 수석부위원장)	정갑득 (현대자동차 노조위원장)	김광식 (현대자동차 노조위원장)
비 고	의장 구속	의장 구속	-	노동법총파업	현대자동차 정리해고총파업

이 실질적 상급조직으로서의 역할과 기능을 지녔다고 하기에는 구조적으로 한계를 지니고 있었다. 가장 중요한 의사결정기구인 지역운영위원회 및 중앙운영위원회가 의사결정기구가 아니라 협의기구여서 실제 사업은 참여한 노조위원장의 성향에 따라 달리 집행되는 경우가 많았으며, 그 외에도 일상적 재정부족에 시달리는 등 복합적 요인이 작용했다(이수원, 1994: 320~321). 게다가 각 노조위원장들은 자신이 소속된 단위노동조합의 운영에는 적극적이었으나 현대그룹노동조합총연맹과 관련한 사업은 중간점검 형태로 혹은 보고나 받는 수동적 경우가 대부분이었다.

3) 일상활동과 연대활동

현총련의 사무국으로는 총무국, 조직쟁의국, 교육선전국, 문화체육여성국, 후생복지산업안전보건국, 조사통계국, 정책기획실과 같은 부서를 두고 있다. 현총련 사무국의 주요 부서는 각 단위노조 간부가 겸임하였으며 주로 임단협 시기에 결합하였다. 사무국의 실제 운영은 거의 상근 사무차장과 간사에 의해 이루어졌다.

주요국별로 이루어진 활동을 보면, 우선 정책대응을 위한 대책은 대개 정책기획실을 중심으로 이루어졌다. 1992~1993년에는 고용문제[12] 대응(보고서, 대책위, 공동대응

---

12) 당시 현대정공의 전출문제(약 500여 명), 현대중장비와 현대중전기의 현대중공업 합병문제, 그리고 현대종합목재의 이전문제 등이 현안문제로 대두되었다.

기조 등) 등이었고 1993~1994년경에는 임단협 공동대응사업(임단협 대응안 및 지침, 간부교육, 조사통계사업), 1996년경에는 신경영전략 대응방안과 현총련의 조직발전 안[13] 등이 추진되었다. 그런데 정책기획회의는 기본적으로 각 단위노조의 정책역량에 기댄 것이어서 독자적 활동을 하지 못한 채 운용되는 경우가 많았고, 그 외에도 참여가 부족하고 각 국별 활동에 내용을 채워줄 만큼 실질적 가동이 거의 이루어지지 못했다.

조직쟁의 활동은 1993년의 현총련 공동파업과정을 전후로 활발히 논의되었다. 조직 면에서는 이 무렵 선봉대, 질서유지대, 선전선동대 등이 구성은 되었으나 제대로 정 착되지 못했고, 각 단사노조에서 파견된 대의원조차 제대로 조직할 수 없었다. 회의 등은 월 1회 등으로 정례화되었으나 전반적으로 각 단사별 실정이 달라 확실한 집행체 계를 갖추지는 못했다. 조직국의 내부역량 강화 및 지역연대활동에 역할을 담보해야 한다는 요구가 지속적으로 있어왔지만 현대중공업노조 혹은 현대자동차노조 등 한두 개의 대기업노조를 중심으로 한 수직적 동원에 기댄 것이어서 수평적 연대의 형태로 까지 발전하지는 못했다.

교육선전 활동은 여타 부서에 비해 상대적으로 활발하였다. 교육내용 면에서는 적 어도 초기에는 전노협 등에 의존하는 경향이 높았으며, 월례회의가 정기적으로 열렸 고 전담활동가 1~2인을 중심으로 임단협관련 소식지와 속보 등이 월평균 1~3회 정 도 발행될 정도였다. 1994년부터는 선전학교가 열리기도 했다. 하지만 다른 부서와 마찬가지로 단위노조별로 교육선전 역량의 격차가 여전하였고, 일회성 사업이 많아 성과 또한 현총련 차원에서 체계화되지 못했고 그 성과 또한 단위노조로 분산되는 경 우가 대부분이었다.

재정 면에서는 사무국 운영 및 행사비가 절반 정도를 차지하며, 조직쟁의, 교육선 전, 조사통계, 정책기획 등 사업비가 절반에 약간 못 미치는 수준이었다. 사업비 중에 서는 대체로 교육선전비의 비중이 가장 높고 조직쟁의 및 문화체육비 순이었다. 가령 1992년도 예산안을 보면 1년 총예산 1억 3,600여만 원 가운데 운영비(유지비, 대의원 대회비 및 인건비 등)가 52.8%, 사업비(조직쟁의, 교육선전, 문화체육, 여성, 후생복지 산업안전, 조사통계, 정책기획 등)가 43.5%, 예비비가 3.7%로 구성되어 있다. 이 가 운데 사업비 부문을 자세히 보면 교육선전비가 22.0%로 가장 많으며, 다음으로는 문 화체육비가 7.9%, 조직쟁의비가 7.3% 순이며, 그 외 조사통계비 2.5%, 여성비

---

13) 이는 3조직 통합 선언과 금속산업연맹의 결성(1998.2) 과정에서 현총련의 조직적 전망이 불투명한 가운데 나 온 것으로 노조조직의 경로의존적 경향과 기득권 유지 차원에서 그룹별 노조조직의 고수가 핵심적 내용을 이 룬다. 이에 관해서는 이수봉(1995) 참조.

1.9%, 정책기획비 0.9%, 후생복지산업안전비가 0.9% 등이다(〈부표 2-2〉 참조).

현총련은 1993년 6월 결성된 전국노동조합대표자회의(이하 전노대)에 참여하여 연대활동을 전개하였다. 당시 전노대(1994년 기준)에는 1,141개 단위노조 474,636명의 조합원을 포괄하고 있었으며 이 가운데 현총련 소속으로는 27개 노조 82,240명의 조합원이 참여하였다. 전노대에는 그 외에도 전노협(516개 노조 197,405명), 업종회의(578개 노조 153,812명), 대노협(20개 노조 41,177명) 등 4개 조직이 참여하였다. 현총련의 전노대 참여는 매우 제한적으로만 이루어졌다. 현대자동차노조와 현대정공노조 등 핵심노조의 집행부 교체, 조직력 이완 등 전반적으로 노조역량이 약화되었기 때문이다(〈표 2-56〉 참조).

이후 현총련은 1994~1995년 들어 민주노총의 창립과정에 참여하였다. 이미 1993~1994년경 전노협과 업종회의 등에서 중앙조직 건설과 관련한 논의가 깊이 있게 진

〈표 2-56〉 민주노총 지역별 가입현황 (1995년)

(단위: 노조 수, 조합원 수)

	가입노조		산업조직		지역조직		현총련	
서 울	380	167,053	346	157,566	189	86,834	8	15,927
인 천	50	32,465	24	15,330	38	17,342	1	2,301
경 기	145	44,440	57	31,747	111	32,431	1	530
대 전	29	13,745	22	7,769	25	12,819	-	-
충 남	13	6,712	13	6,712	6	1,172	-	-
충 북	14	1,911	14	1,911	-	-	-	-
광 주	34	16,021	26	10,056	23	13,244	-	-
전 남	14	9,150	14	9,150	-	-	-	-
전 북	30	6,022	22	4,788	23	5,215	-	-
부 산	44	12,539	31	8,495	16	5,765	-	-
경 남	67	64,540	28	13,380	35	18,057	13	63,173
대 구	39	8,963	31	5,936	13	5,200	-	-
경 북	22	14,258	20	9,985	-	-	-	-
강 원	18	1,923	18	1,923	-	-	-	-
제 주	8	573	8	573	-	-	-	-
전 지역	907	400,315	674	285,321	479	198,079	23	81,931

자료: 현대그룹노동조합협의회 청산위원회, 2002에서 재구성

행된 바 있는데, 현총련은 1993년 공투 이후 이 논의에 결합하였다. 당시 민주노총에는 그룹조직으로는 현총련과 대노협(대우그룹노동조합협의회) 그리고 기노협(기아그룹노동조합총연합) 등 3개 조직 50개 노조, 조합원 수로는 112,000명이 가입하였다. 이 가운데 현총련 조합원은 총 81,900명에 노조 수는 총 23개에 달했다. 이는 민주노총의 전체 조합원 40만 명 중에서 차지하는 비중이 20%에 이르며, 무엇보다 금속노동자가 90%에 이를 정도로 비중이 높은 현총련은 산업별 비중으로 치면 민주노총 전체의 40%에 해당한다.

그 외 현총련은 여러 업종별 조직과도 연계를 맺고 있었는데 자총련과는 현대자동차써비스, 현대정공, 현대자동차(서울) 등이, 조선노협에는 현대중공업, 현대미포조선 등이, 사무노련에는 현대해상화재보험과 현대증권이, 병원노련에는 서울중앙병원(현재 서울아산병원)과 해성병원이, 건설노련에는 현대건설과 현대중기산업이 각각 가입해 있다. 그 외 비민주노총 및 한국노총 소속 노조로는, 유통부문에는 금강개발이 유노협에, 건설부문에는 고려산업개발이 레미콘협의회에, 기타 한국노총의 금속노련 소속으로는 인천제철, 현대엘리베이터, 현대전자 등이 연계를 맺고 있다.

4) 현총련의 조직적 전개

현총련은 1990년부터 1997년까지 만 7년 동안 8기까지 존재하였으며 1998년 2월에 해소와 동시에 현노협으로 전환하였다. 현총련의 1~8기까지의 조직활동을 개괄하면 다음과 같다. 1990년 출범한 현총련은 1기 의장 이상범(당시 현대자동차노조위원장)의 자진사퇴로 조기에 막을 내리고 1991년 6월 제1차 정기대의원대회를 통해 현총련 2기 집행부(의장: 손봉현 현대정공노조위원장)를 구성한다. 한편 현총련 경인지역에 위치한 현대그룹 노조들은 1988년 5월 현대건설 노조의원장 납치를 계기로 1991년 5월 경인지역 현총련을 출범시킨다.

현총련 2기(1991.6~1992.1)는 총 250명의 대의원으로 출범한 이후 지역과 전국의 연대사업에 참여하고, 단위노조별 임단협 지원을 추진하였다. 임단협과 관련해서는 현대해상화재보험, 해성병원 등에 대한 모금활동과 현대전자, 현대엘리베이터 등에 대한 공동대응 모색, 그리고 현대자동차의 공권력 투입에 대응한 규탄집회 개최 등을 전개하였다. 그 외 중앙위원회 등에서 해고자 처리[14] 등에 관해 정주영 현대그룹 회장과의 면담이 추진되었다. 하지만 집행역량이 미비한 상태에서 출범한데다 현총련

---

[14] 당시 현총련 산하의 해고자 수는 매우 많았다. 현대중공업 34명, 현대종합목재 4명, 현대정공(울산) 2명, 현대중전기 1명, 현대자동차 17명, 현대정공(창원) 2명, 현대건설 5명, 현대상선 1명, 현대전자 4명, 인천제철 3명, 현대자동차써비스 1명 등 총 74명에 이르렀다.

의장의 구속 등으로 지도역량이 약화되었으며, 일상사업에서도 조합원 1인당 40원이라는 의무금과 그에 따른 재정부족 등으로 실제 성과는 그리 크지 않았다.

현총련 3기(1992. 2~1993. 1)는 자본의 총액임금제 대응, 노동법개정투쟁, 구속·해고 노동자의 복직투쟁, 현대그룹의 국민당 창당에 대응한 노동자 정치활동 등을 전개하였다. 그 외 의무금이 조합원 1인당 150원으로 인상되면서 재정적 어려움이 어느 정도 해소되었다. 그러나 1992년 하반기 들어 의장소속 사업장인 현대중공업노동조합의 직권조인 사태로 현총련의 조직적 위상이 크게 떨어지고 집행력도 어려움에 처했던 시기였다. 하지만 1991년에 이어 1992년에도 현총련 지도부의 구속으로 이어졌으며 현대중공업노조 등에서 보듯 투쟁의지가 실종된 단위노조위원장의 직권조인 사태가 전개되면서 현장의 불신이 높아지고 울산과 경인지역 모두 조직활동이 어려워지게 된다.

현총련 4기(1993. 2~1994. 1)는 김영삼 정부의 고통분담 강요와 노동자 탄압이 지속되고, 현장에서는 계속된 직권조인 사태로 이에 대응한 강력한 투쟁 요구가 전면화되면서 공동임금투쟁의 결의와 현대종합목재와 현대중장비 등에서 야기된 고용불안의 해소를 위한 공동투쟁 등을 강하게 제기하였다. 이후 이러한 노력은 현대자동차노조와 현대중공업노조 등 양대 민주노조 집행부의 등장에 힘입어 1993년 6~7월의 현총련 공동파업으로 확산되었다. 1993년 현총련 공동파업은 김동섭 현총련의장(당시 현대정공 노조위원장)의 직권조인 사태에서 촉발된 것으로, 현대 계열사의 주요 노조는 물론이고 경인지역 노조(현대자동차써비스노조, 금강개발노조 등)까지 가세하면서 전국적 연대파업 양상을 띠며 전개되었다. 공동파업 이후 현대그룹은 노조와 조합원에 대한 배제와 통합을 통한 양면전략이 시작되었고 여기에다 사무국 간부에 대한 수배사태가 이어지면서 현총련의 일상활동은 중지사태에 이른다. 이에 노조 내부에서는 그룹별 노조 활동에 대한 반성과 산업별 노조로의 조직전환이 본격적으로 제기되기 시작했다.

현총련 5기(1994. 1~1995. 1)는 현총련 신뢰회복과 해고자 복직, 노동법개악 저지 및 고용안정 확보, 간부 중심에서 조합원 중심 사업으로의 전환 등을 주요 사업으로 정하였다. 하지만 1993년 공동투쟁과정에서 현대자동차 긴급조정권 대응, 현대정공(창원)의 공권력 투입과 현대자동차써비스노조 침탈시 대응부재 등 기업별 노조의 한계를 드러낸 만큼 임단협의 공동요구안과 정부자본의 공권력 투입에 대응한 공동투쟁 요구는 더욱 강하게 나타났다. 그러나 현자노조의 어용화, 현대정공의 전출사태로 인한 조직력 약화 등 현총련의 조직력은 바닥에 이를 정도로 약화되었다.

현총련 6기(1995. 2~1996. 1)는 내부적으로는 지역과 업종 그리고 기업별로 나뉘어져 있는 각 단위노조의 한계를 넘기 위한 수평적 연대사업을 배치하여 조직력을 강화하고 현총련의 지도·집행체계를 강화하였으며, 금속 등 산업별 조직과 민주노총과의 공동사업을 적극적으로 전개하였다. 그 외 사회·경제 민주화를 위한 요구에 관심을 기울였다. 1995년 현총련은 현대중공업노조의 조직력이 점차 약화되는 가운데 양봉수 분신투쟁을 계기로 서서히 활기를 찾기 시작하였다. 현대자동차노조가 현총련의 중심에 서게 된 것도 민주노총을 건설한 이때부터다. 이후 현총련은 조직력 회복과 함께 노조운동의 조직전환 문제를 급진전시켜 그해 11월 민주노총 건설로 모아진다.

현총련 7기(1996. 2 ~ 1997. 1)는 안으로는 현총련 조직강화와 밖으로는 노동법개정, 사회개혁투쟁 및 금속노조 건설을 위한 조직재편에 집중하였다. 구체적으로 현총련 조직강화를 위해 대의원대회의 상설화 및 정책 등 각 국별 활성화로 조직력 강화사업을 전개하는 한편 월급제 실시와 조세경감 등 대중적 신뢰에 기초한 사회적 요구를 확대하고자 하였다. 조직적으로는 금속연맹(추), 자동차연맹, 현총련 등 삼자통합 논의가 이때부터 시작되며 그 외 현총련 산하에 정치위원회가 설치되어 차츰 노동자의 정치역량을 구축하기 시작했다. 이후 현대자동차노조를 중심으로 역량을 회복한 현총련은 1996~1997년 노동법 총파업 투쟁을 통해 조직력을 재결집하였다. 하지만 금속연맹을 중심으로 한 주요 조직의 통합논의가 진전되면서 현총련의 조직적 위상은 급격히 낮아지고 있었다. 15)

현총련 8기(1997. 2 ~ 1998. 1)는 1996년경부터 임금동결과 무쟁의 선언을 요구하는 현대그룹에 맞서 9개 단위노조가 교섭권을 위임하는 한편, 임단협 공동요구안을 통해 공동교섭을 추진하였다. 이 시기 임단협의 핵심 기조는 공동임단협투쟁과 경제개혁투쟁이 주된 것이었다. 하지만 대부분 공동교섭 요구에 대한 수위는 실제 그리 높지 않았고 대체로 개별교섭 수준을 벗어나지 못했다. 16) 조직적으로는 자동차연맹, 금속연맹과 함께 3개 조직 통합을 결의하여 1998년 2월 전국금속산업노동조합연맹을 결성함과 동시에 현총련 체제는 막을 내리게 된다. 이후 현대그룹의 주요 노조들은 노조위원장들의 회의체인 현노협으로 전환하였다가 2001년 5월 해산과정을 밟는다.

---

15) 통상적으로 현총련 의장은 현직 단위노조 위원장이 맡아왔으나 6기 집행부에서는 이영희 의장(당시 현대자동차 노조부위원장) 중심으로 운영되었다. 이처럼 일개 단위노조의 부위원장이 현총련의 지도부를 구성한다는 것은 현총련의 사회정치적 위상이 크게 낮아진 것이라 보아도 무방할 것이다.

16) 이러한 경향은 다음 사항에서도 잘 드러난다. "공동교섭이 성사되면 더할 나위 없이 좋은 성과를 이룰 것이다. 그러나 그렇지 않다 하더라도 현총련의 조직력 강화, 조합원의 단결력, 현대그룹에 대한 분노, 현총련 조직발전 전망에 대한 공감대 형성 등의 효과가 크다. 이에 최대한 공동교섭을 추진한다"(현총련, 1997 참조).

3.2.2.   단체교섭의 구조와 전술

  1) 그룹별 교섭의 요구
  현대그룹의 노동자들은 1987년 노조결성 초기부터 그룹별 교섭을 요구했다. 1987
년 노동자대투쟁 과정에서 각 현대계열사에 노동조합이 결성되었으나 그룹회장과 종
합기획실의 통제하에 놓인 채 결정권을 갖지 못했던 계열사 경영진은 머뭇거릴 수밖
에 없었다. 이에 현대 노동자들은 현노협을 결성하여 그룹 차원의 교섭을 통한 일괄타
결을 요구하였다. 이후 1·8테러, 식칼테러, 노조위원장 납치 등 현대그룹의 폭력적
노무관리가 더해지면서 각 사 노조들은 노조간의 교류를 확대 강화하는 한편, 그룹 차
원의 대응이 필요하다는 것을 보다 강하게 인식하였다. 하지만 현노협이 노조위원장
간의 친목활동 정도에 그치고, 연대활동을 하더라도 기껏 몇몇 간부의 항의방문과 간
소한 지원 정도에 머물렀다.
  1990년 창립 이후 현총련은 현대그룹과의 교섭을 본격적으로 요구하게 된다. 하지
만 그룹회장과의 면담요청이라든가 종합기획실과의 교섭을 무수히 요구했지만 실제 성
사되지는 못했다. 현총련 초기 집행부는 각 단사를 중심으로 한 임단협 과정에서 주간
상황속보 등을 배포하며 자료와 정보를 공유하는 정도에 그쳤다. 사무체계와 운영체계
가 미비한데다 핵심 사업장의 조직력과 지도부의 역량부재로 제대로 성사되지 못했다.
이후 사 측의 임단협 지연과 현대그룹 차원의 고용문제 대두, 그리고 정부의 임금 가
이드라인이 제시되면서 현총련은 이를 돌파하기 위한 공동임단협을 추진하였다. 이를
위해 1993년 처음으로 공동임금요구안을 마련하는 한편, 현총련 산하의 정책, 선전,
조직쟁의 등 주요 국별로 간부수련회와 연석회의 등을 통해 공동대응을 전개하였다.
  요컨대 현총련은 현대그룹과 공식적 노사관계를 형성하지 못했다. 1987년 7~8월
대투쟁과 1993년 현총련 공동파업과정에서 수차례에 걸친 공개적 교섭요구가 제기되
었지만 실제 교섭은 이루어지지 않았다. 여기에는 당시 현대그룹이 현대그룹노동조합
총연맹을 공식적으로 인정하지 않으려 했던 점은 논외로 치더라도, 협의체적 성격을
지녔던 현대그룹노동조합총연맹의 조직적 위상 때문에 생긴 불가피한 일이기도 했다.
그것은 현총련이 현대그룹을 대상으로 교섭하기 위해서는 회원노조인 단위노동조합의
교섭권을 위임받는 절차가 필요했지만, 이러한 교섭권 위임을 통해 일괄교섭을 요구
한 적은 없었다(이수원, 1994). 무엇보다 단위노조 스스로가 현총련에 교섭조직으로
서의 역할을 부여하지도 않았다.
  그 원인은 일차적으로 현대그룹노동조합총연맹이 노조집행부, 특히 노조위원장을

중심으로 한 '위로부터의 조직'이었던 점, 대부분의 의사결정 및 집행구조가 단위노조를 중심으로 이루어지고 있어 구심력보다는 원심력이 작용할 수밖에 없었던 점에 있었다. 이런 이유로 인해 현대그룹노동조합총연맹은 대다수 조합원의 대중적 지지에도 불구하고 매번 각 단위노동조합의 힘 관계, 특히 현대중공업노동조합과 현대자동차노동조합의 조직적 역량과 활성화 정도에 따라 이합집산을 거듭하곤 했다.

2) 시기별 주요 교섭내용

현총련이 추진한 그룹별 교섭전술은 1993~1997년에 전개된 공동임단협과정에서 주요하게 나타난다. 1993년 현총련은 애초에는 임단협을 위한 공동기조가 준비되어 있지 않았으나 임금문제, 해고자 복직문제 등에 대한 공동현안의 해결책으로 공동교섭요구가 느슨하게 추진되었다. 이 과정에서 현대그룹사와의 교섭이 계속 지연되는 가운데 현대정공의 직권조인 사태가 겹치면서 현중노조와 현자노조 등 양대 노조를 중심으로 한 현총련 산하 울산지역 8개사와 창원현대정공 등 6만여 명이 참여하는 등 연대파업이 급속히 확산되었다. 이 시기 임단협은 주로 임금인상에 집중되었고, 상대적으로 고용문제와 해고자 복직문제는 쟁점이 되지 못했다. 1993년의 경우 단위노조의 조건과 차이를 인정한 가운데 교섭시기 및 쟁의발생시기의 집중을 기한 점, 공동투쟁을 힘있게 뒷받침할 만한 현중노조와 현자노조 등 양대 노조에 민주집행부가 앞장선 점 등이 작용하면서 대규모 연대투쟁으로 확산된 점이 특징이었다. 교섭전술에서는 다양한 파업전술의 전개 및 교섭시기집중전술이 효과적으로 전개되었다. 하지만 공동투쟁의 내용이 통일되지 못했고, 마무리 과정의 현자노조 이탈현상 등에서 보듯 단위노조와의 조직적 결속력이 떨어지는 현총련의 취약한 위상 및 기업별 노조가 지닌 조직적 한계를 보여주었다.

1994년의 현총련 임단협은 현중노조를 조직과 투쟁역량의 구심으로 진행되었다. 하지만 협조적 노사관계를 표방한 현자노조의 이탈, 현대중전기, 현대중장비, 현대로보트 등의 현대중공업으로의 기업합병으로 인한 주요 단위노조의 축소, 고려산업개발, 현대중기산업, 현대엘리베이터, 현대종합목재, 현대정공울산 등 고용불안 사업장의 급증 등으로 각 단사별 현안에 분산됨으로써 1993년과 같은 공동투쟁은 거의 이루어지지 못했다.

1995년 현총련은 정기대의원대회를 통해 공동요구안을 확정하였는데, 이 요구안에는 첫째, 임금안으로는 기본급 96,298원±3,000원을, 둘째, 별도로 월급제 실시, 성과급의 고정급화, 임금협상일의 조정(3월 1일), 기타 현안문제와 사회개혁 요구 등이 포함되어 있었다. 하지만 현중노조의 조기타결 등 핵심노조 약화로 공동교섭전선이 어려워지면서 시기집중전술이 한계를 드러냈다. 그 외 양봉수 열사 투쟁, 사회개혁투쟁 등 각종 연대파업에도 불구하고 조직적 담보가 확산되지 못하면서 현총련의 임단협 교섭은 전반적으로 단위노조를 중심으로 한 분산된 형태로 나타났다. 이 시기는 시기집중전술, 파업 위주 임단협전술의 한계가 또다시 노정되었다. 이 무렵부터 각 단위노조의 교섭구조는 상대적으로 안정화되고 있었는데 이러한 조건도 어느 정도 영향을 미친 것으로 보인다.

1996년 현총련은 공동교섭을 통해 공동임금인상안(97,599원) 제시, 단체협약 10대 요구안 제시, 사회개혁요구안 제시 등을 요구하였다. 단협 요구안은 노동시간단축, 퇴직금누진제 실시, 상여금 800%, 해고자 복직 요구(현대중공업노조, 현대자동차노조, 현대종합목재노조 등 3개 노조), 의료비·학자금 쟁취 등이었다. 하지만 경영참여, 고용보장, 월급제 실시 등은 거의 이루어지지 못했다. 그 외 교섭내용에서 세제개혁 요구 및 시내버스 요금인상 저지(울산지역) 등 사회제도 개선으로의 약간의 이동 현상이 나타났다. 하지만 대체로 대부분의 사업장에서 간부 중심의 투쟁에서 벗어나지 못한 채 조합원 대중의 실천으로 나아가지는 못했다. 대체로 이들 교섭이 현총련 차원에서 이루어졌다고 보기는 힘들고 1995년처럼 각 단사별로 각개약진의 형태로 진행되었다고 보는 것이 타당하다. 전체적으로 임금액, 노동시간, 기업복지 등에서 일정한 개선이 이루어지고 있으나, 대신 노동조건의 구조적 측면에서는 진전이 없는 것으로 나타났다.

종종 현총련은 임단협 투쟁을 조직력 강화에 활용하였다. 1995년 결성된 민주노총의 강화를 위해 민주노총 건설기금 마련(실제로는 현대중공업노조, 현자노조, 현대정공울산, 현대정공창원, 한국프랜지, 현대자동차써비스, 현대강관, 해성병원, 케피코, 중앙병원, 현대중기산업 등 11개 노조가 참여함)과 의무금 납부의 조직화가 추진되었고, 그 외 조직사업 담당 특위를 통한 미가입노조의 지원 강화(현대증권, 인천제철, 현대석유화학 등), 미조직노동자의 조직화를 위한 산재상담소 설치(현대자동차, 한국프랜지, 현대정공울산과 창원, 현대강관, 미포조선 등)가 이루어졌다. 이 시기는 시기집중전술이 상당한 수준으로 진행되었다. 4월 말~5월 초로 계획된 상견례 집중에 13개 노조 참여, 교섭요일 통일에 13개 노조, 6월 말로 예정된 쟁의발생결의 시기에는 12개 노조가, 쟁의행위결의 시기집중에는 9개 노조가, 교섭촉구대회에는 6개 노조가, 하루 공동파업에는 7개 노조가 참여하였다. 하지만 전반적으로 단위노조의 조직력 차이, 상호 신뢰 부족 등으로 이전처럼 파업전술이 적절히 통일되지 못하였으며 단사노조의 각개약진 속에 현총련 차원의 지원도 이루어지지 못했던 것으로 보인다.

1997년 현총련은 9개 노조(현대자동차, 현자써비스, 울산현대정공, 창원현대정공, 인천제철, 현대중기산업, 금강개발, 현대미포조선, 케피코 등)의 교섭권 위임을 통해 현대그룹과의 교섭을 시도하나 무산된다. 이 시기 주요 노조의 단체협약상의 특징은 고용보장이 여러 노조에서 체결되었다는 점이다. 하지만 1998년 현대자동차의 정리해고 반대 파업에서 드러났듯이 고용보장관련 교섭이 실제 협약으로서의 의미는 없었다. 교섭은 예년과 다름없이 단사별 교섭의 행태로 진행되었다. 처음부터 공동교섭단위 준비가 취약한 상태였으며, 이로 인해 초기부터 공동교섭전술은 사실상 유명무실해져 버렸다.

3) 교섭전술의 문제점

현총련의 교섭은 기업별 교섭이 압도적이며, 사실상 그룹별 교섭이 이루어진 적은 없다. 현총련은 기업별 노조를 기반으로 하며,[17] 내규상으로 그룹별 교섭사항이 존재하지도 않는다. 현총련과 현대그룹 간에 이처럼 기업별 교섭이 주된 교섭형태인 까닭은 총파업 등 중요한 시기마다 강력한 개입을 일삼아온 정부의 역할, 사용자의 압도적 힘의 우위에 의한 교섭회피, 그 외에도 내부적으로는 기업별 노조가 주는 인적·물적 기득권 등의 작용 때문으로 보인다. 때문에 현총련은 기업별 노조처럼 현대그룹과 교섭을 해야 할 필연적 이유는 없었다. 그럼에도 불구하고 현총련은 오랫동안 그룹별 교섭을 추진했다. 그것은 우선 대기업노조의 경우 그룹 차원의 의사결정자, 즉 총수 등과 실질적 교섭을 할 필요성이 있었으며, 그 외 중간노조의 경우 주요 대기업노조 등과 함께 교섭에 나설 경우 각 사업장별로 교섭을 강제하는 한편, 보다 유리한 교섭결과를 기대할 수 있기 때문인 것으로 보인다. 요컨대 현총련의 공동교섭준비 또한 실제로는 각 단위노조별 교섭에 힘을 싣기 위한 하나의 방편적 성격이 강했던 것으로 판단된다.

현총련이 전개한 교섭전술은 크게 공동교섭요구와 시기집중전술로 나뉜다. 전자의 경우 임금, 해고자 복직, 고용문제 등 공동사안에 기초한 공동교섭을 요구한다. 공동교섭단 구성은 1997년에 잠시 구성되었으나 준비부족 등으로 곧바로 해체되었다. 후자의 경우 각 노조별로 임단협 교섭시기가 각기 다르고,[18] 교섭과정에서도 각기 다르

---

17) 기업별 노조하에서 단체교섭은 다음과 같은 과정으로 이루어진다. 우선 노조에서 단체교섭 방침이 결정되면 내부적으로 교섭에 필요한 요구안을 작성하는 한편, 간부수련회와 대의원대회를 거치면서 조직화 과정을 밟게 된다. 그와 함께 노조는 교섭시작 5~15일 전후로 공식적 교섭을 공식적으로 요구한 뒤, 노사간 상견례를 거쳐 실질적 교섭에 들어간다. 이후 노조는 교섭경과에 따라 쟁의발생을 결의한 다음 쟁의행위를 결의한 뒤 단체행동에 돌입하는 수순을 밟는다.

〈표 2-57〉 현총련의 임단협 적용시기 (1994년 기준)

노 조	임협시기	단협시기	노 조	임협시기	단협시기
고려산업개발	5월 30일	5월 30일	고려화학	3월 1일	3월 24일
금강개발	2월 28일	12월 31일	대한알미늄	3월 25일	2월 28일
서울중앙병원	5월 31일	9월 31일	한국프랜지	2월 21일	2월 28일
인천제철	3월 1일	4월 1일	현대강관	6월 1일	5월 31일
케피코	3월 1일	5월 1일	현대미포조선	6월 1일	4월 23일
현대건설	3월 1일	3월 13일	현대알미늄	6월 1일	5월 31일
현대엘리베이터	4월 21일	6월 31일	현대자동차	4월 1일	3월 31일
자동차써비스	5월 31일	5월 31일	현대정공울산	6월 1일	4월 3일
현대중기산업	6월 21일	1월 1일	현대정공창원	-	
현대증권	3월 31일	3월 31일	현대종합목재	5월 1일	6월 9일
해성병원	7월 1일	12월 31일	현대중공업	6월 1일	6월 1일

게 진행될 수 있어 교섭력을 집중시키기 위한 수단으로 추진된 것이다(〈표 2-57〉 참
조). 교섭시기집중은 크게 쟁의발생 전, 쟁의발생결의 후, 쟁의행위결의 후 등으로
나뉜다. 우선 쟁의발생 전에는 준법투쟁(간부수련회, 극기훈련, 체육대회 등을 통한 조
직력 강화)과 교섭시기집중을, 다음으로 쟁의발생결의 후에는 쟁의발생시기의 집중
을, 마지막으로 쟁의행위결의 후에는 실제 파업시기의 집중과 다양한 파업전술(총파
업, 정상조업, 부분파업 등) 등으로 이루어진다. 어떤 경우에서건 실제 교섭은 각 노
조집행부의 통제에 따라 거의 전적으로 기업별로 진행된다.

　현총련의 시기집중을 통한 공동교섭·공동투쟁전술이 위력을 보였던 것은 1993년의
공동파업으로, 당시 파업에서는 시기집중을 통한 공동임투전술이 주요하게 사용되었
다. 현총련 공동파업은 1993년 3월 월례 중앙운영위원회에서 시작되었다. 이날 회의
에는 경인, 울산지역 23개 현대계열사 노동조합들이 참석하였으며, 임금교섭시기와
쟁의발생신고 등 임투일정집중을 결정하였다. 이후 6월 들어서 현대정공노조와 현
대중장비노조 등이 부분파업을 시작으로 7월 7일에는 현총련 산하 11개 노동조합이
동시파업에 들어갔다. 당시 공동임투에 결합한 노동조합은 총 18개였으며, 이 가운데
울산지역에 위치한 노동조합은 11개였다. 문제는 이런 임투전술이 교섭시작시점을 최
대한 집중시키고 쟁의발생 및 파업돌입시기를 최대한 조정하여 될 수 있으면 같은 시

---

18) 〈표 2-57〉에서 나타난 임금협상시기를 보면 2월 2곳, 3월 6곳, 4월 2곳, 5월 4곳, 6월 6곳, 7월 1곳 등이다.

간대에 교섭과 투쟁을 집중시킨다는 전략으로, 1987년 이후 민주노조 진영의 주요 기업별 노조들이 시도해온 단순한 단체교섭전략이었다. 이 공동임투전략은 지휘부가 따로 없는데다 기업 측의 개별화 공략도 매우 용이해서 실효성을 상실한 것이라 할 수 있다(임영일, 1998).

이후로는 이러한 전술이 현대그룹의 교섭회피와 분산노력, 기업별 조직에 기반한 경로의존적 경향의 온존, 주축인 현대중공업노조의 약화 등의 요인이 겹치면서 더 이상의 위력을 발휘하지는 못했다. 다만 임금과 근로조건 등에서 부분적 개선이 이루어졌는데, 특히 현대중공업노조와 현대자동차노조 등 핵심노조가 교섭 패턴을 주도함으로써 한국프랜지노조와 현대미포조선노조 등 대다수의 중간노조들이 유·무형의 혜택과 지원을 받을 수 있었다. 즉, 현대중공업노조와 현대자동차노조는 유형설정자로서의 역할을 해온 것으로 평가할 수 있으며, 전자의 경우 1987년 이후 1990년대 중반까지, 후자의 경우 1990년대 중반 이후부터 이러한 역할을 해온 것으로 보인다. 그 외 조직적인 면에서는 민주노총 및 금속산업연맹의 조직력 강화에 부분적으로 활용된 측면도 있었던 것으로 보인다.

3.2.3. 단체행동

현대 계열사 노조의 단체행동은 1987~1989년까지인 현총련 이전 시기, 1990~1997년까지인 현총련 시기, 1998~2000년까지인 현총련 이후 시기 등 크게 세 단계로 나눌 수 있다. 이들 세 시기를 평균 파업일수 면에 비추어 볼 때, 현총련 이전 시기의 평균 파업일수가 215일로 가장 많으며, 그 다음으로 현총련 시기가 95일, 현총련 이후 시기가 39일 등으로 나타난다. 이런 경향은 파업발생 사업장 수를 비교해 봐도 마찬가지다. 시기적으로는 1993년 이후부터 파업이 격감하고 있음을 〈표 2-58〉을 통해 알 수 있다.

1987~1989년 시기에 이처럼 파업일수가 높게 나타난 것은 1987년 노동자대투쟁 과정에서 노조를 결성하려는 노동자와 이를 저지하려는 사용자 간의 대립이 폭발적으로 전개된 데에 기인한 것이다. 이 시기에 단체행동은 대규모 '전투적 동원'을 이끈 현대엔진노조와 현대중공업노조에 의해 주도되었으며, 내용적으로는 임금인상과 노조 민주화가 대부분이었다. 그 외 현대종합목재노조와 현대정공노조 등에서는 업종 사양화로 인한 고용관련 파업이 부분적으로 나타나기도 했다.

1990~1997년 시기, 즉 현총련 시기의 단체행동에서 나타난 주요 의제는 대부분 임금인상이었으며, 그 외 구속·해고노동자 복직과 같은 정치적 성격을 띤 것도 많았다. 이 시기의 단체행동을 주도한 노조는 현대중공업노조와 현대자동차노조였다. 전

자의 경우 1987년 이후부터 1994년경까지, 후자의 경우 1995년부터 이후 시기까지 현
총련 파업을 이끈, 이른바 유형설정자로서의 역할을 해왔다. 이 시기에 발생한 파업
가운데 1993년의 현총련 공동파업과 1996~1997년의 노동법개정반대 총파업이 주목
할 만하다. 먼저 현총련 공동파업은 애초 임금인상이 쟁점이었다는 점에서 여느 파업
과 다를 바가 없었으나 시기집중을 통한 연대파업이 구사된 데다 현대중공업노조와
현대자동차노조 등 현총련의 두 핵심노조를 중심으로 조직적 역량을 극대화시킨 파업
이었다. 당시 파업에 참여한 노조는 총 11개나 되었다. 하지만 이 파업 이후 현대자
동차노조의 집행부 교체, 현대중공업노조의 조직력 약화 등 현총련은 조직적 균열이
나타났으며, 무엇보다 기업별 노조에 기반한 조직체계상의 취약성이 노정되면서 조직
적 연대와 결속은 더 이상 확대 재생산되지 못했다. 1996~1997년 노동법개악반대 총
파업에서는 현대자동차노조를 중심으로 5개 노조(현중, 미포, 강관, 정공, 프랜지)가

〈표 2-58〉 현총련의 파업현황

구분	연도	사업장 수	파업 일수	주요 파업사업장
현 노 협	1987	13	102	현대엔진, 현대중공업, 현대정공, 인천제철
	1988	11	161	현대엔진, 현대중공업, 현대자동차, 현대엘리베이터
	1989	10	381	현대중공업, 현대엔진, 현대종합목재, 고려산업개발
현 총 련	1990	11	98	현대중공업, 현대자동차, 현대미포조선
	1991	5	76	현대중공업, 현대정공(울), 현대자동차
	1992	9	36	현대중공업, 현대정공(울), 현대중전기, 현대중기산업, 현대강관 현대자동차써비스, 현대미포조선, 한국프랜지, 현대해상화재,
	1993	11	304	현대중공업, 현대자동차, 현대정공(울), 현대종합목재, 현대중장비, 현대중전기, 한국프랜지, 현대강관, 현대미포조선
	1994	5	155	현대중공업, 현대정공(울산), 현대미포조선, 금강개발, 한국프랜지
	1995	5	23	현대자동차, 현대중공업, 현대정공(울산), 케피코, 고려화학,
	1996	10	52	현대자동차, 현대중공업, 현대정공(울산, 창원), 현대미포조선, 현대종합목재, 현대자동차써비스, 중앙병원, 케피코, 한국프랜지
	1997	4	15	현대자동차, 현대정공(창원), 케피코, 인천제철
현 노 협	1998	5	65	현대자동차, 현대중기산업, 현대자동차써비스, 현대알미늄, 인천제철
	1999	4	17	현대자동차, 현대정공(울산, 창원), 케피코
	2000	4	36	현대자동차, 고려화학, 고려산업개발, 케피코

자료: 현대그룹노동조합협의회 청산위원회(2002)에서 재구성.

참여하였다. 이들은 초기 대규모 동원을 통해 압도적 동원능력을 보여주었으나 법제도적 돌파구는 물론이고 조직 내부의 역량 혹은 연대의 강화로 연결시키지는 못하였다.

1998~2000년 시기의 단체행동은 주로 노동조건 및 고용관련 및 노동조건과 관련한 것이 대부분이었다. 이전에도 고용관련 파업이 발생하였지만 1999년의 현대정공 파업, 현대종합목재 파업, 현대중기산업의 파업 등은 사양산업의 합병 및 청산과정에서 발생하였다는 점이며, 무엇보다 1998년의 현대자동차 정리해고반대파업은 IMF 경제위기라는 정치·경제적 배경과 맞물리면서 사안 자체가 개별기업 차원이 아닌 사회적 차원의 쟁점으로 확대 인식되어 다분히 '총노동과 총자본의 대리전'으로서의 성격을 띠고 있었다. 그럼에도 불구하고 1998년의 현대자동차파업은 적어도 이전에 비해 전국적 지원이나 연대활동이 미미한 수준이었다. 이는 현총련의 노사간 대립갈등이 점차 기업이라는 공간을 중심으로 '내부화'하고 있음을 의미한다.

3.3. 대노협의 조직, 교섭 및 단체행동

3.3.1. 조 직

1) 결성 배경

대우그룹노조조직은 1987년 8월 대우그룹노동조합복지협의회(이하 대우복협)에서 시작되었다. 당시 노동자대투쟁의 와중에 결성된 대우복협은 198년 2월 11개 노조위원장이 참석한 가운데 임금교섭 및 사업계획 수립을 위한 대표자회의를 개최하기도 하였으나 핵심 노조위원장의 교체 및 구속 등으로 인해 더 이상의 활동은 이루어지지 않는 등 사실상 정지상태에 들어갔다. 이 시기 대우복협의 활동은 노조위원장들간의 교류수준에 머물렀다고 할 수 있다.

실질적 그룹노조조직은 대우그룹노동조합협의회(이하 대노협)로 이 조직은 그룹 차원의 노무관리, 임금 및 단협안에 대한 기준설정 등을 통한 노동통제에 공동 대처하기 위한 현실적 필요성이 제기되었으며, 보다 구체적으로는 1990년 대우전자노조 인천지부간부 고소사태에 따른 공동대응을 계기로 1990년 12월 결성되었다.

결성 당시 대노협은 17개 노조 48,290명의 조합원을 포괄하고 있었다. 대노협의 핵심노조는 대우자동차노조, 대우조선노조, 대우정밀노조 등 3개 대기업 노조로 대노협 전체 조합원의 약 50%를 차지하였으며, 이들 노조에는 대부분 민주집행부가 들어서 있어 대노협의 실질적 주력 노조역할을 했다. 그 외 대우전자노조, 대우중공업노조 등 몇몇 대기업 노조가 더 있었지만 조직역량이 취약하여 주변 조직에 머물렀다.

2) 조직현황과 체계

① 조직현황

대노협은 1990년 12월 제1기 출범을 시작으로 1999년 2월 제8기까지 구성되었다. 제1기 대노협은 17개 노조 48,290명이, 제4기는 17개 노조 35,230명, 제8기는 24개 노조 40,606명의 조합원을 포괄하였다(〈표 2-59〉 참조).

대노협에 참여한 단위노조의 업종별 현황을 보면 상대적으로 비제조업 부문이 많다. 실제로 제조업-비제조업 현황(2002년 기준)을 보면 제조업에 속한 노조가 14곳, 비제조업에 속한 노조가 10곳으로 나타났다. 대노협에 참여한 단위노조의 지역별 분산 정도는 상당히 크다. 실제로 이들 주요 노조의 지역별 현황(2002년 기준)을 보면 경남 4곳, 서울 8곳, 인천 3곳, 대구경북 6곳, 전북 1곳, 부산 1곳, 경기 1곳 등이다. 이로써 대노협 소속 사업장이 전국적으로 폭넓게 퍼져 있다는 것을 알 수 있다. 이처럼 대노협은 다양한 업종 및 주요 노조의 지역적 분산 등이 특징으로 이는 노조의 조직활동을 집중시키는 데 일정한 장애로 나타날 가능성이 높았다.

② 조직체계와 집행부

대노협의 주요 기관은 총회, 대의원대회, 운영위원회, 집행위원회 등이 있다. 총회는 최고의결기구로 회원노조 조합원으로 구성된다. 총회는 대의원대회로 갈음할 수 있어 예외 없이 총회는 대의원대회로 대신해왔다. 총회(대의원회)는 대노협의 핵심적 사안을 결정하며 대의원은 각 노조 조합원 수에 따라 배정되며, 60여 명의 대의원을 두고 있었다.[19] 이 총회가 단위노조의 총회와 다른 것은 임금협약 및 단체협약의 체결사항이 빠져 있다는 점으로 이는 대노협이 교섭권을 행사할 수 없다는 것을 의미한다.

운영위원회는 회원노조의 노조위원장으로 구성되며, 대개 월 1회 개최된다. 통상 대표자회의로 불리는 운영위원회는 총회(대의원회) 수임사항을 다루는 것으로 규정되어 있으며, 주요 의사결정을 운영위원회에서 처리함으로써 실질적 의결기구라 할 수 있다. 집행위원회는 의장, 부의장, 사무처장, 사무차장으로 구성되며, 총회(대의원회) 및 운영위원회의 위임사항을 집행하며, 기타 중요한 업무집행사항을 결정하는 기능을 가지고 있다. 대노협의 임원은 총 7명으로 의장 1명, 부의장 3명, 사무처장 1명, 그리고 감사 2명을 두고 있다. 임원선출은 매년 직접·비밀·무기명 투표에 의한다.

---

19) 각 노조별 대의원 배정을 보면 200명 이하 2명, 201~500명 3명, 501~1,000명 5명, 1,001~2,000명 7명, 2,001~3,000명 9명, 3,001~4,000명 11명, 4,001~5,000명 13명, 5,000명 이상 15명 등이다.

〈표 2-59〉 대노협 조직현황

(단위: 명)

대노협 1기 (1990.12~1992.1)		대노협 4기 (1995.2~1996.1)		대노협 8기 (1999.2~2000.1)	
노조명	조합원 수	노조명	조합원 수	노조명	조합원 수
옥포대우병원	160	경남금속	100	경남금속	124
동흥전기	165	대우건설	200	대우건설	345
대우통신	1,200	대우기전	1,200	대우기전(한국델파이)	1,264
대우기전	1,530	동우공영	80	동우공영	74
신아조선	400	대우자동차	10,350	대우자동차	10,330
대우자동차	12,231	대우자동차판매	2,450	대우자동차판매	1,403
대우전자	9,200	대우전자부품	700	대우상용차	600
대우전자부품	1,170	대우정밀	730	대우정밀	880
대우정밀	1,421	대우조선	8,000	대우조선	7,616
대우조선	10,324	대우중공업	4,500	대우중공업	4,031
대우중공업	5,200	대우증권	1,950	대우증권	1,713
부산고려	800	오리온전기	3,900	오리온전기	3,450
대우캐리어	750	코람프라스틱	350	코람프라스틱	306
오리온전기	3,000	힐튼호텔	720	힐튼호텔	649
코람프라스틱	300			동명중공업	346
텔코전지	120			경북대우자동차	24
옥포공영	319			대우전자서비스	500
				삼신올스테이트생명보험	350
				쌍용자동차	4,000
		동명중공업*	320	세진컴퓨터랜드	470
		대우캐리어*	670	오리온전기사무기술	170
		삼신생명보험*	400	옥포공영	174
		대우모터*	670	한국전기초자	1,500
				고려자동차부품	287
17개 노조	48,290	14개 노조	35,230	24개 노조	40,606

주: *는 참관노조.

자료: 대노협(1996), 제3차 정기대의원대회 회의자료; 대노협(2000), 《사업보고서》.

〈표 2-60〉 대노협의 집행부 구성

	대노협 1기	대노협 2기	대노협 3기	대노협 4기	대노협 5기	대노협 6기	대노협 7기	대노협 8기
출범 시기	1990. 12	1993. 4	1994. 9	1995. 2	1996. 2	1997. 2	1998. 2	1999. 2
집행부	이은구 (대우자동차 노조위원장)	김종렬 (대우자동차 노조위원장)	최은석 (대우조선 노조위원장)	백순환 (대우조선 노조위원장)	전재환 (대우중공업 노조위원장)	이은구 (대우자동차 노조위원장)	나양주 (대우조선 노조위원장)	염성태 (대우중공업 노조위원장)
비고	의장구속 (업종회의)	-	-	민주노총 결성	-	-	대우그룹 해체	구조조정 대응파업

자료: 대우그룹노동조합협의회(2000)에서 재구성.

대노협 재정은 회원노조가 매월 납부하는 의무금으로 운영되었다.

　　이제 대노협의 집행부 구성을 보자. 대노협의 1~8기 집행부 구성을 보면 핵심이랄 수 있는 의장은 모두 대기업노조에서 배출하였으며, 이 가운데 대우조선노조 3회, 대우자동차노조에서 3회, 대우중공업노조 2회 등이었다. 대노협의 주요 결정은 운영위원회를 중심으로 이루어졌다. 운영위원회는 각 노조위원장을 중심으로 한 협의체 수준이었으며, 대개 대기업노조를 중심으로 운영되었다. 게다가 대부분의 결정사항도 단위노조의 승인이 필요한데 문제는 이들 노조위원장들의 성향과 단위노조의 조건에 좌우되는 경우가 대부분이어서 집행력이 매우 느슨하였다. 그나마 1994~1995년을 지나면서 조금씩 안정되기는 하였지만 전반적으로 볼 때 집행력 수준에 의미 있는 변화가 있었다고는 보기 어렵다(〈표 2-60〉 참조).

3) 일상활동과 연대활동

　　대노협의 일상활동은 노조대표자회의 격인 운영위원회가 중심이 되고, 실무적으로는 사무국을 중심으로 진행된다. 사무국은 9국 2실(9국: 총무국, 조직쟁의국, 교육선전국, 문화국, 조사통계국, 여성국, 복지산안보건국, 법규국, 대외협력국; 2실: 정책기획실, 편집실)로 구성된다(〈그림 2-71〉 참조). 초기(1991~1994년)의 일상활동은 운영위원회 중심의 회의가 대부분이었으며, 월 1회 정책회의와 월 1회 또는 격월로 신문발행 등 정책기획실과 편집실 중심으로 운용되었다. 그 외 간부수련회 등이 부정기적으로 열렸으며, 조직쟁의, 교육선전 등은 거의 단위노조에 내맡겨진 상태였다. 상근자 1~2명이 중심이 된 일상활동은 전반적으로는 상황공유의 성격이 짙었고 그와 함께 노조간 협조부족과 집행력 부재로 일관된 사업을 추진할 정도는 아니었다.

　　1995~1997년경의 일상활동은 보다 안정적으로 운용되었다. 운영위원회와 정책기획

〈그림 2-71〉 대우그룹노동조합협의회의 조직체계 (1999년)

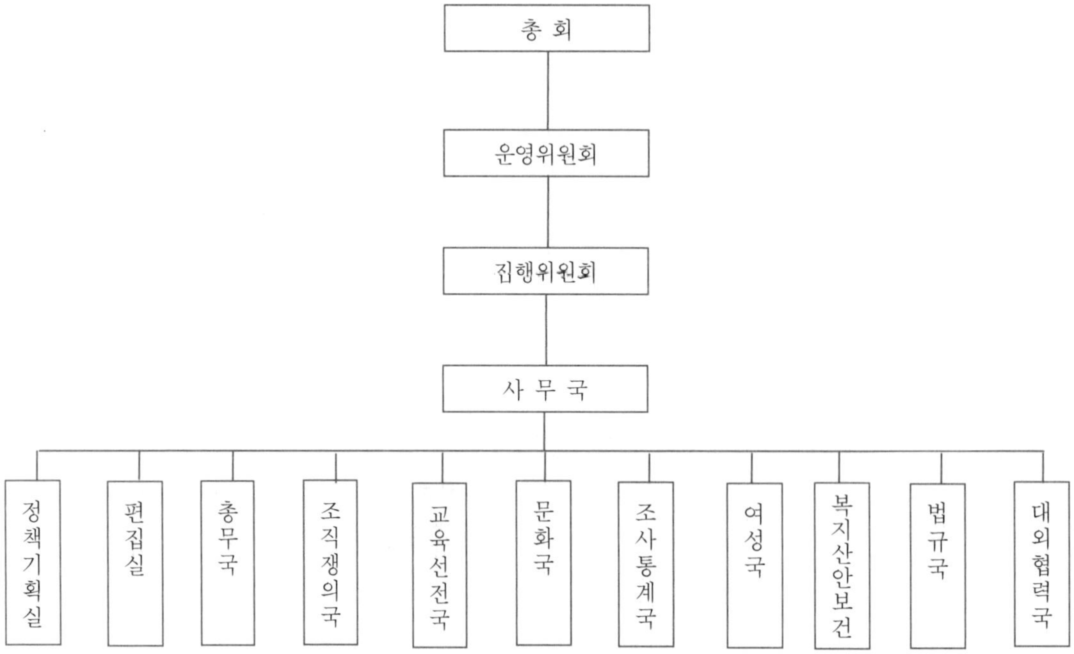

```
                          총 회
                           |
                        운영위원회
                           |
                        집행위원회
                           |
                         사 무 국
   ┌────┬────┬────┬────┬────┼────┬────┬────┬────┬────┐
 정책  편집  총무  조직  교육  문화  조사  여성  복지  법규  대외
 기획  실    국    쟁의  선전  국    통계  국    산안  국    협력
 실              국    국          국          보건        국
```

자료: 대우그룹노동조합협의회(2000)에서 재구성.

회의, 그리고 신문발행 등이 정착되고, 단사노조 지원방문과 현안대응에 필요한 투쟁방침의 집행 등 초보적 조직쟁의활동도 점차 수행되었다. 그 외 노동법 교육과 임단협 속보발행 등 교육선전 활동도 시작되었다. 이때의 일상활동은 대체로 임단협관련 활동이 대부분이었고 방향 또한 대노협으로의 구심력보다는 단사노조로의 지원이라는 원심력이 크게 작용했던 것으로 보인다. 1998~1999년의 활동은 구조조정 대응관련 활동이 전개된바, 1998년에는 세진 등 사무직노조의 조직화 활동이 주요하게 나타났으며, 1999년에는 정책, 조사, 선전교육 조직활동 등이 구조조정 대응사업에 집중하면서 그룹 경영실태조사, 공청회 실시, 동시다발 집회 및 순회 간담회 등을 전개하였다.

재정 면에서는 사무국 운영비와 사업비가 각각 절반을 차지하는데, 이는 대노협 재정이 그만큼 취약하다는 것을 의미한다. 그 외 민주노총 의무금이 일부 포함되어 있다. 예컨대 1996년 2월 정기대의원대회에 제출된 제5기 예산안을 보면 총예산 5,357만 원 가운데 민주노총의무금 192만 원(3.6%), 운영비(2인 인건비 포함) 2,224만 원(41.5%) 등으로 책정되었다. 또한 사업비의 경우 2,781만 4천 원으로 구성되어 있으며, 세부항목별 비중을 보면 회의비 13.1%, 정책기획사업비 3.1%, 기관지사업비 10.9%, 조직쟁의사업비 14.9%, 교육선전사업비 2.6% 연대사업비 4.7% 등을 차지

〈표 2-61〉 전노대 참여현황

(단위: 명)

	전노협	업종회의	현총련	대노협	계
노조 수	516	578	27	20	1,141
조합원 수	197,405	153,812	82,242	41,177	474,636

주: 전노협 참관 교류노조도 포함.
자료: 전노대(1994)에서 재인용.

하였다(〈부표 2-3〉 참조).

　대노협은 결성 초기만 하더라도 공식적 상급조직으로 한국노총 소속이 대부분이었다. 그러다 1993년 대거 탈퇴한 뒤 그해 6월 결성된 전국노동조합대표자회의(이하 전노대)에 참여하여 연대활동을 전개하였다. 당시 전노대(1994년 기준)에는 1,141개 단위노조 474,636명의 조합원을 포괄하고 있었으며 이 가운데 대노협 소속으로는 20개 노조 41,177명의 조합원을 포괄하고 있었다. 그 외 전노대에는 대노협을 포함한 전노협(516개 노조 197,405명), 업종회의(578개 노조 153,812명), 현총련(27개 노조 82,242명) 등 4개 조직이 참여하였다(〈표 2-61〉 참조). 그러나 대노협의 전노대 참여는 매우 제한적으로만 이루어졌다. 핵심노조인 대우자동차노조의 선거결과 등으로 조직력 전반이 약화되었기 때문이다.

　이후 민주노총(추)이 결성되면서 실무파견과 회의참여 등 연대활동을 확대하였다. 1995년 5월 민주노총(준)에는 15개 산업(업종)조직(674개 노조 285,321명), 11개 지역조직(479개 노조 198,079명), 3개 그룹조직(50개 노조 112,091명)이 가입하여 총 907개 노조 400,315명이었다. 이때 대노협은 17개 노조 조합원은 35,702명이 가입해 있었으며, 그 외 현대그룹노동조합총연합 25개 노조 54,762명, 기아그룹노동조합총연합(준)이 8개 노조 21,627명이었다(〈표 2-62〉 참조).

　민주노총 결성과정에서 대노협은 업종별 조직을 중심으로 한 조직건설에 상당한 관심을 표명하였다. 실제 대노협은 대기업연대회의를 주도하기도 했으나 대기업연대회의가 조기에 무산되면서 실질적 활동은 이루어지지 못했다. 대노협은 민주노총 건설과 관련해서는 기업별 노조의 한계를 극복하기 위한 방안으로 산업별 노조를 만드는 것이 원칙이지만 우선은 업종별 조직을 건설하여 이를 기초로 민주노총을 건설하는 방안을 제시하였다. 이는 민주노총 건설도 중요하지만 우선은 기업별 조직을 근간으로 한 대노협의 활성화가 더 중요하며, 이를 바탕으로 대우그룹 차원의 노무관리를 포함한 비정규직 확대, 기업문화운동 확산, 신경영전략, 노조무력화전략에 효과적으로 대응할 수 있다고 보았기 때문이다. 결국 대노협의 업종별 전망은 기득권과 경로의존적 틀에 갇힌 채 기업별 노조의 확대판인 그룹별 노조조직의 연장선상에 서 있었던 것으로 보인다.

<표 2-62> 대노협의 민주노총(준) 가입현황

(단위: 개, 명, %)

조직명	회원노조	조합원 수	비 중
3개그룹조직	50개	112,091명	28.0%
현총련	25개	54,762명	48.9%
대노협	17개	35,702명	31.8%
기노련(준)	8개	21,627명	19.3%
민주노총(준)	907개	400,315명	100.0%

자료: 전국노동조합협의회(1995).

<표 2-63> 그룹조직의 민주노총(준) 가입현황

(단위: 노조 수, 조합원 수)

	가입노조		업 종		지 역		그 룹	
섬 유	10	928			10	928		
화 학	51	10,903			48	9,630	3	1,273
금속 일반	115	42,354			107	31,805	16	18,512
자동차	65	72,146	38	64,361	51	42,576	15	49,914
조 선	5	34,304			2	3,117	3	31,187
건 설	45	20,940	43	20,324	36	17,732	4	1,836
도소매숙박	21	6,626	12	1,692	19	3,726	3	3,453
운 수	8	17,520	2	10,130	8	17,520		
금융보험	200	89,952	200	89,952	8	4,068	3	4,266
사업서비스	98	29,123	91	23,543	88	27,946		
교육서비스	93	26,208	93	26,208	17	9,898		
병 원	142	33,324	141	33,124	78	24,280	3	1,650
언 론	54	15,987	54	15,987	7	4,853		
전산업	907	400,315	674	285,321	479	198,079	50	112,091

자료: 전국노동조합협의회(1995).

4) 대노협의 조직적 전개

대노협은 1990년 12월 제1기 출범을 시작으로 만 8년 동안 제8기까지 존속하였으며 1999년 2월에 해소되었다. 대노협의 1~8기까지의 활동상황을 개괄하면 다음과 같다.

대노협의 1기 활동은 임단협 교섭에 관한 정보 및 안전보건복지후생 향상에 관한 사업교류를 통해 회원노조간 교류를 확대하는 데 주력하였다. 하지만 대노협 결성직후 초대의장(이은구, 전 대우자동차노조위원장) 등 지도부의 잇따른 구속으로 실질적 활동은 거의 이루어지지 못했다. 당시 대노협 지도부의 구속은 노태우 정부의 대기업 노조연대회의에 대한 탄압으로 인해 대우자동차노조, 대우조선노조, 대우정밀노조 등 중심 노조간부의 구속사태에 기인한 것이었다.

대노협의 2기 활동은 주로 임단협 공동대응 모색, 대노협 신문발간, 해고자 복직문제, 중앙조직(민주노총) 건설사업 등에 집중되었다. 이것은 대우그룹 차원의 노무관리, 임금 및 단협안 공동기준 설정 등 현실적 요구와 필요에 따라 제기된 것이었다. 이 가운데 임단협 공동대응에 관해서는 대노협 차원의 정책회의 추진과 간부수련회, 각 부서별 회의와 체육대회 등을 통한 회원노조간 교류활성화 등이 이루어졌다. 그 외 공동사업으로 추진된 자동차 강제판매라든가 파견사원문제에 대처하기 위한 방안으로 대우빌딩 앞 피케팅, 공정거래위원회 제소 등이 추진되었지만 문제해결을 위한 조직력 집중에는 한계를 드러냈다. 대노협이 추진한 연대사업으로는 한국노총 탈퇴결의와 민주노총 건설을 위한 방침결정이 주요한 것이었다. 대노협의 이러한 한계는 조직력 부족으로 대노협 산하 주요 노조의 참여가 제대로 이루어지지 않은 점, 업종이 다양한 점, 주요 사업장의 지역적 분산 등이 작용했으며 조직 내부적으로는 재정 및 실무역량의 부족 등 집행력 자체가 매우 취약하다는 점에 기인한 것이었다.[20]

대노협의 3기 활동은 재정적으로는 의무금 인상(100원/조합원 1인당), 정책적으로는 회원노조의 단체협약 분석 및 대우그룹의 노무관리 실태 분석 등을 추진하였다. 하지만 자동차 강제판매 건이나 파견사원문제, 그리고 고용문제 등 여러 현안에도 불구하고 대노협 차원에서 대응한 실질적 공동사업 건은 전개하지 못했다. 그 외 조직적으로는 오리온전기노조, 힐튼호텔노조 경주지부 등이 추가로 조직되었으나, 일부 소극적 노조에 대해서는 규제할 만한 방안이 없는 등 전반적으로 활동이 기초적 수준에 그친 것으로 평가된다.

대노협의 4기 활동은 이전 활동에 비해 임단협 사항에 대한 공동요구 및 공동투쟁

---

20) 현총련의 경우 울산을 중심으로 한 주요 노조가 밀집해 있다는 지리적 요인과 함께 지난 1987년 이후 수년에 걸친 대규모 공동투쟁이 이어지면서 조직적 역량이 축적되어 있다는 점에서 비교된다.

190

을 하였다는 점에서 뚜렷한 차이를 지닌다. 내부적으로 정책기획회의와 조사사업, 단위노조간 연대 등 주요 사무국회의가 점차 진행되기 시작했으며, 조직적으로는 회원노조의 현안에 대한 대노협 차원의 초보적 지원(대우그룹과의 협상을 포함하여)을 통한 공동대응, 중앙조직(민주노총) 건설에 기여했다.

대노협의 5기 활동은 크게 임단협 공동투쟁과 대우그룹 신경영전략 분쇄투쟁으로 전개되었다. 임단협투쟁의 경우 대노협 차원의 공동요구안을 채택하였다. 신경영전략 분쇄투쟁은 파견사원제 철폐, 지동차 상세판매 폐지 등이 주된 것이었고 대우그룹-대노협 간의 합의가 일정하게 도출되었다. 이 무렵 각 단위사업장별 노사분규는 광범위하게 전개되었고 몇몇 사업장에는 대노협 차원의 개입이 부분적으로 시도되었다. 경주 힐튼호텔의 장기 직장폐쇄, 남부산정비사업소 노조탄압, 대우자판사무지부 노조결성 방해, 대우자판 및 대우전자의 해고사태, 대우정밀의 복직불이행 등이 그것이며, 이 가운데 경주힐튼호텔은 대노협이 교섭권을 위임받아 협상을 마무리 짓기도 했다.

대노협의 6기 활동은 날치기 노동법 무효화를 위한 총파업투쟁과 임단협투쟁이 주요하게 전개되었다. 교섭과 관련해서는 공동요구안에 대한 교섭권 위임과 요구안 쟁취를 위한 집단교섭 추진전술을 시기집중전술과 병행하여 추진하였다. 또한 그룹차원의 중앙노사협의회 기반을 구축하였다.[21] 조직적으로는 세진컴퓨터랜드노조(1,300명), 한국전기초자노조(1,500명), 옥포공영노조(190명)가 대노협에 가입하여 18개 노조, 조합원 수 38,500명으로 조직이 확대되었다(하지만 그룹 경영전략 대응과 경영민주화, 그 외에도 노무관리 대응에 관한 사업 등은 현안에 밀려 추진되지 못하였다).

대노협의 7기 활동은 IMF 경제위기 국면에서 터져 나온 세진컴퓨터랜드노조 정리해고 반대투쟁과 다수 사업장의 부당노동행위 대응 등 현안투쟁(경북대우자동차, 한국전기초자, 대우상용차, 부산매일신문, 대우조선 장례지원 등)을 이끌었지만 기본급 동결과 같은 양보교섭이 횡행했으며, 대부분의 단위노조에서 고용안정협약을 체결했다. 이 시기의 신규조직은 오리온전기 사무기술직노조, 쌍용자동차노조, 대우상용차사무연구노조, 대우전자서비스노조 등 4개 노조가 가입하여 총 24개 노조 41,500명의 조합원을 확보하였다.

대노협 8기 활동은 대우그룹의 구조조정이 진행되면서 이에 대응하여 민주노총, 금속산업연맹 등과 함께 구조조정반대투쟁이 전개되었으며, 주요 내용으로는 대우정밀,

21) 대우그룹 중앙노사협의회는 1997년 단체교섭 요구안에 포함된 것으로 그 해 7~9월까지 3차례의 노사협의회를 구성하였으며, 주요 협의내용으로는 총파업 불이익에 따른 해결방안 촉구, 대우자판노조간부 고소취하 등이 추진되었다. 하지만 중앙노사협의회의 구성 운영에 관한 세부사항이 정해지지 못했으며 협의회 또한 정기적으로 열리지 못하는 등 유야무야되고 말았다.

경남금속, 코람프라스틱 등 합병3사 공동투쟁, 노조탄압 대응투쟁, 대우그룹 구조조정에 따른 집중투쟁 등이었다. 이 시기 대노협의 주요 임단협투쟁은 한편으로는 금속산업연맹에 교섭권 위임으로, 다른 한편으로는 단위사업장을 중심으로 노사간 고용안정협약의 체결로 나타났다. 이후 대노협 운영위원회는 도산 위기에 몰린 대우그룹의 구조조정 발표(4월 19일)와 대우그룹 해체가 선언되자(7월 19일), 대우관련비상대책위원회로 전환하는 한편 민주노총 대우그룹 구조조정대책위원회[22]와 함께 대우그룹의 구조조정에 대응하였으며, 대노협은 2000년 2월 해체과정을 밟게 된다.

3.3.2. 단체교섭 구조와 전술

1) 시기별 교섭내용

대노협은 애초 임금 및 단체협약안에 대한 공동기준을 제시함으로써 대우그룹 차원에서 전개되는 노동통제에 공동대응하기 위한 현실적 요구에서 출발하였지만 현총련과 달리 초기부터 매우 취약한 조직역량과 투쟁역량으로 인해 제대로 된 교섭활동을 할 수 없었다. 대노협의 임단협에 대한 공동교섭 노력은 몇 년의 모색기를 거친 다음에야 추진될 수 있었다. 1995년부터 1997년까지가 이에 해당한다.

이 시기는 이전 시기에 비해 대노협의 조직력이 상대적으로 안정되어 있었으며, 이에 따라 대우그룹과의 공동교섭을 위한 노력도 다양하게 전개되었다. 하지만 1998년 이후 IMF 경제위기에 이은 대우그룹 해체논의가 진행되면서부터는 주로 구조조정관련 대응이 대부분이었다. 그나마 연맹과 민주노총에 교섭권 위임과 함께 각 단위노조의 각개약진 형태로 진행되어 대노협의 공동교섭 노력은 급속하게 위축되었다. 이제 대노협 1기부터 8기까지의 교섭관련 경과를 정리하면 다음과 같다.

① 1~3기 (1990. 12~1995. 1)

이 시기는 임단협의 공동대응을 위한 노력이 경주되었다. 1~2기 동안에는 회원노조간 교류활성화와 부분적 회의체계 확대가 이루어졌다. 3기 들어 임단협 시기집중을 위한 노력이 배가되면서 임단협관련 기초작업에 착수하였으나, 허약한 집행력, 대노협-단사노조 간 공유 어려움 등으로 연대활동이 제대로 이루어지지 않는 등 조직력이 강화되지 못했고, 대노협 차원에서 교섭력을 집중시키기도 어려웠다.

---

22) 이 기구에는 민주노총, 금속산업연맹, 사무금융노련, 그리고 5개 단위노조위원장(대우조선, 대우자동차, 쌍용자동차, 오리온전기, 대우증권)이 결합하였다.

② 4~6기 (1995. 2~1998. 1)

이 시기부터 대노협 차원에서 임단협 공동요구안이 제시되었다. 요구안의 주요 내용으로는 크게 임금인상 기준, 경영참여, 임금체계 개선 등이다. 이를 시기별로 보면 1995년 임금으로는 102,900원을, 1996년에는 97,065원, 1997년에는 74,092원(기본급기준 9.7%±3%) 인상 등이다. 단협사항으로는 주 40시간 노동, 징계위원회 노사 동수, 퇴직금누진제 등이 제시되었다. 그 외 교섭상의 특징으로는 일부 단사노조(힐튼호텔노조)에서 교섭권 위임이 이루어졌으며, 1997년경에는 그룹 차원의 중앙노사협의회가 요구되었다는 점이다.

<표 2-64> 대노협의 공동임금 요구액 및 타결액 현황 (1995~1997)

	1995년	1996년	1997년
공동임금요구액	102,900원	97,065원	74,092원
공동임금요구액(평균)	97,990원	108,110원	-
평균타결액	69,523원	61,110원	-

주: 기본급 기준임.
자료: 대우그룹노동조합협의회(2000)에서 재구성.

③ 7~8기 (1998. 2~2000. 2)

이 시기는 임금관련 공동요구가 사실상 이루어지지 않았다. 대우그룹의 부실과 그로 인한 해체과정에서 임금교섭보다는 고용문제해결이 우선이었기 때문이다. 물론 교섭은 기업별 교섭의 형태였다. 1998년에 나타난 임단협 교섭의 주요 양상을 보면 12개 노조(대우중공업노조, 경남금속노조, 대우기전노조, 오리온전기노조, 대우정밀노조, 대우자동차노조, 힐튼호텔노조, 고려자동차부품노조, 동우공영노조, 대우조선노조, 코람프라스틱노조, 동명중공업노조)에서 기본급 동결, 복리후생의 한시적 유보 등이 이루어지는 등 전반적으로 양보교섭의 형태를 띠었다. 대신 고용문제와 관련해서는 14개 노조(대우건설노조, 대우중공업노조, 경남금속노조, 대우기전노조, 고려자동차부품노조, 동명중공업노조, 오리온전기노조, 대우정밀노조, 대우자동차노조, 힐튼호텔노조, 동우공영노조, 쌍용자동차노조, 코람프라스틱노조, 대우조선노조)에서 고용안정협약을 체결하였다(대우그룹노동조합협의회, 1999). 1999년의 경우 대노협은 임단협 요구 계획을 처음부터 수립하지 못했으며, 대신 금속연맹 등 상급조직의 방침에 따라 임단협 요구안 작성 및 교섭권 위임이 추진되었으며, 교섭권 위임은 금속산업연맹 소속 11개 노조에서 이루어졌다.

2) 교섭전술의 문제점

대노협은 공동요구안이 제시된 1995년경부터 임단협 교섭전술을 전개하였다. 이 시기에는 시기집중전술을 시도하였으나 내용적으로는 교섭과정에서 공동사업 배치와 공동투쟁 결의 등 초보적 수준이 대부분이었다. 1996년에는 임단협 교섭과 관련한 공동사업을 보다 다양하게 비치하고 시기집중전술도 전개하였다. 특히 힐튼호텔노조 등에서 교섭권위임전술이 이루어졌다. 1997년에는 집단교섭전술, 시기집중전술, 교섭권위임전술 등이 추진되었다.

대노협의 교섭전술은 시기적으로는 1995~1997년 사이에 이루어졌으며 내용적으로는 시기집중전술이 중심적으로 전개되었다. 그런데 이 전술은 각 노조별로 교섭시기를 인위적으로 배치하여 실제 시기집중성은 떨어졌고 그 결과도 효과적이지 못했다. 1995년의 경우를 보면 쟁의발생 결의에는 9개 노조가 참여하였다가, 쟁의행위 결의에는 4개 노조가 참여하였으며, 쟁의행위 돌입에는 3개 노조가 참여하였다(〈표 2-65〉 참조).

그 외 바뀐 법제도적 조건을 활용하여 교섭권 위임 및 집단교섭전술이 있었지만 한두 차례로 끝나거나 아니면 민주노총과 연맹단위에서 추진한 것이어서 대노협 차원의 교섭전술이라고 하기는 어렵다. 그것은 이미 단사노조가 각급 연맹과 민주노총으로 재편되는 과정에 있었고, 무엇보다 노조위원장의 협의체 수준을 벗어나지 못한 상태의 대노협이 실제 교섭을 담당할 만큼의 조직력과 집행력을 갖지 못했기 때문으로 보인다.

요컨대 대노협은 대우그룹과 실질적 단체교섭을 수행하지 못했다. 대노협은 애초 그룹차원의 노동통제에 공동대응하기 위한 바람에서 출발하였지만 기업별 노조를 중심으로 한 분산된 조직체계, 사업장의 전국적 분산, 핵심노조의 부재 등으로 그룹별 노조조직으로서의 한계를 구조적으로 안고 있었고, 이를 극복하지 못했던 것으로 보

〈표 2-65〉 대노협의 시기집중현황 (1995년 기준)

내용	참가 노조
쟁의발생 결의	대우자동차노조(4/14), 오리온전기노조(5/31), 힐튼호텔본조(5/31), 코람프라스틱노조(6/5), 대우전자부품노조(6/7), 대우조선노조(6/14), 힐튼호텔경주노조(6/16), 대우기전노조(6/24), 대우중공업노조(7/26)
쟁의행위 결의	대우자동차노조(4/25), 힐튼호텔본조(6/9), 대우조선노조(6/30), 대우중공업노조(8/14)
쟁의행위 돌입	대우자동차노조(4~5월), 대우조선노조(7월), 대우중공업노조(8월)

주: ( )는 발생일자.
자료: 대우그룹노동조합협의회(2000) 재구성.

인다. 다만 임단협의 공동요구를 통해 어느 정도는 도움이 되었던 것으로 보인다. 이처럼 대노협의 임단협 교섭은 그룹노조 차원의 공동전선을 제대로 형성하지는 못했지만 단사노조의 현안문제 해결이라든가 교섭력을 일정하게나마 유지·강화시켜 주는 수단으로 활용된 측면이 강하다.

3.3.3. 단체행동

대노협이 결성되기 전인 1990년까지 대우계열사 노조들의 단체행동은 여러 사업장에서 개별적으로 나타났다. 이들 단체행동의 내용은 주로 임금인상, 노조 민주화 등과 관련한 것이 많았다. 임금인상관련 파업으로는 1988년에 발생한 대우중공업, 대우전자, 대우조선, 대우정밀, 대우자동차 등 대우 계열사의 주요 사업장에서 전반적으로 발생한 사안이며, 노조 민주화관련 파업으로는 1988~1989년경 대우자동차의 어용노조집행부 퇴진 등이 대표적이다.

대노협 결성 이후인 1991년경부터 1997년까지는 임금관련 파업은 감소하는 대신 노동권과 관련한 파업이 늘어났는데, 이는 형식적으로나마 노사관계가 형성되는 가운데 노사간 힘의 충돌이 격화되면서 발생한 것으로 부당노동행위, 단협갱신 요구, 구속해고에 따른 항의파업이 주된 것이었다. 부당한 단협갱신 요구와 관련한 것으로는 1991년의 대우조선 파업이, 구속해고자 항의와 관련한 파업으로는 1991년의 대우자동차 파업, 1991년의 대우전자 파업, 1991~1992년의 대우조선 파업 등이 있다. 사용자측의 부당노동행위로 인한 것으로는 1997년에 발생한 대우자동차판매, 동우공영, 세진컴퓨터랜드 파업 등이다. 그 외 1996년경 769명에 이르는 대우 계열사 파견사원제의 철폐와 관련한 대노협 차원의 공동투쟁이 전개되기도 했다.

1998년 이후부터는 구조조정관련 파업이 증가하였다. 이는 대우그룹의 경영악화에 따른 인수합병과 청산문제가 제기되면서 임금체불과 대량 정리해고 사태에 기인한 것이다. 임금체불 문제는 1997년 12월 대우그룹 차원에서 연말 성과급 상여금 지급불가, 퇴직금 중간정산 유보 등을 선언하자 이에 대응한 대노협의 주요 노조들이 상경투쟁을 벌인 것이며, 정리해고 문제는 1998년의 세진컴퓨터랜드 파업을 시작으로, 1999년에는 대우정밀, 코람프라스틱, 경남금속 등 3사 노조의 통합 반대파업, 대우조선, 대우중공업, 대우자동차, 삼신생명, 힐튼호텔 등 5사 노조의 구조조정 반대파업 등이 발생하였다. 그 외 사무직 노동자의 대량해고가 발생하면서[23] 사무직 노조의 조직화

---

23) 1998년 말까지 대우그룹 사무직 노동자의 해고는 10개 사업장 3,618명에 이르렀다. 《대노협 신문》, 1999년 1월 6일자 참조.

와 이들에 의한 단체행동이 부분적으로 전개되기도 하였다.

3.4. 맺음말

현총련과 대노협은 모두 기업별 조직체계를 근간으로 한 그룹 혹은 재벌이라는 자본의 지형에 근거한 그룹별 노조조직이다. 이들 조직은 대체로 '전투적 동원에 입각한 경제적 보상'이라는 교섭전술을 꾀했다는 공통점을 지닌다. 현총련과 대노협 두 조직을 놓고 보면, 전자는 공간적 근접성, 대규모 노조의 존재, 금속업종 중심 등이 특징적인 것이었다. 그와 함께 1987년 이후부터 1990년대 초반까지 여러 차례에 걸친 대중파업이 결합되면서 현총련의 조직 및 투쟁역량은 매우 컸다는 점을 부인하기 어렵다. 한편 후자는 지역적 분산성, 업종의 다양성, 핵심노조의 부재 등이 특징으로 이런 요인들은 객관적으로 조직 및 투쟁역량을 집중하기는 어려운 것이었고 따라서 그룹노조조직으로서의 대노협은 내적 안정성도 떨어지고 조직역량 또한 현총련에 비해 떨어질 수밖에 없었던 것으로 보인다.

현총련과 대노협이 지닌 문제점을 지적하면, 첫째, 기업별 노조에 기반한 조직적 한계가 명확하였다. 기업별 노조에 기반한 노조활동은 해당기업 혹은 해당그룹에 국한된 것이었다. 이는 노조조직으로서는 더 이상의 확대 강화를 가로막는 것이었으며 나아가 계급적 기반을 스스로 협소하게 만드는 결과를 낳았다. 이러한 경로의존적 조직 경향은 산별 노조라는 일반적 조직발전 전망에 끊임없이 발목을 잡아왔으며, 그룹 조직이 해체되고 각급 연맹형태로 재편된 지금까지도 다양한 형태로 내재한다.

둘째, 그룹노조조직이 지닌 '교섭력의 분산'과 이로 인한 교섭상의 한계 또한 분명하였다. 인적·물적 자원을 모두 장악한 기업별 노조가 근간인 조직에서 기업별 교섭은 당연한 것이었으며, 이로 인한 원심력은 일상적으로 작동될 수밖에 없었다. 그 결과 기업별 교섭이 압도적인 그룹노조조직에서 교섭력 집중은 처음부터 매우 힘든 일이었으며, 그나마 시기집중전술은 기업별 교섭틀 안에서 할 수 있는 최대범위였던 것으로 보인다. 1993년 현총련의 공동파업은 시기집중전술 면에서 주효한 것이었지만 달리 보면 시기집중전술의 한계가 그대로 드러난 것이었다.

셋째, 이들이 지닌 이념적 한계를 지적할 수 있다. 현총련이든 대노협이든 기본적으로는 경제주의에 입각한 것이었고, 이후 몇 차례의 대규모 투쟁과정에서 보여준 전투적 동원 또한 사실은 경제적 보상과 밀접히 연관된 것이었다. 이는 어떻게 보면 기업별 노조하에서는 종업원의식과 노동자의식이 혼재될 수밖에 없고 또 자연발생적 노조조직이 지닌 어쩔 수 없는 한계이기도 하다.

제 2 부

소액주주, 전경련, 재벌정책, 재벌문헌

제 3 장 소액주주운동의 성과와 과제

1. 머리말

참여연대의 경제민주화운동, 특히 소액주주운동은 1997년 외환위기 이후 한국 경제개혁 분야 시민운동을 대표하는 것으로 평가받는다. 참여연대는 한편으로는 주총참석과 검찰고발, 소송제기 등으로 상징되는 개별 대상기업(*target firm*) 차원의 운동을 통해, 그리고 다른 한편으로는 상법, 증권거래법, 공정거래법, 증권집단소송법 등 각종 법률의 제·개정으로 요약되는 제도개선 운동을 통해, 외환위기 이후 한국 경제개혁에 지대한 영향을 미쳤다는 사실은 누구도 부정하지 못할 것이다. 나아가 참여연대 소액주주운동의 문제의식과 방법론은 여타 시민사회운동 영역으로 확산되는 양상을 보인다.

그러나 참여연대 소액주주운동의 현실적 성공은 이에 대한 찬사 못지않게 격렬한 비판을 불러왔다는 것도 분명한 사실이다. 그 비판은 이중적이었다. 한편에서는 경영 자율성에 대한 과도한 간섭 또는 기업가 정신의 훼손을 우려하는 보수적 관점의 비판이 제기됨과 동시에, 다른 한편에서는 앵글로-색슨식 주주자본주의의 이식을 촉진하는 첨병이라는 진보적 관점의 비판도 제기되었다.

소액주주운동에 대한 이 두 가지 관점의 비판은 매우 이질적인 것이다. 그럼에도 불구하고, 이른바 '트로이의 목마'론이 함축하듯이, 참여연대의 소액주주운동은 궁극적으로는 외국자본의 이익에 봉사함으로써 국민경제의 안정성과 자율성을 위협한다는 문제의식에서는 이 두 가지 관점이 상당한 정도의 공감대를 형성하며, 이것은 한국 경제가 직면한 경제개혁 과제의 특수성을 보여주는 것이라고 할 수 있다.

소액주주운동에 대한 찬사와 비판은 모두 일정한 정도의 과장을 포함한 것이지만, 소액주주운동이 외환위기 이후 한국의 경제개혁 또는 재벌개혁을 상징하는 것이었던 만큼 이에 대한 객관적 연구와 평가는 한국 경제의 새로운 질서를 모색하는 과정에서 매우 중요한 과제임에 틀림없다.

객관적 연구와 평가를 위해서는 무엇보다 그 대상을 분명히 설정하여야 할 것이다. 주지하는 바와 같이, 참여연대는 다양한 목표하에 다양한 수단을 사용하는 거의 준독립적인 다수 활동부서들의 연합체이다. 그 중 경제영역과 관련된 활동부서로는 경제개혁센터(2001년 9월에 기존의 경제민주화위원회가 현재의 경제개혁센터로 개칭되었다. 그러나 이 글에서는 경제개혁센터로 통칭한다) 이외에도 조세개혁센터가 있으며, 부분적으로는 사회복지위원회와 작은권리찾기운동본부 등의 활동도 경제개혁과 관련맺고 있지만, 이 글에서는 경제개혁센터의 활동만을 대상으로 고찰하고자 한다.

한편, 참여연대 경제개혁센터의 활동은 흔히 소액주주운동으로 불리나, 소액주주운동이라는 표현이 경제개혁센터의 특징을 모두 함축한다고 보기는 어렵다. 경제개혁센터는 비단 좁은 의미의 소액주주운동뿐만 아니라 재벌개혁운동, 금융개혁운동, 그리고 이 양자를 모두 포괄하는 기업지배구조 개선운동, 나아가 경제민주화운동이라는 보다 확장된 운동대상과 목표를 지니기 때문이다. 따라서 분석대상을 좁은 의미의 소액주주운동으로 한정시킬 경우 경제개혁센터 활동의 전체적 특징을 제대로 드러낼 수 없고, 오히려 운동의 역동성을 축소하거나 왜곡할 우려가 없지 않다. 따라서 이 글에서는 주로 기업지배구조 개선운동의 관점에서 경제개혁센터의 활동을 분석한다.

이에 이 글에서는 우선 참여연대 경제개혁센터의 활동을 시기별로 정리한다(2절). 이어 기업지배구조의 의미 및 이에 대한 사법적 규율의 중요성을 이론적 측면에서 살펴보고(3절), 이를 기초로 기업지배구조 개선에 대한 소액주주운동의 기여를 주주대표소송의 판례를 통해 확인하고(4절), 이를 더욱 발전시키는 데 필요한 제도적 개혁과제를 이중대표소송제도와 집단소송제도로 구체화한다(5절). 마지막으로 이른바 소액주주운동에 대한 이념적 비판과 운동 주체의 정체성과 관련된 현실적 문제점을 검토하고 그 발전적 대안을 모색한다(6절). 7절은 요약 및 결론이다.

2. 참여연대 기업지배구조 개선운동의 전개과정

참여연대 경제개혁센터의 활동은 현재까지 크게 세 단계로 나눠 살펴볼 수 있다. 한국 사회에서 최초로 '소액주주'를 운동 주체로 삼고, 이들의 권리를 적극적으로 활용하여 5대 재벌에 대한 구체적 감시활동을 시작하는 제1기(1997~1999년), 소액주주운동을 통해 확보한 대중적 인지도와 정치적 영향력을 기반으로 본격적 재벌개혁운동 및 제도개혁운동으로의 확대를 추구한 제2기(2000~2001년), 그리고 5대 재벌로 국한되었던 초기 운동대상을 금융기관을 포함한 보다 확대된 기업영역으로 확대하면서 포괄적 기업지배구조 개선운동, 나아가 경제민주화운동으로의 심화를 추구하는 제3기(2002년~현재)로 잠정 구분해볼 수 있다.

각 시기별로 경제개혁센터의 주요 활동내용 및 성과를 정리하면 다음과 같다.

2.1. 제1기(1997~1999년): 소액주주운동의 시작과 확대

참여연대 경제개혁센터의 활동이 소액주주운동에서 비롯되었다는 것은 분명한 사실이다. 소액주주운동은 '주체'의 측면과 '수단'의 측면에서 시민운동의 커다란 혁신(innovation)을 이루었다고 평가할 수 있다. 경제개혁센터는 자본시장의 성장에 따라 중요한 경제주체로 부상한 주주, 특히 소액주주를 새로운 운동의 주체로 설정하였다는 점에서 기존의 시민운동과 다른 특징을 보여주었다. (소액)주주를 운동주체로 설정함으로써 얻게 된 가장 큰 효과는 그에 상응하는 새로운 운동수단을 갖게 되었다는 데 있다. 노동운동이 노동관련법이 보장한 '노동자로서의 권리'를 활용하듯, 소액주주운동 역시 상법과 증권거래법이 보장한 '소액주주로서의 권리'를 활용할 수 있었다. 물론 경제개혁센터의 소액주주운동이 시작되기 이전에도 '소수주주권'은 상법과 증권거래법상에 존재했다. 그러나 1997년 4월 개정 증권거래법이 시행되기 이전에는 소수주주권의 행사요건이 너무나 엄격하여 지배주주와 경영진에 대한 감시 및 책임추궁 수단으로 사용하기가 어려웠다. 이후 수차례에 걸친 증권거래법 개정을 통해 소수주주권의 행사요건이 크게 완화되었고, 소수주주권의 범위가 대폭 확대되었다. '사용되지 않았던 전가의 보도'라는 말은 1997년까지의 소수주주권 행사실태와 그 이후의 잠재적 가능성을 동시에 표현한 것이라 할 수 있다.

1997년 초 한국경제는 한보철강 부도에 따른 금융기관의 동반부실 우려 등으로 인해 경제불안이 심화되었으며, 결국 여타 재벌그룹의 부실로 이어졌다. 재벌그룹의 총체적 부실화는 금융기관의 비정상적 여신관리와 재벌체제의 문제점을 만천하에 드러냈고 개혁 필요성을 확산시켰다.

경제개혁센터는 한보철강에 부실여신을 제공한 제일은행 경영진의 책임을 추궁하기 위해 1997년 2월 제일은행의 주주총회에 참석하였다. 이는 최초의 소액주주운동 사례이며, 과거 30분 만에 끝나던 형식적 주주총회 관행에 경종을 울린 상징적 활동이었다.

경제개혁센터의 활동은 보다 적극적인 법적 권리행사로 이어졌다. 1997년 6월 경제개혁센터는 제일은행 경영진을 상대로 회사에 끼친 손실을 배상할 것을 요구하는 주주대표소송을 제기하였다. 1998년 7월 1심 판결에서 원고측 주주들이 승소하였고, 항소심인 2심 재판부터는 원고가 소액주주에서 회사로 바뀌었지만, 2심과 3심 재판에서도 피고의 손해배상책임을 인정하는 판결이 내려졌다. 이 소송은 법전에만 규정되어 있었을 뿐 실제 활용된 적이 없었던 주주대표소송권을 이용하여 경영진의 책임을 물은 최초의 판례를 남겼다는 점에서 역사적 의미가 있었다.

한편, 1997년과 1998년 상반기에 삼성전자와 SK텔레콤에 대한 소액주주운동을 통해 구체적 경험을 축적한 경제개혁센터는 1998년 9월 소액주주운동 대상기업을 확장할 뿐만 아니라 보다 체계적이면서 전문적인 운동을 벌이기 위해 소액주주운동 대상기업을 선정·발표하였다. 즉, 경제개혁센터는 기존의 감시대상이었던 삼성전자와 SK텔레콤 이외에도 ㈜대우, LG반도체, 현대중공업 등을 추가함으로써 5대 재벌의 핵심계열사 하나씩을 대상으로 하는 '5대 재벌 감시운동'의 틀을 확립하였다.

이들 대상기업을 선정한 기준은 소액주주운동의 대상이 되어도 경영성과가 흔들리지 않을 우량기업, 과거에 부실계열사 지원역할을 많이 맡아 지배구조 개선 필요성이 큰 기업, 그리고 상장기업으로서 다수의 소액주주들이 존재하는 기업 등이었다. 그후 상황변화에 따라 ㈜대우, LG반도체는 소액주주운동 대상기업에서 제외되고 다른 기업(데이콤)이 일시적으로 추가되는 등의 변화가 있었지만, '5대 재벌 감시운동'의 틀은 2001년 말까지 계속 유지되었다.

감시대상기업을 소수로 제한하였던 전략은 오히려 소액주주운동의 성공을 가져온 중요한 요인이 되었다. 물론 이것은 경제개혁센터가 가진 조직적 역량의 한계에서 비롯된 불가피한 선택이었지만, 추상적 문제제기의 차원을 넘어 궁극적으로는 감독기관의 행정조치와 법원의 판례로 귀결되는 구체적 성과축적을 추구하는 전략으로 자리잡게 되었기 때문이다. 이러한 전략은 오랜 시간과 많은 노력을 요구하는 것이지만, 법문상으로만 존재하던 상법, 증권거래법, 공정거래법 등에 의한 사법적 규율을 현실적 실체로 전환하는 결과를 가져왔다.

또한 경제개혁센터는 다수의 시민들을 상대로 5개 소액주주운동 대상기업의 주식을 10주씩 취득하고 필요한 경우 그 주주로서의 권리를 위임해줄 것을 요청하는 '재벌개혁을 위한 국민 10주 갖기 운동'을 대대적으로 벌였다. 이를 통해 '시민의 힘으로 재벌을 개혁하자'는 취지에 공감한 3천여 명의 시민들이 참여하였으며, 무엇보다 소액주주운동에 대한 대중적 인지도와 공감대를 확산시키는 성과를 거두었다.

경제개혁센터는 5대 재벌을 대상으로 한 소액주주운동을 활발히 전개하였는데, 그 중에서도 특히 SK텔레콤의 경우에는 구체적 성과로 귀결되었다. 1997년 12월 공정거래위원회가 SK텔레콤과 대한텔레콤 간의 부당내부거래를 적발한 것을 계기로, 경제개혁센터는 1998년 2월 'SK텔레콤 경영정상화를 위한 소액주주의 요구사항'을 통해 부당내부거래관련 임원의 퇴진, 선경유통과의 단말기 공급거래 해지, 부당지원된 이익환수, 대한텔레콤과 SK텔레콤의 합병, 사외이사와 감사에 소액주주대표 포함, 지배구조개혁을 위한 정관개정안 수용 등을 제시하였다. 이에 대해 SK텔레콤은 주주총회 직전 소액주주의 요구사항을 수용하는 입장을 발표하였고, 이에 따라 3월 열린 주주총회에서 부당내부거래에 대한 공식사과와 소액주주들의 요구사항을 수용하는 정관개정, 대주주로부터 독립적인 사외이사 및 감사선임 등이 이루어졌다. 이는 재벌기업이 소액주주 요구를 수용한 첫 사례였다.

2.2. 제 2기 (2000~2001년): '제도개혁운동'의 본격화

경제개혁센터의 활동은 개별 대상기업을 상대로 한 소액주주운동과 정부 및 국회를 상대로 한 제도개혁운동으로 대별할 수 있으며, 이러한 활동영역은 경제개혁센터 출범 초기부터 현재까지 계속 유지되고 있다. 따라서 제1기에도 5대 재벌 감시운동 이외에, 경제개혁센터는 정부의 재벌개혁 및 기업지배구조 개선정책을 모니터링하고 이에 대한 비판적 의견을 제시하는 동시에 증권거래법 및 상법에 규정된 관련조항 개정을 촉구하기도 하였다.

그런데 2000년 이후 제2기에 들어서 경제개혁센터는 제도개선을 실질적으로 이끌어내기 위한 다양한 시민캠페인과 입법로비활동 등 적극적 입법운동을 벌이는 변화된 모습을 보였다. 법령개정 청원서나 의견서를 제출한 이후 의원들과 정부를 상대로 한 별도 입법운동을 펼치지 않았던 제1기와는 달리, 2000년 정기국회 때부터는 의원과 정부는 물론 시민들을 상대로 한 다양한 입법캠페인을 적극적으로 전개하였다.

경제개혁센터는 2000년 10월 집중투표제 의무화를 담은 '상법개정 입법청원', '증권 관련 집단소송에 관한 법률제정 입법청원'을 국회에 제출하였다. 그리고 '집중투표제 의무화와 증권집단소송제 도입촉구 서명운동' 인터넷 사이트(http://cleanstock. or. kr) 를 개설하여 사이버 서명을 받는 등 온라인 캠페인을 벌여 1만 명이 넘는 시민들의 사 이버 서명참여를 이끌어냈다. 그리고 법안개정과 제정에 소극적인 재경부와 법무부 등에 항의메일 보내기 등의 사이버 캠페인도 벌였고, 국회의원들에게 제도개선 필요 성을 적극 설명하여 참여연대의 청원안과 동일한 법안을 의원발의안으로 제출토록 만 들었다. 또한 참여연대는 재경위, 법사위 의원 및 여야 정당의 정책위원장 등을 개별 면담하는 등 적극적 입법로비운동을 벌였다.

2001년 들어 경제개혁센터의 입법관련 활동은 더욱 강도를 높여갔다. 당시 세계적 동시공황의 심화 속에서 재계는 공정거래법 등 각종 재벌규제 조치들을 완화하거나 폐기할 것을 요구하고 나섰다. 이에 부응하여 정부와 여야 정당들이 재계 요구를 상당 부분 수용하여 공정거래법상의 출자총액제한제도를 완화하고 30대 기업집단 지정제도 를 폐기하며 공정거래법과 증권투자신탁업법 등으로 제한받던 재벌 산하 금융기관의 계열사 주식에 대한 의결권 행사를 허용하는 등 재벌개혁을 후퇴시키는 법률안들을 국회에 제출하였다. 또한 정부는 은행에 대한 동일인 지분 소유한도를 상향조정하는 등 은행법 개정을 추진하면서 산업자본과 금융자본의 분리원칙을 훼손하는 법률안도 국회에 제출하였다.

경제개혁센터는 정부가 이러한 법률안을 국회에 제출하기 전부터 정부와 여야 정당 들을 상대로 재벌개혁 조치들의 개악을 저지하는 활동을 상반기부터 연말 정기국회 때까지 반년 이상 끈질기게 벌였다. 경제개혁센터는 수차례에 걸친 규탄성명과 논평, 그리고 국회상임위 소속 의원 면담, 정부입법예고안 반대의견서 제출, 정부청사 앞 1 인 시위 등의 활동을 벌였다. 하지만 결국 2001년 말과 2002년 초에 정부가 제출한 공정거래법, 은행법, 증권투자신탁업법 등은 모두 국회를 통과하였다.

경제개혁센터의 제도개혁운동 또는 개악저지운동은 곧바로 결실을 맺은 것도 아니 었고 많은 경우 실패하기도 하였다. 그러나 경제개혁센터의 입법관련 활동은 정부와 의원들에게 상당한 영향을 미친 것은 분명하다. 특히 시민과 언론을 상대로 한 캠페인 은 항상 여론을 선도하는 역할을 수행하였으며, 이는 정부와 의원들에게 큰 부담으로 작용하였다.

경제개혁센터의 입법관련 활동이 이처럼 상당한 영향력을 행사할 수 있었던 주된 요인은 바로 개별기업을 상대로 한 소액주주운동 과정에서 체득한 구체적 경험과 지

식이 뒷받침되었기 때문이다. 그러한 의미에서 소액주주운동의 경험은 경제개혁센터
만의 특수한 자산이라고 할 수 있다.

또한 1999년 5월 정부의 재벌개혁정책에 대한 모니터링을 주요 목표로 설립된 '재벌
개혁감시단'이 1999년 말 경제개혁센터에 조직적으로 통합된 것도 경제개혁센터의 정
책적 역량을 강화한 요인이 되었다.

제도개혁운동 이외에 개별기업을 대상으로 한 소액주주운동 중 주목할 만한 활동들
을 살펴보면 다음과 같다. 경제개혁센터는 LG그룹 계열사 중 소액주주운동 대상기업
으로 선정했던 LG반도체가 빅딜정책에 따라 현대전자에 합병되자 LG그룹 소속의 데
이콤을 새로이 대상기업에 포함시키면서 데이콤에 '기업지배구조 및 경영투명성 개선
장치'에 대한 요구를 제시하였다. 데이콤은 경제개혁센터가 제안한 사외이사 선임비중
확대, 이사회 의장과 CEO의 분리, 감사위원회에 의한 계열사간 내부거래 승인 등을
수용하였고, 이러한 내용을 담은 정관개정안이 2000년 3월에 열린 데이콤의 정기주주
총회에서 확정되었다. 데이콤의 지배구조개선 합의안은 경제개혁센터와 경영진만이
아니라 우리사주조합과 노동조합의 참여까지도 고려하였다는 점에서 매우 중요한 의
미를 갖는다. 데이콤 사례는 최근 KT, 가스공사, 현대증권 등의 일부 기업에서 노동
조합이 우리사주조합 지분을 통해 소수주주권을 활용하는 것의 선례가 되었다. 하지
만 아쉽게도 지배구조개선 합의안 도출 직전에 터진 노사관계 갈등이 장기화되면서
경제개혁센터가 더 이상 데이콤에 개입할 여지가 사라지고 말았다.

경제개혁센터는 2001년 정기주주총회 시즌의 주요 목표로 독립적 사외이사 선임을
결정하고 삼성전자 정기주주총회 참여를 준비했다. 경제개혁센터는 우선 국내외의 개
인주주 및 기관투자가를 모집하여 법적 요건을 갖춘 후 주주제안 방식을 통해 전성철
변호사를 이사 후보로 추천하는 이사선임 안건을 상정하였다. 경제개혁센터는 국내외
주주들로부터 의결권 위임을 받는 활동을 적극적으로 벌여 16%의 찬성표를 확보하였
으나, 결국 이사선임 안건은 부결되었다. 하지만 주주총회 의안분석 및 투표지침 서
비스 기관인 ISS(Institutional Shareholder Service)를 비롯한 많은 해외투자가뿐만 아
니라 국민연금, 공무원연금, 지방행정공제회 등 일부 국내기관투자가도 회사가 추천
한 후보를 반대하고 경제개혁센터가 추천한 후보를 지지함으로써 커다란 반향을 불러
일으켰다. 이후 경제개혁센터는 기관투자가가 기업지배구조 개선에 핵심적 역할을 해
야 한다는 취지에서 국내 기관투자가들의 의결권 행태에 대한 분석작업을 벌여 이를
공개하기도 하였다.

2.3.   제 3기 (2002년∼현재): 기업지배구조 개선운동의 심화

2002년 이후 경제개혁센터의 소액주주운동은 기존의 '5대 재벌 감시운동'의 틀을 넘어 그 대상기업의 범위를 크게 확장함으로써 포괄적 기업지배구조 개선운동으로 발전하였다. 즉, 은행 등의 금융기관, 5대 재벌 이외의 중견재벌, 그리고 민영화된 공기업 등 50여 개 기업을 적극적 감시대상으로 포함하였다.

이처럼 경제개혁센터가 대상기업 범위를 크게 확대할 수 있었던 것은, 경제개혁센터와 조직적 · 재정적으로는 독립되어 있지만 인적으로 밀접한 관련을 갖는 '좋은기업지배구조연구소'(CGCG: Center for Good Corporate Governance) 가 출범하였기 때문이다. 좋은기업지배구조연구소는 경제개혁센터에서 전문적 자원봉사활동을 수년간 해오던 변호사, 회계사, 교수 중 일부가 시장에 기업지배구조관련 정보를 체계적으로 제공하기 위해 설립한 연구소이다. 좋은기업지배구조연구소가 축적한 방대한 정보는 경제개혁센터의 활동범위를 확대하고 그 전문성을 더욱 강화하는 전기가 되었다.

경제개혁센터와 좋은기업지배구조연구소 사이의 시너지 효과를 보여주는 대표적 사례가 ㈜두산, 현대산업개발, 동양메이저, 효성 등 중견재벌 핵심계열사들이 지배주주의 지배권 강화를 위해 발행한 리픽싱(refixing) 옵션부 BW · CB의 문제를 적발하고 금감원에 제재조치를 요구한 것이다. 리픽싱 옵션은 주가가 하락할 때는 신주인수가 또는 전환가가 자동 하향조정되지만 반대로 주가가 상승하더라도 다시 상향조정되지 않는 특혜성 옵션이다. 이들 기업은 해외발행을 가장하여 이러한 특혜성 옵션의 존재를 공시조차 하지 않았으며, 사채 부분은 1년 만에 상환됨으로써 사실상 옵션만을 인수한 지배주주 일가는 유리한 조건으로 지분을 늘릴 수 있게 된 것이다. 이들 기업의 지배주주들은 경제개혁센터의 문제제기에 크게 반발하였으나 결국 옵션을 포기하지 않을 수 없었다.

제 3기에 들어 경제개혁센터는 주주총회 참석전략을 크게 수정하였다. 경제개혁센터의 활동내용과 지배구조개선 필요성에 대한 대중적 인지도가 확고하게 자리잡았기 때문에 단순히 문제제기를 위해 대상기업의 주주총회에 정기적으로 참석해야 할 필요성은 크게 줄어든 것이 그 이유이다. 따라서 경제개혁센터는 중요사안이 발생한 기업에만 선별적으로 주주총회에 참석하는 방식을 채택하게 되었다.

제도개혁운동과 관련하여 가장 큰 성과는 2003년 12월 드디어 증권관련집단소송법이 국회를 통과한 것이다. 2000년 10월 경제개혁센터가 입법청원안을 제출한 이후에도 계속 유보적 태도를 보였던 정부가 마침내 2001년 12월 정부안을 국회에 제출하였다. 정부안은 경제개혁센터의 입법청원안에 비해 너무나 많은 제약조건을 둠으로써 제도도입 실효성을 의심케 하는 것이었지만, 그나마 국회심의는 제대로 이루어지지도 않았다. 2002년 하반기 대통령선거 국면에서 경제개혁센터는 개혁정책의 주요 항목으로 증권집단소송제 도입을 규정하고 이에 대한 대선출마 후보들의 의견을 조사·발표하는 등의 활동을 통해 다시 한 번 증권집단소송제의 입법화를 사회적 이슈로 부각시켰다. 2003년 들어 증권집단소송법안은 국회에서 다시 논의되기 시작했지만, 오히려 정부와 여당의 소극적 태도로 인해 계속 지연되다가 결국 경제개혁센터가 야당과 적극적 협의를 시도함으로써 12월 어렵게 국회를 통과하게 된 것이다.

국회를 통과한 증권관련집단소송법은 시행시기를 늦추고(자산 2조 원 이상 기업은 2005년 1월, 자산 2조 원 미만 기업은 2007년 1월), 이른바 남소방지를 위해 소 제기대상과 요건을 엄격하게 제한하였다는 점에서 사후적 피해구제 수단으로서는 많은 문제점을 안고 있지만, 기업의 불법행위에 대한 사전적 예방효과를 통해 지배구조개선에 커다란 기여를 할 것으로 평가된다. 오랜 기간 치열한 입법로비활동을 통해 마침내 제도화를 이끌어낸 경제개혁센터의 커다란 성과라고 평가할 수 있다.

최근 경제개혁센터는 산업과 금융의 분리원칙을 실현하기 위한 제도개혁에 많은 노력을 기울었다. 재벌이 주요 비은행 금융기관을 대부분 장악한 한국의 현실은 재벌은 물론 금융기관의 지배구조개선에 결정적 걸림돌로 작용하기 때문이다. 2003년 이래의 카드대란 와중에서 LG카드와 삼성카드 등 재벌계 카드사의 부실경영 책임을 추궁하고, 이른바 시스템 리스크 방지라는 명분하에 이루어진 정부당국의 관치금융 문제점을 지적하는 동시에 금융산업구조 개선에 관한 법률 및 여신전문금융업법 등 관련법률의 미비점에 대한 개선을 촉구하였다.

또한 2004년에 들어서는 삼성에버랜드의 금융지주회사 문제를 제기함으로써 금융지주회사법의 개선 필요성을 지적하였다. 특히 금융지주회사의 성립요건으로 '주된 사업' 요건은 삭제하고 오직 '지배' 요건만을 설정하여야 하며, 법령위반에 대한 시정조치로써 주식매각명령을 명확히 규정하고, 제재조치는 위반기간에 비례하여 누적적으로 부과하는 방식으로 개선할 것을 요구하였다.

그리고 부실기업의 구정조정 목적으로 PEF(*Private Equity Fund*)를 활성화하기 위한 간접투자자산운용업법 개정안에 대해서는 산업과 금융의 분리원칙을 훼손할 수 있는 독소조항(금융지주회사법, 금융산업구조 개선에 관한 법률, 은행법, 보험업법, 공정거래법 등의 관련조항 적용 배제) 철회를 위한 강력한 입법로비운동을 전개하였다.

개별기업 사안으로 가장 주목할 만한 것은 삼성전자 주주대표소송 1심과 2심에서

208

모두 일부 승소한 것이다(자세한 내용은 후술 참조). 이건희 회장 등 삼성전자의 전·
현직 임원 11명을 상대로 한 주주대표소송은 살아 있는, 그것도 최고의 경영성과를
기록하고 있는 기업의 경영진에게 사법적 규율을 적용한 소송이라는 점에서 중대한
의미를 갖는다. 이 판결로 인해 한국 기업의 경영환경은 '결코 과거로 되돌아 갈 수
없는 비가역적 변화'를 시작하였다고 할 수 있다.

3. 기업지배구조의 의미와 사법적 규율

3.1.   기업지배구조의 의미

거래비용이론 또는 신제도주의에 따르면, 기업은 거래비용을 최소화하기 위해 시장거
래를 내부화한 위계적 조직이다(Coase, 1937). 이러한 새로운 기업관이 시사하는 바
는 기업은 결코 단일한 의사결정 주체가 아니며, 시장경제는 기업들간의 교환관계만
으로 성립하는 것이 아니라는 점이다. 즉, 기업은 명시적·암묵적 계약을 통해 장기
간에 걸쳐 비시장적·위계적 관계를 유지하는 다양한 이해관계자들(대주주, 소액주주,
경영진, 노동자, 채권자, 관계기업, 소비자, 지역주민 등) 사이의 네트워크이다.

따라서 기업지배구조 개선의 궁극적 목적은 다양한 이해관계자들이 그 기업에서만
가치를 가지는 특수한 자산, 즉 기업특수적 자산(firm-specific assets)에 장기적으로 투
자하도록 유도하는 것이다. 소액주주들이 주식의 장기보유를 통해 안정주주로서 기능
하고, 채권단들이 저리의 자금을 안정적으로 공급하고, 노동자들이 그 기업에 특수한
인적 자본을 형성하기 위한 교육훈련에 노력하고, 하도급 기업들이 소재·부품의 품
질을 개선하기 위한 기술개발투자를 하고, 소비자들이 브랜드 충성도(brand royalty)
를 갖고, 지역주민이 그 기업의 입주와 존속을 바라도록 유도하는 것이다. 물론 이해
관계자들의 입장에서는 기업특수적 자산가치가 어느 날 갑자기 폭락하지 않도록 하
는, 즉 대주주나 경영진의 약탈행위를 통제할 수 있는 안전장치가 마련되어 있을 때에
만 기업특수적 자산에 장기적으로 투자할 것이다.

이러한 측면에서 보았을 때, 한국 기업, 특히 재벌의 지배구조는 심각한 문제점을
안고 있다. 재벌총수 일가와 구조조정본부 등의 참조조직은 사실상 개별기업의 한계
를 넘어 그룹 전체의 전략적 의사결정권을 독점함에도 불구하고, 이를 사전적으로 감
시하거나 사후적으로 책임을 물을 수 있는 현실적 수단이 존재하지 않기 때문이다. 더

구나, 단순한 부실경영 차원을 넘어 계열사에 대한 부당지원 및 2세로의 불법상속 등 명백한 불법행위에 대해서조차도 의미 있는 제재조치가 이루어지지 않았다. 이러한 재벌지배구조는 다양한 이해관계자들의 자발적·장기적 헌신을 유도하기는커녕 오히려 이를 훼손하고 도덕적 해이를 유발함으로써 결국 그 기업은 물론 국민경제 전체의 안정과 성장에 커다란 위험요인으로 작용하게 되었다. 1997년 외환위기는 이러한 지배구조상의 위험이 현실화된 것일 따름이다.

블랙(Black, 2001)은 건전한 기업지배구조의 확립을 위해서는 법원·검찰 등의 사법기관, 감독기관(supervisory agencies), 자율규제기관(self-regulatory organizations), 평판중개기관(reputational intermediaries), 그리고 이사회·준법감시기구 등 기업 내부의 장치 등으로 이어지는 긴 연쇄의 법적·제도적 장치들이 상호 보완적으로 작동하는 것이 필요하며, 따라서 이 모두를 단기간 내에 이식하는 것은 불가능에 가까울 정도로 어려운 일이라고 강조하였다. 상기의 법적·제도적 장치들을 정비하는 것이 지극히 어려운 과제라는 사실은 1997년 경제위기 이후의 한국의 경험을 통해서도 확인할 수 있다.

사실 외환위기 이후 김대중 정부는 사외이사 선임 의무화 및 비중 확대, 감사위원회 설치, 소수주주권 강화, 그리고 회계제도 및 공시제도의 강화 등 결코 그 의미를 과소평가할 수 없는 법적·제도적 개선조치를 시행하였다. 그럼에도 불구하고, 김대중 정부의 기업지배구조 개혁은 미완성 내지는 실패로 평가받고 있는 것이 현실이다. 물론, 법·제도의 도입이 곧바로 개별 경제주체의 의식과 행동의 변화로 이어지는 것은 아니며,[1] 40여 년 동안 누적된 문제가 단기간에 해소될 수 없다는 것도 분명한 사실이다. 그러나 이것은 시간이 흐르면 자연스럽게 해결될 수 있는 문제도 아니다.

김대중 정부의 기업지배구조 개혁이 실패한 주된 요인 중 하나는 경기규칙(rule of game) 위반자에 대한 제재가 미흡했기 때문이며, 때로는 정부 스스로가 경기규칙을 위반했기 때문이다. 경제거래의 규칙 위반자에 대해서는 그 이익보다 더 큰 제재가 주어진다는 단순한 원칙을 확립하지 않고서는, 그리고 이 원칙이 효율적이고도 공평하게 작동한다는 신뢰가 형성되지 않고서는 기업지배구조 개선은 성공할 수 없는 것이다.

---

1) 최근 KDI(2003.9)가 다양한 지표를 통해 한국 기업들의 지배구조 개선 정도를 평가한 연구결과에 따르면, 기업 내부견제 시스템(59개 항목 검토)의 경우 벤치마크 대상인 미국의 화이자(Pfizer)사(97점)에 대비해 한국의 최상위 기업들은 상당한 수준(76점)에 이르렀으나, 상장기업 전체적으로는 여전히 미흡한 수준(38점)으로 나타났다. 또한 기업 외부견제 시스템의 경우 벤치마크 대상인 미국(89점)에 대비해 제도도입(80점)은 큰 차이가 없으나, 실제작동(45점)에는 아직 상당한 개선 여지가 남아 있는 것으로 확인되었다.

3.2.   기업지배구조 개선의 어려움과 과제

기업은 다양한 이해관계자 사이의 명시적·암묵적 계약으로 이루어진 조직인데, 발생 가능한 모든 경우에 대해 그 권리와 의무를 기술하는 것은 불가능하다는 의미에서 계약은 불완전하다. 따라서 이사·경영진·지배주주 등 실질적 의사결정자에 대해 신인의무(*fiduciary duties*)를 부과함으로써 계약의 불완전성을 보완하고 여타 이해관계자의 권익을 보호하고자 하는 것이 기업지배구조의 현실적 과제이다.

기업의 실질적 의사결정자들이 누구에 대해 신인의무를 부담하는가에 따라 기업지배구조는 영미식 주주자본주의(*shareholder capitalism*) 모델과 유럽대륙식 이해관계자자본주의(*stakeholder capitalism*) 모델로 나눌 수 있다. 이 두 가지 모델의 장단점에 대해서는 많은 연구가 있지만, 최근 세계화(*globalization*) 진전에 따라 영미식 주주자본주의 모델로 기업지배구조의 기능적 수렴 또는 형태적 수렴[2]이 이루어지는 경향이 강하게 나타난다. 즉, 이사·경영진·지배주주는 오직 주주에 대해서만 신인의무를 부담한다는 것이 영미식 주주자본주의 모델의 기본원칙이다.[3]

기업지배구조에 대한 규율(*discipline*), 특히 사법적 규율은 회사법에 따른 신인의무 위반에 대해 민·형사상 책임을 추궁하는 것을 기본으로 한다. 주식회사의 이사·경

---

2) 기업지배구조의 형태적 수렴 또는 기능적 수렴(*convergence of form or function*)에 대한 논의는 길슨(Gilson, 2000) 참조. 이에 따르면, 제도의 경로의존성(*path dependency*)과 상호 보완성(*complementarity*)으로 인해 기업지배구조의 형태적 수렴은 많은 비용(특히 기득권자의 저항)을 수반하지만, 상이한 제도형태로도 유사한 기능을 수행하는 기능적 수렴은 훨씬 용이하게 이루어질 수 있다. 다만, 기능적 수렴으로도 문제가 해결되지 않을 때에는 형태적 수렴이 강요될 수밖에 없다.

3) 보다 엄밀하게 표현하면, 이사·경영진·지배주주가 신인의무를 부담하는 대상은 주주가 아니라 회사 자체일 뿐이다. 다만 잔여수익 청구권자(*residual claimant*)인 주주만이 이사·경영진·지배주주의 신인의무 위반에 대해 책임을 물을 수 있는 법적 권리를 갖는다는 것이 주주자본주의 모델의 핵심이다.

이러한 해석을 전제로 한다면, 참여연대의 소액주주운동은 외형상 주주자본주의 모델과 친화성을 갖는 것이 분명하다. 그러나 주주를 잔여수익 청구권자로 설정하기 위한 전제조건들이 현실적으로 충족되고 있는가 라는 보다 근본적인 문제로부터 접근한다면 소액주주운동의 의미는 훨씬 넓어질 수 있다. 즉, 주주를 유일한 잔여수익 청구권자로 설정하기 위해서는 여타 이해관계자의 법적·계약상 권리가 우선적으로 충족될 것을 요구한다. 잔여수익이란 정의상 여타 이해관계자의 권리를 완전히 충족시킨 이후에 남는 경제적 잉여를 의미하는 것이기 때문이다. 문제는 이 전제조건들이 한국에서는, 특히 재벌지배구조에서는 전혀 충족되지 않는다는 것이다. 따라서 참여연대 소액주주운동의 목표는 주주의 권리보호라는 좁은 영역에 한정되는 것이 아니라 여타 이해관계자의 (기존) 권리보호로까지 확장되는 것이며, 보다 근본적으로는 여타 이해관계자의 법적·계약상의 권리를 새롭게 정의하는 영역으로까지 나아갈 수 있다. 소수주주권(*minority shareholder rights*)은 그 법률적 수단일 뿐이다. 이것이 미국의 주주행동주의와는 구별되는 참여연대 소액주주운동의 한국적 특수성이라고 할 수 있다.

영진·지배주주는 두 가지 종류의 신인의무를 부담한다. 선량한 관리자로서의 주의의무(이하 선관주의 의무, *duty of care*)와 충실의무(*duty of loyalty*)가 그것이다.[4]

선관주의 의무는 이사·경영진·지배주주가 주의(*attentiveness*)와 신중(*prudence*)을 기해 회사경영에 대한 의사결정과 감시기능을 수행해야 한다는 것을 말한다. 선관주의 의무는 이른바 경영판단의 원칙(*business judgement rule*)과 쌍내를 이룬다. 즉, 이들이 ① 선의에 따라(*in good faith*), ② 회사의 이익을 위해(*in the honest belief that the action taken was in the best interest of the company*), ③ 충분한 정보에 기초하여(*on an informed basis*) 경영판단을 내렸다면, 설사 그 경영판단이 실패했다고 하더라도 이에 대해 책임을 물을 수 없다는 것이다. 따라서 이사·경영진·지배주주에게 책임을 묻기 위해서는 이들이 상기 경영판단의 원칙이 전제하는 세 가지 조건 중의 어느 하나 이상을 위반하였음을 피해자(예컨대, 주주대표소송의 원고주주)가 입증해야만 한다.

그러나 이 입증의 부담은 결코 가벼운 것이 아니다. 소액주주들은 이사·경영진·지배주주의 선관주의 의무 위반을 입증하는 데 필요한 정보도 부족하며, 입증에 따른 시간적·금전적 비용을 부담할 유인도 약하다. 더구나 외부주주가 없는 비상장 기업의 경우에는 이들에게 직접 선관주의 의무를 물을 주체가 없는 것이 현실이다. 이것이 사외이사, 감시위원회, 준법감시인 등 기업지배구조 개선을 위한 새로운 제도를 도입했음에도 불구하고 그 성과가 기대에 미치지 못하고 있는 근본원인이다.

한편, 충실의무는 이사·경영진·지배주주가 이해상충(*conflict of interests*)의 상황에 봉착했을 때 자신의 이익보다 회사이익을 우선적으로 고려해야 한다는 것을 말한다. 이것은 자기거래(*self-dealing*) 문제에서 전형적으로 나타나는데, 이사·경영진·지배주주가 직접 회사의 거래상대방이 되는 직접적 자기거래와 자신과 관련된 제3자의 이익을 위한 간접적 자기거래를 모두 포함한다. 부당한 자기거래는 회사자산을 횡령하는 것이기 때문에, 자기거래를 하기 위해서는 실체적·절차적 검증(*substantive and procedural tests*)을 거쳐야 한다. 실체적 검증은 자기거래 조건이 시장에서의 독립적 거래(*arm's length transaction*)와 비교해 공정해야 한다는 것이고, 절차적 검증은 자기거래 조건에 대해 충분한 정보를 제공한 후 이사 또는 주주들로부터 사전의결 내지 사후승인을 받아야 한다는 것이다.

부당한 자기거래는 불법행위이므로 이에 대한 문제제기가 있으면 관련된 이사·경영진·지배주주가 거래의 공정성, 특히 거래가격의 공정성을 스스로 입증해야 한다. 그러나 자기거래가 절차적 검증을 거쳤다면, 즉 이사회 또는 주주총회의 승인절차를

---

4) 이하 신인의무에 대한 설명은 솔로몬과 팔미터(Solomon & Palmiter, 1999), Part 4 참조.

거쳤다면, 입증책임은 그 불공정성을 주장하는 자에게로 이전되는 것이 일반적이다. 이 경우 자기거래 피해자의 입증부담 역시 결코 가벼운 것이 아니다. 특히 지배주주가 사실상 의결권을 완전히 장악하고 사외이사의 독립성이 확보되지 않은 경우에는 절차적 검증은 부당한 자기거래를 예방하는 데 큰 역할을 하지 못한다.

이상 회사법상의 신인의무 위반 책임을 추궁하는 것의 어려움은 비단 한국만의 문제는 아니다. 특히, 명백한 불법행위가 아닌 한 경영판단상의 주의태만(*negligence*)을 이유로 선관주의 의무 위반의 책임을 물은 판례는 미국에서도 쉽게 찾을 수 없는 것이 현실이다.

한국의 경우는 이상의 일반적 이유 이외에도 소송제도 자체의 미비, 투자자의 취약한 권리의식, 그리고 검찰·법원의 보수적 태도 등으로 인해 회사법에 근거한 책임추궁 사례는 사실상 전무했다고 해도 과언이 아니다.

다른 한편, 한국에서 지배구조에 대한 사법적 규율이 제대로 작동하지 않은 주요 원인 중 하나는 재벌의 소유·지배구조 자체의 특수성에 있다. 과거 고도성장 시기에 재벌은 지배주주 일가의 부의 증대속도보다 훨씬 더 빠른 사업규모 확대를 추구하였다. 이를 위해서 재벌은 복잡하게 얽혀 있는 계열사간 출자를 통해 지배주주 일가의 그룹 지배권을 유지하는 전략을 택하였다. 그 결과 지배주주 일가의 실질소유권〔*real ownership right*: 배당권(*dividend right*) 또는 현금흐름권(*cash flow right*)〕과 의결권(*voting right*)은 큰 괴리를 나타내게 되었으며, 특히 규모가 큰 상위재벌의 경우 그 괴리가 더욱 크게 나타난다(〈표 3-1〉 참조).[5]

실질소유권과 의결권 사이에 큰 차이가 존재함으로써 지배주주 일가의 사익추구 행위가 발생할 위험성은 높아진 반면, 사외이사, 감사위원회 등 기업 내부의 견제장치는 그 실효성이 크게 저하되고, 외부 소액주주가 이를 감시하고 제재를 가할 인센티브 역시 크게 약화되었다.

특히 지배주주의 사익추구 행위는 주로 비상장 계열사를 매개로 하여 발생한다는 점을 감안하면, 회사법에 근거한 사법적 규율의 가장 대표적인 형태인 주주대표소송

---

5) 이와 관련하여 최근 KDI(2003.9)와 김선구·류근관·빈기범·이상승(2003.9)은 방대한 실증연구 결과를 보여준다. 두 보고서는 실질소유권과 의결권의 괴리를 측정하는 지표구성〔차이(difference) 대 비율(ratio)〕과 임원·공익재단 등이 보유한 지분의 처리방법 등에서 차이점을 보이지만, 양자 사이에 큰 괴리가 존재하며 이것이 지배주주 일가의 대리인 문제를 발생시키는 근본원인임을 지적하는 데에는 완전히 일치된 결론을 도출하였다.

이러한 관점은 재정경제부·공정거래위원회(2003.12.30)가 제시한 '시장개혁 3개년 로드맵'에 반영되었다. 공정거래위원회는 자산 5조 원 이상 민간기업집단의 의결권승수(=의결권/실질소유권)를 당시 6.1배 수준에서 2006년 말까지 3.0배 수준으로 낮추도록 유도하는 것을 정책목표로 제시하였다.

〈표 3-1〉 민간기업집단의 소유·지배 괴리도

(단위: %)

	실질소유권(A)[1]	의결권(B)[2]	차이(A-B)	의결권승수
11개 민간기업집단 (자산 5조 원 이상, 단순평균)	14	41	27	6.1배
삼성	7	30	23	8.9배
LG	19	45	26	3.1배
현대자동차	5	32	27	8.6배
SK	5	34	29	16.2배
36개 민간기업집단 (자산 2조 원 이상, 단순평균)	25	44	19	3.2배

주: 1) 실질소유권: 지배주주의 직접 소유지분과 계열사 지분을 통하여 간접적으로 소유한 지분의 합
 2) 의결권: 지배주주의 직접 소유지분과 계열사 지분의 합
자료: 재정경제부·공정거래위원회(2003.12.30), p.5.

의 효과가 크게 제약받는다. 이들 비상장 회사의 경우 소 제기요건을 갖춘 외부주주가 존재하지 않기 때문이다. 결국 이중대표소송 또는 다중대표소송에 의존해야 하는데, 최근에야 비로소 고등법원에서 이중대표소송의 첫 판례가 나왔으나 이마저 대법원에서 파기되었을 만큼 이에 대한 한국 법원의 태도는 지극히 소극적일 뿐만 아니라(이에 대해서는 후술 참조), 피라미드 형태의 계열사 출자를 통해 지분이 다수의 계열사에 분산되어 있는 현실에서 이중대표소송 또는 다중대표소송의 성립 가능성에도 많은 의문이 제기된다.

한편, 소액주주가 이사·경영진·지배주주의 신인의무 위반 책임을 묻기 위해 직접 행동에 나서는 경우는 많지 않다. 따라서 회사법적 규율이 제대로 작동하기 위해서는 상당한 지분을 보유한 독립적 외부주주, 특히 기관투자가의 역할이 매우 중요하다. 이들이 직접 주주권을 행사하거나 또는 최소한 주주권 행사를 위임하는 현실적 관행이 확립되었을 때 회사법적 규율은 실효성을 가질 수 있다.

바로 이것이 한국 경제구조의 가장 취약한 부분 중 하나이다. 비은행 금융회사의 상당부분이 재벌 계열사이며, 특히 유가증권시장에서 주요 기관투자가 역할을 하는 투자신탁회사와 생명보험회사의 경우 재벌 계열사들이 압도적 시장점유율을 차지한다.

그 결과 재벌산하 금융회사는 지배주주의 지배권을 유지하는 데 필요한 안정주주로서의 역할만을 수행할 뿐이며, 회사법상의 신임의무 이행을 강제하는 데에는 오히려

장애물로 작용한다. 이들이 계열사에 대해 적극적으로 주주권을 행사하거나 또는 주주권 행사를 위임한 사례는 없다. 또한 재벌에 소속되지 않은 독립적 기관투자가일지라도 재벌과의 거래관계 유지 필요성 때문에 주주권 행사에 대해서는 지극히 소극적인 태도를 보였다.[6] 특히 2001년 말 공정거래법 개정 및 2002년 초 증권투자신탁업·증권투자회사법(최근 간접투자자산운용업법으로 통합) 개정을 통해 재벌산하 금융회사의 계열사 주식에 대한 의결권 행사 제한이 완화되면서 이해관계 충돌 내지는 충실의무 위반의 가능성이 크게 높아졌다.[7]

이처럼 주요 투자신탁회사와 생명보험회사가 재벌의 계열 금융회사로 존재하는 한국의 현실은 이들이 투자기업의 지배구조를 개선하는 적극적 주주로서의 역할을 수행할 수 없게 할 뿐만 아니라 이들 금융회사 자체의 지배구조 개선에도 결정적 장애물로 작용한다.

무엇보다 이들 투자신탁회사와 생명보험회사는 모두 비상장 회사이다. 즉, 신인의무 위반책임을 추궁할 외부주주가 존재하지 않는다. 나아가 대부분의 경우 이들 금융회사의 대주주는 개인이 아니라 법인이며, 지배주주는 그 법인주주의 지분만을 소유한다. 따라서 이들 비상장 금융회사에서 신인의무 위반행위가 발생했을 때, 다단계 출자의 정점에 있는 재벌총수나 그 참모조직인 구조조정본부 등 실질적 의사결정자에게로까지 책임추궁 범위를 확대하는 것, 즉 사실상의 이사(shadow director: 업무집행지시자, 상법 제401조의 2)에 대한 책임추궁은 지극히 어려운 문제이다.

---

6) 신인석(2001)에 따르면, 국내 기관투자가들은 보유주식의 의결권 행사와 관련하여 '무관심' 또는 '소극적 우호지분'의 태도를 보이는데, 그 원인으로는 ① 소액주주적 지위, ② 단기투자 성향, ③ 해당기업과의 거래관계 등을 지적한다.

7) 관련법 개정 이전에는 재벌 산하 금융회사는 계열사 주식에 대해 의결권 행사가 금지되었다. 그러나 외국자본에 의한 적대적 M&A 위협에 대한 방어수단을 제공한다는 취지에서 의결권 행사 제한이 크게 완화되었다. 즉, 정관변경, 임원임면, 영업양수도 및 합병 등 이른바 경영권 변동과 관련된 주주총회 안건에 대해 내부지분율 30% 한도 내에서 상장계열사 주식에 대한 의결권 행사를 허용하였다.

이러한 조치는 적대적 M&A를 활성화함으로써 지배구조 개선을 촉진한다는 애초의 정책목표에 어긋날 뿐만 아니라, 재벌 산하 금융회사가 지배주주에 대한 의무를 이행하기 위해 투자자에 대한 의무를 위반할 잠재적 위험성을 크게 높이는 결과를 가져 왔다. 물론 금융회사의 충실의무 위반 역시 사법적 규율로 해결할 수밖에 없으나, 이에 대한 실효성 있는 제재수단을 찾기 어렵다. 2003년 말 증권관련집단소송제도가 입법화되어 2005년 1월부터 시행될 예정이나, 이 법안은 분식회계, 허위공시, 시세조정, 부실감사 등만을 집단소송의 대상으로 인정하기 때문에 의결권 행사의 충실의무 위반에 대한 직접적 제재수단으로는 의미가 없다.

최근 공정거래위원회는 재벌 산하 금융회사의 의결권 행사 실태를 조사하였는데, 삼성, SK 등 4개 재벌 산하 7개 금융회사가 비상장 계열사의 주식에 대해 의결권을 행사하거나 허용대상이 아닌 주주총회 안건에 대해 의결권을 행사한 것을 적발하고, 시정명령과 함께 신문공표 명령 등의 제재조치를 부과하였다. 공정거래위원회(2003. 11. 21) 참조.

보다 일반적으로, 복잡한 계열사간 출자를 기본으로 하는 한국 재벌의 소유구조에서 사실상의 이사에 대한 사법적 규율은 지배구조 개선을 위한 가장 핵심적인 과제일 것이다. 그러나 1998년 상법개정을 통해 사실상의 이사 개념이 도입되었지만, 이에 대한 판례는 아직 한 건도 만들어지지 않았다. 내부고발자의 정보제공이 없는 한, 재벌총수나 구조조정본부의 경영개입 사실을 입증하는 것은 사실상 불가능에 가깝기 때문이다. 최근 주주대표소송의 판례(후술 참조)가 형성되기 시작함으로써 자회사의 이사나 경영진이 지배주주의 부당한 업무지시를 거부할 수 있는 최소한의 기반은 만들어졌다. 이것이 대단히 중요한 의미를 가지는 것은 분명한 사실이나, 지배주주 등 실질적 의사결정자에 대한 직접적 규율은 아니라는 점에서 여전히 한계가 있다.

이러한 난점을 극복하기 위해서는, 회사법상의 신인의무 위반에 대한 사법적 규율 이외에, 투자자 보호의 관점에서 피고의 법령위반 혐의에 대한 원고의 입증책임을 크게 경감하는(또는 피고에게 반증의 입증책임을 부담시키는) 증권관련 법령에 기초한 사법적 규율을 강화하는 방향으로 나갈 필요가 있다. 따라서 소액다수 투자자의 피해구제를 위한 직접적 수단인 증권관련집단소송제도의 실효성 제고와 함께 증권관련 법령을 집행하는 금융감독기구의 독립성과 전문성을 제고하는 것이 무엇보다 시급한 과제이다.

한편, 감독기관에 의한 준사법적 규율이라는 측면에서도 한국은 매우 특이한 모습을 보여준다. 금융감독기구(증권선물위원회를 포함한 금융감독위원회, 그리고 그 집행기관인 금융감독원) 이외에 공정거래위원회가 지배구조 개선의 측면에서 매우 중요한 역할을 수행한다. 한국의 공정거래법은 전통적 의미의 경쟁촉진법(반독점법)적 요소만이 아니라 기업집단규제법(경제력집중억제법)적 요소도 포함한다.[8] 개별기업이 아니라 기업집단이 경제행위의 실질적 주체가 되는 한국의 현실에서 공정거래법은 기업집단 자체를 규제하는 유일한 법으로서 매우 중요한 역할을 한다. 따라서 개별법인만을 대상으로 하는 회사법과 증권관련법의 한계를 공정거래법이 기업집단 전체에 대한 규제를 통해 보완한다고 할 수 있다. 지주회사의 행위제한(공정거래법 제8조의 2), 상호출자 금지(법 제9조), 출자총액 제한(법 제10조), 채무보증 금지(법 제10조의 2),

---

[8] 공정거래법의 이러한 이중적 성격은 언제나 논란대상이 되었다. 최근 재계 측에서는 기업집단규제법적 요소를 완전히 삭제하고, 순수한 경쟁촉진법으로 공정거래법의 성격을 전환하자는 주장을 강하게 제기하고 있다.

반면 상당수의 학계 전문가와 공정거래위원회는 재벌의 지배구조 개선이 확인될 때까지, 즉 개별법인 차원의 회사법적·증권관련법적 규율이 제대로 작동할 때까지 과도기적으로 공정거래법의 이중적 성격을 유지할 필요가 있다는 데에는 대체로 의견을 같이하나, 그 전제조건의 구체적 내용 및 과도기의 길이에 대해서는 상당한 이견이 존재하는 것이 현실이다.

계열금융회사의 의결권 제한(법 제11조), 대규모 내부거래의 이사회 의결 및 공시(법 제11조의 2), 특수관계인에 대한 부당지원행위 금지(법 제23조 제1항 7호) 등이 대표적 조항들이다.

이상 공정거래법에 의한 기업집단 규제가 소기의 정책적 목적을 달성하고 있는가의 문제, 또는 기업집단 규제로부터 얻는 편익과 이로 인해 경제거래가 왜곡되는 비용을 비교 형량하는 문제 등은 언제나 재벌개혁과 관련한 논쟁의 핵심을 이룬다.

이러한 문제들을 논외로 하더라도, 공정거래법에 의한 준사법적 규율은 그 자체로서 많은 한계를 드러낸다. 우선, 공정거래법 위반에 대해 형사소추 절차를 개시하는 검찰고발 권한을 공정거래위원회가 독점한다(공정거래법 제71조). 즉, 공정거래위원회의 고발에 의해서만 검찰수사가 이루어질 수 있다. 9) 공정거래위원회에 전속고발권을 부여한 것은 공정거래위원회의 행정벌로도 충분히 제재효과를 발휘할 수 있는데 여기에 형사벌을 과도하게 부가하는 것은 기업 경제활동을 위축시킬 우려가 있다는 취지에서이다. 문제는 공정거래위원회가 검찰고발권 행사를 지나치게 자제함으로써 형사벌 남용을 막는 수준을 넘어 현실적으로 형사벌 부과가 거의 이루어지지 않는 결과를 초래한다는 점이다. 10)

한편, 지배구조 개선을 위한 기업집단규제관련 조항의 위반행위에 대해 공정거래위원회는 주로 시정명령, 과징금, 이행강제금 등의 행정벌을 부과한다. 그 중에서도 위반행위 이전의 상태로 환원하는 원상회복조치보다는 주로 과징금 부과를 통한 경제적 제재수단을 사용한다. 그러나 이것은 심각한 문제를 야기한다. 과징금은 해당기업에 대한 제재일 뿐, 이것이 위반행위의 의사결정자 내지는 수혜자에 대한 제재로 연결되지 못하는 경우가 대부분이기 때문이다. 예컨대, 지배주주 또는 계열사 등의 특수관계인에 대한 부당지원 행위가 적발되어 과징금이 부과된 경우, 부당지원 행위를 한 회사의 주주는 이중손해를 입게 된다. 부당지원 행위 자체로 인한 손실은 물론 과징금 납부로 인한 손해까지 입게 되는 것이다. 물론 부당지원 행위를 지시한 주체가 밝혀진 경우 주주대표소송 등을 통해 손해를 회복할 수는 있지만, 공정거래위원회의 조사가 행위 주체까지 밝히는 경우는 매우 드물다. 따라서 해당기업에 대한 경제적 제재를 위주로 하는 공정거래위원회의 준사법적 규율은 지배주주의 공정거래법 위반 인센티브 자체를 제어시키는 데 한계를 가지므로 공정거래위원회의 조사가 위반행위 사실의 적발에만

---

9) 1996년 말 공정거래법 개정을 통해 검찰이 공정거래법 위반 사안에 대해 공정거래위원회에 고발을 요청할 수 있도록 하였으나, 여전히 일반인의 고발 권한은 인정되지 않고 있다.

10) 이러한 문제를 해결하기 위한 방안의 하나로, 형사벌 부과대상이 되는 공정거래법 위반행위의 범위를 대폭 축소하되, 그 위반행위의 피해자가 직접 검찰 고발할 수 있도록 개정하는 것을 생각해볼 수 있을 것이다.

머물 것이 아니라 위반행위의 의사결정 주체나 그 절차의 문제점을 밝히는 수준으로까지 나아감으로써 회사법적 규율의 기반을 마련하는 역할(즉, 주주대표소송 원고의 입증책임 부담을 실질적으로 경감시켜 주는 역할)을 담당하여야 할 것이며, 나아가 중대한 법 위반행위에 대해서는 검찰고발권을 적극적으로 행사하여야 할 것이다.

4. 소액주주운동을 통한 사법적 규율의 구체적 사례: 주주대표소송

한국에서 기업지배구조에 대한 사법적 규율이 현실적 의미를 가지게 된 것은 1997년 이후 참여연대 경제개혁센터의 활동에 기인한 것이다. 물론 참여연대 활동이 시작되기 이전에도 '소수주주권'은 상법과 증권거래법상에 존재했고, 이를 이용한 법률적 대응행위들이 있었다. 그러나 1997년 4월 개정 증권거래법이 시행되기 이전에는 소액주주가 이사·경영진·지배주주에 대해 책임을 추궁하는 것은 현실적으로 매우 어려웠다. 예컨대, 주주대표소송의 경우, 소송을 제기할 수 있는 자격을 발행주식의 5% 이상 보유자로 규정했었기 때문에, 시가총액이 1천억 원 규모의 중견기업의 경우에도 주식보유액이 50억 원을 넘어야 소송이 가능했던 것이다. 그러나 1997년 4월 개정 증권거래법에 의해 소수주주권의 행사요건이 크게 완화되었고, 소수주주권의 범위가 대폭 확대되었다(〈표 3-2〉 참조).

　1997년 이후 참여연대 경제개혁센터는 소수주주권에 기초하여 기업경영의 투명성

〈표 3-2〉 소수주주권의 내용 및 지분율 요건

(단위: %)

	상법: 비상장기업 (주식 보유기간 제한 없음)	증권거래법: 상장기업 (주식 보유기간 6개월 이상)
임시주주총회 소집청구권	3	3(1.5)
대표소송제기권	1	0.0
이사해임청구권	3	0.5(0.25)
위법행위유지청구권	1	0.05(0.025)
회계장부열람권	3	0.1(0.05)
검사인선임청구권	3	3(1.5)
주주제안권	3	1(0.5)

주: ( )는 자본금 1천억 원 이상 기업.

(*transparency*)과 책임성(*accountability*)을 요구하는 활동을 본격적으로 전개하였다. 소액주주의 권익을 보호하는 데 필요한 정책제안과 입법청원 등의 사전적 제도개선 활동과 함께 권익침해 사례에 대하여 주주총회 참석을 통한 문제제기, 감독기관 조사요청, 검찰고발, 소송제기 등의 사후적 제재 부과를 위한 활동을 추진하였다. 경제개혁센터가 제기한 검찰고발 및 소송사안들의 내용 및 그 진행상황은 〈표 3-3〉과 같다. 다음에서는 그 중 대표적 사례로서 제일은행 주주대표소송과 삼성전자 주주대표소송의 내용을 살펴보기로 한다.

이사·경영진·지배주주의 신인의무는 특정 주주가 아닌 회사 자체에 대해 부담하는 것이므로, 그 위반책임을 추궁하는 것은 반드시 회사이름으로 이루어져야 한다. 그러나 신인의무 위반자가 회사를 지배하는 한 이들이 자기 자신에게 소송을 제기할 가능성은 거의 없다. 따라서 주주가 회사를 대신하여 제기하는 주주대표소송(*derivative suit*)은 회사법상 신인의무를 강제하는 가장 대표적인 수단이라고 할 수 있다.

주주가 대표소송을 제기하기 위해서는 먼저 사유를 기재한 서면으로 회사에 대한 이사책임 추궁소송을 제기할 것을 청구하여야 한다. 이 청구는 주주권리인 동시에 대표소송 제기의 요건이기도 하다. 회사가 이 청구를 받은 날로부터 30일 내에 소를 제기하지 아니한 때에는 주주는 즉시 회사를 대신하여 소송을 제기할 수 있다. 그러나 이 기간의 경과로 인하여 회사에 회복할 수 없는 손해가 생길 염려가 있는 경우[11]에는 회사에 대해 청구하지 않고, 또 청구했더라도 30일을 기다릴 필요 없이 즉시 소송을 제기할 수 있다.

주주가 대표소송을 제기한 때에는 지체 없이 회사에 대하여 소송을 고지하여야 한다. 일반적으로 소송고지는 고지자의 자유이나 대표소송고지는 법상의 의무이다. 회사의 소송참가를 위해서이다. 주주가 고지를 하지 아니한 경우 주주는 회사에 대하여 손해배상책임을 진다. 회사는 주주의 대표소송에 참가할 수 있다. 참가 역시 이사를 상대로 한 소송행위이므로 감사가 회사를 대표한다.

대표소송에서 주주가 승소한 때에는 회사에 대하여 소송비용 지급을 청구할 수 있다. 대표소송에서 주주가 패소하였다고 하더라도 원칙적으로 회사에 대하여 손해배상책임을 지지는 않는다. 그러나 주주가 악의인 경우에는 회사에 대해 손해배상책임을 진다. 따라서 승산 없는 소송임을 알고 제기한 경우는 물론이고, 불성실하게 소송을

---

11) '회복할 수 없는 손해가 생길 염려가 있는 경우'는 곧 시효가 완성된다든지 또는 이사가 도피하거나 재산을 처분하고자 함으로써 법률상 또는 사실상 이사에 대한 책임추궁이 불가능 또는 무익해질 염려가 있는 경우를 뜻한다.

〈표 3-3〉 참여연대 경제개혁센터의 검찰고발 및 소송제기 현황 (2004년 7월 1일 현재)

일 시	내 용	결 과
97/04/05	제일은행 주주총회 총회꾼 3인 업무방해죄로 고발	무혐의 처분
97/05/06	제일은행 주주총회 결의 취소소송	1심 승소, 2심 재량기각
97/06/03	제일은행 주주대표소송	대법원승소, 원심확정판결 (2002. 3. 15)
97/06/24	삼성전자 전환사채발행무효청구소송 및 처분금지가처분	가처분승소, 본안 대법원 패소
97/07/24	제일은행 등 6개 은행 내부거래 혐의로 고발	무혐의 처분
98/01/12	제일은행 감자관련, 이사 직무집행정지 가처분 신청	기각
98/03/20	이사회의사록 열람 거부한 삼성전자에 과태료 부과 신청	300만원 과태료 결정
98/04/21	삼성전자 이사회 의사록 위조혐의로 이건희씨등 고발	무혐의 처분
98/06/11	삼성전자 등 외자도입법, 외환관리법 위반으로 고발	무혐의 처분
98/10/20	삼성전자 주주대표소송	1, 2심 승소, 대법원 계류 중
99/05/10	현대중공업 주주총회결의 취소소송	1심 기각, 2심 재량 기각
99/05/19	삼성전자 주주총회 일부결의 취소소송	재량기각
99/05/31	㈜대우 주주대표소송	진행중
99/06/09	현대전자 주가조작관련 정씨일가 고발	무혐의 처분
99/06/29	제일은행 감자명령처분 일부취소청구소송	기각
99/07/01	현대중공업 여성주주 몸수색관련 위자료 청구소송	1심, 2심 승소(확정)
99/08/09	분식회계관련 청운회계법인 상대 손해배상청구소송	1심 패소(항소포기)
99/10/12	현대전자 주가조작으로 인한 피해자 손해배상청구소송	1심 패소, 2심 승소, 대법원 파기 환송
99/11/17	삼성SDS BW 저가발행관련 이사들 배임죄 고소	무혐의 처분, 헌법재판소 각하
99/12/01	삼성SDS BW 처분금지 및 신주발행금지 가처분신청	1심 기각, 2심 인용 결정
00/05/	삼성SDS BW 발행 무효 소송	취하(이재용 과세결정으로)
00/08/09	현대투신의 '바이코리아' 불법운용 손해배상청구소송	90% 배상 합의
00/08/14	현대투신 주식매각관련 이익치 회장 배임죄고발	검찰 불구속 기소
00/11/02	분식회계관련 동양종금 및 삼일회계법인 상대로 손해배상청구소송	1, 2심 패소(상고 포기)
00/11/23	삼성자동차 부채 분담 결의관련 삼성전자 이사들 상대로 위법행위 유지가처분	취 하
01/09/17	현대증권 신주발행금지 가처분	1심 기각, 2심 진행중 취하
02/10/10	출자총액제한관련 공정위 정보비공개처분취소 행정소송	1심 승소(확정)
02/10/15	한화그룹 3개사 분식회계 형사고발	검찰 조사 중
03/01/08	SK그룹 최태원 회장 등 JP모건 이면거래관련 배임죄 고발	1심 유죄판결, 2심 진행중
03/01/27	LGCI 주주대표소송	1심 진행중
04/01/15	이건희, 구본무 등 11인 정치자금법 및 증권거래법 위반혐의 고발	검찰 조사중
04/01/20	LG전선계열 대주주일가 미공개정보용 부당거래혐의 고발	검찰 조사중
04/03/04	삼성전자 주주총회관련 손해배상청구소송	1심 진행중
04/03/04	삼성전자 주주총회 일부결의취소소송	1심 진행중
04/03/29	삼성전자 기자간담회관련 주거침입 고발	검찰 조사중
04/04/20	삼성생명 전·현직 임원 배임혐의 고발	검찰 조사중

자료: 참여연대 홈페이지 (http://www. peoplepower21. org/contents/economy).

수행하여 패소로 이끈 경우에도 손해배상책임이 있다고 보아야 한다.

다음에서는 대표소송의 판례가 형성된 대표적 사례로서 제일은행 건과 삼성전자 건을 각각 살펴보기로 한다.

4.1. 제일은행 주주대표소송

제일은행은 참여연대 소액주주운동의 첫 대상기업이었으며, 주주대표소송은 제일은행을 상대로 한 소액주주운동의 최종 결과물이다. 제일은행은 1997년 재벌들의 연쇄부도 서막을 알린 한보그룹의 주 채권은행이다.

경제개혁센터는 적절한 여신심사 없이 한보철강에 거액의 여신을 제공하여 부실을 초래한 제일은행 경영진의 책임을 묻는 운동을 전개하였다. 1997년 3월 소액주주들의 의결권을 위임받아 제일은행의 정기주주총회에 참석하여 경영진 책임을 추궁하였다. 이는 통상 30분 이내에 끝나던 형식적 주주총회 운영 관행에 경종을 울린 사건이었다. 당시 제일은행 경영진이 총회꾼을 동원하고 정당한 표결절차도 없이 안건의결을 강행하자 경제개혁센터는 1997년 5월 주주총회결의 취소소송을 제기하였으며, 그해 12월 소송에서 승소하였다. 비록 회사측이 제기한 항소심에서는 패소하였으나, 판결의 내용상 경제개혁센터 주장의 정당성이 인정되었다.

이어 경제개혁센터는 소액주주를 모집하여 1997년 6월 대표소송을 제기하였다. 당시 대표소송을 제기하기 위해서는 총 주식발행 수의 0.5% 이상의 지분이 필요했다. 경제개혁센터는 제일은행 총 발행주식의 0.5%가 약간 넘는 84만 주를 모아 이철수 전 행장 등 4명의 이사들을 상대로 총 400억 원의 손해배상을 요구하는 대표소송을 제기하였다.

1998년 7월 1심 판결에서 법원은 원고승소 판결을 내렸다. 항소심이 진행중이던 1999년 7월 제일은행은 금융산업구조 개선에 관한 법률에 의거한 금융감독위원회의 감자명령에 따라 정부와 예금보험공사가 보유한 주식을 제외한 일반주주 보유주식 전부를 무상소각하였다. 이에 원고들의 당사자 적격성 유지 여부에 대한 우려가 생기자 제일은행이 공동소송참가인으로 참가하여 소송을 계속 진행하였다. 즉, 2심 재판부터는 원고가 소액주주에서 회사(제일은행)로 바뀌었지만, 2심과 3심 판결 모두 피고인 전·현직 경영진에게 회사에 끼친 손해를 배상하라는 판결이 내려졌다.[12] 이 소송은 법전

---

12) 회사가 공동소송참가자가 된 2심 재판부터는 손해배상청구액이 애초의 400억 원에서 10억 원으로 낮추어졌다. 그 이유는 주주가 원고가 되는 대표소송과는 달리 회사가 원고가 될 경우 소송비용(인지대)이 청구금액에 따

에만 존재할 뿐 실제 활용된 적이 없었던 주주대표소송을 현실세계로 불러내 경영진의 신인의무 위반책임을 묻는 최초의 판례를 만들었다는 점에서 역사적 의미가 있다.

이 소송에서 피고들은 한보철강의 부실한 재무상황에 대한 면밀한 검토도 없이, 그리고 충분한 담보확보 노력도 없이 거액의 여신제공을 지시하였고, 심지어 여심심사 담당자에게 압력을 행사하여 심사보고서상 평점을 조작하게 하는 등 법령과 은행 내부의 여신심사규정을 위배하였고, 여신제공 대가로 뇌물을 수취하는 등 피고들의 신인의무 위반사실을 입증하는 데는 큰 어려움이 없었다. 다만, 입증자료의 대부분이 금융감독당국 및 감사원의 조사결과에서 나왔다는 점에서 감독기관의 활동이 사법적 규율의 기초가 된다는 사실을 다시 한 번 확인할 수 있다.

그 외 소송과정에서 논란이 된 몇 가지 사항을 살펴보면 다음과 같다. 우선, 원고들이 회사에 서면으로 소송제기 청구를 한 바로 다음 날 소송을 제기한 것에 대해 피고들은 청구 이후 30일이 지나지 않았다는 이유로 소 제기 자체가 부적법하다고 항변하였다. 그러나 1심 재판부는 원고들이 소송제기 2개월 전부터 구두로 회사에 대해 수차례 소송제기를 청구하였다는 사실, 상법 제403조가 30일 기간 규정을 둔 것은 회사가 직접 이사에게 책임을 추궁할 기회를 사전에 부여하기 위한 것에 불과한데 회사는 변론종결일까지도 제소 여부에 대한 의사를 표명하지 않았다는 사실 등을 들어 원고의 30일 기간 규정 불준수의 하자는 치유되었다고 판시하였다.

한편, 전술한 바와 같이, 2심 진행중 제일은행은 일반주주의 주식을 전부 무상소각하였는데, 결과적으로 제일은행 주식을 1주도 보유하지 않게 된 원고들의 당사자 적격성이 문제가 되었다. 2심 재판부는 상법 제403조의 제5항을 '대표소송을 제기한 주주가 제소 후 발행주식을 보유하지 아니하게 된 경우 그 제소의 효력이 없다'는 취지로 해석하여, 결국 원고들은 당사자 적격을 상실하였다고 판시하였다. 원고들은 국가의 행정조치에 의해 강제적으로 보유주식이 소각되었으므로, 자발적으로 보유주식을 처분하여 소송유지 의사를 철회한 경우와는 본질적으로 다르다고 항변하였으나, 재판부는 이를 인정하지 않았다.13)

주주원고의 당사자 적격이 상실되었을 때, 공동소송참가자인 회사(제일은행)의 지위도 문제가 되었다. 피고들은 상법 제404조 제1항의 '참가'는 '공동소송적 보조참가'

라 크게 증가하는 반면, 피고들의 변제능력이 매우 취약하였기 때문이다.

13) 이와 유사한 사례로서, 미국에서는 회사를 타 회사에 합병시키거나 100% 자회사로 만들고 주주들에게 새로운 회사의 주식을 교부함으로써 애초의 회사와 관련된 대표소송을 회피하고자 한 사례가 보고되었다. 이 경우 대표소송의 당사자 적격을 부정하게 되면, 결국 이중대표소송의 인정 여부가 문제가 된다(Locascio, 1989: 739~743 참조).

222

를 의미하는 것이므로, 주주원고의 당사자 적격이 상실되어 소송 자체가 부적법하게 된 이상 회사의 공동소송적 보조참가도 부적법하다고 항변하였다. 그러나 재판부는 주주원고가 소송 도중 당사자 적격을 상실하였을 때 권리귀속 주체인 회사가 당사자로서 그 대표소송에 참가할 필요가 있으며, 이와 같은 경우는 소송경제를 도모할 뿐만 아니라 판결의 모순, 저촉을 유발할 가능성이 없으므로, 상법 제404조 제1항의 '참가'는 '공동소송참가'를 배제하는 것이 아니라고 판시하였다.

마지막으로, 대법원은 3심 판결에서 "은행의 … 업무의 집행에 임하는 이사는 일반의 주식회사 이사의 선관의무에서 더 나아가 은행의 그 공공적 성격에 걸맞는 내용의 선관의무까지 다할 것이 요구된다"(대법원 2002. 3. 15 선고, 2000다9086)고 명시하였다. "은행의 공공적 성격에 걸맞는 내용의 선관의무"가 구체적으로 무엇을 의미하는지는 분명치 않으나, 은행을 포함한 금융회사의 이사는 일반 주식회사의 이사보다 더 엄격한 선관주의 의무를 부담하고 있다는 원칙14)의 천명은 한국의 지배구조 개선에서 매우 중요한 의미를 갖고 있다. 금융회사의 지배구조가 개선되지 않고서는 일반기업의 지배구조 개선을 기대하기 어렵기 때문이다. 특히 재벌 산하의 금융회사가 지배주주의 사익추구 또는 계열사에 대한 부당지원으로 인해 부실화된 사례가 비일비재하였음을 감안하면 더욱 그렇다. 따라서 금융회사의 이사가 부담하는 선관주의 의무의 구체적 내용을 발견하는 노력이 앞으로도 계속되어야 할 것이며, 그러한 관점에서 최근 예금보험공사가 진행하고 있는 부실금융회사의 부실책임자에 대한 손해배상청구소송의 결과가 주목된다.

---

14) 미국의 경우 이러한 원칙에 입각한 판례가 다수 존재한다. 예컨대, 1997년 미국의 연방대법원은 Federal Chartered 은행의 이사들은 최소한 중과실 기준(*gross negligence standard*)에 의한 선관주의 의무를 부담하고 있으며(즉, 입수 가능한 모든 합리적 정보에 기초하여 경영판단을 했을 때에만 책임을 면할 수 있음), 주정부는 Federal Chartered 은행과 State Chartered 은행에 대해 이보다 더 강한 선관주의 의무를 부과할 수 있다고 판시하였다(Kim, 2002. 7: 31 참조).
한편, 미국의 회사법과 그 판례는 모회사와 자회사 간의 거래에서도 충실의무에 대한 일반적 원칙을 적용한다. 즉, 거래조건의 부당성에 대한 입증책임은 원고가 부담해야 한다. 그러나 이해상충이 추정되지만 입증되지는 못할 때(*when a conflict of interest could be inferred, but not proved*), 선관주의 의무를 통해 책임을 물은 판례들이 존재한다. 이른바 'safety valve cases'(Litwin vs Allen, 25 N. Y. S. 2d 667, Sup. Ct. 1940)이다. 이것은 금융회사의 이사들에게는 보다 강화된 선관주의 의무 기준을 적용한다는 것을 의미한다(Solomon & Palmiter, 1999: 206~207 참조).
또한 금융회사의 이사는 선관주의 의무의 기본인 준법감시시스템의 구축에서도 훨씬 엄격한 부담을 진다. 일반기업의 경우 준법감시시스템의 구축에 대한 판단도 경영판단의 원칙에 포함된다. 즉, 적정한 준법감시시스템을 가동하지 않은 이사회의 부작위(*inaction*)도 의식적 경영판단의 결과였다면, 이에 대해 책임을 물을 수 없다. 그러나 금융회사는 다르다. 금융회사의 이사회는 준법감시시스템을 구축해야 할 뿐만 아니라, 이것이 제대로 작동하고 있는지 끊임없이 점검하고, 그 미비점을 개선하는 노력을 해야 한다(Kim, 2002. 7: 19~20 참조).

4.2. 삼성전자 주주대표소송

이건희 회장 등 삼성전자의 전·현직 임원 11명을 상대로 한 주주대표소송은 살아 있는, 그것도 최고의 경영성과를 기록하고 있는 기업의 경영진에게 사법적 규율을 적용한 소송이라는 점에서 중대한 의미를 갖는다. 삼성그룹은 특히 이건희 회장의 아들인 이재용 씨로의 경영권 승계와 관련한 여러 가지 문제로 인해 참여연대 경제개혁센터 소액주주운동의 출범 초기부터 계속 주된 대상이 되었다. 삼성전자 주주대표소송은 이러한 소액주주운동의 일환으로 제기되었다.

경제개혁센터는 소액주주 24명(17,585주, 총 발행주식 수의 0.013%)을 모아 1998년 9월 회사(삼성전자)에 소송제기를 청구하였고, 회사가 이를 거부하자 10월 대표소송을 제기하였다. 구체적으로 손해배상청구 사안은 다음 네 가지이다. ① 이건희 회장이 노태우 전 대통령에게 뇌물로 제공한 200억 원 중 삼성전자에서 업무일시가불금의 명목으로 인출하여 분식회계처리한 75억 원의 배상청구, ② 1997년 부실한 재무상태의 이천전기를 인수하고, 1998년 주 채권은행과의 재무구조개선약정에 따라 이천전기의 퇴출을 결정한 이후에도 추가 지급보증과 출자를 함으로써 입은 손해 1,904억 원의 배상청구, ③ 1994년 4월 삼성종합화학 주식 1천만 주를 주당 1만 원에 인수였음에도 불구하고 이를 불과 8개월 후에 주당 2,600원에 삼성건설과 삼성항공 등 계열사에 매각하여 입은 손해 1,480억 원의 배상청구, ④ 계열사인 중앙일보, 삼성물산, 삼성중공 등에 대한 부당지원으로 인한 손해 및 공정거래위원회가 이를 적발하여 부과한 과징금 납부로 인한 손해 52억 원의 배상청구 등으로, 총 손해배상청구액은 3,511억 원이다. 이 소송은 불법 정치자금 제공의 책임 문제, 신규투자사업 결정에서의 경영판단의 범위 문제, 비상장회사 주식의 가치평가 문제, 공정거래법 위반에 따른 책임 문제 등 한국 재벌구조에서 발생하는 대표적 신인의무 위반행위들이 모두 망라되어 있다는 점에서 주목대상이 되었다.

이에 대해 2001년 12월 1심 재판에서 이건희 회장 등 10명의 임원들에 대해 총 977억 원의 배상판결(이건희 회장에 대해 75억 원, 나머지 이사들의 경우 이천전기 부실인수건과 관련하여 276억 원, 삼성종합화학 주식 저가매각과 관련하여 626억 원), 2003년 11월 2심 재판에서 이건희 회장 등 6명의 임원에게 총 190억 원의 배상판결(이건희 회장에 대해 70억 원, 나머지 이사들의 경우 삼성종합화학 주식 저가매각에 따른 손해액의 20%인 120억 원) 등 원고 일부승소 판결이 내려졌다. 비록 원고의 청구금액에 비해, 그리고 1심 판결에 비해 2심 판결에서 손해배상액이 크게 줄어들었지만, 이 판결로 인해 한국 기업의 경영환경은 '결코 과거로 되돌아 갈 수 없는 비가역적 변화'를 시작하였다고 할 수 있다. 보다 구체적으로 살펴보기로 한다.

첫째, 1심과 2심 모두 뇌물성 불법 정치자금 제공에 대해서는 엄격한 배상책임을 물었다.[15] 법원은 기업영리 추구에서 강행법규를 벗어나 불법적 방법으로 경영을 해서는 안 된다는 점을 분명히 확인한 것이다. 설사 불법 정치자금 제공행위가 회사의 이익을 위한 것이라 하더라도 불법행위는 경영판단으로서 보호될 수 없음을 분명히 하였다.[16]

이러한 법원의 판단은 비전문가에게는 어쩌면 당연하게 생각될 수도 있으나, 법의 정신을 제대로 이해하지 못하고 법조문의 자구해석에만 얽매이는 일부 사법기술자들에게는 상당한 혼란을 야기하기도 했다. 일부 사법기술자들은 뇌물을 제공하는 것이 형사상 문제를 야기할 수는 있어도, 정치적 보복에 의한 이윤감소의 가능성을 회피하였다는 점에서 민사상 손해를 끼치는 행위가 아니라고 강변하기도 하였다. 그러나 이 점에 대한 법원판단은 일관되게 명쾌한 것으로 보인다. 실현되지도 않은 추상적 손해의 가능성에 기대어 명시적으로 금전적 손실을 야기한 행위는 선관주의 의무위반이라는 것이다. 이 판결에 의해 '정치자금은 잠재적 손해의 가능성을 회피하기 위해 불가피했던 것'이었다고 변명함으로써 지난 2002년 대통령 선거 당시 불법적 정치자금을 제공한 것에 대해 민사상 사면을 요구했던 최근 재계의 주장은 성립할 수 없게 되었다.

둘째, 이천전기 인수와 관련한 사안은 이 소송에서 가장 치열한 논란을 불러일으켰던 부분이다. 더구나 1심과 2심에서 법원의 판단도 엇갈렸다. 1심 판결에서는 이사들이 제반사정에 대하여 신중한 사전검토를 하지 않았고, 이사회 당일에도 자료를 제대로 제시받지도 않은 채 1시간의 토의만으로 비정상적 재무구조를 보이는 이천전기 인수를 결정한 것은 선관주의 의무를 다한 것으로 볼 수 없어 경영판단으로 보호되지 못한다고 판시하였다. 그러나 2심 법원은 동일한 사실관계를 두고도 이사들이 합리적이고 충분한 정보에 기하여 결정한 것이라는 전제하에 경영판단 원칙에 의한 보호를 부여하였다.

이사들이 회사손익에 큰 영향을 미칠 수 있는 사안을 결정함에 있어 어느 정도까지 충분한 정보에 기하여 합리적 통찰력을 발휘하여야 하는가에 대해 법률로 정해진 기

---

15) 1심에 비해 2심에서 손해배상액이 5억 원 감액된 것은 불법 정치자금 75억 원 중 5억 원이 소멸시효가 완성되었기 때문이다.

16) "회사에게 이익이 발생할 가능성이 있다 할지라도, 뇌물공여와 같은 형법상의 범죄행위를 기업활동의 수단으로 하는 것은 허용될 수 없다 할 것이고, 이를 불가피한 행위라고 볼 수 없을 뿐만 아니라 경영판단으로 보호될 수 없다"(수원지방법원 선고 2001. 12. 27, 98가합22553).

준은 없으며, 통상 법원의 판례를 통해 그러한 기준이 구체화되기 마련이다. 따라서 1심 판결은 글로벌 스탠더드에 보다 근접한 기준을 적용했다고 할 수 있는 반면, 2심 판결은 한국의 기업경영 현실을 참작하여 기준을 완화하여 적용한 것으로 짐작된다.

한편, 1심 판결에서도 이천전기 인수를 위한 최초출자에 대해서만 책임을 인정하였을 뿐, 주 채권은행과의 약정체결을 통해 이미 이천전기의 퇴출이 결정된 이후에 이루어진 추가 지급보증 및 출자에 대해서는 경영판단으로 보호하였다. 자회사(이천전기)의 부도시 모회사(삼성전자)도 적색거래처로 지정되어 채권은행들로부터 금융상의 불이익을 받게 되는 것을 피하기 위해서는 어쩔 수 없었다는 피고들의 항변을 1심 법원이 수용한 것이다. 소규모의 자회사 부도 때문에 한국의 최고 우량기업과의 금융거래를 단절할 채권은행이 과연 있을까 라는 점에서 많은 아쉬움이 남은 판결이다.

결론적으로, 명백한 불법행위가 아닌 한 주의태만을 이유로 이사들 책임을 묻는 것은 대단히 어려운 일임을 확인할 수 있다. 그러나 이러한 법원의 태도가 앞으로도 계속 유지될 것으로 속단할 수는 없다. 한국은 이제야 비로소 사법적 판단을 통해 이사의 선관주의 의무기준을 발견해 나가는 첫걸음을 떼었을 뿐이다.

셋째, 삼성종합화학 주식 저가매각 건에 대한 법원판단은 한국 재벌의 경영환경에 지대한 영향을 미칠 것으로 평가된다. 비상장주식의 가치평가 문제는 재벌총수의 지배권 강화 및 2세로의 지배권 승계과정에서 언제나 사회적 논란이 되었기 때문이다. 삼성에버랜드 CB 발행, 삼성SDS BW 발행 등 삼성그룹 이재용 씨의 지배권 승계와 관련된 문제, LG그룹의 지주회사 전환과정에서 나타난 LG석유화학 주식 및 LG홈쇼핑 주식의 특수관계인간 거래 문제, SK그룹 최태원 회장의 지배권 강화를 위한 워커힐 주식과 SK글로벌 주식의 맞교환 문제 등이 모두 비상장 주식의 가치평가 기준과 관련된 사안들이다.

이 점에서 이번 1심과 2심 판결은 공히 비상장 주식의 가치평가와 관련하여 분명한 기준을 제시하였다. 비상장 주식의 가치를 상속증여세법상의 보충적 평가방법(순자산가치와 과거 3년간 순이익가치의 단순평균)을 이용하여 평가하던 관행에 대해 조세징수권자의 입장에서 가장 보수적으로 평가하는 방법을 영리를 추구하는 민간기업의 이사들이 판단기준으로 사용하는 것은 선관주의 의무를 다한 것으로 볼 수 없다고 판시한 것이다. 그리고 비상장주식의 가치는 최소한 순자산가치 이상으로 평가되어야 한다는 점에서 1심과 2심은 동일한 결론에 도달하였다.

다만, 2심 판결에서는 1심과 마찬가지로 626억 원의 손해발생 사실은 인정하면서도 이사들의 회사발전에 대한 공헌을 감안하여 손해배상액을 손해액의 20%로 감액하였다. 그러나 손해액의 80%를 감액하는 것은 그 근거를 찾기가 어려우며, 따라서 이 점과 관련하여 상급법원의 판단을 받아볼 필요가 있을 것이다.

한편, 1심과 2심 판결은 비상장주식 가치의 최저치를 순자산가치로 제시함으로써 특수관계인과의 자기거래(self-dealing) 시 적정 거래조건의 기준에 관한 실체적 검증 (substantive tests) 측면에서 커다란 기여를 하였다. 그런데 한국 재벌에서 발생하는 대부분의 자기거래, 특히 비상장주식의 특수관계인간 거래가 모두 이사회 결의라는 형식적 절차를 거쳤다는 점에서 보다 엄격한 절차적 검증(procedural tests) 기준을 발 견해나가는 사법적 노력이 필요한 것으로 판단된다. 예컨대, 이해상충의 위험성 정도 에 따라 이사회 사전승인, 사외이사들만으로 이루어진 하부위원회 또는 감사위원회의 사전승인, 주주총회 결의, 주주총회 특별결의 등 보다 더 엄격한 기준하에서 독립적 제3자의 동의절차를 거치도록 하는 것이다. 물론 이 절차상의 기준은 법률로 정할 수 는 없고 판례축적을 통해 구체화되어야 할 것이다.

넷째, 계열사에 대한 부당지원 건은 1심에서부터 원고패소 판결이 내려졌다. 부당 지원 행위가 이루어졌고 이로 인해 회사에 손해가 발생한 것은 분명하나, 법원은 이 사들이 이러한 부당지원 행위에 관여한 증거가 없기 때문에 책임을 물을 수 없다고 판시한 것이다. 공정거래위원회가 부당지원 행위 사실을 적발하고 과징금을 부과하는 데에만 머무른다면, 회사와 그 주주는 이중손해를 감수해야 하는 모순을 해결할 수 없을 것이다.

마지막으로, 이번 소송에서 가장 아쉬움이 남는 대목은 이천전기 인수 건(1심 판결) 과 삼성종합화학 주식 저가매각 건(1심과 2심 모두)에서 이건희 회장을 비롯하여 당시 이사회에 출석하지 않은 두 명의 이사에 대해서는 손해배상 책임을 묻지 않았다는 점 이다. 원칙적으로 특정사안에 대해 이사의 관여사실을 입증하여야만 책임을 추궁할 수 있는 것은 당연하지만, 이건희 회장의 경우는 이사회에 거의 출석하지 않는다는 사 실을 고려하지 않을 수 없다. 이건희 회장은 1998년과 1999년의 경우 단 한 차례도 삼성전자 이사회에 출석하지 않았다. 이사회에 지속적으로 불출석하는 이사에 대해서 는 이사회 불참 자체를 임무해태로 보아 법적 책임을 묻는 것이 이사의 권한과 책임 사이의 균형을 회복하는 방법일 것이다.

이사회에 출석하지 않은 이사에 대해 책임을 묻지 않는다면, 등기이사가 아닌 사실 상의 이사, 즉 구조조정본부 등의 참모조직을 통해 지배하는 지배주주에 대해 신인의 무를 부과한다는 것은 사실상 불가능한 일일 것이다.

5. 사법적 규율강화를 위한 제도개선 과제

권리 위에서 잠자는 자를 보호할 필요는 없겠지만, 피해구제 수단이 없어서 손해를 감수해야 하는 상태가 계속되어서는 안 될 것이다. 기업지배구조에 대한 사법적 규율을 강화하기 위해 시급히 도입·정착되어야 할 피해구제 수단이 바로 이중대표소송 (*double derivative suit*) 제도와 집단소송(*class action suit*) 제도이다.

5.1.   이중대표소송 또는 다중대표소송

2003년 8월 서울고등법원은 모회사의 주주가 자회사의 이사 등을 상대로 대표소송을 제기하는 이른바 이중대표소송을 인정하는 한국 최초의 판결을 내렸다.[17] 상법 제403조는 대표소송을 제기할 수 있는 자를 "발행주식 총수의 100분의 1 이상에 해당하는 주식을 가진 주주"로 하고 있는데, 여기서 말하는 주주개념에 모회사의 주주, 즉 지배주주가 회사일 경우 그 회사의 주주까지 포함하는지에 대해서는 아무런 선례가 없었다.

    이 사건에서 원고는 H사의 지분 약 30%를 보유한 주주였다. 원고는 H사 경영진의 불법행위에 대하여 직접 대표소송을 제기하는 한편, 자회사인 S사의 대표이사의 횡령행위에 대해서도 그 지배주주인 H사의 주주임을 들어 이중대표소송을 제기하였다. H사는 S사의 주식을 보유하는 것을 제외하고는 특별히 영위하는 사업이 없는 사실상의 지주회사였다. 서울고등법원은 이중대표소송을 인정한 근거로써, 만약 이를 허용치 않으면 지배회사와 종속회사를 동시에 지배하는 경영진이 종속회사를 통하여 불법·부당행위를 함으로써 책임을 회피할 위험성을 막을 수 없다는 점을 들었다(*Common Control Theory*).[18]

---

17) 이하 서울고등법원의 이중대표소송 판결에 대한 설명은 CGCG(2003. 9. 22) 참조.
    과거 한국 법원은 모회사의 주주가 모회사가 갖고 있는 자회사의 장부를 열람할 수 있다고 판시한 경우는 있었다. 하지만 이 판결은 모회사의 주주에게 자회사의 장부를 열람하게 한 것이 아니라, 단지 모회사가 보관하고 있는 자회사의 장부를 열람토록 한 것이어서, 모회사의 주주에게 자회사의 장부열람권을 일반적으로 허용한 것은 아니다.
18) 미국 법원에서 이중대표소송을 인정한 판례의 이론적 근거는 매우 다양한다. 로카시오(Locascio, 1989)에 의하면, 'Piercing the Corporate Veil Theory', 'Common Control Theory', 'Fiduciary Theory', 'Agency Theory' 등으로 나눌 수 있다.
    'Piercing the Corporate Veil Theory'는 모·자회사를 사실상 하나의 회사로 인식하는 것을 말하며, 자회사

한국 재벌의 복잡한 출자구조를 감안할 때, 그리고 재벌총수의 지배력에 핵심고리 역할을 하는 계열사의 상당수가 비상장인 것을 감안할 때, 이에 대한 사법적 규율의 수단으로 이중대표소송 또는 다중대표소송의 현실화가 필요하다. 두 가지 접근방법을 검토해볼 수 있다. 하나는 성문법적 접근방법이다. 즉, 모자회사 및 그 주주들의 관계를 일반적으로 규율하는 법률(가칭 모자회사법)을 제정하거나(CGCG, 2003. 9. 22) 또는 현행 공정거래법상의 지주회사제도 및 대규모기업집단 규제제도의 틀 속에서(김선구·류근관·빈기범·이상승, 2003. 9) 이중대표소송제도 또는 다중대표소송제도를 도입하는 것이다.[19] 이때 공정거래법에 따라 지주회사로 공식인가를 받은 경우의 지주회사-자회사 관계 또는 일정지분 이상을 보유한 모회사-자회사 관계에서는 성문법적으로 접근하는 것이 가능할 것이다. 그러나 재벌의 복잡한 출자구조를 감안할 때 직·간접적으로 출자한 모든 회사의 주주에게 직·간접 피출자회사 모두에 대해 다중대표소송을 인정하는 것은 현실적으로 어렵다. 따라서 다중대표소송제도를 도입하기 위해서는 소 제기요건에 대한 심층적 법리연구가 진행되어야 할 것이다.

또 다른 접근방법은 법원에서 관련판례를 축적함으로써 이중대표소송의 현실적 원칙과 기준을 발견해 나가는 것이다. 이와 관련하여 최근 SK해운에서 분식회계를 통해 2,392억 원 자금이 유출된 사실이 금융감독위원회와 국세청에 의해 적발됨으로써 검찰이 이 사건을 SK네트웍스(구 SK글로벌)의 분식회계 사건과 병합하여 형사재판을 진행하고 있는데, 형사재판과는 별개로 SK㈜의 주주가 SK해운의 이사에 대해 이중대표소송으로 민사적 책임을 물을 수 있는가가 관심대상이 되고 있다. 실제 참여연대 경제개혁센터는 이중대표소송 제기를 위해 주주모집 절차에 착수하였다.

SK해운은 비상장 회사로서, 2003년 말 현재 주주구성을 보면 SK㈜ 47.81%, SKC

가 주식회사로서의 외형을 갖추지 못한 매우 예외적인 경우를 상정하므로 이중대표소송의 인정범위를 지나치게 좁게 설정하는 위험을 안고 있다. 'Common Control Theory'는 동일한 이사 또는 경영진이 모·자회사를 동시에 지배하면서 자회사를 통해 경영책임을 회피하는 경우에 적용되는데, 지배의 객관적 기준을 정의하기 어렵다는 문제를 안고 있다. 'Fiduciary Theory'는 회사와 주주의 관계를 신탁계약과 유사한 수탁자(*fiduciary*)와 수익자(*beneficiary*)의 관계로 보고, 이중대표소송에서 모회사는 자회사에 대해서는 수익자의 지위에, 그 주주에 대해서는 수탁자의 지위에 있다고 본다. 이것은 신인의무는 주주가 아닌 회사에 대해 부담하는 것이라는 회사법의 통설과 배치되며, 이중대표소송의 범위를 지나치게 넓게 인정할 위험을 안고 있다. 'Agency Theory'는 Piercing the Corporate Veil Theory의 변형으로서 자회사를 모회사의 대리인으로 파악하는데, 대리인임을 입증해야 하는 원고의 부담이 결코 가볍지 않다는 문제가 있다. 그런데 로카시오는 법원이 이상의 특정 이론 어느 하나에 의존하기보다는, 대표소송이 가지는 보상효과와 예방효과를 확충한다는 견지에서 이중대표소송을 보다 적극적으로 인정할 필요가 있다고 결론 내리고 있다.

19) 2004년 초 IMF 연례협의단도 공정거래위원회의 시장개혁 3개년 로드맵의 이행방안으로서 다중대표소송제도의 도입을 권고하였다.

19.02%, SK네트웍스 33.16% 등 계열사가 99.99%의 지분을 보유하고 있다. 따라서 이중대표소송의 성립조건으로 모회사가 자회사의 지분을 전부 또는 대부분 보유할 것을 요구한다면, SK㈜가 47.81%의 지분만을 보유하고 있는 상황에서 SK㈜의 주주가 SK해운의 이사에 대해 이중대표소송을 제기하기는 어려울지도 모른다. 그러나 이것은 재벌그룹의 복잡한 출자구조를 감안하지 않은 피상적 분석일 수 있다. SK㈜는 SKC의 지분 47.66%와 SK네트웍스의 지분 38.68%를 보유하고 있다. 따라서 여타 계열사를 통한 2·3차의 간접적 출자분은 고려하지 않는다고 하더라도, SK㈜는 직접 출자분 47.81%와 SKC 및 SK네트웍스를 통한 간접출자분 21.19%(=0.1902×0.4766+0.3316×0.3868)를 합하여 SK해운에 대해 69.00%의 지배적 이해관계를 갖고 있다. 더 나아가 손길승 회장은 SK㈜와 SK해운의 대표이사를 겸직하고 있었다. 이런 경우에도 이중대표소송이 인정되지 않는다면, 재벌그룹의 비상장 계열사 이사에 대해 이중대표소송으로 민사적 책임을 추궁한다는 것은 사실상 불가능할 것이다. 재벌의 지배구조에 대한 사법적 규율을 강화하기 위해서는 로카시오(Locascio, 1989)가 언급한 바와 같이, 이중대표소송이 갖는 (기존의 피해자에 대한) 보상효과(*compensation effect*)와 (미래의 또 다른 피해자 발생을 막는) 예방효과(*deterrence effect*)를 적극적으로 인식하는 주주와 법원의 태도가 필요할 것이다.

그러나 유감스럽게도 최근 대법원은 상기 서울고등법원의 이중대표소송 판결을 부정하는 판결을 내렸다. 대법원은 지배회사와 종속회사가 상법상 별개의 법인격을 가진 회사이고, 따라서 대표소송의 제소자격은 당해 회사의 주주에 한정된다는 지극히 형식적 논리만을 앞세워 지배회사 주주의 당사자 적격을 부정한 것이다. 결국 법원의 판례축적을 통한 이중대표소송 내지 다중대표소송의 제도화는 현실적으로 불가능하게 되었다. 이제 입법부의 성문법적 제도화 노력을 기대할 수밖에 없게 되었다.

5.2. 증권관련 집단소송

명백한 불법행위가 아닌 한, 주주대표소송을 통해 선관주의 의무 위반의 책임을 묻는 것은 쉬운 일이 아니다. 이사·경영진·지배주주가 경영판단 원칙의 보호범위를 넘어서는 임무해태 행위를 했음을 원고가 입증하여야 하기 때문이다. 더구나 대표소송에서 승소하더라도 손해배상금이 원고가 아닌 회사에 귀속되기 때문에 주주의 대표소송 제기 인센티브도 약할 수밖에 없다. 따라서 입증책임이 상대적으로 경감된 증권관련법 위반을 근거로 투자자가 직접 자신의 피해구제를 위해 제기하는 소송, 특히 증권관련 집단소송의 활성화가 무엇보다 필요하다.

한국에서 집단소송제도를 도입하기 위한 노력은 오래 전부터 시도되었다. 1996년 법무부가 포괄적 집단소송법 시안을 제출한 바 있다. 1998년에는 참여연대 경제개혁센터의 입법청원을 통해 증권분야에 한정된 집단소송법안이 국회에 상정되었으나, 제대로 된 상임위 심의 한 번 없이 15대 국회 회기만료로 자동폐기되었다. 16대 국회 개원 이후 2000년 10월 경제개혁센터가 다시 증권관련 집단소송법안을 입법청원하였으며, 2001년 12월 정부발의안이 국회에 상정되었다. 이후 재계의 도입반대로 국회 심의과정이 지연되다가, 2003년 7월 국회 법제사법위원회의 법안심사소위가 여야 합의로 수정안을 만들어 본회의에 제출함으로써 논의가 급진전되었다. 그러나 이후 재계의 도입반대 내지는 이른바 남소방지장치 강화요구에 밀려 법안심사소위의 합의안에서도 상당히 후퇴한 내용으로 결국 2003년 12월 국회 본회의를 통과하였다.

이로써 증권관련 집단소송법률은 2005년 1월부터 발효되었는데, 시세조정 혐의는 기업규모에 관계없이 2005년 1월부터 소 제기가 가능하며, 분식회계, 허위공시, 부실감사 등의 혐의는 자산 2조 원 이상 기업의 경우 2005년 1월부터, 자산 2조 원 미만 기업의 경우 2007년 1월부터 소 제기가 가능하다.

증권집단소송제도의 도입은 한국기업, 특히 재벌의 지배구조 개선에 중요한 역할을 할 것이다. 그러나 제도도입 과정에서 재계의 반발에 부딪혀 상당한 후퇴가 이루어졌기 때문에 내용상 여러 가지 결함을 안고 있다는 것도 부정할 수 없다. 두 가지 심각한 문제점을 지적할 수 있다.

첫째, 집단소송 대상을 크게 제한한다. 즉, 증권거래법에서 이미 손해배상책임을 인정하고 있는 네 가지 유형의 범죄행위인 분식회계, 허위공시, 시세조정, 부실감사 등으로 제한한다. 따라서 소비자소송이나 환경소송은 물론, 지배주주의 충실의무 위반을 수반하는 자기거래나 계열사간 부당지원 행위 등도 집단소송의 대상이 아니다.

둘째, 남소방지 차원을 넘어 소송제기 자체를 불가능하게 할 정도로 남소방지장치들이 계속 추가되었다. 소송제기 후 피고로부터 증거자료를 수집할 수 있도록 하는 증거개시절차(civil discovery)는 배제된 반면, 소송제기를 어렵게 하는 요건들은 대폭 강화되었다. 예컨대, 법원의 사전허가 심사절차, 원고의 수(50인 이상) 및 지분율(0.01% 이상) 제한, 소송비용(인지대 등) 부담 증액, 소송대리인의 소송제기횟수 제한(3년에 3건 이내) 등이 부과되었다. 특히 소송대리인의 소송제기횟수 제한은 집단소송을 전문으로 하는 법무법인의 출현을 봉쇄하는 효과를 가질 것으로 예상된다(송옥렬, 2003).

증권집단소송은 한국인에게 매우 생소한 제도임에는 틀림없으며, 따라서 제도도입이 가져올 경제적 비용을 완전히 무시할 수는 없을 것이다. 그러나 실효성 있는 증권집단소송제도의 시행 없이 한국 기업, 특히 재벌의 지배구조 개선을 기대할 수 없다는 것도 너무나 분명한 사실이다. 무엇보다 소액다수의 투자자가 자신의 피해구제를 위해 스스로 행동할 수 있도록 하고(보상효과), 그럼으로써 기업의 이사·경영진·지배주주의 지배구조 개선노력을 강제한다는 측면에서(예방효과) 증권집단소송제도가 가지는 강력한 규율효과의 중요성은 아무리 강조해도 지나치지 않을 것이다.

따라서 현 시점에서는 제도도입 자체만으로도 큰 의미를 부여할 수 있겠으나, 제도 시행 이후 조속히 소송대상 및 소 제기요건상의 제약을 완화하는 개정작업을 거쳐야 할 것이다.

6. 소액주주운동에 대한 비판과 향후 과제

6.1. 이념적 비판과 반론

전술한 바와 같이, 경제개혁센터의 활동은 찬사에 못지않게 격렬한 비판을 불러왔다. 여기에는 세 가지 상이한 성격의 논쟁적 비판이 있다. 사실 이러한 세 가지 유형의 비판은 경제개혁센터 활동의 복합적 성격을 드러내준다고 할 수 있다.

첫째, 자유기업원과 자유시민연대 등은 소액주주운동이 반기업적이고 사회주의적인 지향을 가졌으며, 기본적으로 사적 소유 및 시장질서를 부정한다는 비판을 가하였다. 자유시민연대의 경우는 참여연대 사무실 앞에서 매주 목요일 반대집회를 열기도 하였다. 그러나 이러한 유형의 비판은 사실 경제개혁센터 활동의 객관적 성격을 밝혀주기보다는 한국 보수주의자들 일부가 왕왕 드러내는 극우적 프리즘에서 소액주주운동을 왜곡되게 과잉규정한 것이라고 할 수 있기 때문에 객관적 논쟁으로서의 성격을 띤다고 볼 수는 없다.

둘째, 소액주주운동은 재벌의 합리화에만 기여할 뿐, 그것의 근본적 전환을 지향하는 것이 아니라는 급진적 또는 좌파적 관점의 비판을 들 수 있다. 즉, 자본수단을 이용한 자본주의체제 내의 운동이라는 것이다. 이러한 비판은 반론 여지가 있을 수 없는 너무나 자명한 것이다. 그러나 이 비판은 노동조합이 사용자를 상대로 임단협을 진행하는 것은 고용주체로서 자본을 전제한 것이기 때문에 자본주의체제 내의 운동이라는 비판과 마찬가지로 실천적 대안의 여지를 지나치게 축소하는 것이 된다.

셋째, 최근 대안연대는 소액주주운동이 이른바 영미식 '글로벌 스탠더드'를 무비판적으로 강제함으로써 국제투기자본의 한국 경제 지배에 기여한다는 비판을 제기하였다. 특히 이러한 비판은 외국계 펀드인 소버린자산운용이 SK㈜의 지분 14.99%를 사들여 최대주주가 되어 경영권 분쟁이 촉발된 상황을 둘러싸고 확산된 바 있다. 대안연대는 세계화 환경 속에서도 국민경제에 대한 국민국가적 조절력은 유지되어야 하며, 따라서 지배구조 개선이라는 명분하에 재벌총수의 지배권을 약화시키고 그 결과 국제투기자본에 의한 적대적 M&A 가능성을 열어주어서는 안 된다고 주장하였다.

앞의 두 비판이 다분히 이념적 입장에서 제기되는 것인 데 반해, 마지막 대안연대의 비판은 재벌개혁운동이 특정 국면에서 부딪힐 수 있는 딜레마를 제기한 것이라고 할 수 있다. 그것은 바로 재벌기업과 재벌총수가 상당부분 동일시될 수밖에 없는 현실적 제약조건이다. 재벌기업이 과거 한국 경제성장의 동력이었으며, 앞으로도 상당기간 동안 그러할 것이라는 점은 의문의 여지가 없다. 그런데 재벌기업의 지배권은 이미 창업자의 손을 떠나 그 2·3세에게로 승계되어 있지만, 2·3세 재벌총수 중 승계과정의 사회적 정당성을 갖춘 경우는 단 하나도 없으며, 심지어 창업자에 비견될 수 있는 경영능력을 입증한 경우도 거의 없다. 그럼에도 불구하고, 무능·부당한 2·3세들의 지배권을 즉각 배제할 경우 적어도 단기적으로는 재벌기업의 생산력 자체가 크게 훼손될 위험이 매우 높다는 사실이 재벌구조에 내재된 경로의존성 문제의 가장 대표적인 예이다.

지금 재벌총수들은 지배권 과잉 속에 지배권 위기에 직면해 있다(이병천, 2003). 그러나 재벌총수의 지배권 위기의식이 노동자와 저축자의 권리인정을 통한 계급타협적 대안모색으로 진전될 가능성은 전혀 확인할 수 없다. 지배권 위기의 탈출방향은 여전히 국가권력(노무현 정부)의 보수적 성격을 강화하는 쪽에 맞추어져 있을 뿐이다.

여기에는 민족주의적 정서강화도 중요한 요인으로 작용한다. SK㈜의 지분을 매집한 소버린자산운용, 외환은행을 인수한 론스타 등은 한국 경제의 경로의존성과 상호보완성에 크게 구애받을 필요가 없는 행동의 자유를 갖고 있다. 외국자본의 적극적 M&A 시도는, 보수진영은 말할 것도 없고, 진보진영에서도 민족주의적 정서를 고양시키는 계기가 되었다.

그런데 민족주의적 정서강화는 진보진영의 이해관계자 자본주의적 대안[20]과 충돌할 위험성이 내재되었음을 지적하지 않을 수 없다. 이해관계자 자본주의는 다양한 이해관

---

20) 한국 진보진영의 대안이 이해관계자 자본주의 또는 사민주의로 그 성격이 통일되어 있는 것은 결코 아니다. 그러나 정통좌파의 노동계급주의적 대안 역시 민족주의적 정서로부터 완전히 자유로운 것은 아니다.

계자 사이의 충돌을 조정하는 비시장적 제도를 그 핵심으로 한다. 반면, 민족주의는 외국자본 또는 제국주의와의 대립을 주요 모순으로 설정함으로써 국내의 다양한 계급·계층간의 이해관계 충돌의 의미를 부차화하는 경향을 갖는다. 외국자본에 대항하여 국내자본의 이익을 보호하는 것이 모든 내국인 공통의 이익이라는 암묵적 가정이 전제되어 있기 때문이다. 이 암묵적 가정은 논리적 정당성과 정서적 호소력을 갖는다. 그러나 모든 내국인 공통의 이익이라는 암묵적 가정은 구체적 현실문제 앞에서는 대부분 성립하기 어렵다는 것을 수많은 부실기업 구조조정 과정에서 경험한 바 있다.

주주자본주의 모델이 세계화를 근간으로 하며, 이해관계자 자본주의 모델이 민족주의와 친화성을 갖는 것은 틀림없다. 그러나 한국 사회 제 세력간의 역관계는 유럽대륙식 이해관계자 자본주의의 그것과는 너무나 거리가 멀다. 이런 상황에서 부지불식간에 국내적 이해관계 충돌을 부차화하는 민족주의 정서강화는 이해관계자 자본주의 성립을 촉진하기보다는 오히려 방해할 가능성마저 있다. 국내적 이해관계 충돌을 조정하는 데 성공경험을 축적하는 것이 아니라 오히려 실패를 거듭함으로써 대안 실현가능성에 대한 신뢰를 저하시키기 때문이다. 그 결과는 원래 의도와는 정반대로 이해관계 충돌의 조정을 원자적 개인의 이기심에 의존하는, 즉 시장근본주의 강화로 나타날 수밖에 없다. 1997년 이후의 구조조정 과정에서 한국 경제가 걸어온 길이 바로 이것이다.

6.2. 향후 과제: 주주행동주의의 시장내부화

이념적 논의를 제외할 때, 소액주주운동의 보다 현실적인 문제는 그 운동 주체의 정체성에 있다. 소액주주운동의 실질적 주체는—그 표현과는 달리—대부분 소액주주가 아니기 때문이다. 선진국의 주주행동주의(*shareholder activism*) 역사에서도 소액주주가 자발적으로 주체가 된 사례는 거의 없다. 기업을 구성하는 다양한 이해관계자 중에서 소액주주는 기업지배구조 개선을 위해 장기적으로 헌신할 인센티브가 가장 취약한 주체이다. 소액주주의 입장에서는 목소리를 내는 비용을 지불하기보다는 주식을 팔고 탈출하는 것이 보다 합리적인 행동이다. 따라서 주주행동주의의 실질적 주체는 대부분 경우 주식매각의 탈출구가 제한된 기관투자가였다.

한국의 주주행동주의는 시민단체에 의해 시장 외부에서 주입된 것이다. 따라서 이것은 결코 장기적으로 지속될 수 없는 과도기적 현상이다. 최근 한국에서도 주주행동주의가 시장내부화(*market-internalization*)하는 경향이 나타나는데, 관건은 그 시장내부화를 주도하는 기관투자가의 성격이다. 국내 기관투자가가 적극적 주주(*active sharehold-*

er) 로서의 행동특성을 갖추지 않는 한, 한국의 주주행동주의는 외국자본에 의해 주도될 수밖에 없다. 현재 한국의 주주행동주의가 직면한 가장 심각한 문제점이다.

　대안은 무엇인가? 그 하나는 외국자본에 의한 주주행동주의 자체를 제한하는 것을 생각할 수 있다. 토빈세(*Tobin's tax*) 등 단기적 투기자본의 이동을 제약하는 장치, 외국인 투자가의 자금출처를 투명하게 공시하도록 하는 장치, 외국자본의 투자이득에 대한 공평과세를 확립하는 장치 등이 그 예가 될 수 있다. 그러나 주주행동주의를 근원적으로 부정하는 것은 금융자유화 및 금융세계화의 시대적 조류에 역행하는 것인 만큼, 그 논리의 정당성 여부를 떠나 일국적 노력만으로는 한계가 있을 수밖에 없다. 다만, 이들 장치 중 일부는 한국 정부가 당연히 할 수 있고 또 해야 함에도 불구하고, 1997년 경제위기 이후 이른바 외자유치의 필요성 때문에 방기했던 부분도 분명히 있다.[21] 물론 개선되어야 할 부분이다.

　다른 하나는 이른바 '외국자본에 대한 대항마'로서 국내 기관투자가를 육성하는 것을 생각할 수 있다. 국적은행을 보호하여 대출과 투자를 겸하는 겸업은행으로 발전시키자는 주장(이찬근, 2003)이나 PEF를 활성화하자는 주장 등이 그 예가 될 수 있다. 현 수준에서 이들의 자산운용 능력이나 독립성에 대한 우려가 없는 것은 아니나, 겸업은행 육성 및 PEF 활성화 등은 한국 금융산업이 반드시 달성해야 할 과제라는 점에서 그 기본방향에 대해 이의를 제기할 수는 없다. 문제는 국내자본의 경영권을 보호하는 국내 기관투자가의 역할을 주주행동주의와 배치되는 것으로 사고하는 경향이다. 안정주주로서의 역할은 맹목적 헌신과는 분명히 다르다. 잠재적 부실징후 또는 지배구조 문제에 침묵하는 소극적 안정주주는 한 기업의 위험을 금융시장 전반으로, 나아가 국민경제 전체의 위험으로 확산시키는 매개고리가 될 수 있다. 국내 기관투자가의 장기적 헌신성은 적극적 주주행동주의의 가능성을 전제할 때만 그 의미를 가질 수 있다. 따라서 감시대상인 산업자본으로부터 독립된 감시자로서의 금융자본을 확립하는 것이 최소한의 조건으로 전제되어야 한다. 국내자본의 경영권 보호를 이유로 산업자본과 금융자본의 결합을 강화하는 논의는 경계해야 한다.

---

21) 그 대표적 사례가 SK그룹과 J. P. Morgan 사이의 이면옵션계약 건이다. 1999년 SK그룹은 J. P. Morgan과의 소송을 화해로 종결하면서, 실제 소송당사자인 SK증권이 아닌 SK글로벌의 해외현지법인에 손실을 전가하는 이면옵션계약을 체결하였으며, 이 옵션계약은 2002년 말 국내 증권거래소 시장에서의 거래와 해외현지법인을 통한 차액변제라는 이중거래의 형태로 실행되었다.
　이 사건을 경제개혁센터가 검찰에 배임혐의로 고발함으로써 최태원 회장 등에 대한 형사소송이 진행되고 있다. 그런데 그 거래의 상대방인 J. P. Morgan에 대해서도 경제개혁센터가 금감원에 조사를 요청하였으나, 실질적으로 아무런 제재조치가 내려지지 않았다. 이것은 제재 근거규정의 미비에서만 비롯된 문제는 아니다.

　마지막으로, 시민단체와 기관투자가 이외에 주주행동주의의 또 다른 주체를 상정해 볼 수 있다. 우리사주조합 또는 노동조합이 그것이다. 소수주주권은 법률적 수단일 뿐이며, 따라서 노동조합의 수단이 될 수 있다. 대부분의 상장·등록법인에 우리사주조합이 결성되어 있고 많은 경우 우리사주조합 지분이 소수주주권 행사의 지분율 요건을 상회하는 현실을 감안할 때, 노동조합이 주주행동주의의 주체가 될 필요조건은 이미 상당정도 갖추어져 있다. 예컨대, 증권거래법상 상장·등록법인의 경우 사외이사 후보를 추천하기 위해서는 1%(자본금 1천억 원 이상의 대규모 법인의 경우에는 0.5%)의 지분만 있으면 되고, 이 지분율 요건을 충족하는 우리사주조합은 다수 존재한다. 즉, 증권거래법상의 소수주주권은 노동조합이 이사회 구성에 참여할 수 있는 가장 현실적인 수단으로 이미 주어져 있다. 물론 노동자의 경영참가는 기업지배구조 개선의 단순한 차원을 넘는 문제이며, 노동자경영참가법 제정 등의 법·제도적 뒷받침이 필요한 과제이다. 그러나 노동자경영참가라는 진보진영의 과제는 어느날 갑자기 달성되는 것이 아니다. 법·제도의 도입을 위한 노력과 함께 경영참가의 성공적 경험을 사용자측과 노동조합 자신에게 보여주는 것이 반드시 필요하다. 소수주주권이라는 소유권에 기초한 권리의 성공적 실현은 노동자 경영참가라는 사회적 권리의 확립에 기여할 수 있다. 그 가능성을 배제할 선험적 이유는 없다.

　소액주주운동을 둘러싼 논란은 앞으로도 계속될 것이다. 그러나 주주행동주의의 가치를 이념적 이유에서 거부하는 것은 진보의 주요한 수단을 버리는 결과를 가져올 것이다. 문제는 참여연대 경제개혁센터가 시장 외부에서 주입한 주주행동주의의 원리를 시장 내부에서 스스로의 이익을 위해 발전시켜나갈 새로운 주체를 형성하는 것이다. 적극적 주주로서의 국내 기관투자가와 기업의 가장 중요한 내부 이해관계자로서의 노동조합이 그것이다.

236

7. 맺음말

1997년 경제위기 이후 김대중 정부하에서 기업지배구조 개선을 위해 다양한 법·제도 상의 개선조치가 이루어졌다. 그 의미는 결코 과소평가될 수 없다. 그러나 한국의 기업지배구조 현실은 여전히 실망스럽기 짝이 없다. 최근 한국 경제에 커다란 충격을 가한 SK그룹의 분식회계 및 주요 재벌들의 불법 정치자금 제공사건, 그리고 신용카드업 전체의 부실화 및 이로 인한 금융시장의 혼란 등은 한국 재벌기업들이 여전히 안고 있는 지배구조의 문제점들을 적나라하게 드러내고 있다.

무엇이 문제인가? 결국은 사법적 규율 부재가 핵심이다. 진전속도가 매우 느리기는 하지만, 그럼에도 불구하고 과거로의 회귀를 불허하는 최후의 안전판으로서 사법적 규율의 결과물이 축적될 때만이 법과 현실 사이의 괴리는 축소될 수 있다. 경제개혁센터 소액주주운동의 가장 기본적이고 중요한 의미는 바로 이것이다.

경제개혁센터의 소액주주운동에 의해 매우 중요한 의미를 가지는 주주대표소송의 판례가 형성되기 시작하였다. 이사·경영진·지배주주가 부담하는 신인의무의 현실적 기준을 발견하는 이러한 판례의 축적을 통해 한국의 기업지배구조는 이제 비가역적 변화의 첫걸음을 내디뎠다. 이러한 변화를 가속화하기 위해서는 시민단체에 의해 시장 외부에서 주입된 주주행동주의의 원리를 시장내부화하는 것이 필요하다. 특히 시장참여자가 스스로의 이익을 보호하기 위해 보다 용이하게 사법적 판단을 구할 수 있도록 (이중 또는 다중대표소송을 포함한) 대표소송제도 및 집단소송제도를 한국 현실에 착근시키는 노력이 필요하다.

한편, 피해당사자에 의한 민사적 규율 이외에도, 검찰에 의한 형사적 규율 및 감독기관에 의한 행정적 규율도 더욱 강화되어야 한다. 검찰과 감독기관은 그 자체로서 법질서의 수호자이기도 하지만, 다른 한편으로는 이들의 수사 및 조사의 결과물이 민사소송에서 원고의 입증부담을 실질적으로 경감시켜 주는 핵심증거가 된다는 점에서 검찰과 감독기관은 곧 투자자의 대리인이라고 할 수 있다. 검찰과 감독기관이 배임특권의 보호자가 아니라 배임근절의 일차적 책임자로 행동할 때, 한국의 기업지배구조는 과거와 본질적으로 다른 모습으로 다시 태어날 것이다.

이상의 과제는 영미식 주주자본주의 모델에만 해당되는 것이 아니다. 엄정하고도 효율적인 사법·감독제도는 유럽대륙식 이해관계자 자본주의 모델에서도 가장 기본적인 전제조건이다. 소수 의사결정자의 경영판단에 의해 다수 이해관계자의 권익이 차별적으로 영향받는 것이 기업경영의 불가피한 현실임을 감안하면, 엄정하고도 효율적인 사법·감독제도는 기업지배구조의 건전성을 지키는 최후의 안전판이다. 영미식 주주자본주의 모델 또는 유럽대륙식 이해관계자 자본주의 모델과 대비하여 볼 때, 동아시아 발전국가 모델에 결여된 가장 치명적인 요소가 바로 이것이다. 이 간극을 메우지 않고서는 그 어떠한 기업모델도, 그 어떠한 경제모델도 성공할 수 없다.

그런 의미에서 참여연대 경제개혁센터의 소액주주운동을 이념적 잣대에 의해 재단하려는 시도는 결코 바람직하지 않다. 경제개혁센터의 소액주주운동은 다양한 이해관계자의 권리를 침해하는 소수 의사결정자의 신임의무 위반에 대해 사법적 규율을 부과하는, 그럼으로써 궁극적으로는 다양한 이해관계자의 권리를 새롭게 정의하고자 하는 운동이다. 따라서 경제개혁센터의 소액주주운동은 기업지배구조 개선의 출발점을 제공하는 것일 뿐, 그 도달점은 선험적으로 정의될 수 없는 것이다.

제 **4** 장　　**'전경련 위기'의 실체와 원인 분석**

1. 들어가는 말

흔히 전경련은 '재계의 맏형', '재계의 총본산', '재계의 대표', '재계의 창구'로 불린다. 대한상공회의소, 한국무역협회, 중소기업협동조합중앙회, 경영자총협회 등과 함께 '경제(재계) 5단체'[1]의 하나로도 분류되지만, 사회적 권위와 영향력 면에서 다른 재계 단체들보다 앞서는 것으로 평가받는다. 전경련 회장은 통상 '재계 총수' 혹은 '경제 대통령'으로 불리며 대접받을 정도다.

　특히 박정희 정권하에서 전경련은 마치 정부기구처럼 주요 경제정책을 수립하고 집행하는 데 적극 참여했다.[2] 재벌과 전경련은 다양한 방법으로 자신의 이해를 정부정

---

[1] '경제 5단체'로 불리는 이 단체들은 민주노동당이 정확하게 문제제기하고 있는 것처럼, 엄밀하게 말하면 '사용자 5단체', 혹은 '재계 5단체'로 불리는 것이 마땅하다. 경제단체란 말은 재계단체 외에 노동자단체, 소비자단체와 같은 사용자 외의 경제 주체들도 포괄하는 개념이어야 하기 때문이다. 재계단체를 경제단체로 부르는 것에는 재계단체를 국가경제의 유일 주체 혹은 대표 주체로 인식하게 만드는 이데올로기적 의도가 숨어 있다고 할 수 있다. 따라서 이 글은 전경련을 '재계단체'의 하나로 보고 또 부르기로 한다.

[2] 실제로 전경련은 박정희 정권하에서 많은 경제정책을 입안해 정부에 제안하여 관철시켰다. 대표적 사례로는

책에 반영했으며, 정부 또한 재벌 중심의 성장주의 정책을 적극 추진하면서 재벌과 함께 '한국주식회사'(Korea Inc.)를 경영해왔다. 그 과정에서 민주적 정통성을 갖지 못했던 군사정권은 권력을 유지할 수 있었으며, 재벌과 전경련은 정부의 비호와 지원 위에서 비약적으로 성장할 수 있었다. 국가경제에 대한 지배력에 기초하여 재벌은 정치적·정책적·이데올로기적 영향력도 급속도로 확대해왔다. 특히 노동계급의 도전이 거세질 때, 정치적 민주화가 진전되면서 정부의 친재벌정책이 위협받거나 후퇴할 때 재벌과 전경련은 정부와 시민사회를 대상으로 적극 대응했다.

하지만 최근 들어서는 전경련도 내우외환에 시달린다는 보도가 줄을 잇고 있다. 안으로는 전경련 회원사들 사이의 갈등과 반목이 심각해지고 있으며, 밖으로는 다른 재계단체와도 갈등을 빚고 있다. 예컨대 2000년에는 대한상공회의소와 재계 맏형 위치를 놓고 논쟁을 벌이기도 했다. [3)]

정부의 고위당국자까지 나서서 전경련의 개혁, 심지어 해체 필요성을 언급하기도 했다. 참여정부 출범을 눈앞에 둔 시기에 재벌그룹 내에서도 전경련의 해체와 다른 재계단체와의 통합 필요성이 제기되기도 했다(《프레시안》, 2003. 1. 28).

시민사회와 언론으로부터도 전경련은 '재벌의 대변인', '재벌 오너 패밀리 모임', '반성할 줄 모르는 반개혁의 향도'("전경련, 사면초가", 《한겨레 21》, 2000. 2. 3(제294호) 참조]로까지 인식되고 있으며, 시사잡지에서는 전경련의 표류와 위상추락, 존폐위기를 분석하는 글들이 줄을 이었다. [4)]

이 연구는 전경련이 겪고 있는 최근 위기의 실체와 원인을 분석하고자 한다. 물론 전경련의 위기는 IMF 외환위기 이후, 그리고 김대중 정부와 참여정부에 들어와 현재화되고 있지만, 위기요인은 전경련의 출범과정부터 배태되어 그 이후 활동과정에서 더

수출입국론(수출주도 발전전략), 울산공업단지·여천공업단지·구로공업단지·마산수출자유지역 등 조성, 8·3 사채동결 긴급조치(1972) 등을 들 수 있다. 뒤에서 다시 언급되겠지만, 심지어는 정부의 정책개발 비용을 전경련이 부담한 경우도 있었다.

3) 2000년 5월, 두산의 박용성 회장은 대한상공회의소 회장으로 취임하면서 "앞으로 경제단체를 나열할 때 대한상공회의소를 맨 앞에 둬야 한다"고 주장했다.

4) 그것은 김대중 정부 출범 이후 혹은 IMF 외환위기 이후 노골화되었다. 1996년부터 재벌부도가 속출하고 급기야 IMF 외환위기로 이어지면서, '외환위기의 재벌 책임론'이 부상하고 또 정부의 재벌개혁 정책이 본격화되면서부터라고 할 수 있다. 전경련 위기를 분석한 대표적 저널기사로는 "도전받는 재계 요람 전경련", 《주간 매경》(1998. 4. 1) ; "전경련이 흔들린다", 《매경 이코노미》(1999. 9. 15) ; "전경련은 지금 일엽편주", 《뉴스피플》(1999. 11. 18) ; "전경련 사면초가", 《한겨레 21》(2000. 2. 3) ; "침몰하는 전경련", 《주간 한국》(2000. 8. 24) ; "전경련 저러다 무너질라", 《뉴스메이커》(2003. 7. 17) ; "휘청거리는 전경련", 《주간 한국》(2003. 8. 14) ; "세월 앞에 작아지는 재계 총리", 《이코노미스트》(2003. 11. 18) ; "기로에 선 '왕따' 전경련", 《신동아》(2004. 9) 등을 들 수 있다.

욱 강화되었다고 보아야 할 것이다. 전경련 위기를 분석하기 위해 이 연구는 전경련 출범시기로 거슬러 올라가 그 이후 배태되고 확대 재생산된 위기요인들을 살펴볼 것이다.

2. 전경련의 출범과정에서 잉태된 위기요인

2.1.　전경련의 출범과정 [5)]

전경련은 1961년에 출범했다. 물론 그 전에도 재벌들 혹은 자본가들이 조직을 결성한 예는 적지 않다. 구한말에 이미 지역별로 상의소(商議所)가 결성되기 시작했으며, 일제 때 본격적으로 공업화되기 시작하면서부터는 업종별 자본가조직이 출현하였다. 해방 후에는 또 무역협회가 설립되었으며, 1953년에는 각 지역별로 조직되어 활동하던 상업회의소가 전국 규모의 법정단체인 대한상공회의소로 체제를 정비하였다.

상의소와 상공회의소가 모든 업종·모든 규모의 기업을 망라한 조직이고, 무역협회는 무역업종에 국한된 사업자단체라고 한다면, 1945년에 결성된 경제보국회(經濟報國會)는 대자본가 조직이라는 점에서 앞의 단체들과 성격을 달리한다. 경제보국회는 해방 후의 정치적·이데올로기적 혼란기에 노동계급의 혁명운동으로부터 자본주의체제와 자유민주주의 정치질서를 안정적으로 수호하기 위해 우익의 정치집단에게 정치자금을 제공할 목적으로 결성된 단체였다. 말하자면 경제보국회는 대자본가들이 정치적 활동을 위해 결성한 최초의 조직이라고 할 수 있다. [6)]

그러나 경제보국회의 활동은 체계적이지도 못했고 또 지속되지도 못했다. 남북분단과 함께 미국의 후원을 받는 반공국가가 남한에 수립되고 한국전쟁을 겪으면서 남한 내의 혁명세력이 와해되기에 이르자, 재벌들은 개별적으로 정치권력과 결탁하여 개별적 이익을 극대화하는 데 혈안이 되었을 뿐, [7)] 조직·연대 활동을 통한 체제수호의 필요는 절실하게 느끼지 못하게 되었기 때문이다.

그 후 재벌의 조직화는 4·19혁명 직후에 다시 시도되었다. 4·19혁명이 일어나고

---

5) 이는 홍덕률(1997: 2장; 2005)을 토대로 발전시켰다.

6) 구한말의 상의소, 일제 때의 상업회의소, 해방 후의 무역협회와 상공회의소, 그리고 경제보국회 등의 결성과정과 성격에 대해서는 홍덕률(1993: 2장) 참조.

7) 당시 정치권력과 결탁하여 급속하게 성장한 재벌들을 가리키는 말로 '정상(政商)재벌', '관료재벌', '정치재벌'이란 말들이 유행하였다. 1950년대의 권력과 재벌의 유착에 대해서는 박병윤(1982), 공제욱(1992), 홍덕률(1996b)을 참고할 수 있다.

한 달 정도 지난 1960년 5월 하순경이었다. 7·29 선거를 앞두고 당시 민주당 정권은 재벌들에게 선거자금을 요청하였다. 자유당 정권 때 부정 축재한, 그래서 국민적 지탄을 받고 있던 대형재벌들을 뺀 중소재벌들이 그 대상이었다. 1950년대에 자유당 정권과 거리를 두었거나 '야당계'로 알려진 재벌들이 많았다. 하지만 그들은 선뜻 나서기가 쉽지 않았다. 1950년대에 정권과 개별적으로 유착해 부정 축재했던 재벌들이 엄중한 단죄대상으로 여론의 지탄을 받고 있었기 때문이다. 그 대신 그들은 민주당 정권의 요구에 공동 대응하는 방안을 모색했다. 약 50여 명의 재벌들이 모여 방법을 논의했다. 그들은 자신의 정치적·경제적 입지를 강화할 수 있는 좋은 계기로 판단하고, 민주당 정권에 몇 가지 요구를 전제하면서 2억 2천만 원의 정치자금을 거둬 전달했다. 이때 자연스럽게 만들어진 조직이 '경제동우회'였다.

1960년 10월경, 경제동우회의 회원들은 소극적 친목모임에서 벗어나 보다 적극적으로 정치권과 재계를 잇는 조직으로 발전시키는 문제를 논의하기 시작했다. 12월 3일에 창립준비위원회를 개최하고, 1961년 1월 10일에는 '한국경제협의회'를 공식 출범시켰다. 78명의 재벌들이 참여했으며, 삼양사 김연수 회장이 회장으로 취임하였다. 당시 삼양사는 대표적 재벌 가운데 하나였다. 친목모임 성격을 그대로 유지하자는 일부 반대론자도 있었지만 대개 그들은 상공회의소로 활동무대를 옮겼다.

재벌들이 한국경제협의회를 조직하면서 내건 목적은 재벌들의 이해와 입장을 정부의 정책결정에 반영한다는 것이었다. "첫째, 경제계가 공동의 힘으로 정치와 관권(官權)의 지배로부터 벗어나 … 자주 역량을 조성하는 것, 둘째 … 정치자금 규제법과 같은 입법을 추진하는 것, 셋째, 경제계의 전문적 지식과 실제 경험을 종합하여 경제행정이나 경제외교 면에 이를 반영하도록 하는 것"(한국경제협의회, 1961: 3~4)을 창립 목적으로 공식 천명하였다.

하지만 더 중요한 발등의 불이 있었다. 재계 전체 초미의 관심사였던 부정축재자 문제에 대응하는 것이었다. 1961년 2월 13일, 강력한 내용의 부정축재자처리법안이 민의원을 통과해 참의원에 회부되면서 한국경제협의회의 대응도 빨라졌다. 한국경제협의회는 대한상공회의소, 한국무역협회, 대한건설협회, 대한방직협회 등과 함께 이 법안을 비난하는 내용의 성명서를 중앙 일간지에 발표하였다. 3월 4일의 일이었다. 성명서는 '북괴에 이익을 주는 부정축재처리법이 되지 말도록'이라는 제목을 달고 있었으며, 내용도 매우 격렬하였다. '이 법안이 통과되면 사회 혼란을 가져오게 되고 그것은 김일성의 공산화 음모에 일조하는 것'이라는 원색적 비난이 주된 요지였다.[8]

---

8) 이 성명서는 다음과 같이 쓰고 있다.

제4장 '전경련 위기'의 실체와 원인 분석 / 243

　　한국경제협의회의 이와 같은 공개주장은 당연히 민의원의 반발을 샀다. 민의원은 이러한 성명사건에 대한 특별조사위원회를 구성하고, 재계가 '우리(민의원)를 빨갱이로 몬' 사태에 대해 재계대표가 국회에 출석해 해명할 것을 요구하였다. 3월 16일에는 민의원이 구성한 특별조사위원회에 한국경제협의회 간부들이 참석해 추궁을 당하기도 했다.

　　한국경제협의회는 성명서 발표 외에도 정치권을 상대로 한 로비에 총력을 기울였다. 3월 14일에는 참의원에 건의서를 제출하였으며 유력 정치인들을 만나 설득하기도 했다. 다른 재계단체들과 함께 절량(絶糧) 농가 구호금을 모금하고, 한국경제협의회 단독으로는 정국안정자금을 공개적으로 모금해 정권에 전달하기도 했다. 그 결과 3월 24일에는 장면 총리를 비롯한 7명의 각료, 민의원과 참의원의 재경관계 의원, 그리고 한국경제협의회 회장단 등 15명이 만나[9] 부정축재자처리법안을 비롯해 당시 정국 불안해소 방안과 관련해 재계입장을 전폭적으로 반영한 합의를 끌어내기에 이르렀다. 그 합의에 입각해 4월 4일, 참의원은 민의원에서 회부되어 온 부정축재자처리법안을 크게 완화시킨 수정안을 통과시켰으며, 4월 10일에는 민의원이 참의원의 수정법안을 통과시켰다(전경련, 2001: 181). 그 외에도 앞의 회동에서 한국경제협의회는 '정부가 정책을 수립할 때 경제계의 의견을 대폭 수용할' 것을 요구하는 한편, '좌경분자의 색출·봉쇄와 대일 경제협력의 추진, 절량(絶糧) 농가에 대한 지원'에 앞장설 것을 정부측에 약속하기도 했다. 부정축재자처리법안의 수정운동과 그 성과에 대해 한국경제협의회는 '첫째로 경제인들의 단결된 자주역량을 실증하였고, 둘째, 경제인들의 단결력으로 정치와 대결한 전통을 수립한 데 그 의의가 컸다'고 자평하였다. 한국경제협의회는 혁명 직후의 위기상황에서 소기의 목적을 크게 달성하였던 것이다.

　　그러나 곧바로 5·16 군사정변이 발발하면서 상황은 다시 원점으로 돌아갔다. 군사정권이 각종 사회단체를 해산하는 과정에서 한국경제협의회도 해산되었던 것이다. 15

　　"이 법안이 만일 참의원에서까지 그대로 통과된다면 우리 사회에 일대 혼란과 불안을 일으킬 것이며 기업 의욕을 크게 저상시키게 될 것이니 경제건설에 한시가 새로운 이때에 산업개발의 역군인 기업인들의 손발을 묶는 우가 될 것이다. 오늘날 북괴가 가장 싫어하는 것이 남한의 경제번영이라면, 그리고 북괴가 가장 원하고 있는 것이 남한경제의 파탄이라면, 이번 민의원에서 통과시킨 동 법안이야말로 북괴에게는 일석이조의 효과를 약속한 것이라고 아니할 수 없는 것이다. 그렇기에 이번 통과된 법안이 노리고 있는 것은 일종의 사회혁명이라고 규정지어도 변명의 여지가 없을 것이며, 또한 이는 김일성 집단의 공산화 음모에 길을 닦아 주는 것이라 하여도 과언이 아닌 것 같다"(전경련, 2001: 173).
　　위 논리는 군사정권 내내, 그리고 민주화된 이후 지금에 이르기까지도 수구세력에 의해 강력하게 주장되는 냉전의식과 흑백논리의 전형이기도 했다.
9) 이날의 회동은 재계대표와 정부각료들이 공식적으로 만난 역사상 첫 회동으로 기록될 수 있을 것이다.

명의 거물급 부정축재자들도 다시 체포되었다. 당시 재계를 대표했던 부정축재 재벌들이 또다시 위기에 봉착했던 것이다. 그러나 이번의 위기도 오래가지 않았다. 민주적 정통성이 부재했던 쿠데타정권은 재벌들과의 결탁을 통해 경제성장과 정권유지를 꾀해야 했기 때문이다. 정변 직후인 5월 31일에 체포됐던 10명의 부정축재재벌 총수들은 전 재산 국가헌납각서를 써야 했지만 뒤에 벌금형으로 크게 낮춰졌다. 그리고 그들은 7월 14일에 풀려났다. 역시 체포되었던 이병철 삼성 회장은 박정희 군사평의회 의장과 협상하고 난 뒤, 감옥에서 풀려난 부정축재자들을 규합해 1961년 7월 17일에 '경제재건촉진회'를 결성하였다.

경제재건촉진회에는 부정축재재벌 총수 13명이 중심 멤버로 참여했으며 그들은 다음과 같다. 이정림(개풍), 조성철(중앙산업), 이병철(삼성), 박흥식(화신), 설경동(대한산업), 정재호(삼호), 이한원(대한제분), 남궁련(극동해운), 홍재선(금성방직), 이양구(동양시멘트), 최태섭(한국유리), 김지태(조선견직), 함창희(동립산업) 등이다. 이정림 개풍 회장과 조성철 중앙산업 회장이 경제재건촉진회의 회장과 부회장을 각각 맡았다. 대표적 부정축재자들 가운데 4·19 혁명 직후 이미 몰락하기 시작한 백남일(태창방직)과 이용범(중앙산업)만 빠진 셈이었다. 8월 16일에는 '한국경제인협회'로 개칭하였으며, 이병철 삼성 회장이 회장으로 취임하였다. 전경련은 이날을 창립일로 기념하고 있다. 이병철 회장은 다시 박정희 군사평의회 의장을 만나 부정축재자가 내기로 했던 벌금을 공장을 건설해 주식으로 대납하고 벌금도 감액하는 안을 관철시켰다. 다시 맞은 위기를 이번에는 부정축재자 자신들이 나서서 정변 실력자와의 담판을 통해 뛰어넘었던 것이다.

그러나 부정축재자들이 주도한 한국경제인협회에 대해서는 재계 내부에서도 비판적 시각이 적지 않았다. 핵심적 부정축재자 13명으로 구성된 폐쇄적이고 독단적인 모임이라는 지적과 불만이 제기되었던 것이다. 그러한 비판은 주로 5·16 군사정변으로 해산되었던 한국경제협의회 주도 멤버들에게서 나왔다. 그들은 급기야 1962년 10월에 '한국경제협회'라는 별도의 재계단체를 조직하려고 시도하였다. 그러나 그러한 시도는 결실을 맺지 못했다. 재계단체의 양분을 우려한 정부(당시 중앙정보부)가 나서서 한국경제인협회를 더욱 개방적인 재계단체로 변모시키기로 하고 두 단체를 통합시켰던 것이다. 결국 재벌집단을 대표하게 된 한국경제인협회는 1968년에 '전국경제인연합회'로 개칭한 뒤 오늘에 이르게 되었다. 재벌집단을 대표하는 전경련과 재계의 주도권을, 그리고 군사정권과의 협상 파트너역을 1950년대의 대표적 부정축재자들이 장악하게 된 것이다.

2.2. 전경련의 출범과정에서 잉태된 위기요인

말하자면 전경련은 처음부터 치명적 약점을 안고 출범했던 것이다. 핵심은 도덕적 기반의 취약성에 있었다고 할 수 있다. 4·19혁명 직후 부정축재 재벌에 대한 단죄 여론과 재벌이 처한 절체절명의 위기, 5·16군사정변 직후 전 재산 몰수와 총수의 인신구속을 피하기 위해 모색된 조직결성이 전경련 출범으로 이어졌기 때문이다. 1950년 대의 부정축재에서 비롯된 재벌에 대한 부정적 인식을 전혀 청산하지 못한 채 전경련을 조직해 정치사회적 부정축재 단죄요구에 대응함으로써 전경련은 출범단계부터 '부정축재 재벌들의 이익집단'이라는 이미지를 불식할 수 없게 되었던 것이다. 특히 부정축재재벌들의 조직주도에 반발해 시도된 여타 재벌들의 별도 조직화조차 정부개입으로 무산되고 대표적 부정축재자들이 통합된 재계단체 결성을 주도하게 되면서, 전경련의 도덕적 기반은 더욱 취약해질 수밖에 없게 되었다.

둘째는 정경유착을 통한 재계의 이익추구가 전경련의 출범과정에서부터 중요한 조직목표로 설정되고 추구됨으로써 전경련은 이후에도 계속 부도덕한 정권과 함께 정경유착의 한 축이라는 이미지를 강하게 가질 수밖에 없게 되었다. 4·19혁명 직후 민중의 민주화 요구와 사회적 도전에 곤혹스러워하던 민주당 정권에 대해서는 선거자금을 제공하는 대가로, 또 민주적 정통성 없이 출발한 5·16군사정권에 대해서는 경제성장과 절량농가 구호자금 제공을 대가로 전경련은 부정축재자 처리법안의 대폭 완화와 구조적 정-경 협조채널 구축이라는 장단기 과제를 관철시킬 수 있었던 것이다. 그것은 전경련 스스로도 자랑스러운 전통으로 평가하고 있으면서 전경련 활동의 전범으로 설정되어 있기도 하다.

셋째는 반공 이데올로기라고 하는 협애한 이념적 지향이 전경련의 출범 때부터 전경련의 이념 스펙트럼을 규정했다는 사실을 들 수 있다. 그것은 1961년 2월에 민의원을 통과했던 부정축재자 처벌법안에 대해서 '북괴를 이롭게 하는 위험한 법안'이라는 논리로 공개비난한 데서 단적으로 나타났다. 5·16군사정변 직후 군사정권과 협상하는 과정에서도 반공을 위한 정부시책에 적극 협조할 뜻을 전하고 역시 부정축재자 처리를 크게 완화시키기도 하였다. 그 뒤에도 전경련은 군사정권의 반공 이데올로기에 적극 부응하면서 어렵지 않게 군사정권의 가장 강력한 파트너로 자리잡을 수 있었다.

어쨌든 재벌들은 4·19혁명과 5·16군사정변이 이어졌던 숨가빴던 격변기와 재벌체제의 위기상황에서 전경련(한국경제협의회와 한국경제인협회)을 조직해 집단적으로 대응함으로써 큰 효과를 거두었다. 부정축재에 대한 단죄여론과 정치권의 강력한 입

246

법시도를 무산시켰을 뿐만 아니라, 이후 군사정권의 파트너로 굳건하게 자리잡게 되었던 것이다.

3. 전경련 조직특성에 내재된 위기요인

3.1. 전경련 조직특성[10]

전경련은 이전부터 존재하던 몇 개의 자본가조직과는 다른 몇 가지 조직특성을 갖고 있다.

첫째, 전경련은 재벌들의 조직체로 출범하였고, 지금까지 재벌들의 이익집단으로 활동한다는 점이다. 대한상공회의소와 한국무역협회가 전국단위의 자본가조직으로 이미 활동했었지만, 대자본가(재벌)들만의 조직을 표방하고 출범한 것은 전경련이 유일하다. 그것은 전경련이 회원들 사이의 공통 이해관계에 기초해 정책을 수립하고 추구하는 것을 상대적으로 수월하게 하였다. 전국의 다양한 업종과 다양한 규모의 기업들이 망라된 기존 자본가조직이 회원들 사이의 이해관계 충돌로 인해 활발한 활동을 펼수 없었던 데 반해, 전경련은 비교적 공통된 이해를 갖는 대자본가들만의 조직으로서 공통 이해기반 위에서 공통과제를 위해 비교적 활발한 활동을 펼 수 있었던 것이다.

둘째, 전경련은 순수 민간단체라는 점을 들 수 있다. 대한상공회의소와 무역협회, 그리고 중소기업협동조합중앙회가 모두 법정단체임에 비해, 전경련은 회원 회비로 운영되는 순수 민간단체라는 특징을 갖는다. 이는 자본가조직이 정부와 타 계급·계층을 상대로 한 활동에 많은 비중을 두어야 한다는 사실을 감안하면, 대단히 중요한 조직특성의 차이라고 할 수 있다. 실제로 전경련은 조직활동과 관련하여 타 자본가단체들보다 정부로부터의 간섭에서 벗어나 있을 수 있었다. 물론 전경련 역시 강력한 권위주의 정권하에서 정부통제로부터 자유로울 수 없었지만, 자신의 중요한 이해를 관철시키기 위해서는 정부를 상대로 한 강력한 저항도 서슴지 않았다. 예컨대, 전경련은 1972년 기업들 재무구조가 매우 악화되어서 부도기업이 속출할 때, '정부예산 반감론'이라는 압박카드와 김용완 회장의 박정희 대통령 담판을 통해 8·3 사채동결 긴급조치를 끌어냈으며, 1980년 회장선출 과정에서는 정부반대를 헤치고 정주영 현대 회장을 전경련 회장으로 선출하기도 했다. 1997년에는 공무원 인력을 10%로 줄이고 몇 개의 중앙 부처를 폐지하라고 요구하였으며 나아가 김대중 정부와 참여 정부의 정책

---

10) 이 부분은 홍덕률(1997: 3장)을 보완·발전시켰다.

들에 대해서는 사회주의적이라고까지 비난하고 나설 정도였다. 전경련이 그럴 수 있었던 중요한 이유 가운데 하나는 전경련이 법정단체가 아닌 순수 민간단체였다는 사실에서 찾을 수 있다.

셋째, 상대적으로 동질적인 대자본가들로 구성되었다는 점, 그리고 정부간섭으로부터 상대적으로 자유로울 수 있는 순수 민간단체라는 점은 자연히 전경련의 조직응집력을 강화시켜 주었고 또한 조직의 자율적 결정력도 높여 주었다. 아울러 회원들의 조직에의 헌신도와 충성도도 상대적으로 높다고 할 수 있을 것이다.[11] 그것은 전경련이 훨씬 덩치가 큰 상공회의소나 무역협회 등보다 강력한 힘을 발휘할 수 있게 한 조직특성이라고 할 수 있다.

전경련은 실제로 회원사들간의 공통 이해를 찾고 현안에 대한 공동 대응책을 모색하며 회원사의 힘을 결집하기 위해 매우 적극적이고 다양한 방식의 조직운영을 시도해 왔다. 몇 가지 대표적 예를 들면, 연초에 한 차례 갖는 이사회에서는 1년 사업계획을 심의·확정하며, 월 1회 열리는 회장단 회의에서는 그때그때의 현안에 대해 의견을 교환하고 전경련의 기본방침과 정책을 수립하게 된다. 대개 회장단 회의가 열리는 날 개최되는 회장단·명예회장단·고문단 간친회에서는 정부부처 장관, 정당대표 등과 대화하고 정책을 논의하는 시간을 갖기도 한다. 또한 전경련은 현안에 대한 정책을 토의하고 결정하기 위해, 주요 재벌 기조실장 회의와 홍보실장 회의 등을 수시로 열어 의견을 수렴하고 공동 관심사를 논의한다. 그 외에도 각 부문별로 실무 책임자들, 예를 들면 인사 담당자, 기조실 재무 책임자, 사보편집 책임자, 기업재단 관계자, 사회공헌 담당자, 국제투자 담당자, 법제 담당자 등의 회의체를 조직해 의견·이해의 조정과 공동 대응을 모색한다.

전경련이 1979년에 설립한 국제경영원은 기업의 최고 경영자를 위해 정치권과 행정계, 언론계 등 각계의 고위층 인사를 정기적으로 초청하여 각 분야의 정책을 설명 듣게 하고 그들과의 인맥 만들기를 지원한다.

뿐만 아니라 전경련은 회원들과 회원사의 주요 관리자들을 초청해 타 회원사의 산

---

11) 물론 전경련도 40년을 넘긴 역사에서, 조직운영을 둘러싸고 종종 잡음과 마찰이 있었고 조직운영 기조도 몇 차례 바뀌어 온 것을 확인할 수 있다. 예를 들면 창립 초기에는 회원 중심의 조직운영을 추구하다가, 1964년부터의 김용완 회장 체제하에서는 사무국 중심의 운영기조를 확립하였다. 1980년에 정주영 회장이 취임하여 퇴임한 1987년까지는 회장단 중심의 운영 체제를 확립했다. 1989년부터 1992년까지의 유창순 회장(전문경영인) 체제하에서는 다시 일반 회원의 참여를 확대하는 방향으로 회 운영을 개선하고자 시도하였으나, 그 뒤 별로 개선되지 못한 채 지금까지 여전히 회장단 중심의 조직운영을 보여준다. 그 결과 전경련이 지나치게 대형 재벌의 회장단 중심으로 운영된다는 비판이 계속 이어졌으며, 일부 중소규모의 재벌들은 1990년에 '한국경제인동우회'라는 별도 단체를, 그리고 2001년에는 '한국 CEO 포럼'이라는 단체를 결성하기도 하였다.

업현장을 시찰할 수 있게 함으로써, 회원사 상호간에 교류와 이해의 폭을 넓힐 수 있게 한다. 나아가 전경련은 회원사간의 갈등을 중재하고 조정하는 비공식적 역할도 한다. 1997년에 삼성 측의 자동차 구조조정 문건 파문[12]과 관련하여 기아 측이 전경련에 중재를 요구한 것이 대표적인 예며, 그 전에도 회원사간의 갈등과 반목을 중재한 예는 매우 많다.

그 밖에 전경련은 회원사의 공통 이해를 상시적으로 실현하기 위해 안건별로 별도 기구를 만들어 독립시켰다. 대표적인 예만 들어 보면, 한국경영자총협회(1970), 한국발명특허협회(1970), 한국열관리협회(1974), 한국기술개발주식회사(1981), 한국정보산업협회(1983), 한국창업투자주식회사(1986), 광고주협회(1988), 경제단체협의회(1989), 자유기업원(1997) 등이 있다. 경영자총협회는 노사분규가 점차 거세지기 시작했던 1970년에 한국노총에 대항해 노동문제를 전담할 사용자단체로 발족시켰으며, 경제단체협의회는 1987년 노동자 대투쟁 이후 급속도로 확산되던 변혁적 노동운동에 재계가 적극적이고 총체적으로 대응하기 위해 전경련과 경총이 주축이 되어 출범시켰다. 또한 광고주협회는 대형 광고주이기도 한 전경련 회원사들이 광고주로서의 공통 이익을 도모하기 위해 결성하였으며, 자유기업원을 설립해 자본주의 체제와 자유기업주의 이데올로기를 생산·배포·확산시키는 역할을 맡게 했다.

3.2. 전경련 조직특성에 내재된 위기요인

전경련은 지난 40여 년 동안 재벌의 성장속도에 맞춰 매우 빠른 성장을 거듭해 왔지만, 다른 한편 조직특성에 내재된 위기요인들도 함께 키워 왔다.

전경련의 조직위기와 관련하여 가장 중요한 것은 전경련이 법인체의 모임이거나 전문경영인들의 모임이 아니라, '재벌총수(오너)의 모임'이라는 사실이다. 그것은 재벌총수가 갖는 부정적 이미지가 그대로 전경련의 부정적 이미지로 전이되는 요인이 되었다. 재벌체제의 핵심이 총수 1인의 독점적 지배구조이고, 재벌문제의 핵심이 재벌총수 문제라는 사실을 감안하면 전경련이 재벌기업의 전문경영인 모임이 아니고 재벌총수들의 모임이란 사실은 전경련 조직의 중요한 제약요인으로 작용할 수밖에 없다.

재벌총수들이 갖는 부정적 이미지들 가운데 가장 중요한 것은 황제경영, 가족경영, 밀실경영, 경영세습 관행과 관련된다. 세계적 규모로 성장했음에도 불구하고 재벌총

---

12) 당시 삼성은 기아자동차의 경영위기가 심각한 수준이어서 산업구조조정 차원에서 인수합병이 불가피하다고 주장한 내용의 문건을 작성해 정부부처와 증권가에 배포하였던 것으로 알려졌다.

수들은 절대적 권한을 행사한다. 총수들은 또 주요 계열사의 경영책임자로 가족과 친지들을 기용한다. 최고 의사결정은 대개 총수 자신과 그의 가족·친지들에 의해 이루어진다. 그리고 총수의 절대적 권한을 뒷받침하고 총수가 거대 규모의 계열사들을 진두지휘할 수 있도록 하기 위해 비서실이나 종합기획실, 기획조정실 등을 두어 운영해왔다. 그러한 총괄조직들은 IMF 외환위기 이후의 재벌개혁 프로그램에 따라 구조조정본부로 명칭이 바뀌긴 했지만 내용적으로는 큰 변화가 없다. 재벌총수들이 갖게 된 부정적 이미지 가운데는 부당한 경영관행들도 있다. 정경유착, 분식회계, 비자금, 탈세, 노동탄압 등은 재벌총수들과 재벌경영에 따라붙는 관행처럼 되어 있다. 내부거래나 가공자본 및 부채에 의존한 문어발 경영도 재벌과 재벌총수의 부정적 이미지를 구성하는 중요한 요인들이다. 중요한 사실은 재벌총수들에 붙어 다니는 그와 같은 부정적 이미지들이 그대로 전경련의 이미지로 이전된다는 사실이다. 즉, 전경련이 재벌총수들의 부당한 이해와 관행을 옹호하고 대변하는 부도덕한 조직이라는 이미지를 갖게된 것이다.

둘째는 전경련 조직 내의 민주주의 부재를 들 수 있다. 전경련은 초기의 몇 년을 제외하고는, 특히 1980년에 정주영 회장 체제가 출범한 이후로는 회장단이 중심이 되어운영되었다. 회장단 회의가 전경련의 사실상 최고 의사결정기구인 것이다. 그런데 회장단은 대개 재벌규모에 따라 위촉되어 대형 재벌의 총수들로 구성되는 것이 관례였다. 그 가운데서도 회장은 특별한 사정이 없는 한, 대규모 재벌의 총수가 맡아 왔다.[13] 5대 재벌 이하의 중소 규모 재벌총수가 회장을 맡았던 경우에도 5대 재벌의 사실상 동의가 있어야 했다.

예산도 5대 재벌에 전적으로 의존하다시피 한다. 1년 예산의 50% 이상을 5대 재벌

---

13) 물론 전경련의 역대회장들 가운데 대형 재벌총수가 아닌 사람이 회장을 맡은 경우가 없지 않았다. 1989년부터 1993년 사이에 회장을 맡았던 관료출신의 유창순 회장이 대표적이다. 그것은 사회민주화의 격변기에 사회적 비판으로부터 비켜서 있으려는 대형 재벌총수들의 이해의 산물이었다. 1999년 10월에 김우중 회장이 중도하차한 뒤 2003년 2월까지 회장을 맡았던 김각중 회장(경방그룹 회장), 그 뒤를 이어 2004년 2월까지 회장을 맡았다가 분식회계 문제로 중도하차한 손길승 회장(SK그룹의 전문경영인 출신), 손길승 회장이 중도하차한 뒤 갑자기 회장을 맡기 시작해 2005년 2월에도 실세 회장을 영입하는 데 실패해 전경련 회장으로 재추대된 강신호 회장(동아제약 회장인 그는 2005년 2월 총회에서 이건희 삼성회장을 전경련 회장으로 영입하기 위해 총력을 기울였으나 실패하는 바람에 다시 회장직을 맡게 되었다) 등도 대형 재벌총수가 아닌 예로 들 수 있는데, 모두 회장의 갑작스러운 유고사태, 혹은 전경련이 정부와 갈등관계에 놓인 시기에 대형 재벌총수들이 정부와의 갈등을 피하기 위해 전경련 회장직을 고사하게 된 예외적 상황의 산물이라고 할 수 있다. 1987년 이후 정치사회 민주화가 진행되면서, 특히 재벌개혁이 정치권과 시민사회의 화두로 등장하기 시작한 IMF 외환위기 이후에 대형 재벌총수가 아닌 사람이 전경련 회장을 맡는 예외적 상황이 장기적으로 지속되고 있는 셈이다. 이 자체가 전경련 조직의 위기를 드러내는 예로 해석할 수 있을 것이다.

이 부담하는 것이다. 심지어 2002년의 경우에는 4대 재벌이 1년 예산의 60% 이상을 부담하기도 했다.

그 결과 전경련은 400여 업체의 회원사로 구성되어 있음에도 불구하고 실제로는 회장단을 구성하고 있는 대형 재벌, 그 가운데서도 5대 재벌의 이익을 주로 대변하는 것이다. 전경련이 5대 재벌의 대변자로 비판받는 이유가 거기에 있다. 중소형 재벌들이 별도 조직을 모색하고 나설 정도로 전경련의 재계 대표성은 물론이고 재벌집단의 대표성마저 의심받게 된 것이다. 전경련 회장단회의가 원로원으로 불리는 이유도 거기에 있다. 전경련 위기가 고조되었던 2004년에 강신호 회장이 전경련 회장단에 재벌 2·3세의 젊은 세대를 대폭 충원하여 조직 민주주의 위기를 해소하려고 시도했음에도 불구하고, 전경련은 여전히 거대재벌총수들에 의해 주도되는 것을 부인할 수 없다.

셋째는 전경련이 회원사들간의 이해다툼을 조정해내지 못하는 리더십 결여를 지적할 수 있겠다. 전경련 회원사들 사이에 이해관계가 충돌할 경우 그것을 중재하거나 조정할 제도적 틀과 리더십이 전경련 내에 부재한 것이다. 회장단이 정치적 조정력과 통합적 리더십을 발휘하지 못하는 것도 문제지만, 심지어는 회장단이 다른 회원사들의 이해를 무시하고 자신의 이익을 추구하기까지 하면서 전경련은 종종 심각한 리더십위기와 조직위기에 봉착하였다. 대표적 예는 1998년의 전경련과 2003년의 전경련에서 찾아볼 수 있다. 2003년의 경우는 주로 전경련의 삼성편향에 대한 불만이 강하게 표출되었다. 2003년 전경련의 삼성편향은 현명관 부회장과 이규황 전무 때문으로 해석되었다. 먼저 현명관 부회장은 이건희 삼성회장의 비서실장을 지냈고 삼성저팬 회장과 신라호텔 사장을 역임했으며, 전경련 실무를 총괄하면서 전략사업단장을 맡은 이규황 전무는 삼성경제연구소 부사장을 지낸 삼성맨이었다. 1999년 10월에 김우중 회장이 전경련 회장직에서 중도하차하면서 대형재벌총수들이 전경련 회장직을 고사했던 시기에 부득이하게 회장직을 맡게 된 손길승 SK 회장이 전경련 회장직을 수락하기 전에 이건희 삼성 회장의 전폭적 지원약속을 받은 것도 중요한 요인이었다고 할 수 있다. 실제로 전경련의 삼성편향은 여러 군데서 확인되어 여러 차례 회원사들로부터 항의를 받고 갈등관계에 빠지기도 했다.[14] 전경련의 이와 같은 친삼성 행보와 관련해

---

14) 태평양경제협의회 서울총회(2003.8) 장소가 롯데호텔에서 호텔신라로 바뀌면서 롯데 측의 항의를 받은 것, 전경련이 "국내 기업이 외자 기업에 비해 역차별을 받고 있다"며 정부에 시정을 요구하는 과정(2003.6)에서 삼성과 LG를 직접 비교해 LG로부터 강력하게 항의를 받은 것, 전경련 빌딩 경비용역업체를 삼성 계열사인 에스원의 자회사 에스텍으로 교체한 것, 공정거래위원회의 계좌추적권 연장방침(2003.8.19)에 대해 강력투쟁방침을 밝힌 것(공정거래위원회가 1998년 이후 계좌추적권을 발동해 밝혀낸 5건의 부당내부거래 중 삼성관련이 2건, 과징금 203억 원 중 83%인 169억 원이 삼성에 대한 과징금이었음), 현대자동차의 임·단협에 대해 전경

재계에서는 '삼경련'이라는 비판이 나올 정도였다["전경련 부회장 친삼성 행보 눈살", 《한겨레》(www. hani. co. kr), 2003. 9. 2; "전경련 내부갈등 삐걱", 《한겨레》(www. hani. co. kr), 2003. 6. 29 참조].

4. 정치적·이데올로기적 실천과정에서 강화되어 온 전경련의 위기요인

4.1. 전경련의 정치적 실천

전경련은 회원사가 장악하고 있는 국가경제에 대한 지배력과 전경련 자신이 직접 동원해 활용할 수 있는 자금력에 기초해, 정치적·이데올로기적 영향력을 행사하고 자신에게 유리한 정책을 관철시키며 시민사회에 대한 지배를 꾀한다. 그리고 그것은 전경련의 궁극적 조직목표이기도 하다.

먼저 전경련의 정치적·정책적 활동을 보자. 전경련은 정관에서 '정책개선에 관한 주요 건의와 의견개진, 대정부 건의와 정책화 추진, 기업활동에 대한 정부규제의 합리화, 당면정책개선을 위한 각종 간담회 개최' 등을 주요 사업으로 제시한다.

전경련이 자신이 입안한 정책을 관철시키기 위해 동원하는 방법에는 여러 가지가 있다. 첫째는 정부와 정당에 대해서 정책을 건의하는 방법이다. 전경련은 다양한 현안이나 정책쟁점들과 관련하여 재벌 측 입장을 정리해 정부의 각 기관과 정당에 건의서를 배포한다. 1993년 2월에는 '경제계가 바라는 새 정부의 국가경영'이라는 보고서를 내기도 했으며, 1998년 2월에는 국민회의와 자민련 양당 정치구조개혁위원회에 '국회의원 수 200명으로 감축, 지구당 폐지, 국회 개회 상설화' 등을 골자로 한 '정치구조 개선에 관한 의견서'를 제출하기도 했다. 최근에는 전경련 간부들이 공무원을 대상으로 특강을 함으로써 재벌 측 논리와 정책대안을 자연스럽게 전파하기도 하였다.[15] 정치적·정책적 영향력 행사는 정책건의 형태로만 나타나진 않는다. 정부정책에 정면 도

___

런이 경영권 침해라는 내용의 비판성명을 발표한 것(2003. 8. 6) 등을 대표적 예로 들 수 있다.

15) 전경련의 손병두 상임고문(1997년 2월부터 2003년 2월까지 전경련 상근부회장을 역임한 뒤 고문으로 물러앉았다. 그의 후임 상근부회장은 삼성회장 출신의 현명관 씨가 맡았다)은 2003년 7월 28일, 과학기술부 간부·직원들을 대상으로 한 특강자료를 통해, "인기 영합주의와 대중 선동주의, 그리고 비정부기구(NGO)들의 지나친 정책개입 등"이 국민소득 2만 달러 시대 진입을 가로막는 걸림돌이 되고 있다고 참여정부와 NGO들을 비판했다(그러나 손 고문은 실제 특강에서는 그와 같은 언급을 생략한 것으로 알려졌다). 《중앙일보》 인터넷판, 2003. 7. 29 등록 기사.

전함으로써 정부를 압박하는 경우도 종종 발견된다. 예컨대 1972년에는 '정부예산 반 감론'을 무기로 박정희 대통령과의 담판을 통해 8·3 사채동결 긴급조치를 끌어냈으 며, 2001년 5월에는 전경련 산하의 자유기업원 당시 민병균 원장이 김대중 정부의 정 책을 '좌파적'이라고 공격하면서 우익의 궐기를 촉구하는 이메일을 발송하였다. 전경 련의 김석중 상무도 2003년 1월에 《뉴욕타임스》와 가진 인터뷰에서 노무현 대통령 당 선자의 대통령직 "인수위원회의 목표는 사회주의"라고 발언한 것으로 보도되었다.

둘째, 전경련은 정부의 정책결정자, 정당의 최고책임자와 정책담당자를 수시로 초 청하여 대화 혹은 토론의 시간을 가짐으로써, 전경련 입장을 직접 전달하기도 한다. 2004년 2월에는 이헌재 재정경제부 장관과 강신호 전경련 회장이 만나 정부와 재계 간 상설 대화창구를 마련키로 합의한 뒤, 재경부 공무원들을 전경련에 파견 근무시키고 있다. 또한 2004년 3월에는 외교통상부와 전경련이 통상현안에 대한 의견수렴과 통상 정보를 교환한다는 내용의 업무협약 양해각서를 체결하였다. 전경련의 입장과 정책이 정부부처에 안정적·제도적으로 투입될 수 있는 공식적 채널을 확보한 것이다.

셋째, 전경련은 정치인에 대한 의정감시활동을 통해서도 정치인 활동을 친재계로 견인해내기도 한다. 그 첫 사례는 2000년 4월의 16대 총선을 앞두고 시도되었다. 2000년 2월 14일, 전경련이 가입되어 있는 경제단체협의회는 산하에 의정평가위원회 를 발족시켰으며, 노사문제와 관련한 개별 의원들의 의정활동을 평가하고 회원사에 알려 후보선택에 참고하도록 하였다.[16] 16대 총선 후보들 가운데 노동관련 인사 56명 을 선정해 적극적 친노동계 인사, 소극적 친노동계 인사, 중립적 인사, 시장경제지향 의 친재계 인사 등 네 유형으로 분류해 그 정보를 6만여 회원사에게 배포했던 것이다 (이정희, 2000). 2004년의 17대 총선을 앞두고도 주요 법률안에 대한 정당들과 개별 국회의원들의 입장을 조사·취합해 회원사들에게 제공하였다.

넷째, 전경련은 비공식적 채널을 통해서도 정부의 정책결정에 영향력을 행사한다. 회장단이 각 부처장관이나 정책담당자와 회동한다거나, 청와대의 책임자 혹은 대통령 과 직접 만난다던가 하는 방법으로 재계입장을 전달하고 건의한다. 회장과 부회장은 모두 대형 재벌의 총수들로서 개별적으로도 정치적 영향력이 크기 때문에, 전경련의 정치적 영향력 행사의 중요한 자원이자 채널이 된다.

다섯째, 그럴 경우 종종 정치자금이 전달되는 것은 물론이다. 과거 정권에 따라 형 태와 방법은 달라져 왔지만, 전경련은 설립 초부터 정치자금을 조성해 정치권에 제공

---

16) 엄밀하게 보면, 이 의정평가위원회 활동은 경총이 주도하였다고 할 수 있다. 전경련은 IMF 외환위기 이후 김 대중 정부에 의해 추진되던 재벌개혁 정책으로 인해 주도적 목소리를 내지 못하고 있었기 때문이다.

해 왔다. 1961년, 13명의 부정축재자 재벌들은 당시의 위기를 모면하기 위해 전경련의
모체인 한국경제인협의회를 결성하자마자, 당시 민주당 장면 정권에게 정치자금을 제
공하였다. 1989년, 구자경 회장은 '자유민주주의를 부정하는 특정 정당에는 정치자금
을 줄 수 없다'고 공개 발언함으로써, 정치자금을 통한 정치권에의 영향력 행사 의지
를 분명하게 밝힌 적도 있었다. 1992년 대통령선거 때도 전경련은 정치자금을 모금해
선관위에 전달한 것으로 알려졌다. [17]

여섯째, 전경련 관계자가 직접 정치권에 진출하여 전경련 입장을 적극 대변하는 경
우도 적지 않았다. 대표적 예만 들어 보면, 전경련의 초대 사무국장이던 김주인은
1963년에 공화당 의원으로 진출하여, 유신체제가 몰락할 때까지 공화당과 유정회 의원
으로 활동하였으며, 1966년부터 1971년까지 부회장을 맡았던 김상영 역시 1971년과
1973년 두 차례에 걸쳐 여수에서 공화당 후보로 출마하여 당선되었다. [18] 1981년부터
1987년까지 상근부회장을 역임한 노인환도 13·14대 의원으로 정계에 진출하였다. [19]
그 밖에도 김성곤 쌍용 회장은 정계에 진출하면서 홍재선에게 쌍용그룹 경영을 맡겼으
며, 홍재선은 1966년부터 1969년까지 전경련 회장을 역임하였다. 정주영 전경련 전
회장(1977~1986, 현대그룹 회장)은 1991년에 통일국민당을 창당하고 1992년에는 대
통령 선거에 출마하였으며, 그의 아들 정몽준 현대중공업 회장 역시 16·17대 국회의
원을 역임하면서 2002년 대통령선거를 앞두고 국민통합 21을 창당한 뒤 대선출마를 준
비하다가 노무현 후보와의 후보단일화로 출마를 포기한 바 있다. 김석원 전경련 부회
장(1989~1995, 쌍용 회장)도 15대 신한국당 국회의원(1996~2000)으로 정치에 참가
하였으며, 박태준 부회장(1987~1989, 포항제철 회장)은 집권당인 민정당과 민자당 국
회의원(1988~1992)·무소속 국회의원·자민련 국회의원 등과 민정당과 민자당의 대
표위원(1990~1992)·최고위원·자민련 총재(1997~2000)·국무총리(2000) 등을 역
임하였다.

일곱째, 전경련은 공식·비공식 채널을 통해 각종 정책을 건의하고 정치자금을 제

---

17) 전경련 회원사들이 개별적으로도 정치자금을 정치권에 제공했음은 물론이다. 1997년의 한보 파동 이후, 정경
유착에 대한 국민반감이 심각한 수준으로까지 치닫자, 전경련은 회원사들이 불법정치자금을 제공할 경우 회원
사 결의를 통해 제명할 수 있다고 강경하게 경고한 적도 있으나, 그 실천의지는 매우 불투명한 것이 사실이다.
실제로 그런 사유로 회원사 결의를 거쳐 제명한 사례는 지금까지 단 한 건도 없다.

18) 김상영 전경련 부회장이 공화당 공천을 받아 여수에서 출마하게 되었을 때, 전경련 사무국이 그의 당선을 돕
기 위해 고안한 지역개발계획이 여천공업단지 건설구상이었다. 전경련의 이 안에 대해 당시 기획원이 찬성하
여 받아들이게 되고, 김상영은 압도적 표를 얻어 여당의원으로 당선된다(윤능선, 1997: 271~277). 이 역시
박정희 대통령 시절에 전경련과 정부가 하나처럼 움직인 단적인 예이다.

19) 노인환은 1979년에 10대 국회의원으로 진출했다가, 전경련 상근부회장을 역임한 뒤 다시 정계에 복귀하였다.

공하거나 직접 정치에 참여하기도 하지만, 경우에 따라서는 유·무형의 압박을 정부에 가함으로써 정부정책을 사실상 무력화시키기도 한다. 가장 전형적인 것은 투자기피, 자본철수이다. 국가경제를 지배하고 있는 전경련 회원사의 투자기피는 즉각 경기위축을 가져오고, 그것은 사회불안과 정치불안으로 이어지기 때문에 정부로서도 매우 어려운 상황을 맞게 된다. 결국 정부는 재벌과 전경련의 요구를 들어주게 되는 것이다. 멀리는 1972년의 8·3 조치를 이끌어 냈던 전경련의 '정부예산 반감론'을 들 수 있으며, 가까이는 문민정부 초기의 신재벌정책에 대해 재벌들이 투자기피로 저항함으로써 경기침체를 가져오고 곧 정부의 재벌규제정책 후퇴를 강제해냈던 예를 들 수 있다. 천문학적 규모의 자본잉여에도 불구하고 투자를 기피하고 있는 재벌의 정부압박이 2004년의 경기침체 장기화에 한 요인으로 작용하였다고 할 수 있을 것이다.

끝으로 전경련은 시민사회를 우회하여 정치적 영향력을 행사하기도 한다. 전경련이 운영하는 각종 이데올로기 기구를 가동해, 전경련의 정책대안을 여론화한 후 정치권과 정부가 그것을 받아들이지 않을 수 없도록 하는 것이다. 이는 특히 1987년 이후 정부의 탈군사화, 절차적 민주주의의 회복으로 여론정치가 살아나면서 중요한 영향력 행사방법으로 자리잡아가고 있다. 전경련이 각종 이데올로기 기구를 확충하고, 여론화 사업에 막대한 예산을 투입하기 시작한 것, 시민사회와 가까워지기 위해 각종 봉사활동과 문화예술 지원활동을 적극적으로 벌이기 시작한 것도 1987년 이후의 일이었다.[20]

심지어 전경련은 2003년의 경우 우익단체들이 개최한 반정부 집회에 자금을 지원하기까지 하였다. 6·25 국민대회('반핵반김 국민대회'[21])에 삼성그룹이 1억 원, 상공회의소와 무역협회가 3천만 원씩 지원한 것 외에 전경련도 4천만 원을 지원했다는 것이다(《신동아》, 2003. 10).

앞에서 살펴본 다양한 방법의 정치적 영향력 행사 결과, 전경련은 실제 조직결성 초기부터 최근에 이르기까지 수많은 정책들을 국가기구에 투입하고 또 관철시켜 왔다. 특히 1961년 창립 이후 20여 년의 박정희 정권 시기에 전경련의 정책입안 및 투입실적과 국가에 의해 채택되어 집행된 예는 대단히 많았다. 자본주의체제, 특히 재벌 중심의 수출지향형 성장체제를 건설해 가는 데 필요한 제도와 정책들이 전경련에 의해 조사·연구·입안되어 정부에 건의되었으며, 그 가운데 상당 부분이 권위주의 군사정부에 의해 채택되고 강력하게 집행되었다. 앞에서 지적한 것처럼, 외자도입 정

---

20) 이에 대해서는 다음 4.2. 항에서 재론한다.

21) 이 국민대회의 주요 참여단체는 자유시민연대, 자유민주민족회의, 재향군인회, 한국기독교총연합회 등과 북핵저지 시민연대, 청년 우파연대, 주권찾기 시민모임 등의 우익 혹은 극우단체들이었다.

책, 수출지향의 성장정책, 울산과 마산, 여천, 광양 등의 공단건설, 그리고 주식 대중화, 지방은행 설립, 8·3 사채동결 긴급조치, 투자금융회사 설립, 노동배제정책 등이 모두 전경련의 정책건의에 따른 것들이었다.

노동계급을 비롯하여 자발적 시민단체의 결사·집회·표현·언론의 자유가 극도로 위축되어 있었던 시기에, 물리력을 독점했던 군사정부와 자본주의체제의 물적 토대를 장악하고 있었던 소수 재벌들의 조직체인 전경련은 사실상 하나처럼 움직였다고 해도 과언이 아닌 것이다.[22] 그런 점에서 재벌들이 당시 군사정권 시절을 기업활동의 전성기로 그리워하는 것도 당연한 일일 것이다.

4.2.   전경련의 이데올로기적 실천

다음으로는 전경련의 이데올로기적 활동을 보자. 전경련은 앞에서 지적한 것처럼 정치권과 정부에 대해 정치적 영향력을 행사하기 위한 우회적 방법으로 이데올로기적 활동을 벌이기도 하지만, 궁극적으로 국민의 반재벌 감정을 누그러뜨리고 재벌 중심의 사회구조를 재생산하기 위해서라도 국민을 상대로 한 이데올로기적 활동을 전개하지 않을 수 없다. 특히 남북한간 체제경쟁을 해야 하는 한반도의 특수상황에 비추어, 자본주의체제의 우월성을 홍보하고 체제안정을 기하기 위해 오래 전부터 재벌과 전경련은 많은 노력을 기울여 왔다. 그리고 그것은 반공 이데올로기가 위협받거나, 국가의 이데올로기적 역할에 균열이 생겼을 때, 혹은 노동자와 시민사회로부터의 재벌비판이 심각해질 때 더욱 두드러지는 경향을 보였다. 전경련의 가장 큰 고민이기도 한 정부의 재벌규제정책이 다분히 국민의 반재벌 인식에 의해 뒷받침되고 있다는 사실도 재벌의 이데올로기 활동을 재촉하는 요인이기도 하다.

전경련의 이데올로기적 실천은 다음의 몇 개 부설기구를 통해 수행되었다.

첫째는 한국경제연구원이다. 1963년에 설립된 '경제 및 기술조사센터'를 발전시켜 1981년에 설립한 한국경제연구원은 고급 연구인력과 자문위원들을 확보하고 있다. 한국경제연구원은 재벌관련 쟁점현안이나 국가정책과 관련하여 정책대안을 개발하고 여론화하는 일을 맡는다. 전경련의 싱크탱크이자 재벌 중심의 정책논리를 개발하는 역할을 맡고 있는 것이다. 다음은 한국경제연구원의 활동 가운데 대표적 예를 뽑아본 것이다.

---

22) 심지어 정부의 정책개발 비용을 전경련이 부담하는 경우도 있었다. 1971년에 특허청이 다가올 국가간 특허전쟁에 대비하기 위해 국내법을 개정키로 하고, 그를 위해 연구위원회를 구성하여 약 3개월여 동안 조사·연구를 진행시킬 때, 전경련이 조사·연구비용의 대부분을 부담하였다고 한다(윤능선, 1997: 231).

한국경제연구원은 (1997년) 4월 14일, 〈21세기 세계 인류에의 제언〉이라는 제목의 보고서를 발표했다. 이 보고서는 21세기 국가정책의 목표가 국가안보 우선에서 경제제일주의로 바뀌어야 한다고 주장했다. 그를 위해 작은 정부와 시장경제 원리의 정착이 시급하고, 또 중앙부처 가운데 재정경제원과 내무부, 문화체육부, 교육부, 건설교통부, 농림부, 통상산업부 등을 없애며, 공무원도 지금의 1/10로 줄여야 한다고 주장했다. 나아가 누진세와 정부 주도의 실업 및 국민연금보험제, 중소기업 보조 등의 재분배정책을 폐지해야 한다고 하면서, '유권자 다수가 원할 경우 무엇이든 할 수 있는 다수결 원칙으로 인해 정치가 경제를 지배하게 되어, 일부 선진국들은 경제성장이 둔화되고 있다'고 하면서 다수결 원칙을 재검토할 것을 주장하기도 했다. 23)

한국경제연구원은 (1997년) 5월 6일, '한국의 경제력 집중도는 선진국에 비해 낮은 수준'이라는 내용의 '엉뚱하고'(《한겨레》, 1997. 5. 6) '현실을 호도하는'(《한겨레》, 1997. 5. 6, 공정거래위원회 관계자의 증언) 주장을 담은 〈경제력 집중, 한국적 인식의 문제점〉이라는 보고서를 발표했다.

둘째는 전경련이 1997년 4월에 설립한 자유기업센터(원)를 들 수 있다. 당시 노동법 개정과정에서 드러난 진보적 정치-노동세력의 공세에 효율적으로 대처하고 자유경제 이념을 홍보·교육하는 역할을 맡기기 위해서였다. 2000년 2월에는 독립법인으로 재출범하였다. 한국경제연구원과 함께 자유기업주의와 정부규제 철폐론 등 재벌체제의 이데올로기를 생산·공급하는 역할을 수행한다. 자유기업원은 연구 외에 공청회나 교육사업, 포럼운영 등을 통해 구체적 여론형성 작업도 맡고 있다. 1999년 9월에는 경제정책 결정에 직·간접적 영향력을 행사하는 고위 경제관료와 지식인들에 대해 공개적으로 비판하기도 했다. 24) 또한 2001년 5월에는 민병균 원장이 김대중 정부의 정책을 좌파적이라고 공격하면서 우익의 총궐기를 촉구하였다.

셋째로는 국제경영원을 들 수 있다. 국제경영원은 1979년에 전문경영인 교육, 교

23) 전경련은 이 보고서를 각 언론사에 배포했다가 파문이 예상되자 보도하지 말고 파기해줄 것을 요청했다.

24) 예를 들면, 김태동 대통령자문 정책기획위원장에 대해서는 주장에 모순이 많고 논리적 일관성이 부족하다고, 윤원배 전 금융감독위원회 부위원장도 주장에 일관성이 없다고, 강봉균 재정경제부 장관에 대해서는 시장경제에 대한 인식이 부족하다고, 전윤철 공정거래위원장에 대해서는 시장을 불신한다고 비판했다. 또 이필상 고려대 교수에 대해서는 정치적 주장이어서 설득력이 없을 뿐만 아니라 경제현상에 대한 기초적 개념에서도 오류를 범하고 있다고, 장하성 참여연대 경제민주화위원장(고려대 교수)이 추진해온 소액주주운동은 논리적 타당성을 확보하기 어렵다고 비판하였다. 그들을 포함해 모두 35명의 고위 공직자와 학자들을 분석해 "많은 지식인과 고위 공무원들이 반자본주의적·반기업적·반자유주의적·친간섭주의적 성향을 보이고 있으며 심지어는 논리의 일관성도 유지하지 못한다"고 자유기업센터는 신랄하게 비판했다. 1999년 9월 27일 인터넷 홈페이지에 공개한 〈지식인 비판〉, 〈고위 공무원 비판〉이라는 내부보고서. 《주간 한국》, 1999. 10. 14 (1791호) 참조.

류, 정보교환을 목적으로 설립된 기관이다. 최근에는 전문경영인 교육뿐만 아니라, 미래의 엘리트인 대학생을 대상으로 한 교육에도 적극 나서고 있다. 대학생을 대상으로 시장경제 교육 프로그램을 운영하고 있는 '영 리더스 캠프'와 2003년에 처음 실시된 '미래 엘리트양성 교육' 프로그램이 대표적이다. '미래 엘리트양성 교육' 프로그램에서는 대학생 130명을 선발해 매주 3시간씩 16주에 걸쳐 자유시장경제 교육을 실시하였다. 반기업정서 해소와 기업 및 시장경제에 대한 이해제고가 목표였음은 물론이다. 2004년에도 반기업정서 해소와 시장경제원리 확산을 위한 경제교육을 최대 역점사업으로 설정해, 초·중·고등학생, 대학생, 일반인 등 연인원 2만 8천여 명을 대상으로 경제교육을 실시하였다. 대학교 총학생회 간부들과 사법연수생을 대상으로 한 경제교육도 실시하였다.

넷째로는 언론을 통한 이데올로기 활동을 들 수 있다. 대표적인 것은 《한국경제신문》의 소유·운영이다. 전경련은 1981년에 당시 농업협동조합 소유의 《현대경제일보》를 50억 원에 인수하였으며, 실제로는 현대, 대우, LG, 삼성 등 전경련의 핵심 회장단이 주식을 나눠 갖고 있다.[25] 전경련의 공식 부설기구는 아니지만, 《한국경제신문》은 재벌과 전경련의 이익과 주장을 적극적으로 대변하는 역할을 맡고 있다. 그 외에도 《에머지》[26]라는 월간지도 실제로는 전경련의 매체로 볼 수 있다. 1988년에 전경련이 설립한 광고주협회도 대형 광고주들인 전경련 회원사들이 언론사에 대항해 광고주로서의 공동 이익을 관철시키기 위해 결성한 단체였다.

다섯째, 1987년의 6월 항쟁과 노동자 대투쟁 이후, 반공과 성장 이데올로기를 성공적으로 유포시켜 온 군사정부의 물리력이 크게 도전받고 민중 이념과 반재벌 인식이 급속도로 확산되던 때에 설립된 경제사회개발원도 전경련의 대표적 이데올로기 기구라고 할 수 있다. 경제사회개발원은 국민과 여론 주도층을 상대로 한 경제교육, 도서발간 및 배포, 자유기업이념을 확산시키기 위한 다양한 행사들을 기획·집행한 바 있다.

---

25) 12·12 쿠데타 이후 권력을 장악한 신군부가 권력형 부정축재 혐의로 김종필을 구속하고 그의 소유였던 《현대경제일보》를 환수하여 전경련에 인수를 요청해 이루어졌다. 1981년 1월에 인수작업이 완료되면서 《한국경제신문》(이사장에는 정주영 전경련 회장이, 대표이사 사장에는 원용석 초대 경제기획원 장관이 취임하였다)으로 재창간되었다.

26) 《에머지》는 원래 1999년 9월에 《에머지 새천년》이란 제호로 창간된 《중앙일보》의 자매지였다. 하지만 적자누적으로 폐간 위기에 직면하게 되고, 편집진은 전경련 지원을 요청했으며, 전경련은 매달 수천 부씩 유가 구입해 산하 회원사들에게 배포하는 대신 잡지 제호를 《에머지》로 바꾸고 잡지에서 《중앙일보》라는 이름과 《중앙일보》 마크도 뺄 것을 요구해 관철시켰다. 그 뒤 경영권은 사실상 전경련으로 넘어간 것으로 알려져 있다(《프레시안》, 2002. 12. 12 참조). 《에머지》는 2002년 대선을 앞두고 언론사 소속 매체로는 최초로 이회창 후보 공개지지를 천명하기도 했다. 2003년 7월까지 발행되었다.

258

여섯째, 전경련이 1999년에 주요 회원사들의 사회공헌 책임자들로 구성한 사회공헌 위원회도 시민사회를 대상으로 한 적극적 이데올로기 기구로 역할한다.

그 외에도 전경련 사무국 자신도 이데올로기 기구로서의 역할을 하는 것은 물론이다. 예를 들면 전경련 사무국 내에 한때 설치되었던 '기업홍보실' 외에도 사무국은 일상적으로 각종 홍보와 선전작업을 수행한다. 정규사업으로 매년 많은 예산을 들여 전국의 문인, 언론인, 종교인, 중·고등학교 교장 및 사회과 교사, 심지어 사회단체 지도자 등의 여론 주도층을 초청해 산업현장 견학이나 경제교육을 시키고 있다. 언론사 간부나 논설위원, 출입기자, 혹은 국회 전문위원들을 초청해 간담회 혹은 골프모임을 갖기도 하며, 해외연수를 시켜 주기도 한다. 대학가를 변혁이념이 휩쓸 때인 1989년에는 학술진흥재단이 추진한 대학생의 해외연수 프로그램에 18억 7천만 원을 지원했다. 자문위원들과의 간담회를 갖기도 하며, 학술·문화단체를 지원하기도 한다. 매년 우량도서를 선정하거나 전경련의 입장을 담은 책자들을 출판해 정부와 언론사는 물론이고 전국 각계의 여론 주도층에 무료 배포하기도 한다. 전경련은 또 '사회 각계와의 유대강화'를 목적으로, '사회협력사업'(사회단체 지원)을 전개했다.[27] 전경련은 심지어 노동조합 간부들의 해외연수에 막대한 자금을 지원하기도 했다.

한편, 전경련은 그 간부들이 나서서 언론을 통해 여론을 만들어 가기도 한다. 노무현 대통령이 취임하기 직전에 김석중 상무는 《뉴욕타임스》(2003. 1. 10)에 인수위원회가 사회주의를 목표로 하고 있다고 인터뷰했으며, 2003년 1월 4일에는 손병두 부회장이 라디오방송을 통해 노무현 당선자를 강력히 비판하였다.

더 나아가 전경련은 참여정부를 규탄하는 성격의 보수단체 군중집회에도 자금을 지원했다. 2003년의 6·25 국민대회[28] 때는 전경련이 4천만 원, 상공회의소와 무역협회가 각각 3천만 원, 삼성그룹이 1억 원을 후원하였으며, 8·15 국민대회[29]에는 전경련 등의 경제단체가 합계 1억 3천만 원을 지원한 것으로 보도되었다. 모두 행사경비의 절반을 넘는 거액을 전경련을 비롯한 경제단체와 삼성그룹이 후원한 것이다(《신동아》, 2003. 10, "전경련·대한상의·무역협회·삼성이 보수진영 스폰서" 참조).

앞의 각종 이데올로기 기구들을 활용해, 전경련이 집중적으로 생산·유포하는 이데올로기는 크게 다음의 두 유형으로 나눠 볼 수 있겠다. 하나는 재벌들의 공통 이해를

---

27) 한국자유총연맹 등의 각종 사회단체사업 지원, 언론을 통한 대국민 경제 홍보사업, 군·경 위문행사 등이 대표적 사업이다.
28) 6월 21일 열린 '반핵 반김 한미동맹 강화 6·25 국민대회'를 말하며 11만 명이 참가한 것으로 보도되었다. 정부의 대북정책을 좌경으로 비난하면서 정권퇴진을 주장하는 구호도 나왔다.
29) '건국 55주년 반핵 반김 8·15 국민대회'로 약 1만 5천 명의 군중이 참가하였다.

대변하는 헤게모니분파 이데올로기이고 다른 하나는 전체 자본가계급의 보편적 이익을 대변하는 이데올로기이다.

먼저 자본가계급 전체의 이익을 담는 이데올로기를 보면 다음과 같은 것들이 있다. 첫째, 공산권이 몰락하던 1980년대 말까지 전경련의 가장 중요한 이데올로기 가운데 하나는 반공주의와 국가안보 이데올로기였다. 전경련은 설립 초기부터 군사정부의 반공주의와 국가안보 이데올로기를 적극 지지하고 유포시켜 왔으며, 그를 통해 권력집단과 하나의 지배계급을 형성해왔다.

둘째는 자본주의체제 우월론이다. 전경련은 기회가 있을 때마다 북한의 공산주의체제와 비교해 남한의 자본주의체제가 우월하다는 것을 입증하고 선전하는 데 주력해왔다.

셋째는 공업 입국론이다. 역시 5·16 군사정변 이후 경제건설을 중요한 혁명공약으로 내걸었던 군사정권하에서 전경련은 공업화와 공업 입국론을 강력하게 주장하였다. 그리고 공업 입국의 빠르고도 효율적인 달성을 위한 각종의 경제정책들을 제시하여 정부로 하여금 집행토록 하였다.

넷째는 성장 이데올로기이다. 공업화를 통한 고도 경제성장은 전경련과 군사정부가 국민지지를 끌어낼 수 있는 유일한 수단이었다.

그것들은 1960년대 이후 오늘의 한국 자본주의의 골간을 형성한 정책들이었다. 대기업에 대한 사회적 책임수행 요구, 반사회적 기업인과 야당성향의 기업인에 대한 규제와 감시가 있었지만, 기본적으로 재벌과 정부는 오랜 세월 동안 밀월관계를 유지해왔다. 같은 이데올로기를 함께 신봉하면서 사회의 지배구조를 재생산해 온 것이다.

그 외에 전경련은 다음과 같은 재벌집단의 분파 이데올로기도 적극 생산·유포시켜 왔다. 첫째는 민간주도주의 혹은 자유기업주의 이데올로기를 들 수 있다. 이는 전경련이 무엇보다 강조하는 이데올로기로서, 특히 1960년대 이후 1970년대까지의 개발성장 기간 동안에 전경련 회원사들이 각종 정부특혜를 받아 자본을 축적하고 시장 독점력을 장악하게 된 이후, 전경련은 1970년대 말부터 정부와 언론을 상대로 민간주도 경제로의 이행을 강력하게 주장하기 시작하였다. 그들의 민간주도 경제론은 다양한 미시정책으로 표출되어 왔다. 예컨대 은행 민영화론, 공기업 민영화론, 재벌에 대한 정부규제 철폐론, 정부기구 축소론, 교육 자율화론 등이 대표적이다. 그 가운데 은행 민영화론과 공기업 민영화 주장은 1980년대 초부터 정부에 의해 수용·시행되었으며, 재벌과 경제운용에 대한 정부규제철폐 주장 역시 김영삼 정부 이후 적극 수용되어 시행되고 있다. 정부기구 축소론과 교육 자율화론 역시 하나의 지배담론으로 이미 정착되어 있는 실정이다.

둘째는 재벌체제 옹호론이다. 재벌의 지나친 경제력 집중과 문어발 경영, 그리고 총수와 그 가족에 의한 배타적 소유·지배구조에 대한 국민적 비판에 대해, 전경련은 기존 재벌체제를 옹호하는 이데올로기를 적극 생산·유포해왔다. 재벌체제의 개혁론이 학계와 정부, 그리고 국민 사이에 공감을 얻고 있는 상황에서, 전경련은 막대한 예산을 들여 재벌체제 옹호론을 생산하는 것이다. 전경련의 재벌체제 옹호론은 특히 WTO 체제 출범 이후 국가간 경쟁이 치열해지는 틈을 타 덩치키우기론으로 발전하고 있으며, 나아가 재벌체제에 설령 문제가 있다 하더라도 인위적 개편은 오히려 부작용이 크다는 논의로 구체화되고 있다. 특히 한국경제연구원과 1997년에 발족시킨 자유기업센터는 재벌체제에 대한 정부의 인위적 개혁정책을 강력히 규탄하고 있다.

셋째는 재벌 중심의 경제운용과 관련된 각종 경제정책을 들 수 있다. 예컨대 금리인하, 세율인하, 금융실명제와 부동산실명제 반대, 여신관리제 폐지, 총액출자제한제도 폐지, 기업도시건설 등은 재벌의 이해를 대변하기 위한 전경련의 정책들이었다. [30]

4.3. 전경련의 실천과정에서 강화되어 온 위기요인

앞에서 살펴본 전경련의 정치적·이데올로기적 활동들을 통해 단기적으로는 전경련과 재벌들의 성장을 구가할 수 있었지만, 중·장기적으로는 전경련을 위기로 몰아넣는 요인들이 강화되었다. 대표적 몇 가지만 살펴보면 다음과 같다.

첫째는 전경련이 정경유착의 대명사로 굳어졌다는 사실이다. 정경유착은 박정희 정권 이후 수십 년 동안 지속된 개발독재-성장주의 정책의 가장 중요한 수단이었으며, 그것은 지금까지 한국 자본주의가 안고 있는 매우 심각한 고질병 가운데 하나로 인식된다. 권위주의 정권과 유착한 당사자가 재벌과 재벌의 이익집단인 전경련인 것이다. 이와 같은 정경유착의 오랜 관행은 개발독재 패러다임이 그 수명을 다하고 새로운 경제사회발전 패러다임으로의 전환이 요구되는 시기[31]에 위기요인으로 작용하기 시작했

---

30) 여기서 전경련은 정부의 경제정책 결정·집행과정에서 정부와 자주 마찰을 일으키게 된다. 신희권(1992)은 정부의 정책집행력을 높이기 위해서도 전경련을 해체해야 한다고 주장하기도 했다.

31) 권위주의 정부가 재벌과 유착하면서 성장을 추진하는 과거 개발독재 패러다임이 수명을 다한 것은 IMF 외환위기로 극적으로 표출되었다고 할 수 있다. IMF 외환위기를 전후해 과거의 권력(과 권력행사 방식, 정치 패러다임)도 위기에 부딪혔지만, 과거의 재벌들도 심각한 위기에 직면하게 되었다. 그 이후 가파르게 진행되기 시작한 패러다임 이행은 참여 정부에 들어가 더욱 선명한 형태로 드러나고 있으며, 여전히 과거식의 인식론과 관행에서 벗어나지 못하고 있는 재벌과 정치세력들에게는 심각한 위기로 작용하고 있다.

다. 김대중 정부와 참여 정부의 정책에 대한 격한 저항도 역설적으로는 패러다임의 전환기에 전경련이 느끼고 있는 위기에 대한 반응으로 해석할 수 있을 것이다.

둘째는 전경련이 군사정권을 강화하는 데 기여했다는 사실이다. 재벌과 선경련은 오랜 세월 국민적 열망이었던 민주화에 기여하지 않았다. 구미의 선진자본주의 국가들에서 자본가가 자유민주주의의 가치를 주창하고 실현시켜 온 중심세력이었던 데 반해 우리나라의 재벌들과 전경련에게서는 그러한 문제의식과 역사적 기여를 찾을 수 없는 것이다. 민주화에 기여하지 않은 것을 넘어 민주화에 대한 국민적 요구를 거역하고 억압하기까지 하였다. 정통성을 잃은 군사정권에 정치자금을 지원함으로써 군사정권을 강화하였을 뿐만 아니라, 민주화운동의 한 주체였던 노동계급의 노동운동도 노골적으로 억압했던 것이다. 이는 민주주의에 대한 국민적 요구의 수준이 거역할 수 없을 정도로 성장한 1987년 이후, 나아가 정치적 민주주의뿐만 아니라 사회경제적 민주주의가 시대이념으로 정착하기 시작한 김대중 정부 출범 이후, 전경련의 위기로 작용하기 시작했다.

셋째는 재벌체제에 대한 합리적 비판을 수용해 자기 혁신하는 노력을 발견할 수 없다. 재벌에 의한 범죄가 심각한 사회문제로 부상할 때마다 전경련은 기업윤리의 창달을 위해 노력할 것임을 천명하곤 했지만, 실질적으로는 별 진전이 없었다. 재벌개혁을 통한 한국 자본주의 체질 강화론에 대해서도 사실상 묵묵부답이거나 반대로 일관해왔다. 자본주의 우월론을 전파하고 반기업정서를 비판하면서 그것을 해소하기 위한 이데올로기적 활동은 활발했지만, '재벌개혁 없는 자본주의 우월론'과 '건강한 기업가정신 없는 반기업정서 해소노력'은 공허할 수밖에 없다. 재벌개혁과 기업가정신 창달에는 별 노력을 기울이지 않으면서 국민의 반기업정서와 정부규제 및 재벌개혁정책을 비난하는 자세로는 국민적 지지를 이끌어 내기 어려운 것이다. 전경련이 국민적 지지를 받지 못하고 있는 이유, 재계단체의 구심점 역할조차 제대로 하지 못하게 된 이유, 정치권과 시민사회로부터도 해체 혹은 타 재계단체와의 통합요구에 시달리게 된 이유도 거기에 있다고 해야 할 것이다.

5. 사회민주화와 전경련 위기의 현재화

지금까지 전경련의 출범과정과 조직특성, 그리고 전경련의 정치적·이데올로기적 실천내용을 살펴보면서, 전경련의 위기가 배태·강화된 과정을 분석해보았다. 전경련 위기는 특히 IMF 외환위기 이후 뚜렷하게 표출되었다. 전경련 위상과 활동이 과거 어느 때보다 크게 위축되거나 위협받기 시작한 것이다.

시민사회와 언론으로부터의 비판과 공격이 줄을 이었음은 물론, 정부 측 인사들로부터도 개혁 내지 해체를 요구받았다. 김태동 청와대 정책기획수석은 1998년에 "5대 그룹 위주의 전경련은 해체되어야 한다"고 발언했고, 1999년 10월에는 전윤철 공정거래위원장이 전경련의 개조 필요성을 주장했다. 32) 또 2000년 1월에는 이헌재 재정경제부 장관이 전경련을 해체해야 한다고 말했다. 참여 정부 들어와서도 그러한 비판은 계속되고 있다. 참여 정부 출범을 눈앞에 둔 2003년 2월, 김효석 민주당 제2정책조정위원장은 전경련 지도부의 교체와 기능전환을 주장했다. 33) 중소기업협동조합중앙회장 출신의 박상희 민주당 의원도 《오마이뉴스》(2003. 1. 14)와 가진 인터뷰에서, "전경련이야말로 스스로 해체의 길을 모색하는 것이 어떨까 한다. 전경련은 재계를 위해 대변하는 것이 아니라 전경련 조직 스스로를 위해 존재하기 때문이다"고 했다.

심지어 재계 내부에서도 전경련 무용론, 경제단체 통폐합론, 상공회의소 맏형론 등이 불거져 나오기 시작했다. 예컨대 2002년 9월, 무역협회 김재철 회장은 경제단체 통합의 필요성을 주장했고 상공회의소 박용성 회장은 2000년 5월에 "앞으로 경제단체를 나열할 때 대한상공회의소를 맨 앞에 둬야 한다"고 주장했다. 전경련은 경제단체 연합회가 아니라 '재벌총수들의 사적 모임체'에 불과하며, 재벌이 한국 경제에 입힌 폐해도 심각했던 만큼, 재계의 맏형 자리는 외국에서처럼 대한상의가 맡아야 한다고 주장했다(《프레시안》, 2003. 1. 13, "높아지는 '전경련 통폐합론'" 참조). 뿐만 아니라 최근 전경련은 회비징수도 어려움을 겪고 있다고 알려졌다.

---

32) 전윤철 당시 공정거래위원장은 한 공식모임에서 "전경련은 최근 재벌개혁에 대해 극단적 이기주의 행태를 보이고 있다"며 "오너 중심의 조직을 타파하는 문제를 심도 있게 재검토해야 할 것"이라고 주장했다.

33) 그는 인터넷언론 《프레시안》(2003. 2. 4)과 가진 인터뷰에서 "전경련도 좀더 젊고 개방된 사고를 가진 사람들이 일하는 게 필요하다. 전경련의 패러다임도 새로운 시대의 패러다임에 맞게 달라져야 한다. … 지금까지 끌어온 책임자들은 좀 심하게 얘기하면 극우적 생각, 친기업적 생각을 가졌다. … 지금 전경련이 이야기하는 게 진정으로 기업을 위하는 길이라고 보지 않는다"고 말했다. 김효석 의원은 참여 정부 출범을 앞두고 참여 정부의 경제정책을 설계한 주요 인물이었다.

비록 전경련 위기가 출범과정과 이후 성장과정, 그리고 활동과정 안에서 배태되고 심화된 것임은 앞에서 지적한 바와 같지만, 그 위기가 김대중 정부 출범과 IMF 외환위기 이후 더욱 노골화된 것은 다음의 몇 가지 이유를 들어 설명할 수 있을 것이나.

첫째는 김대중 정부와 노무현 정부 등 재벌개혁을 강도 높게 선언한 개혁자유주의 정권의 출범이 전경련에게는 위기를 현재화한 요인으로 작용하였다고 할 수 있다. 김대중 정부와 노무현 정부는 박정희 정권 이래 재벌 중심의 경제성장을 추구한 권위주의 정권과는 계급기반을 달리한다고 볼 수 있다. 즉, 과거의 권위주의 정권들이 재벌에 계급적 기반을 두었다면 김대중 정부와 노무현 정부는 중소기업 혹은 합리적 전문 대기업, 그리고 중산층에 상대적으로 비중을 더 두었다고 할 수 있다. 나아가 두 정권은 자본가계급과 노동자계급 간의 균형 내지 사회적 합의를 추구했거나 추구한다고 할 수 있다. 그것은 정부의 일방적 비호하에서 경제적 부를 축적했을 뿐만 아니라, 정치적·사회적 영향력을 확대한 재벌과 전경련에게는 구조적 위협요인으로 작용하기에 충분하였다.

둘째는 1997년 이후의 재벌기업 연쇄부도와 그에 따른 IMF 외환위기 이후, IMF 외환위기 극복과정에서의 재벌개혁 프로그램이 더 이상 재벌체제와 전경련의 효율성을 담보할 수 없게 만들었다. 먼저 1997년에는 전경련의 주력 회원사였던 대규모 재벌들이 줄줄이 부도에 빠져들었다. 대우, 기아, 한보, 해태, 유원 등이 대표적이며, 2000년에는 현대그룹까지 경영난에 빠졌다. 그것은 전경련의 자원동원능력을 극도로 위축시켰으며, 곧 전경련 조직위기로 이어졌다. 그 결과 심지어는 전경련의 핵심 의사결정기구인 월례 회장단회의가 제대로 기능하지 못하는 경우도 적지 않게 발생할 정도였다. 34)

셋째는 회장의 연이은 비리연루 및 구속사건도 전경련 위기를 초래한 중요한 요인으로 작용하였다. 1999년 10월에는 당시 전경련 회장으로 있던 김우중 대우그룹 회장(1998~1999)이 분식회계와 부정대출 혐의를 받아 중도 하차했으며, 2004년 2월에는 손길승 회장이 SK그룹의 분식회계 혐의가 밝혀져 역시 중도 하차하였다. 35) 그러한 일련의 사태는 전경련의 도덕성에 치명적 타격을 가했다. 전경련이 부정과 부패의 본산이라는 오명에서 자유롭지 못하게 된 것이다. 36)

---

34) 전경련 회장단 회의에는 회장과 부회장을 포함해 20명 정도가 참석하는 회의체임에도 불구하고, 예컨대 2000년 11월의 전경련 회장단 회의에는 4명만이 참석하였다.
35) 손길승 회장은 불법 정치자금 제공혐의로 기소되어 징역 3년에 집행유예 4년의 1심 선고를 받았다.
36) 전경련 등의 재계단체를 출입하는 한 기자는 《월간 경영계》(2004. 4, 263권)에 기고한 "경제단체의 올바른 역할"이란 제목의 글에서, 경제단체들이 제 목소리를 내지 못하는 이유가 "우리 대기업들이 너무 약점이 많기 때

넷째는 유력한 재벌총수들이 전경련 회장직을 고사하는 바람에 중견재벌총수나 전문경영인이 회장직을 수행하게 되면서 강력한 리더십을 발휘하지 못하게 된 것도 위기를 증폭시킨 원인으로 작용하였다. 1999년 10월, 김우중 전경련 회장이 임기중에 중도 하차한 뒤 김각중 경방그룹 회장이 전경련 회장을 맡아 관리해 오다, 2000년 2월의 정기총회에서도 유력 재벌총수를 회장으로 영입하는 데 실패해[37) 김각중 회장이 재추대되었다. 2003년 2월에도 삼성의 이건희 회장, 현대·기아자동차의 정몽구 회장 등이 회장직을 수락하지 않으면서 결국 전문경영인인 손길승 SK그룹 회장에게 전경련 회장직이 돌아가게 되었다. 그러나 손길승 회장마저도 분식회계와 불법 정치자금 제공혐의가 확인되면서 2003년 10월에 전경련 회장직을 중도 사퇴하게 되었다. 결국 회장단의 최연장자인 강신호 동아제약 회장이 전경련 회장 대행을 맡게 되었지만 2004년 2월의 총회와 2005년 2월의 총회에서도 새 회장을 찾지 못해 계속 맡게 되는 등의 비정상 사태가 이어졌다.

다섯째, 전경련이 위기에 처하게 된 또 다른 요인으로는 전경련이 재계 전체를 통합해내는 리더십을 발휘하지 못하고 있는 점, 즉 전경련이 재계 전체의 이익보다는 회원사인 재벌들의 이익만을 지나치게 대변함으로써 재계의 통합적 리더십을 행사하는데 한계를 초래한 사실을 들 수 있다. 예를 들어 전문 경영인들로 구성된 '한국 CEO 포럼'은 2003년 6월 20일, 창립 두 돌 행사에 맞춰 발표한 "최근 국내 상황에 대한 '한국 CEO포럼'의 견해와 각오"라는 제목의 성명서에서 "합리적 세제개편, 공정경쟁질서의 정비, 기업지배구조 개선 및 기업투명성 강화 등 누적되어 온 문제점을 교정하기 위한 정책에 대해 투자 마인드 저해 등의 이유로 유보적 입장을 보이는 태도는 반시장·반기업적 계층을 확대시키고 사회통합을 더욱 어렵게 할 뿐"이라면서 재계를 대표한다는 전경련의 태도를 비판했다[《한겨레》(www. hani. co. kr), 2003. 6. 20 등록기사, "재계 내부 자성, 개혁 유보적 태도 잘못" 참조).

여섯째, 하지만 보다 중요한 것은 전경련의 지도부와 사무국, 그리고 부설기구들의 사회적 인식이 빠르게 민주화·다원화·탈냉전화되는 사회변화를 따라가지 못함으로써 정치적·사회적 고립을 자초하게 되었다는 사실에서 찾아야 할 것이다. 예컨대, 사회는 과거식의 정경유착이나 투명하지 못한 기업경영을 더 이상 용납하지 않고 있는데 대표적 재벌기업들이 여전히 분식회계나 비자금 조성, 정치권과의 유착 등에서

문"이라고 한 경제단체 임원의 말을 소개하고 있다.

37) 전경련의 회장직 수락을 요구받은 대부분의 재벌총수들이 그 요구를 고사하고 나선 것은 전경련-재벌과 정권 간의 갈등이 불거지면서 재벌기업의 경영에 부담을 줄 가능성 때문이라고 할 수 있다.

벗어나지 못하고 있다. 뿐만 아니라 지도부들이 낡은 냉전주의 사고에 매몰되어 개혁 자유주의 정권이 취한 최소한의 복지정책이나 사회통합정책에 대해서까지 사회주의적 이라거나 자유시장경제를 부정하는 정책 등으로 매도하기 일쑤였다. 예컨대 전경련의 김석중 상무는 참여 정부 출범 직전에 《뉴욕타임스》와 가진 인터뷰에서 참여 정부 인수위원회의 경제정책은 사회주의적이라고 비판함으로써 지탄을 받았으며,[38] 좌승희 한국경제원장은 2004년 10월 13일, 참여 정부의 경제정책은 물론 심지어 성매매방지 특별법안에 대해서까지 좌파적이라고 비판함으로써 시민사회의 불신을 샀던 것이다.[39] 또 전경련은 2004년 11월 7일, 정부와 여당이 추진중인 사립학교관련법 개정안에 대해 위헌 가능성을 거론하는 등 강력하게 반발하고 나서기도 했다.[40] 그리고 그러한 인식은 이미 다원화·탈냉전화·민주화된 시민사회로부터 낡은 냉전주의 사고, 기득권적 사고, 수구적 사고로 비판받게 된 것이다.

6. 맺음말

전경련은 지금 한마디로 위기라고 할 수 있다. 44년 역사를 통해 가장 심각한 위기라고 할 수 있다. 전경련이 위기라는 사실은 전경련의 안팎에서 폭넓게 공감되고 있을 정도다. 2005년 2월의 정기총회에서는 또다시 실세 회장을 선임하지 못하고, 손길승 회장이 불명예 퇴진했던 2003년에 회장단의 최연장자라는 이유로 회장 대행을 맡게 됐던 강신호 동아제약 회장을 회장에 재추대하였다. 부회장단은 제대로 구성도 하지 못했다. 뿐만 아니라 회원사들로부터도 신임을 제대로 얻지 못하고 있으며, 회비징수도 어려운 형편이다. 시민사회와 언론으로부터도 혹독한 비판에 직면해 있으며, 다른 재계단체들로부터도 권위를 도전받거나 비판받고 있다. 정부와의 관계에서도 과거처럼 정책 관철 능력이 크게 떨어져 있는 실정이며, 심지어 정부 관계자들로부터도 해체

38) 2003년 1월 10일, 전경련의 경제조사본부장인 김석중 상무는 《뉴욕타임스》와 가진 인터뷰에서 "인수위원회는 경제정책에서 대단히 위험할 수 있다. 그들은 경제체제의 급격한 변화를 원한다. 그들의 목표는 사회주의적이다"라고 말했다. 이 발언이 알려진 뒤, 대통령직 인수위원회는 전경련에 강력히 항의하면서 해명을 요구했고, 며칠 뒤(2003년 1월 13일) 전경련은 회장명의의 사과문을 인수위원회 측에 전달하기에 이르렀다.
39) 10월 13일, 한국경제연구원이 '경제 살리기의 전제조건'이라는 주제로 개최한 조찬 포럼에서 좌승희 원장은 참여 정부의 좌파적 정책을 소개하면서 최근 시행된 성매매금지법을 예로 들었다(《한국일보》, 2004. 10. 14).
40) 전경련은 이날(11월 7일) 회원사에 배포한 '전경련 이슈 페이퍼'를 통해, "여당의 사학법 개정안은 이사회의 권한을 대폭 제한하고 학교운영과 관련한 재단의 자율성을 제약해 사학의 존립 기반을 위협할 소지가 크다"고 주장했다(《동아일보》, 2004. 11. 8).

요구를 받고 있다.

전경련 위기는 IMF 외환위기 이후, 김대중 정부와 참여 정부로 이어지면서 두드러지기 시작했다. 하지만 그러한 위기들이 갑자기 생겨난 위기는 아니라고 할 수 있다. 이미 전경련의 출범과정부터 싹트기 시작해 전경련의 정치적·이데올로기적 활동과정에서 심화되어 온 위기요인들이 사회민주화 이행기와 패러다임 전환기에 증폭되고 현재화한 것이라고 할 수 있다. 40여 년 넘게 지속되어 온 전경련의 조직특성도 사회민주화 국면에서 전경련 위기를 심화시켰다고 할 수 있다.

따라서 전경련이 지금의 위기로부터 탈출하기 위해서는 환골탈태의 혁신을 필요로 한다. 무엇보다 중요한 것은 민주주의라고 하는 시대이념을 적극 수용하면서, 정치-경제-사회 운용의 새로운 패러다임에 맞춰서 조직운영 방식과 정부와의 관계, 그리고 타 재계단체 및 노동단체와의 관계 등을 근본적으로 재설정하는 것이다. 권위주의 정권과의 유착을 통한 특혜와 성장, 노동에 대한 배제-억압 정책에 대한 향수를 버려야 한다. 개발독재식 성장 패러다임에 대한 집착도 청산해야 한다. '총수 1인 지배 경영·황제경영·가족경영·분식회계·경영세습·문어발경영'을 핵심 특징으로 갖는 재벌체제에 대해 무비판적으로 옹호하는 식의 낡은 인식론과 기업관, 경영 패러다임을 그대로 간직하고서는 지금의 위기를 근원적으로 극복할 수 없다. 투명경영, 윤리경영, 혁신경영으로의 대전환을 선언하고, 회원사들에게도 강제할 수 있어야 한다. 기업경영문화를 근본적으로 혁신하는 국가적 과업에 앞장섬으로써만 전경련은 재계 구심으로서의 도덕적 리더십을 회복할 수 있고, 나아가 존재이유도 확보할 수 있을 것이다.

회원의 자율의사에 입각해 회원의 회비로 운영하는 임의단체이고 순수 민간단체이기 때문에 궁극적으로는 회원사들의 판단과 선택에 맡겨진 것이긴 하지만, 다른 재계단체와의 통합도 적극 검토해볼 만하다고 생각된다. 그동안 전경련의 실질적 구심역할을 해왔던 대형 재벌들(회장단)끼리도 갈등과 반목이 매우 심각한 수준이며, 중소 재벌들은 물론이고 타 재계단체들도 전경련의 재계 대표성에 의구심을 품고 있어서 전경련은 과거와 같은 지도력을 행사하지 못하고 있는 실정이다. 뿐만 아니라 회비징수도 원활하지 않고 회장선임조차 매우 어려운 사정이다. 전경련은 간신히 명맥만 유지하고 있는 실정이라고 할 수 있다. 그러한 문제와 위기가 근원적으로 해소되기 어려운 사정이라면, 다른 재계단체와의 통합을 모색해보는 것도 현실적 방안 가운데 하나로 검토해볼 수 있을 것이다.

제 5 장　재벌정책의 변화와 평가

1. 머리말

　　1970년대까지의 재벌정책이 성장논리에 기반하여 재벌육성에 중점을 두었다면, 1980
년대 이후 재벌정책은 재벌에 대한 규제를 강화하는 방향으로 선회하여 경제력집중
억제와 소유지배구조 및 재무구조의 개선에 주력하였다. 이와 같이 정부정책이 변화
되는 시점은 한국 재벌이 독점자본으로 성장하는 시기와 일치하는 것으로 평가된다.
한편 1997년 경제위기 이후 추진된 재벌정책은 한국 정부와 국제통화기금(IMF) 사이
에 체결된 합의내용을 기본으로 한다는 점에서 외국자본의 이해가 재벌정책에 반영되
었다고 할 수 있다.

　　그동안 정부의 재벌정책은 독점규제 및 공정거래에 관한 법률(이하 공정거래법이라
한다)을 근간으로 하면서 상법, 증권거래법, 주식회사의 외부감사에 관한 법률(이하
외감법이라 한다), 상속세 및 법인세법, 은행법, 금융지주회사법 등을 통해 추진되었
다. 또한 시기적으로 재벌정책은 정책의 주된 목표를 기준으로 판단할 때 경쟁제한 및
불공정거래행위 규제(1980~1986년), 경제력집중 억제(1987~1992년), 안정성제고

및 재무구조 개선(1993~1997년), 기업지배구조 개선(1998~2000년), 재벌총수 경영
권 보호(2001~2002년), 투명하고 공정한 경제시스템의 구축(2003~2004년) 등으로
구분할 수 있다.

이 연구의 목적은 1980년대 이후 추진된 재벌정책을 관계법령을 중심으로 정리하
고, 이를 토대로 재벌정책에 대한 평가를 시도하는 데 있다. 재벌정책에 대한 종합적
평가는 정책수단의 효과성 평가와 국민경제의 균형발전에 미친 영향에 대한 평가로
구성된다. 이 연구에서는 정책수단의 효과성에 대한 평가를 중심으로 재벌정책을 평
가하며, 재벌기업의 효율성, 안정성, 공평성 등이 평가의 주된 기준이다.

연구목적을 달성하기 위해 2절에서는 재벌정책의 시기별 특징을 살펴보고, 3절에서
는 재벌정책의 내용을 소유구조, 지배구조, 재무구조, 경제력집중 등으로 유형화하여
살펴본다. 4절에서는 재벌정책 평가를 시도한다.

2. 재벌정책의 시기별 특징

2.1.   경쟁제한 및 불공정거래행위 규제: 1980~1986년

정부의 대기업육성정책이 재벌에 대한 규제정책으로 전환되는 시점은 1980년 이후로
서 한국 재벌이 독점자본으로 성장하는 시기와 일치한다(이재희, 1999). 1960~1970
년대 경제개발정책을 통해 한국 재벌은 급격히 성장하였다. 1970년 30대 재벌의 계열
기업은 평균 4.1개(총 125개)에 불과하였으나, 1979년 13.7개(총 412개)로 증가하여
광공업 총 출하액의 35.2%를 차지하였다. 1980년 정부는 이른바 9·27 조치를 취하
여 주력기업을 제외한 재벌의 계열기업을 처분하도록 요구하였고, 동년 12월 31일 공
정거래법을 제정하기에 이르렀다.

공정거래법이 제정된 1980년 이후 1차 개정이 단행된 1986년까지의 재벌정책은 경
제력집중을 억제하기 위한 정책수단이 부재한 상태에서 주로 경쟁제한행위나 불공정
거래행위에 대한 규제에 집중되었다. 그 결과 1980년대 전반기를 통해 재벌집단으로
의 경제력집중은 심화되었다. 1987년 5대 재벌이 자산, 매출액 및 부가가치에서 차지
하는 비중은 각각 24.2%, 28.5%, 9.0%를 기록하였으며, 30대 재벌의 경우 각각
43.4%, 45.8%, 16.2%를 기록하였다(이상호, 2005).

2.2. 경제력집중 억제: 1987~1992년

이 시기의 재벌정책은 경제력집중 억제를 주된 목표로 추진되었으며, 공정거래법 1차 개정(1986년)과 2차 개정(1990년)을 통해 구체화되었다.

특히 1986년의 공정거래법 개정은 경제력집중 억제를 위해 지주회사의 설립금지, 대규모기업집단(자산총액 4천억 원 이상)의 상호출자 금지 및 출자총액의 제한, 금융·보험회사의 의결권 제한을 새로이 도입하였다. 또한 경쟁제한적 기업결합 감시를 강화하고, 계열회사에 대한 차별적 지원행위도 불공정거래행위의 규제대상에 포함시켰으며, 부당한 공동행위에 대한 과징금제도를 도입하였다.

1990년의 공정거래법 개정은 재벌에 의한 경제력집중 억제를 강화하기 위해 대규모 기업집단소속 금융·보험회사간 상호출자를 추가로 금지시키고 상호출자 금지에 대한 예외항목을 축소하였으며, 상호출자 금지 및 출자총액제한 위반행위에 대한 과징금제도를 신설하였다. 또한 불공정거래행위를 유형별 규제에서 포괄적 규제로 변경하고 부당한 공동행위에 대한 과징금제도를 신설하는 등 불공정거래행위에 대한 규제를 강화하였다.

〈표 5-1〉 재벌정책의 특징 (1987~1992)

주요 정책	정책수단
경제력집중 억제	• 지주회사설립 금지 • 상호출자 금지 • 출자총액의 제한 • 금융·보험사의 의결권 제한 • 기업결합의 감시 강화 • 대규모기업집단소속 금융·보험사간 상호출자 금지 • 상호출자 및 출자총액제한 위반행위에 대한 과징금 부과 • 불공정거래행위에 대한 포괄적 규제 • 부당한 공동행위에 대한 과징금제도 도입

2.3. 재무구조 개선 및 안정성 제고: 1993~1997년

이 시기의 재벌정책은 재벌기업의 재무구조 개선 및 안정성 제고, 독립경영 확보를 주된 목표로 추진되었으며, 공정거래법 3, 4, 5차 개정 및 은행법, 외감법, 증권거래법 등 관련법규의 개정을 통해 추진되었다.

먼저 1992년의 공정거래법 개정을 통해 대규모기업집단(계열사 자산총액의 순위가 1

〈표 5-2〉 재벌정책의 특징 (1993~1997)

주요 정책	정책수단
재무구조개선 및 안정성제고	• 채무보증제한대규모기업집단 지정 • 30대 재벌 계열사간 상호채무보증 축소(200% → 100%) • 30대 재벌기업의 출자한도액 하향조정(40% → 25%) • 출자총액제한제도 적용제외 확대 • 소유분산 우량기업집단에 대해 졸업제 적용 • 11~30대 재벌기업의 기업투자, 부동산 취득승인제도 폐지 • 10대 재벌에 대한 기업투자승인관련 제도 폐지 • 11~30대 계열사에 대한 바스켓 관리제 폐지 • 금융·보험사의 채무보증한도액 관리대상 제외 • 경쟁제한적 기업결합의 규제범위 확대 • 재벌기업의 계열분리요건 완화 • 부실기업관리의 실효성 제고 • 부당한 공동행위에 대한 과징금 인상 • 불공정거래행위 확대: 자금·자산·인력지원 • 상장기업의 감사선임·해임시 대주주의 권한 제한 • 상장기업의 소수주주권 행사요건 완화

위부터 30위까지의 기업집단) 소속 계열사에 대해 국내 계열회사에 대한 채무보증한도를 당해 회사 자기자본의 200% 이내로 제한하였고, 출자총액제한제도의 적용범위를 확대하였다. 1994년에는 11~30대 재벌기업의 기업투자 및 부동산 취득 승인제도를 폐지하여 여신규제를 완화하였지만, 부실징후 조기경보체제의 강화와 부실기업관리의 실효성 제고 등을 통해 부실여신에 대한 사전예방 및 사후관리를 강화하였다. 1994년의 공정거래법 개정과 1995년의 시행령 개정을 통해 30대 재벌기업의 출자한도액을 순자산의 40%에서 25%로 축소하면서 소유분산 우량기업집단에 대해서는 졸업제를 적용하였다. 이어 1996년 7월에는 11~30대 계열사에 대한 바스켓 관리제를 폐지하였다.

한편 1996년의 공정거래법 개정을 통해 대규모 기업집단의 계열사간 상호채무보증을 1998년 3월 31일까지 자기자본의 100%로 축소하도록 하고, 재벌계열사 중 금융업 또는 보험업을 영위하는 회사를 채무보증한도액 관리대상에서 제외하도록 하였다. 또한 불공정거래행위에 부당한 자금·자산·인력지원도 포함시키고, 과징금 적용범위를 확대하였다. 1997년에는 증권거래법의 개정을 통해 상장기업의 감사 선임·해임시 대주주 권한을 제한하고 상장기업의 소수주주권 행사요건을 완화하였다.

2.4. 지배구조 개선: 1998~2000년

이 시기의 재벌정책은 김대중 정부의 5+3원칙으로 집약된다. 1997년 12월 국제통화기금(IMF)은 한국 정부에 대한 구제금융의 조건으로 금융시스템에 대한 포괄적 구조조정 촉진, 기업간 상호지급보증 축소, 독립외부감사 강화, 결합재무제표 도입 등을 제시하였고, 김대중 정부는 이를 수용하였다. 김대중 대통령 당선자가 1998년 1월 4대 재벌총수와 합의한 주요 내용은 기업경영의 투명성 제고, 기업간 상호지급보증 해소, 재무구조의 획기적 개선, 핵심부문 설정과 중소기업의 협력관계 강화, 지배주주 및 경영진의 책임강화 등이며, 이는 1999년 8월 재벌개혁 '플러스 3원칙'(산업-금융자본의 분리, 순환출자와 부당내부거래의 억제, 변칙상속 차단)과 함께 김대중 정부 전반기의 재벌정책을 특징짓는다.

1998년의 공정거래법 개정을 통해 30대 재벌기업에 대한 출자총액제한제도를 폐지하고, 산업합리화 및 기업의 국제경쟁력 강화를 위해 필요한 경우 등의 예외조항을 두

〈표 5-3〉 재벌정책의 특징 (1998~2000)

주요 정책	정책수단
기업지배구조 개선	▪ 30대 재벌기업에 대한 출자총액제한제도 폐지 ▪ 30대 재벌의 계열사간 상호채무보증 금지 ▪ 재벌그룹간 교차보증, 순환식보증, 중첩적 채무인수행위 금지 ▪ 지주회사의 설립 및 전환의 제한적 허용 ▪ 금융지주회사의 설립 허용 ▪ 10대 재벌에 대한 바스켓 관리제의 폐지 ▪ 상장법인의 사외이사 비율 확대 ▪ 집중투표제의 도입 및 주주제안제도 도입 ▪ 상장기업의 소수주주권 행사요건 완화 ▪ 소수주주의 대표소송제기권 완화 ▪ 서면의결권 및 사외이사 중심의 감사위원회제도 도입 ▪ 의무공개매수제도 폐지 ▪ 상장기업의 자기주식취득한도 폐지 ▪ 결합재무제표 도입 ▪ 연결재무제표의 작성 의무화 ▪ 금융거래정보요구권의 도입 ▪ 부당한 공동행위에 대한 당연위법원칙의 적용 ▪ 대규모 내부거래의 이사회 의결 및 공시제도 도입 ▪ 불공정거래행위의 포괄적 규정 ▪ 분식회계 및 부실감사관련자에 대한 조치 강화 ▪ 증여세 부과대상의 확대 ▪ 포괄적 증여의제 과세제도의 도입

어 계열사간 상호채무보증을 금지하였다. 또한 2000년 2월 공정거래법시행령을 개정
하여 재벌그룹간 교차보증 및 순환보증, 중첩적 채무인수행위를 금지하였다.

1999년의 공정거래법 개정을 통해 지주회사의 설립 및 전환을 제한적으로 허용하였
지만, 채무보증제한 대규모 기업집단에 대해서는 지주회사 설립을 제한하였다. 또한
2000년 10월 금융지주회사법을 제정하여 금융지주회사의 설립을 허용하였지만, 재벌
그룹에 대해서는 은행지주회사의 설립을 금지하였다. 상법과 증권거래법을 개정하여
상장법인의 사외이사 비율을 확대하고, 집중투표제, 주주제안제도, 서면의결권 및 감
사위원회제도를 도입하고, 상장기업의 소수주주권 행사요건 및 소수주주의 대표소송
제기권을 완화하는 등 지배구조의 개선과 관련된 일련을 조치를 취하였다. 또한 상장
법인과 비상장법인의 합병에 대한 금융감독위원회의 사전등록제 폐지와 회사의 합병
절차 간소화 및 회사분할제의 도입을 통해 기업결합의 요건을 완화하는 한편 상장기
업의 의무공개매수제도 및 자기주식취득한도의 폐지 등을 통해 적대적 인수 및 합병
으로 인한 경영권 보호장치를 마련하였다.

한편 연결재무제표 작성 의무화, 결합재무제표, 금융거래정보요구권, 대규모 내부
거래의 이사회 의결 및 공시제도 도입, 부당한 공동행위에 대한 당연위법원칙 적용,
불공정거래행위의 포괄적 규정, 분식회계 및 부실감사관련자에 대한 처벌강화 등을
통해 재무구조 개선과 경영 투명성 제고를 도모하였다. 특히 2000년 12월 상속세 및
증여세법의 개정으로 포괄적 증여의제 과세제도를 도입하여 합병·분할·증자·감자
등의 자본거래를 이용하여 특수관계에 있는 자가 이익을 얻은 경우로서 그 이익이 법
에서 열거하고 있는 증여의제조항에서 정한 이익과 유사한 경우에는 증여세를 과세할
수 있도록 하였다.

2.5. 재벌총수 경영권 보호: 2001~2002년

이 시기의 재벌정책은 김대중 정부 전반기에 추진되었던 '재벌개혁' 기조가 후퇴하는
가운데 재벌총수의 경영권 방어에 집중되었다. 2002년 1월 공정거래법 개정을 통해
30대 기업집단에 대한 일괄지정제도를 폐지하고 행태별 규율방식으로 전환함에 따라
기존의 대규모기업집단은 상호출자제한, 출자총액제한, 채무보증제한 대상 기업집단
으로 분류되었다. 특히 2002년의 공정거래법 개정으로 출자총액제한제도는 실질적으
로 사문화되었으며, 재벌그룹 소속 금융·보험사의 소유주식에 대한 의결권을 확대함
으로써 재벌총수의 금융보험사를 통한 계열사 지배력이 증대되었다.

〈표 5-4〉 재벌정책의 특징 (2001~2002)

주요 정책	정책수단
재벌총수 경영권 보호	• 30대 기업집단 일괄지정제도를 행태별 규율방식으로 전환 • 출자총액제한제도의 시행 • 출자총액제한제도의 적용제외 확대 및 시한연장 • 출자총액제한기업집단 소속 계열사의 출자한도액 초과분에 대해 의결권 제한 • 상호출자제한기업집단 소속 금융·보험사의 소유주식에 대한 의결권 확대 • 지주회사의 요건 완화 • 금융거래정보요구권의 시한연장 • 동일인의 은행에 대한 주식보유한도를 4%에서 10%로 확대 • 동일인의 은행지주회사에 대한 주식보유한도를 4%에서 10%로 확대

2.6. 투명하고 공정한 경제시스템 구축: 2003~2004년

이 시기의 재벌정책은 2003년 12월 30일에 확정된 참여 정부의 '시장개혁 3개년 로드맵'에 집약되어 있다. 로드맵에 따르면 재벌기업에 대한 외부견제시스템 및 회계제도의 경우 상당한 개선이 이루어졌지만, 내부견제시스템(제도 및 운영)과 외부견제시스템의 실제작동수준, 기업집단의 소유 및 지배구조는 상당한 개선의 여지가 있는 것으로 평가되었다. 첫째, 재벌기업에 대한 내부견제시스템의 경우, 주주의결권의 행사방법(전화, 인터넷, 서면투표 등)이 다양하지 못하고, 사외이사의 비중과 독립성이 낮을 뿐만 아니라 이사회의 경영감시기능이 미흡한 것으로 평가되었다. 둘째, 외부견제시스템의 경우, 민사소송 등을 통한 경영진에 대한 책임추궁이 미흡하고, 투자자에 대한 정보제공이 부족할 뿐만 아니라 외부감사의 독립성이 낮은 것으로 평가되었다. 셋째, 지배주주가 적은 지분으로 계열사간 출자를 통해 지배권을 확장함으로써 실질소유권과 의결권 간의 괴리가 발생하고, 이는 궁극적으로 기업성과에 부정적 영향을 미치는 것으로 평가되었다.

이와 같은 평가를 토대로 노무현 정부는 '투명하고 공정한 경제시스템'의 구축을 위해 소유지배구조 개선, 투명·책임경영 강화, 시장경쟁 제고에 주력하였다. 첫째, 기업집단의 소유지배구조 개선을 위해 소유지배구조의 정보를 공개하고, 출자총액제한제도를 합리적으로 개선하며, 선진국형 지주회사체제로의 전환을 유도하였다. 둘째, 투명·책임경영의 강화를 위해 기업 내·외부의 견제시스템 및 회계투명성을 매년 측정하여 평가하고, 증권집단소송제의 도입, 회계법인의 교체 의무화, 전자투표제의 도입검토, 기업의 서면투표제 채택유도 등을 통해 기업 내·외부 견제시스템을 보완하고자 하였다. 또한 지배주주의 책임을 강화하기 위해 지배주주 보좌기구(구조조정본부

〈표 5-5〉 재벌정책의 특징 (2003~2004)

주요 정책	정책수단
투명하고 공정한 경제시스템 구축	• 상속 및 증여세의 완전포괄주의 도입 • 증권관련집단소송법 제정 • 카르텔 과징금 부과한도 상향: 매출액의 5% → 10% • 기업결합심사제도 개선 • 공정거래법 역외적용제도 보완 • 재벌집단의 비상장사 공시 강화 • 지주회사제도 보완 • 출자총액제한제도의 개선 • 계열금융사의 의결권 행사를 30%에서 15%로 축소 • 금융거래정보요구권을 3년 시한으로 재도입 • 손해배상청구제도 개선 • 공정거래법 위반행위 신고자에 대한 포상금제도 도입

등)의 기능·활동과 경비조달 및 사용내역, 계열사간 비용분담 계약을 공개하도록 유도하였다. 특히 산업자본의 금융지배에 따른 폐단을 차단하기 위해 금융회사 보유 자기계열사 주식의 의결권 제한, 금융회사의 계열분리청구제 도입, 대주주 등과의 거래 내역공시 및 이사회 의결 의무화 확대, 대주주 및 계열사에 대한 금융감독 및 검사 강화, 비상장금융회사의 투명성 강화, 대주주 및 주요 출자자의 자격요건 강화, 대주주 등에 대한 자산운용규제 강화 등 7개 과제를 추진하였다. 셋째, 시장경쟁 제고를 위해 경쟁제한적 규제를 개혁하고, 독과점 형성을 구조적으로 예방하며, 과징금의 상향 조정과 제보자에 대한 보상확대를 통해 카르텔을 차단하도록 하였다. 또한 법원의 손해액 인정제도를 도입하여 민사상 손해배상청구를 활성화하고, 공익소송제 도입을 중장기적으로 검토하며, 부당내부거래에 대해 대규모 직권조사를 가급적 지양하되 혐의가 있을 때 수시로 조사하도록 하였다.

2003년 12월 상속세 및 증여세법을 개정하여 증여세의 완전포괄주의를 도입하였다. 또한 동년 12월 유가증권의 거래과정에서 발생한 집단적 피해를 효율적으로 구제하고 기업 투명성을 높이기 위해 '증권관련집단소송법'을 도입하고 2005년 1월부터 시행하기로 하였지만, 2005년 3월 법개정을 통해 과거 분식회계에 대한 집단소송 적용을 2년 동안 유예하도록 하였다. 특히 참여 정부의 '시장개혁 3개년 로드맵'을 추진할 수 있는 제도적 기반을 조성하기 위해 2004년 12월 공정거래법이 개정되었다. 개정된 공정거래법의 주요 내용은 〈표 5-5〉에 제시되어 있다.

3. 재벌정책의 내용

3.1. 재벌정책의 유형

1980년대 이후 시행된 재벌정책의 목표는 크게 소유구조·지배구조·재무구조 개선, 경제력집중의 억제 등으로 구분할 수 있으며, 특정 정책수단은 단일의 정책목표와 연관되는 것이 아니라 다수의 정책목표에 복합적으로 영향을 미쳤다고 할 수 있다.

첫째, 소유구조 개선과 관련된 정책수단으로는 지주회사설립 금지, 상호출자 금지, 출자총액제한제도, 금융·보험사 소유주식 의결권 제한, 소유분산 우량기업집단 지정, 상속 및 증여세의 포괄주의 등이 있다. 둘째, 지배구조 개선과 관련된 정책수단으로는 지주회사설립 금지, 상호출자 금지, 출자총액제한제도, 금융·보험사 소유주식 의결권 제한, 소수주주권 행사요건 완화, 사외이사 비중 확대, 집중투표제, 감사위원회제도, 결합재무제표 및 연결재무제표의 작성 등이 있다. 셋째, 재무구조 개선과 관련된 정책수단으로는 채무보증 제한, 계열기업군에 대한 여신한도 관리, 결합재

〈표 5-6〉 재벌정책의 분야별 효과

정책수단 / 정책목표	소유구조 개선	지배구조 개선	재무구조 개선	경제력집중 억제
기업결합의 제한				○
지주회사 설립금지	○	○		○
상호출자 금지	○	○		○
출자총액 제한	○	○		○
채무보증 제한			○	○
금융·보험사 소유주식 의결권 제한	○	○		○
상속 및 증여세의 포괄주의	○			
소수주주권 행사요건 완화		○		
사외이사의 비중 확대		○		
집중투표제		○		
감사위원회		○		
결합재무제표 및 연결재무제표		○	○	
부당한 공동행위의 제한				○
불공정거래행위의 금지				○

무제표 및 연결재무제표의 작성 등이 있다. 마지막으로 대부분의 정책수단은 경제력집 중의 억제와 직접 또는 간접적으로 관련되어 있지만, 특히 기업결합 제한, 상호출자 금지, 출자총액 제한, 채무보증 제한은 경제력집중 억제의 직접적 정책수단이라고 할 수 있다. 이외에도 지주회사설립 금지, 금융·보험사 소유주식 의결권 제한, 부당한 공동 행위 제한, 불공정거래행위 금지 등도 경제력집중과 관련 있는 정책수단으로 구분된다.

3.2. 정책수단의 변화 및 특징

3.2.1. 기업결합의 제한

독점완화규제와 함께 구조적 경쟁정책의 근간을 이루는 기업결합 제한은 소유권이나 경영권이 이전되거나 통합되는 결합(merger)과 취득(acquisition)은 물론 타 기업에 영 향력을 미치는 거래(생산자산의 구매, 자산 및 주식의 이전을 수반하는 합작사업, 임원 겸임 등)를 사전에 선별적으로 규제하는 것을 목적으로 한다(성소미, 2003). 기업결합 규제대상은 일정한 거래분야에서 경쟁을 실질적으로 제한하는 행위로서 기업결합 당 사회사들의 시장점유율(계열회사의 시장점유율을 합산) 합계가 시장지배적 사업자의 추정요건(1사업자 시장점유율이 50% 이상 또는 시장점유율이 10% 미만인 자를 제외한 3 이하 사업자의 시장점유율 합계가 75% 이상)에 해당하고 당해 거래분야에서 1위이며 2위 회사와의 점유율 차이가 시장점유율 합계의 25% 이상이면 실질적으로 경쟁을 제 한하는 것으로 추정한다. 또한 중소기업의 시장점유율이 2/3 이상인 거래분야에서 대 규모회사가 직접 또는 특수관계인을 통하여 행한 기업결합으로 인해 5% 이상의 시장 점유율을 가질 경우 경쟁을 실질적으로 제한하는 것으로 추정한다.

정부는 1980년 공정거래법 제정 이후 기업결합을 지속적으로 제한하였으나, 1998 년 이후 기업결합에 대한 제한을 완화하였다. 1980년에 제정된 공정거래법에서는 납 입자본금이 10억 원 이상이거나 총자산이 50억 원인 회사와 그 계열회사에 대해 기업 결합(주식취득, 임원겸임, 합병, 영업양수, 새로운 회사설립에의 참여 등)을 금지하였 지만, 산업합리화 또는 국제경쟁력 강화를 위하여 필요한 경우에는 예외적으로 인정 하였다. 1986년의 공정거래법 개정에서는 경쟁제한적 기업결합의 감시를 강화하여 대 규모기업집단에 속한 회사가 계열회사 또는 당해 회사의 특수관계인과 합하여 타 회 사주식을 20% 이상 취득할 경우 신고를 의무화하였다.

1996년의 공정거래법 개정에서는 기업규모에 관계없이 경쟁제한적 기업결합을 할 수 없도록 규제범위를 대폭 확대하였고, 금융보험업을 영위하는 사업자도 규제대상에 포함하였으며, 경쟁제한적 기업결합에 대한 추정조항을 도입하였다. 즉, 결합회사의 시장점유율 합계가 시장지배적 사업자 요건에 해당되고, 당해 거래분야에서 1위이며, 2위인 회사의 시장점유율과의 차이가 결합회사의 시장점유율 합계의 25% 이상인 경우에는 일정한 거래분야에서 경쟁을 실질적으로 제한하는 것으로 추정하였다. 단, 기업결합신고는 기업결합신고 대상회사(자산총액 또는 매출액이 1천억 원 이상인 회사)에 국한하고 사후신고제로 전환하였다.

그러나 공정거래위원회는 1998년 6월 15일 기업결합심사기준을 새로이 제정하여 경쟁을 제한하는 시장점유율 기준을 완화하고 예외조건을 확대하였다. 즉, 시장점유율 증가분이 미미(5% 미만)하거나 기업결합 후 1위와 2위 또는 3위와의 시장점유율 격차가 큰 경우에는 예외적으로 기업결합을 허용하였다.[1] 1998년 두 차례의 증권거래법 개정을 통해 상장법인과 비상장법인의 합병에 대한 금융감독위원회의 사전등록제와 상장기업의 의무공개매수제도를 폐지하였다. 또한 동년 12월 상법개정을 통해 회사합병절차를 간소화하였으며, 법인세법의 개정을 통해 합병법인이 피합병법인의 이월결손금을 승계할 수 있도록 하였다.

더욱이 공정거래위원회는 1999년 1월 6일 법개정을 통하여 대규모회사가 아닌 경우에 임원겸임을 허용함으로써 기업결합 범위를 축소하였다. 또한 '특수관계인 외의 자는 참여하지 아니하는 경우' 또는 '상법 제530조의 2(회사의 분할·분할합병) 제1항의 규정에 의한 회사설립에 참여하는 경우'에는 새로운 회사설립에의 참여를 허용하여 1개 회사 단독의 회사신설을 규제대상 기업결합의 유형에서 제외하였다. 특히 공정거래법 제7조 제2항의 기업결합 예외인정 판단기준을 포괄적으로 적용하여 사실상 자유로운 기업결합을 허용하였다. 즉, 기업결합으로 인한 효율성 증대효과가 경쟁제한으로 인한 폐해보다 큰 경우, 부실기업(상당기간 대차대조표상의 자산총계가 납입자본금보다 적은 상태에 있는 등 회생이 불가한 회사)과 결합하는 경우 등에 대해서는 예외를 인정하여 기업결합의 제한대상을 축소하였다. 또한 경쟁제한적 기업결합에 대한 과징금을 이행강제금제도로 대체하였다.

---

[1] 개정된 기업결합 심사기준에 따르면 취득회사와 피취득회사의 시장점유율의 합계가 50% 이상이거나, 3위 이내에 포함되고 상위 3사의 시장점유율 합계가 70% 이상인 경우에는 경쟁을 실질적으로 제한하는 것으로 판단하였다. 다만 3위 이내에 포함되고 상위 3사의 시장점유율 합계가 70% 이상일지라도 다음의 경우는 경쟁을 실질적으로 제한하지 않는 것으로 간주하였다. ① 결합회사의 시장점유율이 2위가 되는 경우: 시장점유율이 30% 미만이고 1위의 시장점유율과 상당한 격차가 있는 경우, ② 결합회사의 시장점유율이 3위가 되는 경우: 1·2위 간 또는 2·3위 간에 상당한 시장점유율 격차가 있는 경우, ③ 1·2위 간 및 2·3위 간 각각 시장점유율 격차가 상당하지 않고 3위와 시장점유율 격차가 상당하지 않은 4위가 있는 경우(공정거래위원회 고시 제1999-2호, 기업결합심사기준 참조).

한편 2004년 12월의 공정거래법 개정을 통해 대규모회사(자산 또는 매출액 2조 원 이상)의 주식취득에 의한 기업결합을 주식대금납입 이후 신고에서 대금납입 이전 신고로 전환함으로써 부당한 기업결합에 대한 시정조치 실효성을 제고하였으며, 심사연장기간을 현행 60일에서 90일로 확대하여 경쟁제한적이고 복잡한 기업결합에 대한 심사 충실도를 제고하였다. 또한 기업결합 당사회사 중 일방이 소규모기업(자산 및 매출액 30억 원 미만)인 경우 기업결합 신고의무를 면제하였다.

공정거래법이 시행된 1981년부터 2003년까지 신고된 기업결합건수는 총 7,341건에

〈표 5-7〉 기업결합건수 (1981~2003)

(단위: 건, %)

	전체 기업			대규모 기업집단[5] 소속기업		
	합계	계열[1]	비계열[2]	합계	계열[3]	비계열[4]
1992	-	-	-	64(100)	28(43.7)	36(56.3)
1993	123(100)	74(60.2)	49(39.8)	39(100)	23(59.0)	16(41.0)
1994	195(100)	74(37.9)	121(62.1)	65(100)	45(69.2)	20(30.8)
1995	325(100)	52(16.0)	273(84.0)	82(100)	19(23.2)	63(76.8)
1996	393(100)	137(34.9)	256(65.1)	110(100)	38(34.5)	72(65.5)
1997	418(100)	123(29.4)	295(70.6)	155(100)	44(28.4)	111(71.6)
1998	486(100)	196(40.3)	290(59.7)	137(100)	73(53.3)	64(46.7)
1999	557(100)	188(33.7)	369(66.3)	190(100)	67(35.3)	123(64.7)
2000	703(100)	152(21.6)	551(78.4)	237(100)	67(28.3)	170(71.7)
2001	644(100)	177(27.5)	467(72.5)	113(100)	46(40.7)	67(59.3)
2002	602(100)	165(27.4)	437(72.6)	174(100)	64(36.8)	110(63.2)
2003	589(100)	193(32.8)	396(67.2)	198(100)	83(41.9)	115(58.1)
총계	7,341(100)	2,616(35.6)	4,725(64.4)	2,549(100)	1,073(42.1)	1,476(57.9)

주: 1) 계열회사간의 기업결합.
   2) 계열회사와 비계열회사 간 또는 비계열회사간 기업결합.
   3) 상호출자제한기업집단소속 계열회사간 기업결합.
   4) 상호출자제한기업집단소속 계열회사와 비계열회사 간 기업결합.
   5) 대규모 기업집단은 동일한 지배관계하에 있는 국내회사들(동일 기업집단 소속사들)의 자산총액(금융·보험회사는 자본금 또는 자산총액 중 큰 금액) 합계액이 2조 원 이상인 기업집단을 의미하며, 1987년 4월 1일 이전에는 30대 기업집단을, 이후 2002년 3월 31일까지는 대규모 기업집단을 기준으로 작성함.
자료: 공정거래위원회 홈페이지(http://www.ftc.go.kr) 참조.

<표 5-8> 유형별 기업결합 (1981~2003)

(단위: 건, %)

	합 계	수평결합	수직결합	혼합결합
1993	123(100)	36(29.3)	34(27.6)	53(43.1)
1994	195(100)	40(20.5)	24(12.3)	131(67.2)
1995	325(100)	58(17.9)	43(13.2)	224(68.9)
1996	393(100)	75(19.1)	70(17.8)	248(63.1)
1997	418(100)	78(18.7)	80(19.1)	260(62.2)
1998	486(100)	172(35.4)	107(22.0)	207(42.6)
1999	557(100)	150(26.9)	75(13.5)	332(59.6)
2000	703(100)	83(11.8)	37(5.3)	583(82.9)
2001	644(100)	92(14.3)	65(10.1)	487(75.6)
2002	602(100)	151(25.1)	65(10.8)	386(64.1)
2003	589(100)	151(25.6)	79(13.4)	359(61.0)
총 계	7,341(100)	1,700(23.2)	1,131(15.4)	4,510(61.4)

주: 수평결합은 경쟁관계에 있는 기업간의 결합, 수직결합은 원재료 수급관계에 있는 기업간의 결합, 혼합결합은 수평결합이나 수직결합에 해당하지 않는 기업결합이다.
자료: 공정거래위원회 홈페이지(http://www.ftc.go.kr) 참조.

달하였고, 이 중 35.6%(2,616건)는 계열회사간의 기업결합이고, 나머지 64.4%(4,725건)는 계열회사와 비계열회사 간 또는 비계열회사간 기업결합이었다. 동 기간에 대규모 기업집단에 의한 기업결합은 2,549건으로 전체의 34.7%를 차지하였다. 또한 대규모 기업집단소속 계열회사간 기업결합과 계열회사와 비계열회사 간 기업결합이 각각 1,073건(42.1%), 1,476건(57.9%)으로 기록되어 비계열회사와의 기업결합이 보다 활발히 전개된 것으로 나타났다.

한편 전체 기업을 대상으로 신고된 기업결합유형을 보면 1981년부터 2003년의 기간에 수평결합, 수직결합, 혼합결합의 비중은 각각 23.2%(1,700건), 15.4%(1,131건), 61.4%(4,510건)를 기록하였다. 수평결합의 추이를 보면 1997년 경제위기 직후 급격히 증가하여 1998년과 1999년에 각각 당해 연도 기업결합의 35.4%(172건)와 26.9%(150건)를 차지한 후 일시적으로 감소하였지만, 2002년과 2003년에 다시 25% 이상으로 증가하였다. 수직결합의 추이를 보면 1998년에 당해 연도 기업결합의 22.0%(107건)를 차지한 이후 2000년 5.3%(37건)으로 감소하였지만, 2001년부터 다시 증가세로 전환하였다.

전체 기업을 대상으로 한 기업결합의 수단을 보면 1981년부터 2003년의 기간에 신고된 기업결합 중 주식취득, 임원겸임, 합병, 영업양수, 회사신설의 비중은 각각 35.8%(2,629건), 12.4%(914건), 17.5%(1,284건), 9.6%(703건), 24.7%(1,811 건)를 기록하였다. 결합수단 추이를 보면 주식취득의 경우 1997년 경제위기 이후 그 비중이 감소하였지만, 2000년 이후 다시 30%대를 유지하였다. 임원겸임의 경우 2000년 이후 급격히 증가하여 2003년 당해 연도 기업결합의 28.3%를 차지하였다. 반면에 합병과 회사신설에 의한 기업결합은 1997년 경제위기 이후 그 비중이 급격히 하락하여 2003년에 각각 11.4%와 14.8%를 기록하였다.

대규모기업집단을 대상으로 신고된 기업결합 수단을 보면 주식취득, 임원겸임, 합병, 영업양수, 회사신설의 비중은 각각 32.9%(861건), 14.5%(379건), 16.6%(436 건), 11.0%(289건), 25.0%(654건)를 기록하였다. 결합수단 추이를 보면 주식취득의 경우 1997년 경제위기 이후 일시적 감소를 보인 후 2000년 이후 이전의 비중을 보였다. 임원겸임의 경우는 2000년 이후 급격히 증가하여 2003년 당해 연도 기업결합의 41.4%

〈표 5-9〉 기업결합의 수단

(단위: 건)

	전체 기업						대규모 기업집단소속 기업					
	합계	주식취득	임원겸임	합병	영업양수	회사신설	합계	주식취득	임원겸임	합병	영업양수	회사신설
1993	123	29	2	55	13	24	-	-	-	-	-	-
1994	195	77	2	48	13	55	-	-	-	-	-	-
1995	325	142	4	48	10	121	-	-	-	-	-	-
1996	393	159	16	63	25	130	110	29	1	27	14	39
1997	418	130	27	75	23	163	155	38	12	37	10	58
1998	486	92	32	151	81	130	137	20	8	52	28	29
1999	557	146	42	145	111	113	190	34	12	46	61	37
2000	703	268	104	68	84	179	237	73	64	19	29	52
2001	644	234	177	73	62	98	113	33	51	8	9	12
2002	602	215	143	65	78	101	174	43	68	17	17	29
2003	589	215	167	67	53	87	198	47	82	16	21	32
총계	7,341	2,629	914	1,284	703	1,811	2,619	861	379	436	289	654

자료: 공정거래위원회 홈페이지(http://www.ftc.go.kr) 참조.

를 차지하였지만, 합병에 의한 기업결합은 급격히 감소하여 1999년 24.2%에서 2003년 8.1%를 기록하였다.

3.2.2. 상호출자 금지

상호출자 금지란 대규모 기업집단에 속하는 계열회사간에 직접상호주의 보유를 금지하는 것으로 실질적 자금의 도입 없이 가공적으로 자본금을 증액시키거나 계열기업 수를 늘려 가는 것을 방지하고자 마련된 조치이다.

1986년 공정거래법 개정을 통해 도입된 상호출자 금지 조항은 대규모 기업집단(자산총액 4천억 원 이상)에 속하는 회사로서 금융업 및 보험업을 영위하는 회사 이외의 계열사간 상호출자를 금지하였다. 단, 회사의 합병 또는 영업전부의 양수, 담보권의 실행 또는 대물변제의 수령, 실권주의 인수, 새로운 회사가 계열회사로 편입되는 경우 등에는 예외적으로 상호출자를 허용하였다. 1990년 공정거래법 개정을 통해 대규모 기업집단에 소속된 금융·보험회사간 상호출자를 추가로 금지시키고 실권주의 인수 및 새로운 회사가 계열회사로 편입되는 경우에 적용하던 예외조항을 삭제하였다. 또한 상호출자금지 위반행위에 대한 과징금제도를 신설하고, 과징금은 위반행위로 취득 또는 소유한 주식 장부가격의 10% 이내로 하였다.

상호출자 금지조항은 1990년에 개정된 이후 현재까지 그대로 유지되고 있다. 다만, 상호출자 금지의 규제를 받는 대규모 기업집단은 1993년에 30대 재벌로 변경되었으며, 2002년에는 당해 기업집단에 속하는 국내회사들의 상호출자제한 기업집단 지정 직전 사업연도의 대차대조표상의 자산총액의 합계액이 2조 원 이상인 기업집단으로 변경되었다.

한편 공정거래법 이외에 상법과 증권거래법에서도 계열회사간 직접상호주의 보유를 규제한다. 상법(제342조의 2)에서는 모회사(자회사 발행주식의 50% 이상을 보유한 회사)의 주식을 자회사가 취득할 수 없도록 규정했다. 단, 주식의 포괄적 교환, 주식의 포괄적 이전, 회사합병 또는 자회사의 영업 전부를 양수할 때, 회사의 권리를 실행함에 있어 그 목적을 달성하기 위해 필요한 경우 등에는 예외적으로 직접상호주의 보유를 허용한다. 또한 1998년 2월 외국인에게 적대적 M&A를 허용함에 따라 국내기업의 경영권 방어기회를 부여하기 위해 1999년 2월 증권거래법의 개정을 통해 상장기업간 직접상호주의 소유한도를 폐지하였다. 따라서 공정거래법 제9조(상호출자의 금지 등)의 적용대상에서 제외되는 기업집단 소속 계열회사간에는 50% 미만의 직접상호주를 보유하는 것이 허용되었다(임영재, 2003: 174).

3.2.3. 출자총액 제한

1986년에 도입된 출자총액 제한제도는 직접적 상호출자 규제만으로는 규제가 불가능한 재벌의 불합리한 계열확장을 제한하기 위한 조치로서 계열사간 순환출자를 규제대상으로 한다.

1986년에 개정된 공정거래법은 대규모기업집단에 속한 계열회사가 타 회사에 출자할 수 있는 총액을 순자산액의 40%로 제한하였다.[2] 단, 공업발전법 또는 조세감면규제법에 의한 합리화계획 또는 합리화기준에 따라 주식을 취득 또는 소유하는 경우, 취득 또는 소유하고 있는 주식에 대한 신주배정 또는 당해 주식에 대한 주식배당으로 주식을 취득 또는 소유하는 경우, 담보권의 실행 또는 대물변제의 수령에 의해 주식을 취득 또는 소유하는 경우에는 일정기간 이내에서 한도액 초과를 허용하였다.

1990년 대규모 기업집단소속 계열회사의 출자총액 제한 위반행위에 대해 과징금제도를 도입하고, 과징금 규모는 위반행위로 취득 또는 소유한 주식장부가격의 10% 이내로 제한하였다. 이어서 1992년 공정거래법 개정을 통해 보유주식 평가액이 증가하여 출자한도액을 초과하는 경우 및 산업의 국제경쟁력 강화를 위해 필요한 경우에는 출자총액제한제도를 적용하지 않도록 하였다.

1994년에는 30대 재벌기업에 속하는 회사의 타 기업 출자한도액을 순자산액의 40%에서 25%로 축소하고, 소유분산 우량기업집단 또는 사회간접자본시설에 대한 사업을 영위하기 위해 설립된 회사의 주식을 취득·소유하는 경우에 대해서는 출자총액 제한제도를 적용하지 않도록 하였다. 또한 1996년에는 출자총액 산정시 장부가격 기준을 취득가액 기준으로 대체하였다.

한편 1998년 2월 공정거래법 6차 개정을 통해 30대 재벌기업에 대한 출자총액제한제도를 폐지하였다. 당시 공정거래위원회는 결합재무제표의 조기도입, 계열사간 상호채무보증 금지, 적대적 M&A 허용에 따른 기업들의 무분별한 사업다각화 가능성 감소, 출자총액 제한에 따른 기업구조조정 제약, 외국기업에 대한 국내기업의 역차별 등을 출자총액제한제도 폐지의 주된 이유로 제시하였다. 출자총액 제한폐지로 인해 재벌그룹에서 사업지주회사의 역할을 해온 회사들은 총자산의 50%를 초과하지 않는 범위에서 다각화 및 계열사에 대한 출자를 자유롭게 할 수 있게 되었다.

출자총액제한제도가 폐지된 이후 재벌에 의한 출자총액이 급격히 증가하였다.

---

2) 순자산액은 직전 사업연도의 대차대조표에 표시된 자산의 총계에서 부채의 총계 및 국고보조금과 직전 사업연도 종료일 현재 당해 회사에 대하여 출자하고 있는 계열회사의 출자금액(소유주식 수에 1주당 액면가액을 곱한 금액)을 공제한 금액이다.

〈표 5-10〉 대규모 기업집단의 연도별 출자총액 및 순자산 변동 추이 (4월 1일 기준)

(단위: 십억 원, %)

	5대 재벌			5대 이하 재벌			전 체		
	순자산액	출자총액	출자비율	순자산액	출자총액	출자비율	순자산액	출자총액	출자비율
1987	4,038	1,920	47.6	3,438	1,337	38.9	7,476	3,257	43.6
1988	4,588	2,006	43.7	5,583	1,732	31.0	10,171	3,738	36.8
1989	6,123	2,428	39.7	10,852	2,340	21.6	16,975	4,768	28.1
1990	9,353	3,415	36.5	12,016	3,431	28.8	21,369	6,846	32.0
1991	11,776	4,246	36.1	13,494	3,690	27.3	25,270	7,936	31.4
1992	14,548	4,636	31.9	17,299	4,090	23.6	31,847	8,726	27.4
1993	16,553	5,011	30.3	12,592	3,147	25.0	29,145	8,158	28.0
1994	21,828	6,138	28.1	14,272	3,545	24.8	36,100	9,683	26.8
1995	26,770	6,941	25.9	16,114	4,351	27.0	42,884	11,292	26.3
1996	34,795	8,349	24.0	20,036	5,222	26.1	54,831	13,571	24.8
1997	39,093	9,782	25.0	22,250	7,094	31.9	61,343	16,876	27.5
1998	40,800	11,320	27.7	18,432	6,354	34.5	59,232	17,674	29.8
1999	70,062	19,836	28.3	26,670	10,105	37.9	96,732	29,941	30.9
2000	95,344	31,244	32.8	44,266	14,694	33.2	139,610	45,938	32.9
2001	84,078	33,040	39.3	58,687	17,802	30.3	142,765	50,842	35.6
2002	82,657	22,209 (13,794)	26.9 (16.7)	35,159	13,978 (4,749)	39.8 (13.5)	117,816	36,187 (18,543)	30.7 (15.7)
2003	91,088	19,558 (11,539)	21.5 (12.7)	31,032	13,368 (4,718)	43.1 (15.2)	122,120	32,926 (16,257)	27.0 (13.3)
2004	103,431	20,627 (11,970)	19.9 (11.6)	37,695	14,310 (4,016)	38.0 (10.7)	141,126	34,937 (15,986)	24.8 (11.3)

주: 1) 금융·보험업 영위회사를 제외한 수치임.

2) 출자비율=출자총액/순자산액.

3) 1997년의 경우 30대 재벌 중 기아(8위)와 한일(27위)이 제외된 수치임.

4) 1999년의 경우 출자비율은 자본총계 대비 출자총액의 비율임.

5) ( )안의 수치는 출자총액에서 적용제외 및 예외인정 출자액을 뺀 수치와 출자비율임.

6) 2002년 이후의 분석은 민간부문 출자총액제한기업집단만을 분석대상에 포함시켰으며, 5대 재벌의 분석에서도 상위 4대 기업집단(삼성, LG, SK, 현대자동차)만을 포함시켰음.

자료: 공정거래위원회(각 연도), 《대규모기업집단 주식소유현황》.

282

284

<표 5-11> 30대 재벌의 출자총액 증감내역

(단위: 조 원, %)

	합 계	유상증자	주식취득[1]	회사설립	신규지정 지정제외[2]	기 타[3]
1999. 4	12.2 (100)	8.8 (71.8)	2.2 (17.9)	0.9 (7.7)	-	0.3 (2.6)
2000. 4	16.0 (100)	8.2 (45.6)	7.4 (41.1)	2.2 (12.2)	△2.0	0.2 (1.1)
2001. 4	4.9 (100)	2.1 (41.2)	1.3 (25:5)	1.1 (21.6)	0.6 (11.7)	△0.2

주: 1) 계열사 신규편입, 기존계열사 주식매입, 비계열사 주식매입 등에서 주식매각을 차감.
2) 신규지정 기업집단의 출자총액에서 지정제외 기업집단의 출자총액 차감.
3) 전환사채 전환 및 주식평가익 등에서 주식평가손, 청산, 피합병 등을 차감.
자료: 공정거래위원회(각 연도), 《대규모기업집단 주식소유현황》.

<표 5-10>에서 보듯 1998년 4월 현재 17.7조 원이었던 30대 재벌의 출자총액은 1999년 4월 29.9조 원으로 증가하여 1년 사이에 68.9%의 증가율을 보였으며, 출자총액 제한제도가 재도입되는 2001년 4월 현재 50.8조 원으로 증가하여 1998년 대비 187%의 증가율을 기록하였다. 이러한 출자총액의 증가는 주로 유상증자 참여를 통해 이루어졌다. <표 5-11>에서 보듯 1998년 4월부터 1999년 4월의 기간에 증가된 출자총액(12.2조 원)의 71.8%인 8.8조 원이 유상증자를 통해 조달되었으며, 유상증자 가운데 계열회사에 대한 유상증자 참여가 8.2조 원으로 대부분을 차지하였다.[3] 2000년 4월부터 2001년 4월의 기간에는 30대 재벌의 출자총액이 4.9조 원 증가하였으며, 유상증자, 주식취득, 회사설립의 비중이 각각 41.2%, 25.5%, 21.6%를 차지하여 상대적으로 유상증자의 비중이 감소하고, 주식취득 및 회사설립의 비중이 증가하였다.

출자총액 제한제도의 폐지 이후 재벌그룹은 출자총액의 제한을 받지 않는 가운데 재벌총수 및 그 가족의 지분율을 상대적으로 축소시키면서 계열회사의 지분율을 증대시키는 방식으로 출자총액을 팽창시켰다. <표 5-12>에서 보듯 5대 재벌의 내부지분율은 1998년 4월 46.6%에서 1999년 4월 53.5%로 6.9% 증가하였다. 이는 6대 이하 재벌의 내부지분율이 동 기간에 2.2% 증가한 것과 좋은 대조를 이룬다. 내부지분율 변화를 구체적으로 살펴보면, 동 기간에 30대 재벌의 경우 재벌총수 및 그 가족으로 구성되는 동일인과 특수관계인의 지분율은 7.9%에서 5.4%로 2.5% 감소한 반면 계열회

3) 동 기간에 5대 재벌의 유상증자는 30대 재벌 전체 유상증자의 90%인 7.9조 원을 기록하였다. 5대 재벌의 계열회사 유상증자가 크게 늘어난 이유는 5대 재벌이 재무구조 개선을 위해 대규모의 유상증자를 실시했고, 동 증자물량의 상당부분을 계열회사가 인수했기 때문이다〔공정거래위원회(1999), 《대규모 기업집단 주식소유현황》 참조〕.

사의 지분율은 35.7%에서 44.1%로 8.4% 증가하였다. 특히 1999년 4월 현재 5대 재벌의 계열회사 지분율은 48.1%로 6대 이하 재벌의 34.8%를 크게 상회하였다.

이러한 소유구조 변화는 순환출자방식을 통하여 계열사에 대한 재벌총수의 지배력을 강화하고 경제력집중을 심화시키는 것으로서 당시의 재벌개혁 기조에 역행하는 결과였다. 이에 정부는 1999년 12월 8차 공정거래법 개정을 통해 대규모 기업집단(금융업 또는 보험업을 영위하는 회사 및 지주회사는 제외)에 대해 출자총액 제한제도를 부활하고 2001년 4월부터 시행하기로 하였다. 법개정을 통해 30대 재벌그룹에 속하는 계열회사의 출자총액은 당해 회사 순자산액의 25% 이내로 제한되었다. 단, 취득 또는

〈표 5-12〉 대규모기업집단의 내부지분율 현황

(단위: %)

	5대 재벌			5대 이하 재벌			전 체		
	총수일가 지분율	계열사 지분율	내부 지분율	총수일가 지분율	계열사 지분율	내부 지분율	총수일가 지분율	계열사 지분율	내부 지분율
1989	13.7	35.7	49.5	19.0	22.8	41.8	16.5	29.0	45.5
1990	13.3	36.3	49.6	17.1	25.2	42.3	15.3	30.5	45.8
1991	13.2	38.4	51.6	17.8	25.2	43.0	15.7	31.4	47.0
1992	12.2	38.8	51.1	17.9	24.6	42.5	15.3	31.0	46.4
1993	10.8	37.9	48.7	9.8	27.2	36.9	10.3	33.1	43.4
1994	9.0	38.5	47.5	10.4	26.6	37.0	9.6	33.1	42.7
1995	8.6	39.1	47.6	12.9	25.5	38.4	10.5	32.8	43.3
1996	8.2	39.7	47.9	12.8	26.9	39.7	10.3	33.8	44.1
1997	7.6	37.7	45.3	9.7	30.5	40.2	8.5	34.5	43.0
1998	7.0	39.6	46.6	9.3	32.0	41.3	7.9	36.6	44.5
1999	4.6	49.9	54.5	7.2	36.4	43.6	5.4	45.1	50.5
2000	3.8	41.0	44.9	5.6	35.6	41.2	4.5	38.9	43.4
2001	3.0	43.1	46.1	9.4	34.2	43.6	5.6	39.4	45.0
2002	3.3	42.1	45.4	7.2	27.3	34.5	6.3	30.8	37.1

주: 1) 내부지분율=(총수일가지분+계열회사지분)/자본금.
　　2) 2002년의 경우 5대 재벌은 삼성, LG, SK, 현대자동차, 현대이며, 5대 이하 및 전체에 대한 지분율은 출자총액 제한 기업집단과 상호출자 제한 기업집단 중에서 민간기업집단만을 대상으로 계산되었음.
자료: 공정거래위원회(각 연도), 《대규모기업집단 내부지분율 현황》.

소유하고 있는 주식에 대한 신주배정 또는 주식배당으로 신주를 취득 또는 소유, 담보권의 실행 또는 대물변제의 수령에 의해 주식을 취득 또는 소유, 사회간접자본시설에 대한 사업을 영위하기 위해 설립된 회사의 주식을 취득 또는 소유, 기업구조조정, 외국인 투자유치, 중소기업과의 기술협력을 위해 주식을 취득하는 경우로서 대통령령이 정하는 요건에 해당하는 경우에는 적용을 제외하였다. 또한 2001년에는 지주회사로 전환하거나 지주회사를 해체하기 위해 주식을 취득·소유하는 경우, 자산의 감소 또는 증가로 인해 출자한도액을 초과하는 경우에는 출자총액 제한제도의 적용을 받지 않도록 하였다.

한편 2002년 공정거래법 개정으로 30대 기업집단에 대한 일괄지정제도를 폐지하고 행태별 규율방식으로 전환하였다. 계열사간 상호출자가 금지되는 상호출자 제한 기업집단은 당해 기업집단에 속하는 국내회사들의 상호출자 제한 기업집단 지정 직전 사업연도의 대차대조표상의 자산총액의 합계액이 2조 원 이상인 기업집단으로 하였고, 상호출자 제한 기업집단으로 지정될 경우 자동적으로 계열회사에 대한 채무보증이 금지되는 채무보증 제한 기업집단이 되도록 하였다. 반면에 출자총액 제한 기업집단은 당해 기업집단에 속하는 국내회사들의 출자총액 제한 기업집단 지정 직전 사업연도의 대차대조표상의 자산총액의 합계액이 5조 원 이상인 기업집단으로 하였다. 또한 공기업 민영화 대상회사의 인수를 위한 출자에 대해 출자총액 제한제도를 적용하지 않고, 출자총액 제한 기업집단의 소속회사가 지정일 또는 편입일로부터 1년이 경과한 후에도 출자한도액을 초과하여 주식을 보유하는 경우에는 그 초과분에 대해 처분명령 대신 의결권을 제한할 수 있도록 하였다. 또한 기업구조조정의 촉진을 위해 구조조정관련 출자에 대한 출자총액 제한 예외인정 시한을 2001년 3월 말에서 2003년 3월 말로 연장하였다. 2002년 3월의 공정거래법 시행령 개정을 통해 출자총액 제한제도의 적용제외 범위를 부채비율 100% 미만의 기업집단, 회사정리 또는 채권단 관리절차가 진행중인 회사의 자산규모가 기업집단 자산총액의 50% 이상인 기업집단, 동종업종 또는 밀접한 관련업종 등으로 확대하였다.

2001년 4월부터 출자총액 제한제도가 부활하였지만, 2002년의 공정거래법 개정을 통해 출자총액 제한 기업집단의 규모가 축소되었을 뿐만 아니라 적용제외 및 예외인정 출자의 범위 또한 확대되었다. 그 결과 2002년 이후 출자총액의 제한을 받는 기업집단의 출자총액규모가 지속적으로 감소하였고 출자총액 제한의 적용제외 및 예외인정으로 인한 규제대상 출자비율도 크게 낮아졌다. 〈표 5-13〉에서 보듯 출자총액 제한을 받는 기업집단은 2002년, 2003년, 2004년에 각각 19개, 17개, 18개였으며, 이 중

〈표 5-13〉 출자총액제한 기업집단의 출자현황

(단위: 개, 조 원, %)

구 분	2002년			2003년			2004년		
	전 체	민간기업	공기업	전 체	민간기업	공기업	전 체	민간기업	공기업
기업집단 수	19	13	6	17	12	5	18	15	3
순자산	199.7	117.8	81.9	202.3	122.1	80.2	154.8	141.1	13.7
출자총액	55.0	36.2	18.8	51.3	32.9	18.4	35.1	34.9	0.1
적용제외	28.0	10.5	17.5	29.6	12.1	17.5	14.7	14.7	0.01
예외인정	7.1	7.1	0.0	4.6	4.6	0.0	4.3	4.3	0.0
출자비율(1)	27.55	30.71	23.00	25.34	26.96	22.88	22.67	24.76	1.09
출자비율(2)	9.95	15.74	1.63	8.46	13.31	1.07	10.42	11.33	1.01

주: 출자비율(1)=출자총액/순자산액. 출자비율(2)=(출자총액-적용제외-예외인정)/순자산액.
자료: 공정거래위원회(각 연도), 《출자총액제한기업집단 주식소유 현황 분석》.

공기업을 제외한 민간기업집단은 각각 13개, 12개, 15개에 달하였다. 4) 공기업을 제외한 민간기업집단의 출자총액은 2002년, 2003년, 2004년에 각각 36.2조 원, 32.9조원, 34.9조 원을 기록하였고, 순자산액 대비 출자총액 비율인 출자비율은 동 기간에 각각 30.71%, 26.96%, 24.76%를 나타내었다. 그러나 출자총액에서 적용제외와 예외인정으로 인해 정부규제를 받지 않는 출자액을 공제할 경우 민간기업집단의 규제대상 출자비율은 각각 15.74%, 13.31%, 11.33%로 축소되어 25%를 크게 밑돌고 있다. 〈부표 5-3〉에서 보듯이 2004년 4월 현재 출자비율이 순자산액의 25%를 초과하는 민간기업집단은 SK, KT, 한화, 현대중공업, 금호, 두산, 동부, 현대 등 8개에 달하지만, 규제대상 출자비율이 순자산액의 25%를 초과하는 기업집단은 현대뿐이다. 5)

2004년 4월 현재 출자총액 제한 기업집단의 출자총액 변동을 보면 2003년 4월에 비해 신규지정(0.9조 원)을 포함한 출자총액이 6.9조 원 증가한 반면 지정제외(18.2조원)를 포함한 출자총액이 23.1조 원 감소하여 전체적으로 16.2조 원 감소하였다.

---

4) 개별 기업집단의 출자총액 현황은 〈부표 5-1〉, 〈부표 5-2〉, 〈부표 5-3〉 참조.

5) 2004년 적용제외 출자액 14.7조 원의 구성을 보면 동종·밀접관련 출자(81.6%)가 가장 큰 비중을 차지하였고, 나머지는 SOC 민간투자법인 출자(9.7%), 공기업민영화(7.3%) 등이다. 예외인정 출자 4.3조 원의 구성을 보면 외국인투자기업 출자(62.1%)와 구조조정 출자(26.9%)가 큰 비중을 차지한 반면, 유상증자(6.0%), 신산업 출자(2.7%), 중소·벤처기업 출자(1.8%) 등은 매우 낮은 비중을 보였다〔공정거래위원회(2004), 《2004년 출자총액제한기업집단 주식소유 현황 분석》〕.

〈표 5-14〉 출자총액제한 기업집단의 출자총액 증감내역(2004. 4. 현재)

증가	신규 지정	증가요인							증가 금액	순증가 금액
		주식 취득	유상 증자	회사 설립	합병	계열 편입	기타	소계		
	0.9	3.2 (53.3)	2.1 (35.0)	0.2 (3.3)	0.4 (6.7)	0.02 (0.3)	0.07 (1.17)	6.0 (100)	6.9	△16.2
감소	지정 제외	감소요인							감소 금액	
		주식 매각	지주 회사 전환	구조 조정 절차	청산 피합병	계열 분리	기타	소계		
	18.2	2.9 (59.2)	0.07 (1.4)	0 (0.0)	0.6 (12.2)	0.3 (6.1)	0.9 (18.4)	4.9 (100)	23.1	

자료: 공정거래위원회(2004), 《2004년 출자총액제한기업집단 주식소유 현황 분석》.

〈표 5-14〉에서 나타나듯이 증가요인 가운데 신규지정으로 인한 변동부분을 뺀 나머지의 증가내역을 보면 주식취득과 유상증자가 각각 3.2조 원(53.3%)과 2.1조 원(35.0%)을 차지한다. 또한 감소요인 가운데 지정제외로 인한 변동부분을 뺀 나머지의 감소내역을 보면 주식매각(59.2%)이 가장 큰 비중을 차지한다. 따라서 유상증자를 출자의 주요 수단으로 활용하던 2002년 이전과 달리 2004년에는 주식취득이 출자의 주요 수단으로 활용되었다.

한편 정부는 2004년 12월 공정거래법 개정을 통해 출자총액 제한제도의 네 가지 졸업기준을 마련하였다. 즉, 내부견제시스템을 잘 갖춘 지배구조 모범기업, 지주회사 및 그 소속 자회사와 손자회사, 지배주주의 소유와 지배 간 괴리가 작은 기업집단, 계열회사 수가 적고 3단계 이상의 계열회사간 출자가 없는 기업집단에 대해서는 출자총액제한제도를 적용하지 않도록 하였다. 또한 적용제외 및 예외인정 범위를 확대하여 민간이 소유권을 갖는 방식의 SOC법인 출자에 대해서는 출자총액 제한제도의 적용을 받지 않도록 하였으며, 기업구조조정관련 출자(현물출자·물적 분할·분사 등)에 대한 예외인정을 부활하고, 기업구조조정·중소기업과의 기술협력·신산업 등에 대한 출자의 경우 예외인정 시한(최장 8년)을 폐지하였다. 마지막으로 외국인투자기업에 대한 출자의 예외인정요건을 강화(모든 외국인투자기업 → 단일 외국인이 10% 이상 보유)하되, 외국인투자자가 경영권 획득과 관련하여 악용할 소지를 차단하기 위해 단일외국인개념에 특수관계인을 추가하였다.

3.2.4. 채무보증제한

재벌소속 계열사간 또는 재벌집단간 채무보증 규제는 재무구조 건전성을 제고 또는 유지시키려는 정책으로서 1992년 공정거래법 3차 개정을 통해 도입되었디. 개정된 법률에 의하면 채무보증 제한 대규모 기업집단(자산총액의 합계액 순위가 1위부터 30위까지의 기업집단) 소속회사에 대해 국내 계열회사에 대한 채무보증한도를 당해 회사 자기자본의 200% 이내로 제한하였다. 단, 공업발전법 또는 조세감면규제법에 의한 합리화계획 또는 합리화기준에 따라 인수되는 회사의 채무와 관련하여 행하는 보증, 국내금융기관의 해외지점 여신에 대한 보증, 기업의 국제경쟁력 강화를 위해 필요한 경우의 보증 등에 대해서는 채무보증총액에 포함하지 않도록 하였다.

1996년 공정거래법 5차 개정을 통해 채무보증 제한 대규모 기업집단의 계열회사간 상호채무보증을 1998년 3월 31일까지 자기자본의 100% 이내로 축소하도록 하고, 재벌계열사 중 금융업 또는 보험업을 영위하는 회사를 채무보증한도액 관리대상에서 제외하였다.

1998년 공정거래법 6차 개정을 통해 30대 기업집단의 국내계열사간 신규 채무보증을 전면적으로 금지하고, 기존의 채무보증 해소시한을 다음과 같이 제시하였다. ① 1997년에 지정된 채무보증제한 대규모기업집단으로서 1998년에 채무보증 제한 대규모 기업집단으로 지정된 기업집단에 속하는 회사는 2000년 3월 31일, ② 1998년부터 2000년까지의 기간 중에 신규 지정된 채무보증 제한 대규모 기업집단에 속하는 회사는 2001년 3월 31일, ③ 2001년 이후에 신규 지정된 채무보증 제한 대규모 기업집단에 속하는 회사는 지정일부터 1년이 되는 날. 다만, 대통령령이 정하는 경우로서 금융감독원장이 해소시한의 연장을 요청하고 공정거래위원회가 필요하다고 인정할 경우 1년 이내의 범위에서 연장할 수 있도록 하였다.

2000년 4월 공정거래법시행령을 개정하여 2개 이상 재벌그룹이 담합하여 상대방 계열사에게 채무보증을 해주는 교차보증, 3개 이상의 재벌그룹이 순환식으로 돌아가며 보증을 서주는 순환보증, 한 계열사의 채무에 대해 다른 계열사가 공동채무자로 들어가 실질적 보증역할을 하는 '중첩적 채무인수행위' 등을 금지하였다. 이로써 대규모 기업집단에 속하는 회사는 원칙적으로 계열회사의 채무에 대해 보증을 할 수 없게 되었다.[6]

---

6) 2000년 4월 개정된 공정거래법시행령 제21조의 3(탈법행위의 유형 및 기준)에서는 채무보증 제한 대규모 기업집단에 속하는 회사가 국내금융기관에 대한 자기계열회사의 기존 채무를 면하게 함이 없이 동일한 내용의 채무를 부담하는 행위, 다른 회사로 하여금 계열회사에 대하여 채무보증을 하게 하는 대신 그 다른 회사 또는 그 계열회사에 대하여 채무보증을 하는 행위를 탈법행위로 간주하였다.

<표 5-15> 30대 재벌의 채무보증 현황(1993~2000)

(단위: %)

	5대 재벌		6~30대 재벌		전 체	
	채무비율(A)	채무비율(B)	채무비율(A)	채무비율(B)	채무비율(A)	채무비율(B)
1993	281. 3	380. 4	427. 1	594. 0	342. 4	469. 8
1994	125. 1	188. 2	238. 4	368. 3	169. 1	258. 1
1995	60. 6	107. 8	152. 6	251. 5	95. 2	161. 9
1996	33. 5	65. 9	95. 0	179. 4	55. 9	107. 3
1997	26. 3	58. 1	85. 1	151. 5	47. 7	92. 2
1998	23. 8	63. 0	73. 9	159. 2	39. 5	93. 1
1999	3. 0	6. 6	30. 0	69. 9	9. 7	22. 3

주: 채무비율(A) = (채무보증금액-채무보증제한 제외 금액)/자기자본.
　　채무비율(B) =채무보증금액/자기자본.
자료: 공정거래위원회(각 연도), 《대규모 기업집단 채무보증 현황》.

　　2002년 공정거래법 개정으로 계열사간 채무보증이 금지되는 채무보증제한 기업집단은 당해 기업집단에 속하는 국내회사들의 채무보증 제한 기업집단 지정 직전 사업연도의 대차대조표상의 자산총액의 합계액이 2조 원 이상인 기업집단으로 변경하였다.

　　재벌기업의 채무보증에 대한 정부의 지속적 규제로 인해 재벌기업의 채무비율이 크게 감소하였다. <표 5-15>에서 보듯이 5대 재벌의 경우 채무보증 제한을 받는 채무보증금액의 자기자본 비율[채무비율(A)]은 1993년 281.3%에서 1999년 3.0%로 감소하였고, 채무보증 제한 제외대상을 포함한 전체 채무보증금액의 자기자본 비율[채무비율(B)]도 동 기간에 380.4%에서 6.6%로 크게 감소하였다. 6~30대 재벌의 경우 채무비율(A)와 채무비율(B)는 동 기간에 각각 427.1%와 594.0%에서 30.0%와 69.9%로 감소하였다. 30대 재벌 전체의 경우 채무비율(A)와 채무비율(B)는 동 기간에 각각 342.4%와 469.8%에서 9.7%와 22.3%로 감소하였다. 이와 같은 채무비율 감소로 인해 재벌기업의 계열사간 상호채무보증이 상당히 해소되었고, 이는 재벌기업의 차입에 의한 방만한 경영과 선단식 경영을 억제하고, 계열사간 채무보증에 의한 연쇄부실의 위험성을 낮추는 데 크게 기여했다고 할 수 있다.

3.2.5.   지주회사

1986년 개정된 공정거래법에서는 제 7조의 2항(지주회사 설립 금지 등)을 신설하여 누구든지 주식소유를 통하여 국내회사의 사업내용을 지배하는 것을 주된 사업으로 하는 회사(지주회사)를 설립할 수 없으며, 이미 설립된 회사는 국내에서 지주회사로 전환할 수 없도록 하였다. 단, 법률에 의해 설립하는 경우 또는 외자도입법에 의한 외국인 투자사업을 영위하는 경우에는 예외적으로 지주회사 설립을 허용하였다.

1998년 3월 OECD의 지주회사에 대한 합법화 권고 이후 정부는 1999년 공정거래법 개정을 통해 지주회사 설립을 허용하였다. 단, 순자산액을 초과하는 부채액을 보유하는 행위, 자회사의 주식을 당해 자회사 발행주식총수의 50%(상장법인인 경우 30%) 미만으로 소유하는 행위, 자회사 외의 국내회사 주식을 대통령령이 정하는 지배목적으로 소유하는 행위, 금융지주회사인 경우 금융업 또는 보험업을 영위하는 회사 외의 국내회사의 주식을 소유하는 행위, 일반지주회사인 경우 금융업 또는 보험업을 영위하는 국내회사의 주식을 소유하는 행위, 일반지주회사의 자회사가 지배를 목적으로 다른 국내회사의 주식을 소유하는 행위 등을 금지하였다. 또한 채무보증 제한 대규모 기업집단에 소속된 회사를 지배하는 동일인 또는 특수관계인이 지주회사를 설립할 경우에는 지주회사와 자회사 간의 채무보증, 지주회사와 다른 국내계열회사 간의 채무보증, 자회사 상호간의 채무보증, 자회사와 다른 국내계열회사간의 채무보증을 해소하도록 하였다.

2000년 10월에는 금융지주회사법의 제정을 통해 금융지주회사의 설립을 허용하였지만, 재벌그룹의 은행지주회사 설립을 금지하였다. 2002년 4월에는 금융지주회사법의 개정을 통해 동일인의 은행지주회사에 대한 주식보유한도를 현행 4%에서 10%로 확대하여 은행지주회사에 대한 사전적 소유제한을 완화하고, 동일인이 금융감독위원회의 승인을 얻은 때에는 10%를 초과하여 은행지주회사의 주식을 보유할 수 있도록 허용하였다.

한편 2004년 12월 정부는 지주회사로의 설립 및 전환을 용이하게 하면서 지주회사 체제의 투명성을 제고시키는 방향으로 공정거래법을 개정하였다. 즉, 지주회사 전환 시 부채비율(100%) 충족을 위한 유예기간을 1년에서 2년으로 연장하고, 지주회사로의 전환유형 중 일부에 대해서만 인정하는 유예기간을 모든 유형에 대해 인정하였으며, 손자회사가 보유한 주식의 처분유예기간을 새로이 인정하였다. 또한 비상장 합작 자회사에 대한 자회사 지분율 요건을 50%에서 30%로 낮추었다. 지주회사체제의 투명성을 제고하기 위해서 자회사간 출자금지를 명문화하고, 자회사의 손자회사에 대한 지분율 요건을 신설(비상장회사 50%, 상장회사 30%) 하였으며, 지주회사의 경우 비계열회사의 주식을 5% 이상 소유하지 못하도록 하였다.

3.2.6. 금융·보험회사 소유주식 의결권 제한

1986년 공정거래법 1차 개정을 통해 대규모 기업집단에 속하는 회사로서 금융업 또는 보험업을 영위하는 회사는 취득 또는 소유한 국내계열회사 주식에 대하여 의결권을 행사할 수 없도록 하였다. 그러나 1992년과 2002년의 공정거래법 개정을 통해 금융업 또는 보험업을 영위하는 회사가 소유한 주식에 대한 의결권이 확대되었다.

1992년 공정거래법 3차 개정을 통해 금융 및 보험업을 영위하는 회사가 금융 및 보험업을 영위하거나 보험자산의 효율적 운용·관리를 위하여 관계법령에 의한 승인을 얻어 주식을 취득 또는 소유하는 경우에는 의결권의 제한을 받지 않도록 하였다. 또한 2002년 1월 공정거래법 10차 개정을 통해 의결권 제한의 예외를 확대하였다. 즉, 국내 계열회사의 주주총회에서 임원의 선임 또는 해임, 정관변경, 합병 및 양도 등의 사항을 결의하는 경우 금융업 또는 보험업을 영위하는 회사는 계열회사 발행주식총수의 30% 이내에서 의결권을 행사할 수 있게 되었다.

그러나 2003년에 공정거래위원회가 49개 상호출자 제한 기업집단 소속 85개 금융보험사에 대하여 2002년 1월 1일부터 2003년 7월 31일까지의 의결권행사 실태를 점검

〈표 5-16〉 회사별 법 위반 내역

기업집단	금융보험회사	피출자회사	주총일시
삼성	삼성카드	삼성에버랜드	2002. 3. 5
	삼성캐피탈	삼성에버랜드	2002. 3. 5
SK	SK증권	SK씨앤씨	2003. 3. 5 / 2003. 3. 26
코오롱	코오롱캐피탈	코오롱정보통신	2002. 3. 28 / 2003. 3. 21
		코오롱마트	2003. 4. 30
동원	동원증권	동원경제연구소	2002. 4. 2
		동원이스텔시스템스	2003. 2. 28
	동원캐피탈	동원엔터프라이즈	2002. 6. 20 / 2003. 6. 27
	동원투신운용	동원경제연구소	2002. 4. 2
4개 기업집단	7개사	7개사	12건

자료: 공정거래위원회(2003), 《상호출자제한기업집단 소속 금융보험사의 의결권제한규정 위반행위에 대한 조치결과》.

한 결과, 일부 금융보험사의 경우 적대적 M&A에 대한 방어를 위해 의결권을 행사하기보다 계열확장의 수단으로 활용하였다. 〈표 5-16〉에서 보듯이 4개 기업집단 7개 금융보험사가 공정거래법 제11조(금융회사 또는 보험회사의 의결권 제한)의 규정을 위반한 것으로 나타났다. 이에 정부는 2004년 12월 공정거래법 개정을 통해 예외적으로 인정되는 금융 및 보험사의 의결권 행사범위를 2006년 4월 1일부터 매년 5%씩 축소하여 2008년까지 15%가 되도록 하였다.

3.2.7. 상속 및 증여세의 포괄주의

1996년 이후 정부는 공익법인에 대한 자기내부거래를 규제하고 증여의제의 범위와 대상을 지속적으로 확대하였다. 특히 1998년의 상속세 및 증여세법 개정을 통해 기존의 열거주의에 의한 과세방식을 포괄주의로 전환하여 재벌의 변칙적 증여수단을 차단하였다.

1996년 12월 상속세 및 증여세법 개정을 통해 공익법인의 사후관리와 증여의제에 대한 과세를 강화하고, 경영권이 반영된 주식에 대한 할증평가제도 및 비상장주식의 평가방법을 개선하였다. 첫째, 공익법인에게 면세한 증여세의 추징범위를 확대하여 공익법인의 임원, 당해 공익법인 및 그 출연자와 특수관계에 있는 법인과 그 임원이 보유하고 있는 주식을 증여과세가액의 계산에 포함하였다. 둘째, 증여의제에 대한 과세를 강화하기 위해 특수관계자로부터 전환사채를 취득한 경우 당해 전환사채를 주식으로 전환시 평가액과 전환사채의 인수가액의 차액을 증여한 것으로 간주하였다. 셋째, 비상장법인과 상장법인 간의 과세불형평을 시정하고, 주식양도 차익에 대해 과세하지 않는 제도를 보완하기 위해 주식에 대한 할증평가(10%) 대상에 상장법인과 장외등록법인을 추가하였다.

1997년 12월 상속세 및 증여세법 시행령의 개정을 통해 증여의제 과세대상을 확대하여 변칙증여 사례에 대한 과세를 강화하였다. 1998년 12월 상속세 및 증여세법 개정을 통해 법에서 열거한 증여의제와 유사한 거래는 대통령령에 구체적 과세요건을 정하지 않고도 과세할 수 있도록 하여 기존의 열거주의에 의한 과세방식을 포괄주의로 전환하였다. 법 제32조(증여의제 과세대상)의 개정으로 증여의제의 과세대상에 계산가능한 경제적 이익을 추가하였으며, 제42조(기타의 증여의제)의 개정으로 당초의 재산보유자가 제3자를 통하여 간접적으로 재산을 이전한 경우에도 재산보유자가 증여한 것으로 간주하였다. 또한 사전증여를 통하여 상속세 및 증여세의 누진과세를 회피하는 사례를 방지하기 위해 상속세와 증여세의 합산과세기간 및 증여재산 공개기간을

5년에서 10년으로 연장하였다.

1999년 12월 상속세 및 증여세법 개정을 통해 제41조의 3(주식 또는 출자지분의 상장 등에 따른 이익의 증여의제)을 신설하여 3년 이내의 기간에 증여 또는 양도된 주식이 상장되거나 전환사채가 주식으로 전환되는 경우 발생한 초과이익을 증여받은 것으로 간주하였다. 또한 2000년 12월 법 제39조의 2(감자에 따른 증여의제)를 신설하여 법인이 일부 주주의 주식 또는 지분을 소각함으로써 그와 특수관계에 있는 대주주가 이익을 얻는 경우에 그 이익에 상당하는 금액을 증여받은 것으로 간주하였다. 2002년 12월 법 제41조의 5(합병에 따른 상장 등 이익의 증여의제)를 신설하여 최대주주와 특수관계에 있는 자가 당해 법인의 주식을 증여받거나 유상으로 취득한 경우 또는 증여받은 재산으로 당해 법인의 주식을 취득하거나 다른 법인의 주식을 취득한 경우로 그 주식의 증여일로부터 3년 이내에 합병으로 인해 발생한 이익을 증여받은 것으로 간주하였다. 정부는 2003년 12월 상속세 및 증여세법을 개정하여 과세유형을 일일이 열거하지 않더라도 사실상 재산의 무상이전에 해당하는 경우에는 증여세를 과세할 수 있도록 하고, 기존의 증여의제규정을 증여재산가액의 계산에 관한 예시규정으로 전환하는 등 완전포괄주의를 도입하였다.

3.2.8. 소수주주권, 이사 및 감사제도, 결합 및 연결재무제표, 집단소송제

정부는 1990년대 중반 이후 소수주주권 행사요건의 완화, 이사 및 감사제도의 개선, 결합재무제표 및 연결재무제표의 작성, 증권관련집단소송제도 등을 통해 지배구조 개선과 경영투명성 제고를 도모하였다. 첫째, 1997년 1월 증권거래법의 개정을 통해 상장기업의 소수주주권 행사요건을 완화하였다. 〈표 5-17〉에서 보듯이 대표소송제기권 및 이사해임청구권 등을 행사할 수 있는 소수주주의 범위를 발행주식총수의 1% 이상의 주식보유자로, 회계장부열람권 및 주주총회소집청구권을 행사할 수 있는 소수주주의 범위를 1년 이상 발행주식총수의 3% 이상의 주식소유자로 하였다. 1998년 2월에는 증권거래법을 개정하여 대표소송제기권, 이사 및 감사 해임청구권, 회계장부열람권을 행사할 수 있는 소수주주의 지분비율을 각각 발행주식 총수의 0.05%, 0.5%, 1% 이상으로 완화하였다. 또한 동년 5월의 증권거래법 개정으로 6개월 전부터 계속하여 주권상장법인의 발행주식총수의 0.01% 이상에 해당하는 주식을 보유한 소수주주가 대표소송제기권을 행사할 수 있도록 하였다. 동년 12월에는 상법을 개정하여 대표소송의 당사자 요건을 발행주식총수의 5% 이상을 가진 주주에서 1% 이상의 주식을 가진 주주로 완화하였다.

〈표 5-17〉 소수주주권 행사지분

소수주주권	상법(비상장기업)	증권거래법(상장기업)	
	필요지분	필요지분	보유기간
대표소송제기권	1%	0.01%	
이사의 불법행위 유지청구권	1%	0.5% (0.25%)	6개월 이상
이사 및 감사의 해임청구권	3%	0.5% (0.25%)	
주주총회 주주제안권	3%	1% (0.5%)	
회계장부 열람청구권	3%	1% (0.5%)	
주주총회 소집청구권	3%	3% (1.5%)	6개월 이상
검사인 선임청구권	3%	3% (1.5%)	
청산인 해임청구권	3%	0.5% (0.25%)	

주: 1) 상법상의 필요지분은 1999년 시행기준요건임.
　　2) ( ) 안의 수치는 자본금 1천억 원 이상의 상장법인에 적용되는 필요지분임.
자료: 참여사회연구소(1999).

둘째, 이사 및 감사제도의 개선을 통해 지배구조 및 경영투명성 제고를 도모하였다. 1996년 12월 외감법을 개정하여 회계법인에 대한 공시제도를 도입하고, 상장법인에 대하여 3개 사업연도 단위로 외부감사인을 선임하도록 하였으며, 소유와 경영이 미분리된 회사, 산업합리화대상기업, 기타 공정한 감사가 필요하다고 인정하는 회사에 대하여는 증권관리위원회가 외부감사인을 선임하도록 하였다. 이어 1997년 1월에는 증권거래법을 개정하여 상장기업의 감사 선임·해임시 3%를 초과하는 대주주 본인과 그 특수관계인의 지분에 대하여 의결권 행사를 제한하고, 일정규모 이상의 상장기업에 대해 감사 1인을 상근하도록 하였다. 또한 1998년 2월 외감법 개정을 통해 상장법인과 대규모 기업집단 소속회사에 대한 외부감사의 공신력을 제고하기 위해 외부감사인선임위원회의 설치를 의무화하였다.

1998년 12월에는 상법을 개정하여 이사제도를 다음과 같이 변경하였다. 첫째, 회사에 대한 영향력을 이용하여 이사의 업무집행을 지시하거나 경영권을 사실상 행사하는 지배주주 등을 사실상의 이사로 간주하여 회사 및 제3자에 대해 이사와 함께 연대배상책임을 부담하도록 하였다. 둘째, 이사의 충실의무조항을 신설하여 이사책임을 강화하였다. 셋째, 주주의 적극적 경영참여와 경영감시를 강화하기 위해 발행주식총수의 3% 이상의 주식을 보유한 주주에게 주주총회의 목적사항(의제 또는 의안)을 이사에게 제안할 수 있는 권한을 부여하였다. 넷째, 소수주주의 이익을 대표하는 이사선임이 가능하도록 하기 위하여 2인 이상 이사의 선임시 의결권 있는 발행주식총수의 3% 이상의 주식을 보유한 주주의 청구가 있는 경우에 1주마다 선임할 이사의 수만큼 의결권을 갖도록 하고, 이를 이사후보자 1인에게 집중하여 행사할 수 있는 집중투표 방식에 의해 이사를 선임할 수 있도록 하였다.

1999년 11월에는 '외부감사 및 회계 등에 관한 규정'을 개정하여 첫째, 감리에서 지적받은 감사인은 2년 동안 증권선물위원회에 의해 감사인으로 지정되지 못하도록 하였으며, 감사보고서에 서명한 회계법인의 대표이사에 대해 조치할 수 있는 근거를 마련하였다. 둘째, 감사인에 대한 조치의 실효성을 제고시키기 위해 감리결과 발견된 위법행위에 대해서는 감사인, 공인회계사, 회사, 회사의 임직원 등을 고발 또는 수사 기관에 통보할 수 있는 근거를 명문화하였다. 셋째, 정당한 이유 없이 회사가 자료제출요구를 거부하거나 실지조사를 방해할 경우 또는 허위자료를 제출한 때에는 행정적 조치를 하거나 고발할 수 있도록 하였다.

1999년 12월에는 상법개정을 통해 주주들이 주총에 직접 참석하지 않더라도 서면으로 의결권을 행사할 수 있는 서면투표제와 사외이사 중심의 감사위원회제도를 도입하였으며, 2000년 1월에는 증권거래법을 개정하여 주권상장법인은 사외이사를 이사 총수의 25% 이상이 되도록 하되 최근 사업연도 말 자산총액이 2조 원 이상인 주권상장법인의 경우 사외이사를 이사 총수의 50% 이상이 되도록 하고 감사위원회의 설치를 의무화하였다. 또한 2000년 1월 증권투자신탁업법, 보험업법, 종합금융회사에 관한 법률을 개정하여 증권회사, 위탁회사, 보험사업자, 종합금융회사의 사외이사가 이사 총수의 50% 이상이 되도록 하였으며, 사외이사후보추천위원회의 총 위원 중 50% 이상을 사외이사로 구성하도록 하였다. 또한 관련회사의 감사위원회 설치를 의무화하고 총 위원의 2/3 이상을 사외이사로 구성하도록 하였다. 2000년 9월에는 증권거래법시행령을 개정하여 상장법인이 제출하는 사업보고서 및 유가증권신고서 등에 당해 회사의 이사회제도, 감사제도, 주주의 의결권 행사(집중투표제 및 서면투표제의 채택 여부, 소수주주권 행사 여부)를 공시하도록 하였다.

셋째, 1997년 국제통화기금(IMF)과 결합재무제표를 도입하기로 합의한 이후 결합재무제표 및 연결재무제표를 조기에 도입하였다. 1998년 1월 외감법 개정을 통해 기업집단결합재무제표의 도입시기를 1999년 1월 1일 이후 시작되는 사업연도로 결정하였으며, 동년 4월 외감법시행령을 개정하여 공정거래위원회가 지정하는 대규모기업집단 및 대규모기업집단에 속하는 회사를 결합재무제표의 작성대상자로 하였다. 2000년 3월에는 연결재무제표준칙을 개정하여 지배회사와 종속회사가 각각 비금융업종과 금융업종을 영위하는 경우에도 연결재무제표를 작성하도록 하고 연결범위를 법인의 실질지배력을 기준으로 규정하였다. 한편 동년 8월에는 '주식회사의 외부감사에 관한 규정'

개정을 통해 타 회사의 주식을 30% 초과하여 소유하면서 최대주주이지만 피투자회사가 타 기업집단에 속하는 경우에는 연결재무제표의 작성대상에서 제외하였다. 그러나 복수의 주식회사가 각각 30% 이상의 주식을 소유한 최대주주인 경우로서 그 중 한 회사가 피투자회사와 동일기업집단에 소속된 경우에는 연결대상에 포함되도록 하였다.

한편 2003년 12월 정부는 증권관련집단소송법을 제정하고 유가증권의 거래과정에서 발생한 집단적 피해를 효율적으로 구제하고 기업의 경영투명성을 높이고자 하였다. 증권관련집단소송법은 구성원이 50인 이상이고, 청구원인이 된 행위 당시를 기준으로 이 구성원의 보유 유가증권의 합계가 피고회사의 발행 유가증권 총수의 1/10,000 이상일 것, 법률상 또는 사실상의 중요한 쟁점이 모든 구성원에게 공통일 것, 증권관련집단소송이 총원의 권리실현이나 이익보호에 적합하고 효율적인 수단일 것 등을 소송허가요건으로 한다. 이 법은 2005년 1월부터 시행되었지만, 2005년 3월의 법개정을 통해 과거 분식회계에 대한 집단소송법 적용을 2년 동안 유예하였다.

3.2.9. 부당한 공동행위의 제한 및 불공정거래행위의 금지

정부는 공정거래법 제정 이후 부당한 공동행위 및 불공정거래행위에 대한 규제를 지속적으로 강화하였다. 첫째, 부당한 공동행위라 함은 일정한 거래분야에서 경쟁을 실질적으로 제한하는 사업자간의 행위로서 가격판매조건의 공동결정, 거래지역 및 거래상대방의 제한, 상품종류 및 규격의 제한, 사업자단체의 부당한 공동행위, 구성사업자의 불공정거래행위 등을 주된 내용으로 한다(공정거래법 제 19조: 부당한 공동행위의 금지). 정부는 1986년 공정거래법 개정을 통해 부당한 공동행위에 대한 과징금제도 (매출액의 1% 이내)를 도입하고, 1990년에는 사업자단체의 부당한 공동행위로 그 적용범위를 확대하였다. 1994년에는 부당한 공동행위에 대한 과징금 규모를 매출액의 2~10% 수준으로 인상하였지만, 1996년 12월의 법개정을 통해 산업합리화, 연구 및 기술개발, 불황극복, 산업구조조정, 거래조건 합리화, 중소기업 경쟁력 향상을 위해 행해지는 공동행위 등을 부당한 공동행위에서 제외하였다. 1999년에는 부당한 공동행위에 대해 당연위법원칙을 적용할 수 있도록 관련규정을 개정하였다. 2004년 12월의 공정거래법 개정을 통해 정부는 카르텔에 대한 과징금 부과한도를 관련 매출액의 5%에서 10%로 상향조정하였다. 또한 소비자 등 시장참여자의 적극적 법위반 감시기능을 활성화하기 위해 법위반행위 신고자에 대한 포상금제도를 새로 도입하였다.

〈표 5-18〉에서 보듯이 공정거래위원회가 적발하여 시정한 부당한 공동행위는 1981년부터 2003년의 기간에 총 441건에 달하였으며, 1993년 16건에서 2002년 47건으로

298

〈표 5-18〉 공동행위 유형별 시정실적

(단위: 건)

구 분	1981~1992	1993	1994	1995	1996	1997	1998	1999	2000	2001	2002	2003	계
가격의 공동결정·유지	45	11	13	20	27	14	33	29	37	32	31	16	308
판매조건 등의 공동결정	8	-	1	1	1	1	-	-	3	3	2	2	22
생산·출고 등의 제한	16	1	2	1	-	1	-	-	2	-	1	1	25
거래지역·거래상대방 제한	14	2	2	2	3	3	2	-	2	4	5	1	40
상품종류·규격의 제한	8	-	-	1	-	-	-	-	-	-	1	-	10
공동회사 설립	-	1	-	1	2	1	-	-	3	2	5	-	15
사업활동·내용의 제한	-	1	1	-	3	2	2	5	-	2	2	3	21
합 계	91	16	19	26	36	22	37	34	47	43	47	23	441

주: 1) 1981~1992년은 1개 사건당 위반유형이 2개 이상이 될 수 있음(1993년부터는 1개 사건당 대표위반유형 1개로 분류).
2) 1981~1992년까지는 시정권고 이상, 1993년 이후는 경고 이상.
자료: 공정거래위원회(2004), 《2004년 공정거래백서》.

증가한 이후 2003년 23건으로 감소하였다. 공동행위의 유형을 보면 총 441건 중 가격의 공동결정 및 유지행위가 308건(69.8%)으로 가장 많은 비중을 차지하였으며, 거래지역 및 거래상대방 제한(40건), 생산 및 출고 등의 제한(25건), 판매조건 등의 공동결정(22건), 사업활동 및 내용의 제한(21건), 공동회사 설립(15건), 상품종류 및 규격의 제한(10건)의 분포를 보였다.

둘째, 불공정거래행위란 부당하게 거래를 거절하거나 거래 상대방을 차별하여 취급하는 행위, 경쟁자를 배제하기 위해 거래하는 행위, 경쟁자의 고객을 자기와 거래하도록 유인하거나 강제하는 행위, 다른 사업자의 사업활동을 부당하게 구속하거나 방해하는 행위, 허위표시 및 광고행위 등을 포괄하는 것으로 공정거래법 제23조(불공정거래행위의 금지)에 구체적으로 명시되어 있다. 정부는 1986년 공정거래법 개정을 통해 계열회사에 대한 차별적 지원행위도 불공정거래행위의 규제대상에 포함하고, 1990년에는 불공정거래행위를 유형별 규제에서 포괄적 규제로 변경하였다. 1994년 12월에는 불공정거래행위에 대하여 당해 사업자에게 3천만 원 이하의 과징금을 부과하도록 한 규정을 "당해 위반행위가 있는 날부터 그 행위가 없어진 날까지의 기간에 있어서의 매출액의 2%를 초과하지 않는 범위 안에서 과징금을 부과"할 수 있도록 공정거래법을 개정하여 불공정거래행위에 대한 벌칙을 강화하였다. 1996년에는 특수관계인 또는 다른 회사를 지원할 목적으로 이들에게 가지급금·대여금·인력·부동산·유가증권·무체재산권 등을 제공하거나 현저히 유리한 조건으로 거래하는 행위를 불공정거래행위에 포함시킴으로써 적용범위를 확대하였다. 한편 2004년 12월에는 공정거래법 개정을 통해 국외에서 이루어진 행위라 하더라도 국내시장에 영향을 미치는 경우 우리나라의 공정거래법을 적용하도록 하였다. 또한 손해배상청구제도를 개선하여 법위반행위 피해자가 공정거래위원회의 시정조치와 상관없이 바로 법원에 손해배상을 청구할 수 있도록 '재판상 주장제한 규정'을 삭제하였으며, '손해액 인정제도'[7]를 새로 도입하였다.

셋째, 재벌집단의 계열회사는 자금 및 판로 등에서 계열사간 내부거래에 상당히 의존한다. 공정거래위원회(2004)에 따르면 13개 재벌그룹의 2003년 사업연도 매출액 395조 원 중 32.9%가 내부매출이며 계열사간 자금대차도 2002년에 비해 24% 이상 증가하였다. 계열사간 부당내부거래는 시장에서의 공정한 경쟁기반을 잠식하며, 부실계열사의 시장퇴출을 저해하는 가운데 재벌집단의 경제력을 비정상적으로 강화시키게 된다. 1996년 공정거래법의 개정을 통해 자금·자산·인력의 부당지원행위 금지조항(제23조 제1항 제7호)이 신설된 이후 정부는 1997년 7월 '부당한 지원행위의 심사지침'을 제정하였다. 1998년 12월에는 법인세법시행령을 개정하여 부당내부거래로 인해 세제상 규제를 받는 특수관계자 범위에 당해 법인경영에 대하여 사실상의 영향력을 행사하는 자와 대규모 기업집단 소속 계열회사를 추가하였고, 1999년 금융감독원은 부당내부거래에 대한 연계검사대상을 5대 재벌그룹의 24개 금융계열사로 확대하였다. 한편 정부는 2000년 4월 '대규모내부거래에 대한 이사회 의결 및 공시제도'를 도입하여 자산총액규모 10위까지의 대규모기업집단에 속하는 회사가 당해 회사자본금의 10% 이상 또는 100억 원 이상에 해당하는 내부거래를 할 경우에는 미리 이사회 의결을 거친 후 공시하도록 하였다. 2001년 4월부터는 내부거래 공시대상회사를 30대 재벌 소속 계열회사로 확대한 후 2002년 4월부터 상호출자 제한 기업집단의 소속계열사로 변경하였으며, 2003년 6월에는 '대규모 내부거래에 대한 이사회 의결 및 공시의무 위반사건에 관한 과태료 부과기준'을 제정하였다. 또한 1999년 1월 재벌계열회사에 대한 부당지원행위 조사와 관련하여 공정거래위원회에 2년간 한시적으로 금융거래정보요구권을 허용하고, 2001년 1월 3년을 연장한 후, 2004년 12월 3년을 시한으로 재도입하였다. 그러나 금융거래정보요구권에 대한 남용을 방지하기 위해 요구대상을 금융기관의 특정점포로 한정하고, 요구권 발동시 공정거래위원회의 의결을 의무화하였으며, 발동요건 등을 위반하여 정보를 요구한 자에 대한 형사처벌을 신설하였다. 또

---

7) 손해액 인정제도란 손해발생은 확실하지만 손해액의 입증이 곤란한 경우 법원이 변론의 전체 취지와 증거조사 결과를 감안하여 손해액을 인정할 수 있는 제도이다.

한 2004년 12월의 공정거래법 개정을 통해 자산규모 2조 원 이상의 대기업집단 소속 비상장·비등록 회사(금융·보험사 제외)에 대해 소유지배구조, 재무구조 및 경영활동과 관련된 중요사항 공시를 의무화하였다.

4. 재벌정책의 평가

재벌정책은 재벌의 과도한 경제지배력을 억제하여 국민경제의 균형 있는 발전을 도모하는 일련의 정책이라고 할 수 있다.[8] 이때 경제지배력은 재벌그룹의 소유·지배구조, 재무구조 및 경제력집중을 포괄하는 개념으로 재벌기업의 효율성, 안정성, 공정성과 관련되어 있다.

재벌정책에 대한 종합적 평가는 재벌의 경제지배력 억제를 위한 정책수단 평가와 경제지배력 억제와 국민경제의 균형발전 사이의 상호관계에 대한 평가로 구성된다. 이 연구에서는 정책수단 평가에 초점을 맞추어 총수일가의 최종지분율과 내부지분율의 차이, 부채비율, 경제력 집중도를 효율성, 안정성, 공정성에 대한 측정지표로 이용한다. 첫째, 김진방(2003)에 따르면 재벌그룹에서 소유와 지배의 괴리는 대리인 문제를 발생시켜 기업 효율성에 부정적 효과를 초래할 수 있으며, 그 괴리의 정도는 최종지분율과 내부지분율의 차이로 나타낼 수 있다. 둘째, 과도한 부채비율에 의한 재무구조 악화는 재벌그룹 소속 계열회사의 연쇄도산을 초래할 수 있다는 점에서 안정성에 대한 측정지표로 이용할 수 있다. 셋째, 재벌에 의한 경제력집중은 일반독점이나 시장독점뿐만 아니라 정경유착을 초래하여 공정한 경쟁을 저해할 수 있다(강철규, 1999; 최정표, 1999).

1987년 이후 정부는 상호출자, 채무보증, 변칙적 상속 및 증여, 불공정거래행위, 부당한 공동행위 등에 대한 규제를 지속적으로 강화하면서 소수주주권의 강화, 이사 및 감사제도의 개선, 결합재무제표 및 연결재무제표의 도입 등을 통해 재벌집단의 소유 및 지배구조, 재무구조를 개선하는 방향으로 재벌정책을 추진하였다.

그 결과 〈표 5-19〉에서 보듯이 금융업을 제외한 재벌집단의 부채비율은 1987년과 비교할 때 2002년의 시점에서 크게 감소하였다. 5대 재벌의 경우 1987년 480%에 달

---

8) 강철규(1999)는 재벌을 "총수 및 그 가족에 의하여 소유·지배되는 기업집단"으로 규정하고 있으며, 최정표 (2003)에 따르면 우리나라의 재벌정책이 "재벌들의 과도한 확장을 방지하여 이들에 의한 경제지배력을 축소시키려는 데 정책의 초점이 맞추어져 있다"고 하였다.

〈표 5-19〉 재벌의 부채비율

(단위: %)

	1987	1988	1989	1990	1991	1992	1993	1994	1995	1996	1997	1998	1999	2000	2001	2002
5대	480	426	333	350	364	370	314	310	307	355	473	336	149	162	127	122
6~30대	391	341	301	366	381	414	407	426	439	471	612	452	475	207	220	156
30대	437	364	319	357	371	388	350	358	356	398	517	369	216	178	157	134

주: 금융업 제외.
자료: 이상호(2005).

하던 부채비율은 2002년 122%로 하락하였으며, 6~30대, 30대 재벌집단의 부채비율도 동 기간에 각각 391%와 437%에서 156%와 134%로 하락하였다.

그러나 1990년대 이후 추진된 지배구조 개선 조치들은 다음과 같은 이유에서 그 효력이 매우 미약한 것으로 평가된다. 첫째, 재벌기업들은 "주총에서 결의하면 집중투표제를 도입하지 않을 수 있다"는 상법의 단서조항을 이용하여 집중투표제 배제조항을 정관에 신설함으로써 집중투표제를 사문화시켰다. 둘째, 사외이사 중심의 감사위원회 제도를 도입하였지만, 감사위원회 설치의 근거조항인 상법 제393조의 2를 통해 감사위원회는 결의된 사항을 각 이사에게 통지하여야 하며, 이를 통지 받은 각 이사는 이사회 소집을 요구할 수 있고, 이사회는 감사위원회가 결의한 사항에 대하여 다시 결의할 수 있도록 하였다. 이는 곧 감사위원회의 결정사항이 이사회에 의해 기각될 수 있는 것으로 감사위원회의 독립성을 무력화시키는 조항이라고 할 수 있다. 또한 지배주주에 의해 사실상 사외이사들이 선임되는 우리나라의 경우 감사위원회의 독립성을 기대하기는 매우 어려운 실정이다.

이와 같이 지배구조 개선이 미흡한 가운데 재벌그룹의 최종지분율과 내부지분율의 차이가 크게 나타나 1987년 이후 우리나라 재벌집단 지배구조는 오히려 견고해진 것으로 평가된다. 〈표 5-20〉에서 보듯이 4대 재벌의 최종지분율과 내부지분율의 차이는 2000년 이후 작아지는 경향이 있지만, 여전히 30% 정도를 기록하고 있다.

한편 1990년대 중반 이후 정부의 재벌정책은 기업결합 및 출자총액 제한제도 완화, 지주회사설립 허용, 금융회사 또는 보험회사의 의결권 확대 등을 통해 경제력집중과 관련된 규제를 완화하는 방향으로 추진되었다.

그 결과 〈표 5-21〉에서 보듯 5대 재벌이 자산 및 매출액에서 차지하는 비중은 1987년 24.2%와 28.5%에서 2002년 21.6%와 24.8%로 약간 감소하였지만, 전체 부가가치에서 차지하는 비중은 9.0%에서 15.4%로 크게 증가하였다. 반면 6~30대 재벌을 기

<표 5-20> 4대 재벌의 내부지분율 및 최종지분율

(단위: %)

재벌집단	구 분	1997	1998	1999	2000	2001	2002	2003
삼성, 현대 LG, SK	최종지분율(A)	10.41	10.61	6.41	5.79	6.69	7.86	7.33
	내부지분율(B)	37.47	42.05	32.31	37.87	37.26	37.89	36.20
	A-B	27.06	31.44	25.9	32.08	30.57	30.03	28.87

주: 최종지분율=총수일가 지분율÷(1-계열사 지분율)
자료: 김진방(2005).

<표 5-21> 재벌의 경제력집중

(단위: %)

	5대 재벌			6~30대 재벌			30대 재벌		
	자 산	매출액	부가가치	자 산	매출액	부가가치	자 산	매출액	부가가치
1987	24.2	28.5	9.0	19.2	17.3	7.2	43.4	45.8	16.2
1988	24.4	28.3	9.4	19.9	17.0	7.7	44.3	45.3	17.1
1989	25.4	28.6	12.0	20.2	17.5	8.7	45.6	46.1	20.7
1990	24.6	26.6	10.7	19.1	14.2	8.5	43.7	40.8	19.2
1991	23.8	26.9	10.5	19.0	14.4	8.4	42.8	41.3	18.9
1992	24.5	27.8	11.4	19.4	15.0	8.8	43.9	42.8	20.2
1993	24.4	28.1	11.8	18.9	14.0	8.9	43.3	42.1	20.7
1994	23.5	28.1	12.4	18.4	14.4	9.1	41.9	42.5	21.5
1995	25.3	30.4	14.6	19.4	15.3	9.3	44.7	45.7	23.9
1996	27.1	32.3	13.1	19.7	15.7	9.2	46.8	48.0	22.3
1997	29.4	32.4	13.3	17.0	13.6	7.5	46.4	46.0	20.8
1998	31.8	35.2	13.6	16.1	11.5	6.1	47.9	46.7	19.7
1999	24.9	30.1	12.2	14.9	12.7	8.2	39.8	42.8	20.4
2000	24.8	31.5	13.5	15.9	11.7	7.2	40.7	43.2	20.7
2001	21.4	28.2	13.3	14.5	11.3	5.3	35.9	39.5	18.6
2002	21.6	24.8	15.4	12.4	11.2	6.2	34.0	36.0	21.6

자료: 이상호(2005).

준으로 할 경우 동 기간에 자산 및 매출액 비중뿐만 아니라 부가가치 비중도 감소하였다. 자산, 매출액, 부가가치 비중은 동 기간에 각각 19.2%, 17.3%, 7.2%에서 12.4%, 11.2%, 6.2%로 감소하였다. 이와 같은 재벌집단의 차이를 반영하여 30대 재벌을 기준으로 할 경우 동 기간에 자산 및 매출액 비중은 각각 43.4%와 45.8%에서 34.0%와 36.0%로 하락했지만, 부가가치의 비중은 오히려 16.2%에서 21.6%로 증가하였다. 이는 곧 1987년 이후 2002년까지의 기간에 5대 재벌을 중심으로 경제력집중이 심화되었음을 의미한다.

이상의 분석결과를 종합할 때 1987년 이후 2002년까지 추진된 재벌정책은 재벌기업 재무구조 개선에 크게 기여했지만, 경제력집중 완화에는 기여했다고 할 수 없다. 더욱이 1987년 이후 재벌집단의 지배구조는 오히려 견고해진 것으로 평가되며, 이는 곧 재벌집단의 전반적 경제지배력이 증가했다는 것을 의미한다. 2003년 이후 노무현 정부는 '투명하고 공정한 경제시스템' 구축을 위해 소유지배구조의 개선, 투명·책임경영의 강화, 시장경쟁 제고에 주력하고 있다. 특히 재벌집단의 소유지배구조 개선과 관련하여 지주회사체제로의 전환을 유도하는 가운데 소유지배구조의 정보공개, 출자총액 제한제도의 합리적 개선, 증권관련집단소송제의 도입, 금융회사 보유 자기계열사 주식의 의결권 제한 등을 추진하였다. 향후 재벌정책은 소유지배구조의 개선에 집중하는 가운데 재벌의 경제지배력을 완화하는 방향으로 추진할 필요가 있다.

제 **6** 장 | **한국의 재벌관련 문헌 : 1945 ~ 2002**

1. 머리말

이 글은 부록CD에 수록된 재벌관련 문헌 데이터베이스를 중심으로 해서 1945 ~ 2002
년간의 재벌관련 자료와 연구흐름을 정리하여 분석한 것이다.

재벌은 해방 후 오늘날까지 한국 경제개발과정에서 가장 큰 수혜자로서, 한편으로
는 정책적 보호와 육성의 대상이었고 다른 한편으로는 정치적 견제와 규제의 대상이
었다. 재벌은 경제정책의 주요 대상이었을 뿐만 아니라, 사회적으로도 우리 사회의
지배세력이었다. 그리하여 재벌기업가의 일거수일투족은 여론의 찬사와 비판의 대상
이 되고, 재벌집안의 혼사며 상속문제 등은 세인의 흥밋거리였다.

그동안 우리 사회에서는 재벌에 대한 정책적 필요성이나 사회적 관심을 반영하여
많은 관련문헌이 발간되었다. 이들 문헌에는 재벌기업가에 관한 흥미 위주의 단행본,
잡지기사부터 재벌기업통계, 재벌 기업사, 재벌문제를 분석한 학술논문·저술 등까지
수많은 유형이 존재한다. 해방 이후 발간된 재벌관련 문헌 수가 정확하게 얼마나 되는
지 헤아리기 어렵다. 이번에 수집된 문헌 수는 연구문헌과 자료문헌을 합쳐 5, 742건

에 이르지만, 실제 문헌 수는 이보다 훨씬 더 많을 수도 있다.

이 글의 2절에서는 재벌관련 문헌의 수집과 정리방법에 관하여 설명한다. 여기서는 문헌의 범위와 방법, 문헌분류 등 문헌수집에 관련된 사항과 시기구분, 생산 주체, 주제 등 문헌정리에 관한 사항을 기술한다.

전체 재벌관련 문헌은 자료문헌과 연구문헌으로 나눌 수 있는데, 우선 3절에서는 자료문헌을 대상으로 하여 자료문헌 개요, 단행본과 잡지기사, 기업통계와 기업사 등의 차례로 기술한다. 4절과 5절은 연구문헌을 대상으로 한 것이다. 먼저 4절에서는 연구문헌 개요, 연구문헌 주제 등에 관해 기술하고, 5절에서는 연구문헌 특성을 생산 주체별로 기술한다. 먼저 국내문헌과 외국문헌의 특징을 비교한 다음 국내문헌을 각 주체별로 분석한다. 6절은 재벌관련 문헌이 학술적 영역에서 어떻게 활용되고 있는가 하는 문헌의 수요 측면을 조사한 것으로서, 국내 박사학위논문의 참고문헌을 대상으로 하여 참고문헌 개요, 주요 참고문헌의 주체별 특징 등을 기술한다. 7절은 맺음말로서 논의를 요약하고 연구과제를 제시한다.

2. 문헌의 수집과 정리

2.1.   문헌수집

2.1.1.   범위와 방법

시기적으로 1945년 이후부터 2002년까지 국내와 외국에서 간행된 재벌관련 문헌을 수집대상으로 하였다.

재벌관련 문헌의 범위를 어디까지 설정할 것인가는 실제로 매우 까다롭고 애매한 부분이 있다. 여기서는 원칙적으로 재벌의 역사, 재벌의 구조·행동·성과, 그리고 재벌관련 정책을 포함하는 실증적·경험적 문헌을 대상으로 하였다. 반면 한국 재벌에 관련된 실증적·경험적 내용이 포함되지 않은 순수 이론 문헌, 예컨대 기업론, 산업조직론, 기업집단론, 노사관계론, 독점자본론, 국가론, 경제발전론 등은 그것이 재벌연구의 이론적·방법론적 자원이라 하더라도 대상에서 제외하였다. 또 재벌관련 내용이 적어도 부분적으로 포함된 문헌은 모두 대상에 포함시켰으나, 가령 한국 경제를 다룬 실증적·경험적 연구들 가운데 재벌관련 내용이 포함되지 않은 문헌들은 대상에서 제외하였다.

재벌관련 문헌은 다음과 같은 과정을 거쳐 목록을 구성하였다.

첫째, ① 국회도서관자료(단행본/석·박사학위논문/국내학술잡지), ② 국립중앙도서관자료(일반도서/학위논문), ③ Keris 학술정보서비스의 전국대학소장자료(학술지논문/학위논문/단행본)를 검색하여 기본목록을 만들었다. 1)

둘째, 국외 재벌관련 문헌은 일본 혹은 동양권 문헌의 경우 앞의 과정에서 검색되었으며, 서양권 문헌은 Proquest Dissertation Unlimited 등 몇몇 검색장치를 활용하였다. 여기서는 검색어로 chaebol, chaebul, business group, Korea(n economy), East Asia(n economy)를 사용하였다. 그러나 검색결과가 만족스러운 것인지는 의문이 남으며, 향후 더욱 체계적인 문헌수집 방법이 강구될 필요가 있을 것으로 판단되었다. 미국 등 각 나라 국회도서관이나 동양학(한국학) 연구소의 데이터베이스를 활용하는 방법도 있을 것이다.

셋째, 재벌관련 박사학위논문을 가장 많이 배출한 서울대, 고려대, 연세대, 성균관대 등 4개 대학의 박사학위논문의 참고문헌 서지와 대한민국학술원에서 간행한 《학술총람: 경제학 편(1945~1992)》의 서지와 대조하여, 앞의 문헌목록에 누락된 부분을 보충하였다. 특히 서양문헌의 상당수는 이 과정에서 보충되었다. 전체적으로 첫째 및 둘째 과정에서 관련문헌의 90%가량이 수록되었고, 셋째 과정에서 나머지 10%가량이 보충된 것으로 판단된다.

---

1) 검색과정에서는 다음 7개 그룹, 100개 항목의 검색어를 사용하였다.
  ① 재벌, 기업집단, 기업그룹, 대기업, 대자본
  ② 총수, 기업가, 재계, 지배구조, 소유구조, 소유분산, 지주회사, 사외이사, 소액주주, 소수주주
  ③ 경영혁신, 재무구조, 부실기업, 부동산투기, 노무관리, 노동통제, 노사관계, (하)도급, 하청, 중소기업, 여신규제, 주거래은행, 제2금융(권), 외국인투자, 국제화, 세계화, 글로벌화, 대외진출, 종합상사
  ④ 계열(화), (상호)출자, (업종)전문화, 다각화, 내부거래
  ⑤ 산업정책, 기업정책, 노동정책, 중화학공업화, 민영화, 규제완화, 경제위기, 구조조정, 경제개혁, 경제민주화, 독점(금지), 독과점, 경제력(집중), 공정거래(법, 정책), 경제정의, (정경)유착, 정치자금, 비자금, 이익단체, 규제완화
  ⑥ 삼성, 현대그룹, 대우, 럭키, 금성, 엘지, LG, 선경, SK, 국제그룹, 한진, 쌍용, 롯데, 두산, 기아, 금호, 코오롱, 한국화약, 한화
  ⑦ 경제기획원, 재정경제부, 재무부, 상공부, 산업은행, 한국은행, 경제연구소, 경제연구원, 자유기업(원, 센터), 한국개발연구원, 산업연구원, 한국금융연구원, 한국조세연구원, 한국노동연구원, 전국경제인연합회, 전경련, (대한)상공회의소, (한국)노동조합(총연맹), 한국노총, 민주노총('전국민주노동조합총연맹'은 '노동조합'에서 검색), 경실련('경제정의실천연합'은 경제정의'에서 검색), 참여연대

2.1.2. 분류

국내외 재벌관련 문헌을 자료문헌과 연구문헌으로 나누어 분류하였다(〈표 6-1〉). 자료문헌에는 ① 단행본 자료, ② 잡지(계간지와 월간지) 기사, ③ 기업통계 자료, ④ 기업(집단)사 자료 등이 포함되며, 연구문헌에는 ① 단행본 연구, ② 박사학위논문, ③ 석사학위논문, ④ 일반학술논문 등이 포함된다.

자료문헌의 경우, 잡지기사는 월간지 이상의 잡지에 게재된 기사만 목록에 포함하였고, 일간지(《매일경제신문》, 《한국경제신문》 등)나 주간지(《주간매경》, 《이코노미스트》 등)에 개재된 기사 자료는 수록하지 않았다. 또 기업통계 자료는 재벌과 그 계열기업에 관한 내용이 포함된 문헌은 모두 수록하였으나, 증권회사 등에서 고객에게 참고용으로 배포하는 자료 등은 원칙적으로 제외하였다.

연구문헌의 경우, 출판된 문헌만 대상에 포함하였다. 따라서 정식으로 출판되지 않고 학회의 발표논문집 등에 수록된 논문 등은 원칙적으로 제외하였다. 한편, 여러 연구자가 쓴 논문을 모아 공저로 발간한 단행본 연구서는 각자의 논문을 별도로 목록에 수록하였으며, 《한국경제론》과 같이 전체로는 재벌관련 문헌이 아니지만 그 속에 재벌을 다룬 내용이 장 또는 절로 포함된 경우 그 장 또는 절은 별도로 수록하였다.

〈표 6-1〉 문헌분류

자료	bd	국 내	bd5	단행본 자료
			bd6	잡지기사 자료
			bd7	기업사 자료
			bd8	기업통계 자료
	bf	외 국	bf5	단행본 자료(외국)
			bf8	기업통계 자료(외국)
연 구	ad	국 내	ad1	단행본 연구
			ad2	박사논문
			ad3	석사논문
			ad4	일반학술논문
	af	외 국	af1	단행본 연구(외국)
			af2	박사논문(외국)
			af3	석사논문(외국)
			af4	일반학술논문(외국)

2.2. 문헌정리

2.2.1. 시기구분

한국 재벌의 역사에서 1980년, 1987년, 1998년은 특별한 의의를 지니는 시점이다. 1980년은 공정거래법(법률 제 3320호: 독점규제 및 공정거래에 관한 법률)이 처음 제정된 시점이며, 1987년은 33개 대기업집단을 대상으로 하여 상호출자 규제 등 경제력집중 문제를 중심으로 재벌규제가 처음 시행된 시점이다. 또한 1998년은 사외이사제 도입이나 소수주주권 강화 등을 포함하여 재벌에 대한 제도개혁이 전면적으로 시행된 시점이다.

이들 시점은 정치·경제적으로 다른 주요한 변화시점과 맞물려 있다. 우선 정치사적으로 1980년(유신체제 붕괴, 제 5공화국 수립), 1987년(6월 민주항쟁, 정치민주화), 1997년(수평적 정권교체)은 전환기적 의미를 지닌다. 경제적으로도 1980년은 민간 대기업들이 재벌체제의 모습을 갖춘 시점으로 정부 주도 경제개발이 전환기를 맞이한 시점이다. 1987년은 경제민주화의 기점이며, 1997년은 우리 경제가 IMF 관리하에 편입되고 경제제도 전반의 개혁이 시작된 시점이다.

이런 점을 고려하여 여기서는 1945년부터 2002년까지의 시기를 1979년 이전과 1980년 이후로 양분하고, 1980년 이후는 1980~1987년, 1988~1997년, 1998~2002년의 시기로 구분하였다. 다만 1990년대 초의 정권교체를 고려할 목적으로 1988~1997년의 10년간을 1988~1992년과 1993~1997년의 두 시기로 나누었다. 결과적으로 이 글의 시기구분은 ① 박정희 정권(1979년 이전), ② 전두환 정권(1980~1987), ③ 노태우 정권(1988~1992), ④ 김영삼 정권(1993~1997), ⑤ 김대중 정권(1998~2002)이라는 현대 정치사의 시기구분과 거의 일치한다.

2.2.2. 생산 주체

재벌관련 문헌의 생산 주체는 〈표 6-2〉와 같이 분류하였다. 1차적으로 국내와 외국으로 구분하는데, 모든 문헌은 생산된 지역과 국가의 지적 분위기나 학술적 환경으로부터 자유로울 수 없고 대부분 그 영향을 받기 때문에 이 구분은 중요하다. 국내문헌과 외국문헌을 분류할 때, 저자의 국적이나 문헌에 사용된 언어를 기준으로 하지 않고 문헌이 출판된 지역과 국가를 기준으로 하였다. 외국문헌은 서양문헌과 일본(동양) 문헌으로 구분하였다.

국내문헌의 생산 주체는 ① c(재계), ② n(국가), ③ o(사회), ④ z(일반)로 분류하

<표 6-2> 생산 주체 분류

구분			포괄 범위
국내	c	재계	c1 재계단체 및 그 부설 연구기관
			c2 기업(집단) 및 그 부설 연구기관
			c3 비재벌 민간 연구지원기관, 시중은행
	n	국가	n1 정부 부처, 정부 산하 기관 및 위원회
			n2 정부출연(국공립) 연구기관
			n3 기타 국가기관(국회, 정당, 정부투자기관, 공사, 공공기관)
	o	사회	o1 시민단체, 종교단체
			o2 노동단체
	z	일반	z1 대학 및 그 부설 연구기관
			z2 학회, 학술단체, 학술연구기관
			z3 기타 일반 출판물
외국	w	서양	
	j	일본(동양)	

였다. 연구문헌 가운데 박사학위논문과 석사학위논문은 크게 문제가 되지는 않지만, 단행본이나 일반학술논문의 경우는 누가 연구 주체인가에 따라 연구의 성격과 목적이 미리 규정되는 경우가 많다. 여기서의 분류에 따르면 ① c(재계), ② n(국가), ③ o(사회) 등은 소속기관의 정책적·정치적 입장을 벗어나기가 어려운 문헌인 반면, ④ z(일반)는 비교적 순수학술적 연구에 가깝다고 할 수 있다.

2.2.3. 주제

주제분류에 앞서 재벌관련 문헌의 범주를 재벌현상, 즉 재벌의 구조·행동·성과에 관한 것과 재벌정책에 관한 것으로 구분하였다(<표 6-3>).

그리고 재벌관련 문헌의 분석 수준을 기업가 수준, 기업 수준, 기업집단 수준, 국민경제 수준, 재벌일반 수준 등으로 나누어 주제를 구성하였다. 즉, ① 기업가 수준(기업가, 총수, 경영자, 소유구조, 지배구조 등), ② 기업 수준(경영혁신, 기술혁신, 재무관리, 노동통제, 대외의존, 대외진출 등), ③ 기업집단 수준(출자, 내부거래, 다각화, 금융진출 등), ④ 국민경제 수준(경제력집중, 독과점, 하도급, 재벌-정부관계, 정경유착, 사회적 지배, 사회적 책임, 재벌 이미지 등), ⑤ 재벌일반 수준(재벌 전반, 재벌정책 전반 등)으로 주제를 세분하였다. 그 밖에 외국기업과 비교연구는 별도로 하였으며, 방법론에 관한 것도 문헌 수는 적지만 별도항목으로 하였다.

〈표 6-3〉 연구주제 분류

		재벌 구조·행동·성과		재벌정책
일 반	a11	재벌 전반	a25 a35	재벌정책 전반 재벌개혁, 재벌구조조정 전반
기업가	b11 b21 b31	기업가, 총수, 경영자 소유구조 지배구조	 b25 b35 b36 b37 b38	 소유분산, 소유경영분리 지배구조조정 사외이사 소수주주권, 지배주주 책임, 상속증여 규제 지주회사
기 업	c11 c12 c21 c31	경영혁신. 경영전략 기술혁신, 생산관리 경영부실, 재무관리 노동통제, 노무관리, 노사관계	 c25 c26 c27 c35	 재무구조조정, 부실기업 정리 경영투명성, 회계감사 정책 비업무용부동산 부동산투기 규제 노동통제 정책, 노사관계 정책
	d11 d21	대외의존, 차관 기술 자본도입, 대외진출, 수출, 대외투자		
기업 집단	e11 e21 e31	기업집단, 출자 내부거래, 내부보조 다각화	e15 e16 e25 e35	기업집단정책 출자규제 내부거래 및 내부보조 규제, 결합재무제표 업종전문화 정책, 빅딜
	f11	재벌 금융관계, 금융진출	f15	금융진출 규제, 여신규제, 금융 민영화
국민 경제	g11 g12 g21 g31 g32 g33	경제력집중 독과점, 시장집중 재벌 중소기업 관계, 하도급 사회적 지배, 인맥·혼맥·연줄망 사회적 책임, 기업윤리, 문화지원 재벌 이미지, 반재벌 운동	g15 g16 g25	경제력집중 규제, 공정거래정책, 경제민주화 독과점 규제 하도급 규제, 중소기업 보호, 재벌 중소기업 연계
	h11 h21 h22	재벌-정부 관계 정경유착 이익단체, 전경련	h15 h35 h45	산업정책, 재벌지원정책, 조세금융지원정책 공기업 민영화 규제완화
비교 연구	r11 r12 r13 r14 r15	일본, 아시아 미국, 북미 유럽 중남미 다지역 비교		
방법론	s11	연구방법, 연구사		

결과적으로 소분류 주제는 a11부터 s11까지 51개 항목이며, 그 중 재벌현상 분석 29개 항목, 재벌정책 연구 22개 항목이다. 논의 수준별로는 기업가 수준이 8개 항목, 기업 수준이 10개 항목, 기업집단 수준이 9개 항목, 국민경제 수준이 15항목, 재벌일반 수준이 3개 항목, 비교연구 5개 항목, 방법론 1개 항목으로 구성되었다.

이들 소분류를 통합한 중분류의 주제는 a1부터 s1까지 24개 항목으로 되어 있다. 여기서부터는 재벌현상과 재벌정책의 구분은 없다. 논의 수준별로 보면 기업가 수준이 3개 항목, 기업 수준이 5개 항목, 기업집단 수준이 4개 항목, 국민경제 수준이 7개 항목, 재벌일반 수준이 3개 항목, 비교연구 1개 항목, 방법론 1개 항목 등이다.

한편 중분류를 통합한 대분류 주제는 a부터 s까지 10개 항목으로 되어 있다. 기업가 수준 b, 기업 수준 c·d, 기업집단 수준 e·f, 국민경제 수준 g·h, 재벌일반 수준 a, 비교연구 및 방법론 r·s 등이다.

이러한 주제분류는 엄밀한 것이라기보다는 편의적인 면이 있다. 예컨대 소유구조나 지배구조 등은 기업가(총수지배)와 관련되긴 하지만 기업가 수준에 국한된 주제가 아니다. 노동통제나 재무관리 등도 기업 수준이 아니라 기업집단 수준에서 이루어지는 경우도 많다.

관련문헌을 주제별로 분류하는 과정에서 주로 문제가 된 점은 한 주제에 완전히 포괄되지 않는 문헌이 많다는 사실이다. 이처럼 여러 주제에 걸쳐 있는 문헌의 경우, 두 가지 주제를 다룬 것에 대해서는 각각에 대해 절반씩의 가중치를 부여하는 방식으로 처리하였고, 세 가지 이상의 주제에 걸쳐 있는 문헌은 재벌일반(재벌 전반, 재벌정책 전반, 재벌개혁 전반)에 포함시켰다.

3. 자료문헌

3.1.   자료문헌 개요

전체 재벌관련 문헌 5,742건의 시기별 분포를 보면, 그 동안 재벌관련 문헌의 생산이
지속적으로 증가했음을 알 수 있다(〈표 6-4〉). 전체 문헌의 1/3가량인 1,947건이
1998~2002년의 5년간에 발간되었다.

　이를 연구문헌과 자료문헌으로 나누어 보면, 연구문헌은 3,927건으로 68.4%이며
자료문헌은 1,815건으로 31.6%를 차지한다. 또한 연구문헌의 경우에는 시기별로 증
가세가 유지되고 있으나, 자료문헌의 경우 1990년대 초 이후에는 일정한 증가세가 나

〈표 6-4〉 시기별 연구문헌과 자료문헌

(단위: 건, %)

	1945~1979	1980~1987	1988~1992	1993~1997	1998~2002	계
연구	143 3.6	424 10.8	738 18.8	1,021 26.0	1,601 40.8	3,927 100.0(68.4)
자료	233 12.7	431 23.8	468 25.8	337 18.6	346 19.1	1815 100.0(31.6)
전체	376 6.5	855 14.9	1206 21.0	1358 23.7	1947 33.9	5,742 100.0(100.0)

〈표 6-5〉 시기별 자료문헌

(단위: 건, %)

	1945~1979	1980~1987	1988~1992	1993~1997	1998~2002	계
단행본	20 8.0	80 32.1	69 27.7	54 21.7	26 10.4	249 100.0(13.7)
잡지기사	89 9.4	212 22.4	269 28.5	142 15.0	233 24.7	945 100.0(52.1)
기업사	66 21.7	69 22.7	66 21.7	76 25.0	27 8.9	304 100.0(16.7)
기업통계	58 18.3	70 22.1	64 20.2	65 20.5	60 18.9	317 100.0(17.5)
계	233 12.8	431 23.7	468 25.8	337 18.6	346 19.1	1,815 100.0(100.0)

타나지 않는다. 결과적으로 1987년 이전까지는 자료문헌이 연구문헌을 양적으로 능가하였으나, 그 이후 상황이 반전되었고 1998~2002년에 이르면 자료문헌은 연구문헌의 21.6% 수준으로 줄어들었다.

자료문헌 1,815건의 구성을 보면(〈표 6-5〉), 잡지기사가 945건으로 52.1%를 차지하며, 나머지는 기업통계가 317건(17.5%), 기업사가 304건(16.7%), 단행본이 249건(13.7%)을 차지한다. 전체적으로 자료문헌 수는 1990년대 초를 고비로 늘어나지 않는 상태이다. 단행본과 기업통계는 1988년 이후, 잡지기사는 1993년 이후, 기업사는 1998년 이후 추가적 증가가 없거나 감소세를 보인다. 이런 현상의 원인을 잘 설명하기는 어렵다. 다만 잡지기사의 경우, 1993~1997년의 감소는 주간지(경제지)들이 발행되어 종래 월간지에서 다루던 기사를 상당수 대체한 사실과 관련이 있을 것이다. 앞서 밝힌 대로, 이 자료 데이터베이스에 주간지 기사는 포함되지 않았다.

3.2. 단행본과 잡지기사

재벌관련 기술자료는 1945~2002년간 단행본 249건, 잡지기사 945건이 발표되었다. 특히 1945~1979년에는 단행본 20건, 잡지기사 89건으로 총 109건의 기술자료가 발표되었는데, 같은 시기에 연구문헌에서 학위논문을 제외하면 단행본 43건, 학술논문 44건 등 총 87건이 발표된 것과 비교해볼 때 상당히 많은 양이다. 잡지기사 등 기술자료가 언론계에서 주로 생산되는 점을 고려할 때, 1970년대까지는 한국 재벌문제를 학계보다는 언론계 등에서 먼저 관심 있게 다루었으며, 결과적으로 학계역할을 상당 정도 대신하였다. 또한 이들 기술자료는 재벌(기업)의 폐해나 문제점을 파헤침으로써 재벌(기업)사가 재벌의 긍정적 측면을 지나치게 부각하는 점을 교정하는 역할도 하였다. 그렇지만 1980년대 이후 연구문헌 증가에 따라 이러한 역할은 줄어들고, 특히 자료문헌 수가 절대적으로도 감소하는 1990년대 초 이후에는 현저히 위축된 것으로 보인다.

그동안 단행본과 잡지기사 등 기술자료에서 많이 다룬 주제를 시기별로 살펴보면 〈표 6-6〉과 같다. 여기서는 주제의 소분류, 중분류, 대분류 방식 가운데 중분류를 기준으로 하여, 각 시기별로 가장 큰 비중을 차지한 다섯 가지 주제를 추출하여 그 변동을 살펴보았다.

1945년부터 2002년까지 전 시기에 걸쳐 재벌관련 기술자료에서 가장 중요하게 다루어진 주제는 ① b1(기업가) 18.9%, ② a1(재벌 전반) 14.4%, ③ g2(하도급, 재벌-중소기업관계), ④ h2(정경유착, 전경련) 6.7% 등 네 가지였으며, ⑤ a3(재벌개혁, 재벌구조조정 전반)과 c2(경영부실, 재무구조조정) 6.4% 등이 그 뒤를 잇고 있다.

〈표 6-6〉 단행본+잡지기사의 시기별 주제

(단위: 건, %)

	1945~1979		1980~1987		1988~1992		1993~1997		1998~2002		계	
a1	68	31.2	80	13.7	122	18.0	30	7.7	44	8.5	344	14.4
a2	0	0.0	2	0.3	14	2.1	14	3.6	20	3.9	50	2.1
a3	2	0.9	4	0.7	6	0.9	8	2.0	132	25.5	152	6.4
b1	36	16.5	206	35.3	116	17.2	52	13.3	42	8.1	452	18.9
b2	0	0.0	2	0.3	4	0.6	0	0.0	6	1.2	12	0.5
b3	0	0.0	0	0.0	0	0.0	8	2.0	44	8.5	52	2.2
c1	6	2.8	28	4.8	32	4.7	54	13.8	20	3.9	140	5.9
c2	18	8.3	38	6.5	48	7.1	24	6.1	26	5.0	154	6.4
c3	6	2.8	10	1.7	32	4.7	12	3.1	8	1.5	68	2.8
d1	12	5.5	2	0.3	4	0.6	20	5.1	2	0.4	40	1.7
d2	4	1.8	2	0.3	10	1.5	6	1.5	0	0.0	22	0.9
e1	0	0.0	6	1.0	24	3.6	8	2.0	12	2.3	50	2.1
e2	0	0.0	0	0.0	0	0.0	2	0.5	10	1.9	12	0.5
e3	0	0.0	8	1.4	4	0.6	2	0.5	16	3.1	30	1.3
f1	0	0.0	28	4.8	22	3.3	8	2.0	12	2.3	70	2.9
g1	8	3.7	42	7.2	20	3.0	24	6.1	22	4.2	116	4.9
g2	20	9.2	60	10.3	34	5.0	26	6.6	30	5.8	170	7.1
g3	10	4.6	18	3.1	52	7.7	12	3.1	20	3.9	112	4.7
h1	4	1.8	4	0.7	0	0.0	12	3.1	14	2.7	34	1.4
h2	16	7.3	32	5.5	76	11.2	24	6.1	12	2.3	160	6.7
h3	0	0.0	0	0.0	2	0.3	0	0.0	2	0.4	4	0.2
h4	0	0.0	0	0.0	10	1.5	22	5.6	6	1.2	38	1.6
r1	8	3.7	12	2.1	44	6.5	24	6.1	18	3.5	106	4.4
s1	0	0.0	0	0.0	0	0.0	0	0.0	0	0.0	0	0.0
계	218	100.0	584	100.0	676	100.0	392	100.0	518	100.0	2388	100.0
1	a1	31.2	b1	35.3	a1	18.0	c1	13.8	a3	25.5	b1	18.9
2	b1	16.5	a1	13.7	b1	17.2	b1	13.3	a1	8.5	a1	14.4
3	g2	9.2	g2	10.3	h2	11.2	a1	7.7	b3	8.5	g2	7.1
4	c2	8.3	g1	7.2	g3	7.7	g2	6.6	b1	8.1	h2	6.7
5	h2	7.3	c2	6.5	c2	7.1	c2, g1 h2, r1	6.1	g2	5.8	a3, c2	6.4

　시기별로 1945~1979년에는, ① a1(재벌 전반), ② b1(기업가), ③ g2(하도급, 재벌-중소기업관계), ④ c2(경영부실, 재무구조조정), ⑤ h2(정경유착, 전경련)에 대한 관심이 높았다. 1980~1987년에도 주제구성이 앞 시기와 유사하다. ① b1(기업가), ② a1(재벌 전반), ③ g2(하도급, 하도급 규제), ⑤ c2(경영부실, 재무구조조정) 등이 중요한 주제로 다루어진 것은 앞 시기와 일치하며 다만 이 시기에 ④ g1(경제력집중, 경제력집중 규제)이 새롭게 등장하여 h2(정경유착, 전경련)를 뒤로 밀어낸 점만 다르다.

　1988~1992년의 경우 ① a1(재벌 전반), ② b1(기업가), ⑤ c2(경영부실, 재무구조조정)는 앞의 두 시기와 공통된 주제이지만, ③ h2(정경유착, 전경련)가 중요 주제로 복귀한 점과 ④ g3(사회적 지배, 사회적 책임)이 추가된 점이 특징이다. 이 시기의 경제민주화의 사회적 분위기가 크게 영향을 미친 것으로 볼 수 있다.

　1993~1997년에는 ② b1(기업가), ③ a1(재벌 전반), ④ g2(하도급, 재벌 중소기업관계) 등은 전통적으로 중요시된 주제이지만, ① c1(경영혁신, 기술혁신)이 가장 중요한 주제로 취급된 점이 특징이다. 이는 1990년대 초반부터 우리나라 대기업에 불어닥친 경영혁신운동이 세인들의 관심을 끈 결과이다.

　1998~2002년의 경우 전통적 주제인 ② a1(재벌 전반), ④ b1(기업가), ⑤ g2(하도급, 재벌-중소기업관계) 외에 ① a3(재벌개혁, 재벌구조조정 전반)과 ③ b3(지배구조, 지배구조조정)이 중요한 주제로 대두되었다. 이들 주제는 IMF 사태 이후 재벌개혁의 이슈와 긴밀하게 연관된 것들이다.

　시기별로 가장 중요하게 다루어진 주제를 보면, 1992년 이전까지는 a1(재벌 전반)과 b1(기업가)이었으며 1993~1997년에는 g1(경제력집중, 경제력집중 규제)이었다. 이어 1988~1997년에는 c1(경영혁신, 기술혁신)이, 1998~2002년에는 a3(재벌개혁, 재벌구조조정 전반)이 가장 중요한 주제였다.

　기술자료를 단행본과 잡지기사로 나누어 주제를 살펴보면 〈표 6-7〉과 같다. 단행본에서는 ① b1(기업가)이 57.8%로 압도적 비중을 차지하며, 다음으로 ② a1(재벌 전반)이 20.5%이다. 이어 ③ c1(경영혁신, 기술혁신) 6.8%, ④ h2(정경유착, 전경련) 3.2%, ⑤ r1(국제 비교연구) 2.4%의 순으로 되어 있다. 이는 재벌을 창업하고 성장시킨 주역으로서 기업가에 대해 재벌의 다른 어떤 주제보다도 보통 사람들의 관심이 높은 사정을 반영한다. 잡지기사의 주요 주제는 ① a1(재벌 전반) 12.8%, ② g2(하도급, 재벌-중소기업관계) 9.0%, ③ b1(기업가) 8.7%, ④ a3(재벌개혁, 재벌구조조정 전반) 7.9%, ⑤ c2(경영부실, 재무구조조정) 7.8% 등으로 되어 있다.

〈표 6-7〉 단행본+잡지기사의 주제

(단위: 건, %)

	단행본		잡지기사		계	
a1	102	20.5	242	12.8	344	14.4
a2	2	0.4	48	2.5	50	2.1
a3	2	0.4	150	7.9	152	6.4
b1	288	57.8	164	8.7	452	18.9
b2	0	0.0	12	0.6	12	0.5
b3	0	0.0	52	2.8	52	2.2
c1	34	6.8	106	5.6	140	5.9
c2	6	1.2	148	7.8	154	6.4
c3	8	1.6	60	3.2	68	2.8
d1	2	0.4	38	2.0	40	1.7
d2	6	1.2	16	0.8	22	0.9
e1	8	1.6	42	2.2	50	2.1
e2	0	0.0	12	0.6	12	0.5
e3	4	0.8	26	1.4	30	1.3
f1	0	0.0	70	3.7	70	2.9
g1	4	0.8	112	5.9	116	4.9
g2	0	0.0	170	9.0	170	7.1
g3	2	0.4	110	5.8	112	4.7
h1	2	0.4	32	1.7	34	1.4
h2	16	3.2	144	7.6	160	6.7
h3	0	0.0	4	0.2	4	0.2
h4	0	0.0	38	2.0	38	1.6
r1	12	2.4	94	5.0	106	4.4
s1	0	0.0	0	0.0	0	0.0
계	498	100.0	1,890	100.0	2,388	100.0
1	b1	57.8	a1	12.8	b1	18.9
2	a1	20.5	g2	9.0	a1	14.4
3	c1	6.8	b1	8.7	g2	7.1
4	h2	3.2	a3	7.9	h2	6.7
5	r1	2.4	c2	7.8	a3, c2	6.4

3.3. 기업통계와 기업사

재벌연구의 기초자료로 활용될 수 있는 문헌은 단행본과 잡지기사 외에 기업사와 기업통계가 있다. 1945년부터 2002년까지 기업사는 304건, 기업통계는 317건이 발간된 것으로 파악되었다(〈표 6-5〉).

개별기업 단위의 기업통계 자료로는 1950년대부터 《전국기업체총람》, 《한국기업총록》, 《회사연감》 등이 발간되기 시작했으나, 재벌 혹은 기업집단 단위의 기업통계는 한국일보사(경제부 경영능률연구소)에서 1980년도 매출액 기준 50대 재벌의 경영자료를 연재한 것이 최초의 기업통계라 할 수 있다. 이후 매년 같은 방식으로 조사가 이루어졌는데 1985년부터 그 결과가 《한국의 50대 재벌》로 발간되었다. 그러나 이 자료는 매출액, 자산 등 재무제표의 기본적 내용만 담고 있어 자료적 활용가치는 크지 않았다. 재무제표의 내용을 보다 세밀하게 수록함으로써 자료적 가치를 지닌 본격적 재벌통계는 한국신용평가에 의해 1988년에 처음 발간되었다.

그러므로 한국 재벌의 초기 발전과정에 관한 연구는 개별 기업단위의 통계를 집계하여 재벌단위 통계로 사용할 수밖에 없다. 기업단위 통계의 작성기원은 1950년대로 거슬러 올라가지만 1960년대까지의 통계는 사업내용, 자본금, 종업원 수 등 기본적 기업정보를 제시하는 데 머물렀다. 이러한 기업통계는 1973년에 《(한국)기업조사총록》이 발간되고, 1978년에 《회사연감》이 발간됨으로써 크게 개선되었다. 1980년대 후반에 이르면 기업통계는 종류도 늘어나고 내용도 한층 정밀하고 풍부해졌다.

본격적 기업통계가 정비되지 않은 1980년대 이전까지 재벌관련 연구는 재벌(기업)이 발간한 기업사에 많이 의존하게 된다. 그렇지만 기업성장과정에서의 부정적 측면을 가급적 드러내지 않는 기업사의 속성상 그것을 사용한 연구결과에 편향성이 존재할 수 있다. 개별 기업단위의 사사는 1953년 《경성전기 55년 연혁사》를 시작으로 1950년대부터 발간되었으며, 재벌단위의 사사는 1980년부터 본격적으로 발간되었다.

4. 연구문헌

4.1. 연구문헌 개요

연구문헌 3,927건의 구성을 보면(〈표 6-8〉), 일반학술논문이 48.3%로 가장 큰 비중을 차지하며, 그 다음으로 단행본 22.7%, 석사논문 19.3%, 박사논문 9.7%의 순으로 구성되어 있다. 박사논문 수가 1998~2002년간에 줄어든 것을 제외하면, 연구는 전체적으로든 각 유형별로든 그 수가 증가해왔다.

〈표 6-8〉에 의하면, 1945~2002년간 재벌관련 박사논문은 총 382편이고, 이들 가운데 1945~1979년에 5편(1.3%), 1980~1987년에 35편(9.2%), 1988~1992년에 99편(25.9%), 1993~1997년에 141편(36.9%), 1998~2002년에 102편(26.7%)이 각각 발표되었다. 그동안 박사논문 수는 계속 증가추세였으나, 1998~2002년에 이르러 감소하는 상황이 발생하였다.

이와 같은 상황은 국내 박사과정의 전반적 퇴조 때문인가, 아니면 재벌 주제에 대한 연구관심의 퇴조 때문인가? 이 문제와 관련하여 재벌관련 박사논문을 가장 많이 배출한 서울대의 경우를 살펴보았다(서울대 외 다른 주요 대학의 경우 전자도서관 검색시스템에서 학문분야별 검색이 현재는 불가능하다). 1980~2002년간 서울대의 사회과학 분야[2]

〈표 6-8〉 시기별 문헌 : 연구

(단위: 편, %)

	1945~1979	1980~1987	1988~1992	1993~1997	1998~2002	계
단행본	43 4.8	96 10.8	173 19.4	243 27.3	336 37.7	891 100.0(22.7)
박사논문	5 1.3	35 9.2	99 25.9	141 36.9	102 26.7	382 100.0 (9.7)
석사논문	51 6.7	105 13.9	157 20.8	174 23.0	269 35.6	756 100.0(19.3)
일반논문	44 2.3	188 9.9	309 16.3	463 24.4	894 47.1	1,898 100.0(48.3)
연구 계	143 3.6	424 10.8	738 18.8	1,021 26.0	1,601 40.8	3,927 100.0(100.0)

---

2) 사회과학 분야는 사회과학 일반(사회학, 인류학 외), 정치학, 경제학, 경영학 및 경영방법, 법학, 행정학 분야를 합산한 것임.

<표 6-9> 시기별 재벌관련 박사논문 비중 (서울대)

(단위: 편, %)

	1980~1987	1988~1992	1993~1997	1998~2002	계
재벌 (a)	4	17	35	15	71
a/b	3.7	5.8	9.9	6.1	7.1
사회과학 분야(b)	109	295	353	246	1,003
%	10.9	29.4	35.2	24.5	100.0

박사논문은 모두 1,003편이며, 그 가운데 재벌연구는 71편(7.1%)이었다(<표 6-9>). 1998~2002년의 상황을 유의해보면, 사회과학 분야 전체적으로 박사논문 수가 증가세에서 감소세로 반전하였을 뿐만 아니라, 사회과학 분야 논문 중에서 재벌관련 논문이 차지하는 비중도 증가세에서 감소세로 반전되었음을 볼 수 있다. 따라서 1998~2002년의 변화는 국내 박사과정의 전반적 퇴조뿐만 아니라 재벌에 대한 연구관심의 퇴조가 동시에 작용한 결과로 볼 수 있다. 만일 이러한 상황이 계속된다면 국내 재벌연구의 인적 기반은 상당히 취약해질 것이다.

4.2. 연구문헌 주제

재벌연구의 범주를 재벌의 구조·행동·성과에 관한 현상연구와 재벌정책 연구에 관한 것으로 구분하면, 문헌 수에서 전체적으로 6:4의 비율을 나타낸다(<표 6-10>). 그것을 시기별로 보면, 재벌정책 비중은 1979년 이전에는 23.8%이었다가 1980~1997년간에는 그 비중이 35.5~38.2%로 높아졌다. 공정거래법이 1980년에 도입된 점을 감안하면 그 이전과 이후의 정책관심 차이를 나타내는 것으로 보인다. 1998~2002년에는 재벌정책 비중은 47.0%로 더욱 높아지는데 이것은 IMF 사태 이후 재벌개혁과 재벌구조조정이 커다란 경제적 이슈로 부각된 사실을 반영하는 것으로 판단된다.

다음으로 각 시기별로 재벌연구주제의 변화를 보기로 하자(<표 6-11>). 여기서도 중분류를 기준을 하여, 각 시기별로 가장 큰 비중을 차지한 다섯 가지 주제를 추출하여 그 변동을 살펴보았다.

1945년부터 2002년까지 전 시기에 걸쳐 재벌관련 연구에서 중요하게 다루어진 주제는 ① b3(지배구조, 지배구조 조정) 11.3%, ② g1(경제력집중, 경제력집중 규제) 9.6%, ③ h1(산업정책, 재벌 정부관계) 8.2%, ④ c3(노동통제, 노동통제 정책)

〈표 6-10〉 연구범주 : 현상과 정책

(단위: 건, 점, %)

	1945~1979	1980~1987	1988~1992	1993 -1997	1998~2002	계
	143	424	738	1,021	1,601	3,927 (a)
재벌 현상	218	542	912	1,317	1,696	4,685
	76.2	63.9	61.8	64.5	53.0	59.7
재벌 정책	68	306	564	725	1,506	3,169
	23.8	36.1	38.2	35.5	47.0	40.3
계	286	848	1,476	2,042	3,202	7,854 (b)
	100.0	100.0	100.0	100.0	100.0	100.0

주: (a)는 문헌 수, (b)는 점수이다. 각 문헌에 대해 2점씩 가중치를 부여했으므로 (b)는 (a)의 2배가 된다.

8.3% 등 네 가지이며, ⑤ g2(하도급, 하도급 규제) 5.9%, ⑥ c1(경영혁신, 기술혁신) 5.9%, ⑦ c2(경영부실, 재무구조조정) 5.5%, ⑧ a1(재벌 전반) 5.2% 등이 그 뒤를 잇고 있다. 앞서 재벌관련 기술자료(단행본+잡지기사)에서는 ① b1(기업가), ④ h2(정경유착, 전경련) 등이 중요하게 다루어졌으나 재벌관련 연구에서는 그런 주제들이 비중 있게 다루어지지 않았다. 이는 일반인의 관심과 연구자의 재벌에 대한 관심의 차이 때문이기도 하지만, 그런 주제를 학술적으로 접근하여 다루는 것이 용이하지 않은 탓도 있을 것이다.

1979년 이전의 연구에서는 ① g1(경제력집중, 경제력집중 규제)에 이어서 ② a1(재벌 전반), ③ b1(기업가)이 중요한 주제였으며, 그 다음으로 ④ d1(대외의존), ⑤ g2(하도급, 재벌-중소기업관계)에 대한 관심이 높았다. 1980~1987년에도 ① g1(경제력집중, 경제력집중 규제)이 가장 중요한 주제였고, ④ g2(하도급, 하도급 규제)와 ⑤ a1(재벌 전반) 등이 중요한 주제로 다루어진 것은 앞 시기와 마찬가지이다. 반면, 이 시기에 ② h1(산업정책, 재벌-정부관계)과 ③ c3(노동통제, 노동통제 정책)이 새롭게 등장하였으며, 그 대신 앞 시기의 중요 주제였던 b1(기업가), d1(대외의존)은 뒤로 밀려났다.

1988~1992년에는 ① c3(노동통제, 노동통제 정책)이 재벌연구의 핵심주제로 자리 잡았다. 이 시기의 경제민주화와 노동운동의 성장이 학계에 영향을 미친 것으로 다음 시기까지도 이 주제는 가장 중요한 주제로 취급되었다. ② h1(산업정책, 재벌-정부관계), ③ g1(경제력집중, 경제력집중 규제), ⑤ g2(하도급, 하도급 규제)가 중요한 주제로 다루어진 것은 앞 시기와 동일하다. 그리고 ④ e1(기업집단, 기업집단 정책)이 새

〈표 6-11〉 시기별 연구주제

(단위: 점, %)

	1945~1979		1980~1987		1988~1992		1993~1997		1998~2002		계	
a1	34	11.9	63	7.4	74	5.0	115	5.6	124	3.9	410	5.2
a2	3	1.0	8	0.9	11	0.7	26	1.3	73	2.3	121	1.5
a3	1	0.3	1	0.1	4	0.3	12	0.6	335	10.5	353	4.5
b1	34	11.9	37	4.4	37	2.5	29	1.4	58	1.8	195	2.5
b2	6	2.1	14	1.7	28	1.9	75	3.7	75	2.3	198	2.5
b3	2	0.7	8	0.9	16	1.1	171	8.4	689	21.5	886	11.3
c1	9	3.1	53	6.3	77	5.2	173	8.5	150	4.7	462	5.9
c2	23	8.0	22	2.6	80	5.4	73	3.6	236	7.4	434	5.5
c3	11	3.8	83	9.8	221	15.0	201	9.8	111	3.5	627	8.0
d1	25	8.7	28	3.3	34	2.3	16	0.8	26	0.8	129	1.6
d2	9	3.1	40	4.7	65	4.4	75	3.7	66	2.1	255	3.2
e1	5	1.7	35	4.1	103	7.0	122	6.0	115	3.6	380	4.8
e2	6	2.1	2	0.2	15	1.0	44	2.2	139	4.3	206	2.6
e3	3	1.0	21	2.5	20	1.4	73	3.6	86	2.7	203	2.6
f1	8	2.8	26	3.1	20	1.4	71	3.5	136	4.2	261	3.3
g1	45	15.7	151	17.8	177	12.0	187	9.2	195	6.1	755	9.6
g2	24	8.4	66	7.8	102	6.9	164	8.0	109	3.4	465	5.9
g3	4	1.4	17	2.0	27	1.8	54	2.6	70	2.2	172	2.2
h1	19	6.6	111	13.1	209	14.2	175	8.6	131	4.1	645	8.2
h2	6	2.1	18	2.1	37	2.5	27	1.3	29	0.9	117	1.5
h3	3	1.0	6	0.7	25	1.7	38	1.9	48	1.5	120	1.5
h4	0	0.0	5	0.6	25	1.7	45	2.2	39	1.2	114	1.5
r1	6	2.1	31	3.7	63	4.3	76	3.7	156	4.9	332	4.2
s1	0	0.0	2	0.2	6	0.4	0	0.0	6	0.2	14	0.2
계	286	100.0	848	100.0	1,476	100.0	2,042	100.0	3,202	100.0	7,854	100.0
1	g1	15.7	g1	17.8	c3	15.0	c3	9.8	b3	21.5	b3	11.3
2	a1	11.9	h1	13.1	h1	14.2	g1	9.2	a3	10.5	g1	9.6
3	b1	11.9	c3	9.8	g1	12.0	h1	8.6	c2	7.4	h1	8.2
4	d1	8.7	g2	7.8	e1	7.0	c1	8.5	g1	6.1	c3	8.0
5	g2	8.4	a1	7.4	g2	6.9	b3	8.4	r1	4.9	g2	5.9

롭게 부상했는데, 이는 1987년 개정 공정거래법 시행의 영향으로 생각된다. 1993~ 1997년에는 주제구성에서 앞 시기와 유사한 점이 많다. ① c3(노동통제, 노동통제 정책)이 가장 큰 비중을 차지하고, ② g1(경제력집중, 경제력집중 규제)과 ③ h1(산업정책, 재벌-정부관계)이 그 뒤를 잇고 있는 것이다. 다만, ④ c1(경영혁신, 기술혁신)과 ⑤ b3(지배구조, 지배구조조정)이 이 시기에 처음으로 대두된 점이 특징이다.

1998~2002년에는 주제구성에서 커다란 변화가 나타났다. 지금까지 비중 있게 다루어지지 않던 ① b3(지배구조, 지배구조조정)이 단번에 가장 중요한 주제로 부상하였는데, 이 주제에 관련된 문헌 수는 재벌연구 전체의 21.5%를 차지하였다. 또한 ② a3(재벌개혁, 재벌구조조정 전반)과 ③ c2(경영부실, 재무구조조정), ⑤ r1(국제 비교연구) 등도 처음으로 중요한 주제로 다루어졌다. 이런 주제는 IMF 사태 이후 재벌개혁의 이슈와 긴밀하게 연관된 것들이다. 반면, 전통적으로 중요하게 다루어지던 주제들 중에는 ④ g1(경제력집중, 경제력집중 규제)만 포함되고 나머지 h1(산업정책, 재벌-정부관계), c3(노동통제, 노동통제 정책), g2(하도급, 하도급 규제) 등은 뒤로 밀려났다. 시기별로 가장 중요한 주제는 1945~1979년과 1980~1987년의 경우 g1(경제력집중, 경제력집중 규제)이었으며, 1988~1997년에는 c3(노동통제, 노동통제 정책)이, 1998~2002년에는 b3(지배구조, 지배구조 조정)이 그 지위를 이어받았다. 이들은 당대의 핵심적 경제사회적 문제를 다룬 것으로서, g1→c3→b3으로 이어지는 핵심주제의 흐름에서 그동안 재벌연구의 성격을 간취할 수 있다.

첫째, 재벌연구의 실천적 성격이 강하다는 점이다. 이들 주제는 시기별로 당대의 핵심적 경제이슈를 반영하는 것으로서, 그동안 우리의 재벌관련 저술이 당면한 현실적·정책적 문제해결에 치중해왔음을 보여준다. 둘째, 이론적 측면에서의 재벌연구의 내재적 발전가능성이 제한되어 있는 점이다. 그때그때 외부에서 제기된 이슈에 따라 재벌연구의 축이 크게 달라지는 것은, 보다 본질적인 주제에 장기적으로 천착하는 연구가 그만큼 적다는 것을 의미하기 때문이다.

5. 연구문헌의 주체별 특성

5.1.　국내와 외국의 비교

전체 3,927건의 재벌관련 연구를 국내연구와 외국연구로 나누어 보면, 국내가 3,600 건으로 91.7%이고, 외국이 327건으로 8.3%이다(〈표 6-12〉). 외국문헌의 경우 문헌수집과정이 국내문헌에 비해 다소 비체계적이었기 때문에, 여기서의 외국연구 비중은 실제보다 과소평가되었을 가능성이 있다.

시기별로 외국연구의 비중은 1945~1979년의 14.7%에서 1998~2002년의 5.2%까지 점차 낮아지는 추세이다. 이는 외국연구 수가 거의 늘지 않는 가운데 국내연구 수가 늘어난 결과이다. 외국연구 가운데 서양은 평균 6.5%, 일본(동양)은 평균 1.9%의 비중을 차지한다. 일본연구는 1979년 이전에는 10.5%로 일정한 비중을 차지하였으나 그 후 지속적으로 감소하여 1990년대 이후 무시할 만한 수준으로 되었다. 서양연구의 경우에는 대략 1980년대(1980~1997년, 1988~1992년)에는 9.2~10.0% 수준이었으나 그 이후에는 4.6~6.1% 수준으로 낮아졌다.

국내와 외국의 연구범주를 비교해보면 〈표 6-13〉과 같다. 우선 국내연구는 재벌의 구조·행동·성과에 관한 현상분석이 59.0%, 재벌정책 연구가 41.0%를 각각 차지하고, 외국연구는 현상분석이 66.5%, 정책연구가 33.5%를 차지한다. 외국의 경우

〈표 6-12〉 시기별 연구 주체: 국내와 외국

(단위: 건, %)

	1945~1979	1980~1987	1988~1992	1993~1997	1998~2002	계
국내	122 85.3	359 84.7	651 88.2	951 93.1	1,517 94.8	3,600 91.7
외국	21 14.7	65 15.3	87 11.8	70 6.9	84 5.2	327 8.3
(서양)	6 4.2	39 9.2	74 10.0	62 6.1	73 4.6	254 6.5
(일본)	15 10.5	26 6.1	13 1.8	8 0.8	11 0.7	73 1.9
전체	143 100.0	424 100.0	738 100.0	1,021 100.0	1,601 100.0	3,927 100.0

주: 일본항목에 중국 1건이 포함됨.

〈표 6-13〉 주체별 연구범주: 국내와 외국

(단위: 건, 점, %)

	국내		외국		(서양)		(일본)		전체	
문헌 수	3,600	%	327	%	254	%	73	%	3,927	%
재벌현상	4,250	59.0	435	66.5	320	63.0	115	78.8	4,685	59.7
재벌정책	2,950	41.0	219	33.5	188	37.0	31	21.2	3,169	40.3
계	7,200	100.0	654	100.0	508	100.0	146	100.0	7,854	100.0

국내보다 정책연구 비중이 낮으며, 특히 일본의 경우 국내뿐만 아니라 서양에 비해서도 정책연구 비중이 매우 낮다. 국내 재벌연구의 특징 가운데 하나로 정책지향성이 높다는 점이 지적되어 왔는데 이 결과도 그런 지적을 어느 정도 뒷받침한다고 볼 수 있다. 그러나 국내와, 특히 서양 간에는 현상분석과 정책연구의 비중 차이가 그다지 크지 않기 때문에, 그 점을 지나치게 강조하는 것은 무리가 있다.

이어서 국내와 외국의 연구주제를 비교해 보기로 하자(〈표 6-14〉). 중분류 연구주제를 기준으로 상위 5대 주제를 보면, 국내연구의 경우 ① b3(지배구조, 지배구조조정), ② g1(경제력집중, 경제력집중 규제), ③ c3(노동통제, 노동통제 정책), ④ g2(하도급, 하도급 규제), ⑤ h1(산업정책, 재벌-정부관계)의 순으로 되어 있다. 이에 비해 외국연구의 경우 ① h1(산업정책, 재벌-정부관계), ② a1(재벌 전반), ③ r1(국제 비교연구), ④ c3(노동통제, 노동통제 정책), ⑤ c1(경영혁신, 경영전략)의 순으로 되어 있다.

결과적으로 국내연구에서 가장 중요하게 다루어진 주제인 ① b3(지배구조, 지배구조조정)나, ② g1(경제력집중, 경제력집중 규제), ④ g2(하도급, 하도급 규제)는 외국연구에서는 5대 주제 밖으로 밀려나 있다. 그 대신 외국연구에서는 ① h1(산업정책, 재벌-정부관계), ② a1(재벌 전반), ③ r1(국제 비교연구) 등이 가장 중요한 주제로 다루어진다.

한국 재벌의 특성으로서 흔히 두 가지가 거론된다. 대내적으로 총수 기업가가 기업(집단)을 개인적으로 지배하는 점이고, 대외적으로는 그 기업(집단)이 독점자본으로서 국민경제를 지배하는 점이 그것이다. 국내연구들은 주로 재벌의 이러한 특성에 초점을 둔다. 국내연구에서 ① b3(지배구조, 지배구조조정)은 총수 개인지배와 관련된 주제이며, ② g1(경제력집중, 경제력집중 규제)과 ④ g2(하도급, 하도급 규제)는 독점자본으로서 재벌의 국민경제지배와 관련된 주제이다(〈그림 6-1〉). 국내연구에서는 재벌 내적 모순이나 대외갈등에 초점이 있기 때문에, 재벌의 문제점과 부정적 측면이 크게 부각된다.

〈표 6-14〉 주체별 연구주제: 국내와 외국

(단위: 점, %)

	국내		외국		(서양)		(일본)	
a1	299	4. 2	111	17. 0	40	7. 9	71	48. 6
a2	119	1. 7	2	0. 3	1	0. 2	1	0. 7
a3	328	4. 6	25	3. 8	21	4. 1	4	2. 7
b1	183	2. 5	12	1. 8	9	1. 8	3	2. 1
b2	185	2. 6	13	2. 0	7	1. 4	6	4. 1
b3	868	12. 1	18	2. 8	18	3. 5	0	0. 0
c1	418	5. 8	44	6. 7	35	6. 9	9	6. 2
c2	396	5. 5	38	5. 8	35	6. 9	3	2. 1
c3	576	8. 0	51	7. 8	42	8. 3	9	6. 2
d1	101	1. 4	28	4. 3	23	4. 5	5	3. 4
d2	232	3. 2	23	3. 5	18	3. 5	5	3. 4
e1	369	5. 1	11	1. 7	10	2. 0	1	0. 7
e2	204	2. 8	2	0. 3	2	0. 4	0	0. 0
e3	196	2. 7	7	1. 1	7	1. 4	0	0. 0
f1	258	3. 6	3	0. 5	1	0. 2	2	1. 4
g1	749	10. 4	6	0. 9	3	0. 6	3	2. 1
g2	465	6. 5	0	0. 0	0	0. 0	0	0. 0
g3	169	2. 3	3	0. 5	3	0. 6	0	0. 0
h1	454	6. 3	191	29. 2	168	33. 1	23	15. 8
h2	110	1. 5	7	1. 1	7	1. 4	0	0. 0
h3	120	1. 7	0	0. 0	0	0. 0	0	0. 0
h4	114	1. 6	0	0. 0	0	0. 0	0	0. 0
r1	273	3. 8	59	9. 0	58	11. 4	1	0. 7
s1	14	0. 2	0	0. 0	0	0. 0	0	0. 0
계	7, 200	100. 0	654	100. 0	508	100. 0	146	100. 0
1	b3	12. 1	h1	29. 2	h1	33. 1	a1	48. 6
2	g1	10. 4	a1	17. 0	r1	11. 4	h1	15. 8
3	c3	8. 0	r1	9. 0	c3	8. 3	c3	6. 2
4	g2	6. 5	c3	7. 8	a1	7. 9	c1	6. 2
5	h1	6. 3	c1	6. 7	c1, c2	6. 9	b2	4. 1

〈그림 6-1〉 재벌연구주제: 국내

〈그림 6-2〉 재벌연구주제: 외국

반면 외국연구, 특히 서양연구에서는 한국 재벌의 이러한 특성이 주목되지 않는다. 총수의 기업집단 지배 문제, 기업집단의 국민경제 지배에 따른 갈등은 대체로 무시한다. 대신 외국연구에서는 한국 경제 전체를 재벌이 움직이는 하나의 실체로 인식하는 경향이 강하다. 즉, 한국의 기업가=기업집단=국민경제는 모순 없는 하나의 실체로 보고, 정부가 어떤 산업정책을 사용하여 이 경제적 실체를 성공적으로 성장 발전시켰는가에 주목한다. 특히 외국연구에서는 한국 경제를 독자적으로 이해하기보다는 이른바 동아시아 모델의 한 사례로서 그것을 이해하려는 경향이 강하다. 결과적으로 외국연구에서는 이러한 의도에 부합되는 주제들인 ① h1(산업정책, 재벌-정부관계), ② a1 (재벌 전반), ③ r1(국제 비교연구) 등이 중심을 이룬다(〈그림 6-2〉). 한편, 국내연구가 g1 → c3 → b3으로 이어지는 각 시기별 현실적 이슈를 적절하게 반영하는 반면, 외국연구는 그것과 연계가 약하고 그만큼 실천성이 결여되어 있다.

국내 재벌연구에 대해서 그것이 정책중심적이라는 점 외에, 재벌의 특수성을 강조하고 재벌 '문제', 즉 재벌의 부정적 측면을 문제삼는다는 지적이 있어 왔다. 이런 지적은 국내연구와 외국연구의 차이를 잘 요약하지만, 그렇다고 해서 그동안의 국내연구가 외국연구에 비해 성과가 열등하다거나 객관성 면에서 문제점을 지닌 것처럼 호도되어서는 안 된다. 국내외 재벌연구에서 나타나는 차이는 재벌연구의 동기나 목적의 차이와 연관된 것이고 그것은 각기 연구자가 속한 사회에 의해 고유하게 규정되는 구속성의 표현이다. 즉, 그것은 국내와 외국의 문제의식의 차이일 뿐이며, 그 문제의식이란 연구자 개인의 것이라기보다는 흔히 그 연구자가 속하고 연구가 실제로 이루어지는 지역과 국가, 그리고 그곳에 기반을 둔 학문적 집단의 지적 관심과 이해를 반영하고 대변하는 것이다.

5.2. 국내 주체별 비교

국내연구의 유형은 단행본 외에 석·박사논문, 일반학술논문이 있는데, 석·박사논문이나 일반학술논문은 거의 개인 연구자들에 의해 이루어지므로 연구 주체별 특성을 구분하기 어려운 면이 있다. 그런 점에서 여기서는 국내 단행본을 대상으로 하여 연구 주체별 특성을 살펴보기로 한다.

1945년부터 2002년까지 국내에서 단행본으로 출판된 재벌관련 연구서는 모두 818권이다(〈표 6-15〉). 그 가운데 재계가 341권(41.7%), 국가가 238권(29.1%), 시민단체와 노동단체가 36권(4.4.%)을 각각 출판하였고, 나머지 203권(24.8%)은 일반 출판물이다. 재계는 각 시기별로 비중이 34.6~43.2%이며, 모든 시기에 걸쳐 계속 가장 큰 몫을 차지했다. 그 다음은 국가인데, 각 시기별로 25.8~31.9%의 비중을 차지한다.

재계와 국가의 비중이 전체 70% 정도에 이르면서 민간 부문의 일반출판을 압도하고 있다. 재벌과 국가 주도의 단행본 생산 메커니즘이 고착된 반면, 일반출판 비중은 1945~1979년에는 29.7%에서 1998~2002년에는 20.7%로 낮아졌다. 이처럼 재벌정책대상이라고 할 수 있는 재계와 재벌정책의 주체라고 할 수 있는 국가에 재벌연구 생산이 편중된 현상은 재벌연구의 정치적 중립성과 재벌정책의 객관성을 담보하는 데 부정적 요인으로 작용할 것이다. 다만 재벌연구 전체에서 단행본 연구가 차지하는 비중이 22.7%(〈표 6-8〉)로 크지 않으므로, 일반학술논문이나 석·박사논문 등 다른 유형의 연구에서 단행본 연구의 주체 편중에 따른 문제점을 상쇄할 여지는 있다.

〈표 6-16〉은 국내 단행본의 연구주제를 주체별로 표시한 것이다. 전 시기를 통틀어보면 ① c3(노동통제, 노동통제 정책), ② g1(경제력집중, 경제력집중 규제), ③ c1(경영혁신, 경영전략), ④ b3(지배구조, 지배구조조정), ⑤ c2(기술혁신, 생산관리) 순으로 중요도가 나타났다. 단행본 외에 석·박사논문과 일반학술논문까지 포함한 국내연구 전체와 비교해보면, b3(지배구조, 지배구조조정), g1(경제력집중, 경제력집중 규

<표 6-15> 국내 단행본의 연구 주체

(단위: 권, %)

	1945~1979	1980~1987	1988~1992	1993~1997	1998~2002	계
재계	15 40.5	28 34.6	65 41.9	96 43.2	137 42.4	341 41.7
국가	11 29.7	25 30.9	40 25.8	59 26.6	103 31.9	238 29.1
사회	0 0.0	4 4.9	7 4.5	9 4.1	16 5.0	36 4.4
일반	11 29.7	24 29.6	43 27.7	58 26.1	67 20.7	203 24.8
전체	37 100.0	81 100.0	155 100.0	222 100.0	323 100.0	818 100.0

제), c3(노동통제, 노동통제 정책)이 포함된 점은 같지만, g2(하도급, 하도급 규제)와 h1(산업정책, 재벌-정부관계)이 빠지고 대신 c1(경영혁신, 경영전략)과 c2(기술혁신, 생산관리)가 들어간 점이 다르다.

각 주체별로 살펴보면, 먼저 국가의 경우는 ① c3(노동통제, 노동통제 정책), ② g1(경제력집중, 경제력집중 규제), ③ b3(지배구조, 지배구조조정), ④ c2(기술혁신, 생산관리), ⑤ h1(산업정책, 재벌-정부관계)의 순으로 연구주제가 구성되어 있다. 주로 개인적 차원의 연구라고 볼 수 있는 일반출판의 경우 ① a1(재벌 전반), ② c3(노동통제, 노동통제 정책), ③ h1(산업정책, 재벌-정부관계), ④ g1(경제력집중, 경제력집중 규제), ⑤ b1(기업가, 총수)에 관한 연구가 많다. 국가와 일반 간에 연구주제의 친화성이 비교적 큰 편이다.

사회의 경우는 ① c3(노동통제, 노동통제 정책), ② g3(사회적 책임, 사회적 지배, 반재벌 운동), ③ c2(경영부실, 부실기업정리) 등에 관심이 많다. 이 가운데 노동단체는 c3(노동통제, 노동통제 정책)에, 시민단체는 g3(사회적 책임, 사회적 지배, 반재벌 운동)에 각각 큰 비중을 두고 있다.

마지막으로 재계의 경우는 ① c1(경영혁신, 경영전략), ② h4(규제완화), ③ b3(지배구조, 지배구조조정), ④ c2(경영부실, 부실기업 정리), ⑤ c3(노동통제, 노동통제 정책)으로 구성되어 있다. 모두 재벌의 집단적 이익을 충실하게 반영하는 주제들로서, 특히 국가, 일반, 사회 등 다른 모든 주체에서 거의 중시되지 않은 h4(규제완화)가 중요하게 다루어지는 점이 주목된다.

〈표 6-16〉 국내 단행본의 주체별 연구주제

(단위: 점, %)

문헌 수	재 계		국 가		사 회		일 반		전 체	
	341		238		36		203		818	
a1	40	5.9	12	2.5	2	2.8	58	14.3	112	6.8
a2	17	2.5	10	2.1	4	5.6	22	5.4	53	3.2
a3	21	3.1	29	6.1	2	2.8	23	5.7	75	4.6
b1	15	2.2	0	0.0	0	0.0	29	7.1	44	2.7
b2	18	2.6	5	1.1	0	0.0	6	1.5	29	1.8
b3	54	7.9	44	9.2	2	2.8	20	4.9	120	7.3
c1	72	10.6	18	3.8	5	6.9	26	6.4	121	7.4
c2	53	7.8	40	8.4	8	11.1	15	3.7	116	7.1
c3	52	7.6	64	13.4	32	44.4	55	13.5	203	12.4
d1	15	2.2	20	4.2	0	0.0	10	2.5	45	2.8
d2	22	3.2	28	5.9	0	0.0	11	2.7	61	3.7
e1	22	3.2	21	4.4	0	0.0	6	1.5	49	3.0
e2	10	1.5	2	0.4	0	0.0	0	0.0	12	0.7
e3	28	4.1	15	3.2	0	0.0	4	1.0	47	2.9
f1	26	3.8	29	6.1	0	0.0	5	1.2	60	3.7
g1	46	6.7	46	9.7	0	0.0	30	7.4	122	7.5
g2	33	4.8	25	5.3	0	0.0	9	2.2	67	4.1
g3	31	4.5	2	0.4	10	13.9	4	1.0	47	2.9
h1	23	3.4	30	6.3	0	0.0	47	11.6	100	6.1
h2	3	0.4	8	1.7	0	0.0	10	2.5	21	1.3
h3	7	1.0	15	3.2	4	5.6	4	1.0	30	1.8
h4	58	8.5	2	0.4	0	0.0	6	1.5	66	4.0
r1	16	2.3	11	2.3	3	4.2	6	1.5	36	2.2
s1	0	0.0	0	0.0	0	0.0	0	0.0	0	0.0
계	682	100.0	476	100.0	72	100.0	406	100.0	1,636	100.0
1	c1	10.6	c3	13.4	c3	44.4	a1	14.3	c3	12.4
2	h4	8.5	g1	9.7	g3	13.9	c3	13.5	g1	7.5
3	b3	7.9	b3	9.2	c2	11.1	h1	11.6	c1	7.4
4	c2	7.8	c2	8.4	c1	6.9	g1	7.4	b3	7.3
5	c3	7.6	h1	6.3	h3	5.6	b1	7.1	c2	7.1

국가와 일반 간에 연구주제의 친화성이 비교적 크게 나타나지만, 재계와 사회 간에는 이질성이 크게 나타난다. 서로의 연구주제가 같거나 다르다고 해서 그것만으로 각 주체의 입장이 동질적이거나 이질석이라고 평가힐 수 없지만, 관심분야가 다르면 다를수록 그만큼 입장차이기 벌어질 가능성이 크다. 재계와 사회의 긴장관계가 큰 것이 반드시 바람직하지 않으며, 양자의 거리가 좁혀질수록 재벌에 대한 국민의 정서적 지지도가 높아지는 것은 당연한 일이다.

6. 재벌관련 박사논문의 참고문헌 조사

6.1. 참고문헌 개요

여기서는 국내 주요 대학에서 출간된 재벌관련 박사논문에서 어떤 문헌들이 어떻게 수요되고 있는가를 통계적으로 조사 분석하고자 한다. 재벌관련 문헌에 대한 수요를 학술적 수요, 정책적 수요, 사회적 수요로 구별해 본다면, 이 조사분석은 학술적 수요의 한 측면에 관한 것이라 할 수 있다.

국내 대학 가운데 1945~2002년간 재벌관련 연구의 박사학위 수여실적이 있는 대학은 39개이다. 이 가운데 20편 이상을 배출한 대학은 서울대(71편), 고려대(40편), 연세대(28편), 성균관대(21편) 등 4개 대학인데, 여기서는 이들 대학 박사논문의 참고문헌을 조사하여, 재벌문헌의 학술적 수요를 분석하기로 한다. 참고로 4개 대학의 논문 수는 모두 160편이며, 이는 전체 대학 논문 수 382편의 41.9%에 해당된다.

조사 개요는 〈표 6-17〉에 제시되어 있다. 국내문헌은 4개 대학의 박사논문 151편

〈표 6-17〉 조사 개요

(단위: 편)

	국내문헌	외국문헌
조사대상논문	160 (서울대, 고려대, 연세대, 성균관대)	111 (서울대, 고려대)
조사논문(a)	151	105
참고문헌총수(b)	12,400	11,434
b/a	82	109

〈표 6-18〉 재벌관련 박사논문의 참고문헌 : 인용빈도별 분포

(단위: 건, %)

인용빈도	국 내		외 국					
	계	Σ	계	Σ	(서 양)	Σ	(일 본)	Σ
38	1	38						
37	1	37						
30	1	30						
28	1	28						
26	1	26						
24	1	24						
22	1	22	1	22	1	22		
21	1	21						
19			2	38	2	38		
18	2	36						
17	2	34	1	17	1	17		
15	3	45						
14	3	42	2	28	2	28		
13	3	39	2	26	2	26		
12	5	60	6	72	6	72		
11	7	77	5	55	5	55		
10	15	150	8	80	8	80		
9	19	171	7	63	7	63		
8	24	192	17	136	17	136		
7	32	224	21	147	19	133	2	14
6	42	252	22	132	20	120	2	12
5			50	250	49	245	1	5
주요문헌 (a)	165	1,548	144	1,066	139	1,035	5	31
참고문헌 전체(b)		12,400		11,434		9,401		2,033
a/b(%)		12.5		9.3		11.0		1.5

(대상논문 160편 중 자료입수가 안 되는 9편 제외)에 참고문헌으로 인용된 12,400건을 조사대상으로 하였고, 외국문헌은 2개 대학의 박사논문 105편에 참고문헌으로 인용된 11,434건을 대상으로 하였다. 박사논문 1편당 인용된 국내문헌은 평균 82건이며, 외국문헌은 평균 109건이었다.

인용빈도가 높은 참고문헌은 '주요 문헌'으로 분류하였다(〈표 6-18〉). 국내문헌의 경우는 6편 이상의 박사논문에 공히 인용된 165편을 선정하였다. 이들 주요 문헌이 참고된 건수를 누계하면 1,548건으로, 이는 국내문헌총수 12,400건의 12.5%에 해당된다. 또한 외국문헌의 경우는 5편 이상의 박사논문에 공히 인용된 144편(서양 139편, 일본 5편)을 주요 문헌으로 선정하였다. 이들 주요 문헌이 참고된 건수를 누계하면 1,066건(서양 1,035건, 일본 31건)이며, 이는 외국문헌총수 11,434건(서양 9,401건, 일본 2,033건)의 9.3%(서양 11.0%, 일본 1.5%)에 해당된다. 국내문헌과 서양문헌에 비해, 일본문헌의 경우 주요 문헌에 선정된 편수가 전체 문헌 수 대비로 보더라도 매우 적다.

국내와 외국의 주요 문헌 목록은 각각 〈부표 6-1〉과 〈부표 6-2〉에 붙였다.

6.2. 주요 문헌의 주체별 비교

주요 문헌을 연구 주체별로 검토하기 위해 우선 국내문헌과 외국문헌의 차이점을 보기로 한다(〈표 6-19〉).

〈표 6-19〉에서는 전체 참고문헌을 ① 재벌연구문헌과 ② 기타 참고문헌으로 나누고 있는데, 전자는 재벌현상 혹은 재벌정책을 직접 연구한 것이고, 후자는 재벌을 직접 다룬 것이 아니라 재벌연구에 필요한 이론적·방법론적 자원이나 외국의 경험적 사례 등을 다룬 것이다. 앞서 2절에서 언급한 재벌관련 문헌의 정의에 따르면 후자는 재벌관련 문헌에 속하지 않는다.

눈에 띄는 특징은 국내문헌과 외국문헌 간에는 학술적으로 참고되는 방식의 차이가 크다는 점이다. 국내문헌이 주로 재벌 자체에 관한 지식과 정보를 얻기 위한 것이라면, 외국문헌은 재벌연구에 필요한 이론적 자원 및 방법론, 참고사례 등을 얻기 위해 활용되는 것이다. 국내문헌의 경우 재벌연구가 73.9%이고 기타참고가 26.1%이다. 반면 외국문헌의 경우는 재벌연구 비중은 11.1%에 불과하고, 기타참고 비중이 88.9%에 이른다. 그리고 기타참고 가운데 경험적 사례연구는 18.1%이고, 이론적 연구가 70.8%로 대부분을 차지한다. 이처럼 국내문헌과 외국문헌의 활용방식이 이질적이다.

다음으로 국내 주체별 특징을 비교해보자. 앞서 지적한 바와 같이, 재벌관련 문헌의 생산 면에서 재계와 국가, 특히 재계의 영향력이 높다. 단행본의 경우 재계가 41.7%, 국가가 29.1%를 차지하며, 민간 부문의 일반출판 비중은 24.8%였다.

그런데 국내 박사논문의 주요 참고문헌을 기준으로 보면(〈표 6-20〉), 165편의 주요 문헌은 재계 6.1%, 국가 16.4%, 사회 0.6%, 일반 77.0% 등으로 일반출판이 대부분을 차지한다. 67편의 단행본만 따로 보더라도, 재계 13.4%. 국가 31.3%. 사회 1.5%. 일반 53.7% 등으로 일반출판의 비중이 높다. 재벌관련 단행본의 생산 면에서는 재계가 가장 높은 비중을 차지하지만, 박사논문의 주요 참고문헌에 나타난 학술적 수요는 매우 낮다. 반면 일반출판의 경우 생산 점유율은 낮았지만 박사논문의 학술적 수요 면에서는 가장 높은 비중을 차지한다.

이것은 재계의 재벌관련 문헌이 그 학술적 수요를 초과하여 생산되고 있음을 의미

〈표 6-19〉 주요 문헌의 주체 : 국내와 외국

(단위: 건, %)

	국내문헌		외국문헌		전 체	
		%		%		%
재벌연구	122	73.9	16	11.1	138	44.7
기타참고	43	26.1	128	88.9	171	55.3
(이 론)	20	12.1	102	70.8	122	39.5
(사 례)	23	13.9	26	18.1	49	15.9
계	165	100.0	144	100.0	309	100.0

〈표 6-20〉 주요 참고문헌의 주체 : 국내

(단위: 건, %)

	재 계	국 가	사 회	일 반	(학 계)	국내 계
주요 문헌 (재벌연구+기타참고)	10 6.1	27 16.4	1 0.6	127 77.0	(58) (35.2)	165 100.0
주요 문헌 (재벌연구)	9 7.4	25 20.5	1 0.8	87 71.3	(49) (40.2)	122 100.0
주요 문헌 (재벌연구: 단행본)	9 13.4	21 31.3	1 1.5	36 53.7	(7) (10.4)	67 100.0
재벌연구 생산 (단행본)	341 41.7	238 29.1	36 4.4	203 24.8	(65) (7.9)	818 100.0

한다. 그러나 이 사실이 곧 재계가 재벌관련 문헌을 불필요하게 과잉생산하고 있음을 의미하지는 않는다. 재벌문헌의 수요로 학술적 수요만 존재하는 것이 아니고 정책적 수요나 사회적 수요도 존재하며, 재계가 재벌관련 문헌을 생산하는 목적을 전자보다 후자에 둘 가능성도 크기 때문이다.

7. 맺음말

지금까지 재벌관련 문헌을 조사 분석한 결과를 요약하면 다음과 같다.

첫째, 1970년대까지는 재벌문제를 학계보다는 언론계에서 먼저 다루었지만, 이러한 역할은 1980년대 이후 연구문헌 증가에 따라 위축되었고, 1990년대 이후에는 거의 미미한 수준이 되었다. 재벌관련 자료문헌에서 중요하게 다루어진 주제는 기업가, 재벌 일반, 재벌-중소기업관계, 정경유착 등 네 가지였다.

둘째, 재벌관련 연구문헌의 생산 측면을 보면, 중요하게 다루어진 주제는 지배구조, 경제력집중, 산업정책, 노동통제 등 네 가지였다. 이 가운데 1987년까지는 경제력집중이, 1988~1997년에는 노동통제가, 1998년부터는 지배구조가 각각 핵심주제였다. 국내연구와 외국연구 간에는 연구주제 구성 면에서 차이가 존재하는데, 그것은 연구의 사회적 구속성을 반영하는 것이다. 그리고 국내연구의 주체 면에서는 재계와 국가의 비중이 높고, 특히 재계가 주도적 지위에 있다.

셋째, 재벌관련 연구문헌의 학술적 수요 측면을 국내 박사논문의 주요 참고문헌을 조사한 결과를 통해서 보면, 외국문헌은 이론적·방법론적 측면에서 주로 수요되고 국내문헌은 재벌에 관한 지식과 정보를 얻기 위해 수요된다. 국내문헌 가운데 일반 출판의 비중이 높으며 재계의 영향력은 매우 낮다. 즉, 재벌관련 문헌생산은 재계가 주도하지만, 학술적 면에서 재계 영향력은 매우 제한되어 있다.

이번 조사 분석과정에서 부족한 점으로 드러난 것 가운데 몇 가지를 연구과제로 지적하면 다음과 같다.

첫째, 문헌수집 면에서 수집범위를 확대할 여지가 남아 있다. 국내문헌 중에는 잡지기사 자료의 수집범위를 주간지까지 확장하고, 특히 외국문헌 수집방법을 체계화할 필요가 있다. 미국 국회도서관 등 유수한 외국기관 데이터베이스를 활용하면 보완될 수 있을 것이다.

둘째, 문헌분석 면에서는, 재벌관련 문헌의 수요 측면에서 보완의 여지가 크다. 여기서는 일차적으로 박사논문의 참고문헌을 4개 대학만 대상으로 조사하였으나, 전체 대학으로 그것을 확대할 수 있으며, 나아가 단행본 등 다른 유형의 문헌들과 비교해서 분석한다면 더 풍부한 결과를 얻을 수 있을 것이다. 또한 학술적 수요만이 아니라 정책적 수요와 사회적 수요 측면까지 포함하여 다룰 필요가 있다. 정책과 언론 등에서 문헌들이 어떻게 수요되는가가 포괄적으로 검토된다면, 재벌관련 문헌의 생산과 소비의 전체적 과정이 명확하게 파악될 수 있다.

■ 참 고 문 헌

강명세(1996), "한국의 파업과 산업분쟁", 고려대학교 EU연구센터 국제심포지엄 발표문.

강철규(1999), 《재벌개혁의 경제학: 선단경영에서 독립경영으로》, 다산출판사.

공정거래위원회(2003. 11. 21), "상호출자제한기업집단 소속 금융보험사의 의결권제한규정 위반행위에 대한 조치결과", 보도자료.

공정거래위원회 홈페이지, http://www.ftc.go.kr.

공제욱(1992), 《1950년대 한국의 자본가 연구》, 백산서당.

김 균·송원근(2000), "재벌개혁의 끝: 평가와 전망", 《동향과 전망》, 44.

김대환·김 균 공편(1999), 《한국 재벌개혁론》, 나남출판.

김상조(2001. 10. 18), "재벌소속 금융기관의 계열사주식 보유한도 및 의결권제한 완화의 문제점", 참여연대 경제개혁센터 주최 '재벌 및 금융부문 규제완화관련 토론회' 자료집.

_____(2003. 3), "비은행 금융기업의 지배구조 개선", 《KDIC 금융연구》, 제 4권 1호, 예금보험공사.

_____(2004), "재벌개혁: 이해관계 충돌 및 조정의 현실적 고려사항", 참여사회연구소 《시민과 세계》, 5호, 2004년 상반기, 당대.

김선구·류근관·빈기범·이상승(2003. 9), 《출자총액제한제도의 바람직한 개선방향》, 서울대학교 Center for Corporate Competitiveness.

김성희(2003), "뜨거운 불만의 겨울: 노무현 정부 정책 평가", 《이론과 실천》, 11월호.

김성희·박현미(1999), 《전자산업 대기업의 작업장체제와 노사관계》, 한국노총중앙연구원.

김유선(2004), "한국의 파업실태: 통계지표를 중심으로", 심용보 외, 《대형 노사분규 심층 연구: 2003년 산업별 사례분석》, 한국노동교육원.

김진방(2000), "재벌의 소유구조: 통계, 개념, 분석", 《경제학연구》, 제 48집 제 2호.

_____(2003), "출자총액제한의 비교정학", 《사회경제평론》, 제 20호.

_____(2005), 《재벌의 소유구조》, 나남출판.

김진수(1998), "일본 지주회사의 해체과정과 해금과정", 《재정포럼》, 7월호.

노동부, 각 연도, 노동조합 조직현황 자료.

_____, 각 연도, 노사분규 현황 자료.

노중기(1997), "한국의 노동정치체제 변동, 1987~1997년", 《경제와 사회》, 통권 제 36호, 한국산업사회학회.

_____(1999), "노동운동의 위기구조와 노동의 선택", 《산업사회연구》, 제 5권 제 1호, 한국산업노동학회.

대우그룹노동조합협의회(1996), 회의자료.

_____(1999), 《7기(1998) 사업보고》.

338

_____ (2000), 《14년 사업보고서(1987~2000)》.

민주노총대우그룹구조조정대책위원회(1999), 《대우구조조정 문제점과 노조의 대응방향》.

박경서(2000), "기업지배체제에 있어 기관투자가의 역할", 이선·좌승희·정광선·김용구 엮음, 《한국 기업지배구조의 현재와 미래》, 미래경영개발연구원.

박병윤(1982), 《재벌과 정치》, 한국양서출판사.

박준식(1997), "1987년 이후의 작업장정치와 노동의 시민권", 《경제와 사회》, 통권 제36 호, 한국산업사회학회.

박진도(1998), "일본 재벌의 해체와 새로운 재편성: 재벌로부터 기업집단에로", 《경제발전 연구》, 제4권 1호.

서재진(1991), 《한국의 자본가계급》, 나남출판.

성소미(2003), "기업결합규제", 성소미·신광식 편, 《공정거래관련 법령의 개선방안》, 한 국개발연구원.

송옥렬(2003), 《증권집단소송 법무부안에 대한 평가》, 서울대학교 법과대학.

신인석(2001), 《투신사의 의결권 행사실태와 정책대응》, 정책연구시리즈 2001-02, 한국 개발연구원.

신희권(1992), 《정부규제 정책의 효과성 제고방안: 재벌규제 정책을 중심으로》, 현대사회 연구소.

울산사회선교실천협의회(1987), 《울산지역 7월 노동자대중투쟁자료집》.

윤능선(1997), 《경제단체 인생 40년》, 삶과 꿈.

이병천(2003), "참여정부의 경제정책: 한국형 제3의 길, 동요와 출구", 학술단체협의회 주최 참여정부 100일 평가 학술토론회 자료집.

이상호(2005), 《재벌의 사업구조와 경제력집중》, 나남출판.

이수원(1994), 《현대그룹노동조합 그 격동의 역사》, 대륙.

이영희(1998), "한국의 생산체제는 변화하고 있는가", 《경제와 사회》, 통권 제40호, 한국 산업사회학회.

이재희(1999), "재벌과 국민경제", 김대환·김 균, 《한국재벌개혁론》, 나남출판.

이정희(2000), "재계의 총선 참여전략: 평가와 전망", 《16대 총선평가 학술회의: 16대 총 선과 한국 민주주의의 진로》, 한국정치학회.

_____ (2001), "21세기 이익집단정치의 전개: 새로운 도전과 극복과제", 《아세아연구》 105호(44권 1호), 고려대 아세아문제연구소.

이찬근(2003), "유럽 소국의 기업지배권 방어기제: 국내재벌개혁에의 시사점", 한국사회경 제학회, 《사회경제평론》, 제21호, 관악사.

임영일(1997), "노동운동의 제도화와 시민권", 《경제와 사회》, 통권 제36호, 한국산업사 회학회.

_____ (1998), 《한국의 노동운동과 계급정치(1987~1995)》, 경남대학교 출판부.

임영재(2003), "경제력집중 규제 및 기업분할 청구제", 성소미·신광식 편, 《공정거래관련

법령의 개선방안》, 한국개발연구원.

재정경제부·공정거래위원회(2003. 12. 30), "시장개혁 3개년 로드맵".

전경련(1985), 《전경련 발전의 발자취》.

_____ (1982~1989), 《전경련 사업보고서》.

_____ (1991), 《전경련 30년사》.

_____ (2001), 《전경련 40년사》.

_____ (각 연도), 《전경련 사업총람》.

전국노동조합협의회(1995), 자료모음.

_____ (1997), 《전노협 백서》.

전노대(1994. 6), "민주노총 건설을 위한 제1차 조사연구 보고서", 《전노협 백서》.

전성인(2001), "민영화 시대의 은행 지배구조와 감독정책", 한국금융학회·한국개발연구원
    주최 2001년 하반기 정책 심포지엄 '은행민영화와 소유 및 지배구조' 자료집

정승일(2003), "주주가치 자본주의 비판과 재벌개혁의 대안", 대안연대회의 정책토론회 자료집.

조돈문(1999), "세계 자동차산업의 구조조정과 노동조합의 대응: 7개국 사례의 비교와 함의",
    조돈문 외, 《구조조정의 정치: 세계 자동차산업의 합리화와 노동》, 문화과학사.

조영철(1996), 《재벌문제의 본질 및 재벌정책의 개선방향》, 국회도서관 입법조사분석실.

조희연·홍일표·김정훈(2003), 〈정부·기업 정책형성과정에서 NGO의 역할〉, 인문사회
    연구회 협동연구 총괄보고서 2003-5, 한국행정연구원.

참여사회연구소(1999), 《한국 5대 재벌백서》, 나남출판.

참여연대(2002), "삼성전자 주주대표소송 1심 판결: 의미와 쟁점", 홍보자료.

최정표(1999), 《재벌시대의 종언》, 고원.

KDI(2003. 9), 《시장개혁 추진을 위한 평가지표 개발 및 측정》, 한국개발연구원.

한국경제연구원(1996), 《30대 기업집단의 경제기여도》.

한국경제협의회(1961), 《사업보고서: 1960. 12~1961. 8》.

허민영(2003), "현대 재벌의 노사관계 연구", 경성대학교 박사학위논문.

현대그룹노동조합협의회 청산위원회(2002), 현총련 백서(CD).

현대그룹노사관계진단연구단(1994), 〈현대그룹노사관계진단보고서〉, 노동조합기업경영연구소.

현대자동차노동조합 정공본부(2001), 《정공노조 15년》.

현총련(1997), 8-1차 임시대의원대회 자료집.

홍덕률(1993), "한국 대자본가의 조직화와 계급실천에 대한 연구", 서울대학교 사회학 박
    사논문.

_____ (1996a), "1987년 이후 정부와 재벌 관계의 변화", 한국산업사회학회, 《경제와 사
    회》, 여름호, 한울.

_____ (1996b), "재벌의 존재 양태와 재벌 개혁의 긴급성", 《역사비평》, 가을호

_____ (1997), "재벌 헤게모니의 대변자, 전경련", 《동향과 전망》, 가을호(통권 35호).

_____ (2005), "전경련, 왜 만들어졌나?", 《내일을 여는 역사》, 봄호.

홍덕률·공제욱(1996), "재벌문제의 총체적 인식과 재벌개혁의 방향", 학술단체협의회, 《재벌과 언론》(제 10회 학술심포지엄 논문집), 당대출판사.

Bell, D. (1960), *The End of Ideology*, New York: Collier.

Black, Bernard S. (2001), "The Legal and Institutional Preconditions for Strong Securities Markets", *UCLA Law Review*, Vol. 48.

Bloc, Fred (1977), "Ruling Class does not Rule", *Socialist Review*, Vol. 7.

Burawoy, M. (1985), *The Politics of Production: Factory Regimes under Capitalism and Socialism*, London: Verso.

CGCG (2003. 9. 22), 〈한국 법원 이중대표소송 허용판결〉, CGCG Issue Report.

Coase, R. H. (1937), "The Nature of the Firm", *Economica*, Vol. 4.

Domhoff, G. W. (1967), *Who Rules America?*, Englewood Cliffs, NJ: Prentice-Hall.

_____(1970), *The Higher Circles*, New York: Random House.

_____(1974), *Bohemian Grove and Other Retreats*, New York: Harper and Row.

_____(1975), "Social Clubs, Policy-Planning Groups, and Corporations: A Network Study of Ruling Class Cohesiveness", *Insurgent Sociologist*, Vol. 5.

_____(1978), *Who Really Rules?*, New Brunswick, NJ: Transaction Books.

_____(1979), *The Powers That Be: Processes of Ruling Class Domination in America*, New York: Random House.

_____(1983), *Who Rules America Now?*, NY: Prentice-Hall Inc.

_____(1987), "Where do Government Experts Come From?", in Domhoff, G. W. & Thomas R. Dye, ed., *Power Elites and Organizations*, Newbury Park, CA: Sage Publications, Inc., pp. 189~203.

Edwards, P. K. & R. Hyman (1996), "Strikes and Industrial Disputes in Europe", 고려대학교 EU연구센터 국제심포지엄 발표문.

Edwards, P. K. (1986), *Conflict at Work: A Materialist Analysis of Workplace Relations*, Basil Blackwell.

Gilson, Ronald J. (2000), "Globalizing Corporate Governance: Convergence of Form or Function", Working Paper, No. 174, Columbia Law School, The Center for Law and Economics Studies.

Hunter, F. (1953), *Community Power Structure*, Garden City, NY: Doubleday.

Hyman, R. (1989), *Strikes*, 4th Edition, Macmillan Press.

Kelly, J. (1998), *Rethinking Industrial Relations: Mobilization, Collectivism and Long Waves*, Routledge.

Kim, Yong H. (2002. 7), "The Corporate Governance Problems of U. S. Banks", 한국금융연구원, 《은행지배구조: Bank Governance and Its Related Issues》.

Locascio, David W. (1989), "The Dilemma of the Double Derivative Suit," *Northwestern University Law Review*, Spring.

Miliband, R. (1969), *The State in Capitalist Society*, New York: Basic Books.

Mills, C. W. (1956), *The Power Elite*, New York: Oxford Univ. Press.

Moody, K. (1997), "Towards an International Social-Movement Unionism", *New Left Review*, No. 225, 9/10.

Offe, C. (1972), "Klassenherrschft und Politische System: Die Seleektivitat Politischer Institutionen", in Offe, *Structureprobleme des kapitalistischen Staates*, Suhrkamp, pp. 65~106(한상진 편, 서규환 · 박영도 역, "계급지배와 정치체제: 정치적 선택성", 《국가이론과 위기분석》, 전예원).

Poulantzas, N. (1969), "The Problem of the Capitalist Class", *New Left Review*, Vol. 58. pp. 67~78.

Regini, M. (1992), "Introduction: The Past and Future of Social Studies of Labour Movements", in M. Regini, ed., *The Future of Labour Movements*, London: Sage Publications.

Shalev, M. (1992), "The Resurgence of Labour Quiscence", in M. Regini, Ed., *The Future of Labour Movements*, London: Sage Publications.

Solomon, Lewis D. & Alan R. Palmiter(1999), *Corporations: Examples & Explanations*, 3rd Edition, Aspen Law & Business.

Useem, M. (1978), "The Inner Group of the American Capitalist Class", *Social Problems*, Vol. 25, pp. 225~241.

_____ (1979), "The Social Organization of the American Business Elite and Participation of Corporation Directors in the Governance of American Institutions", *ASR*, Vol. 44, August, pp. 553~572.

_____ (1980), "Corporations and the Corporate Elite", *American Review of Sociology*, Vol. 6, pp. 41~77.

_____ (1984), *The Inner Circle*, New York: Oxford Univ. Press.

Visser, J. (1992), "The Strength of Union Movements in Advanced Capitalist Democracies: Social and Organizational Variations", in M. Regini, Ed., *The Future of Labour Movements*, London: Sage Publications.

Waterman, P. (1999), "The New Social Unionism: A New Union Model for a New World Order", in R. Munck, and P. Waterman, Eds., *Labour Worldwide in the Era of Globalization: Alternative Models in the New World Order*, London: Macmillan.

Zeitlin, M. (1974,) "Corporate Ownership and Control: The Large Corporation and the Capitalist Class", *AJS*, Vol. 79, No. 5, pp. 1073~1119.

부 표

〈부표 2-1〉 노동조합 목록

〈1988년〉

그룹명	기업명	노동조합명	조합원 수	상급단체
고 합	고려석유화학	고려화학노조	759	전국화학노동조합연맹
고 합	고려종합화학	고려종합화학	80	전국화학노동조합연맹
극동건설	국제종합건설	국제종합건설노조	18	전국금속노동조합연맹
극동건설	극동건설	극동건설노조	110	전국연합노동조합연맹
극동건설	극동요업	극동요업노조	22	전국화학노동조합연맹
극동건설	동서호라이즌증권	동서증권노조	753	전국금융노동조합연맹
대 림	대림산업	대림산업㈜노조	530	전국화학노동조합연맹
내 림	대림산업	대림산업노조	531	전국자동차노동조합연맹
대 림	대림엔지니어링	대림엔지니어링노조	417	전국연합노동조합연맹
대 림	대림오토바이판매	대림오토바이판매노조	143	전국연합노동조합연맹
대 림	대림요업	대림요업노조	585	전국금속노동조합연맹
대 림	대림자동차공업	대림자동차노조	610	전국금속노동조합연맹
대 림	대림콩크리트공업	대림콘크리트노조	107	전국화학노동조합연맹
대 림	삼호유통	㈜삼호유통노조	24	전국연합노동조합연맹
대 림	서울증권	서울증권노조	248	전국금융노동조합연맹
대 상	미 원	미원식품노조	365	전국화학노동조합연맹
대 상	미 원	서울미원노조	1,247	전국화학노동조합연맹
대 우	대 우	㈜대우노조	4,397	전국섬유노동조합연맹
대 우	대우자동차	대우자동차노조	9,553	전국금속노동조합연맹
대 우	대우자동차	대우자동차강릉노조	38	전국금속노동조합연맹
대 우	대우전자	대우전자노조	11,375	전국금속노동조합연맹
대 우	대우정밀공업	대우정밀노조	1,000	전국금속노동조합연맹
대 우	대우조선공업	대우조선노조	9,771	전국금속노동조합연맹
대 우	대우중공업	대우중공업노조	4,497	전국금속노동조합연맹
대 우	대우통신	대우통신노조	1,127	전국금속노동조합연맹
대 우	동양제철화학	동양화학지원노조	27	전국화학노동조합연맹
대 우	동양제철화학	동양화학	615	전국화학노동조합연맹
대 우	신아조선공업	신아조선노조	387	전국금속노동조합연맹
대 우	오리온전기	오리온전기노조	1,553	전국금속노동조합연맹
대 우	코람프라스틱	코암프라스틱	200	전국화학노동조합연맹
동국제강	국제종합기계	국제종합기계노조	712	전국금속노동조합연맹
동국제강	국제통운	국제통운노조	190	전국자동차노동조합연맹
동국제강	동국제강	동국제강노조	1,293	전국금속노동조합연맹
동국제강	부산가스	㈜부산도시가스노조	96	전국화학노동조합연맹
동국제강	연합철강공업	연합철강노조	1,620	전국금속노동조합연맹
동국제강	한국철강	한국철강노조	574	전국금속노동조합연맹
동 부	강원여객자동차	강원여객노조	526	전국자동차노동조합연맹
동 부	동부고속	동부고속노조	871	전국자동차노동조합연맹
동 부	동부산업	동부산업노조	136	전국화학노동조합연맹
동 부	동부제강	동부제강노조	1,362	전국금속노동조합연맹
동 부	영남화학	영남화학노조	340	전국화학노동조합연맹
동 아	대한통운	대한통운노조	5,158	전국항운노동조합연맹

그룹명	기업명	노동조합명	조합원 수	상급단체
동 아	동아건설산업	동아건설노조	1,229	전국금속노동조합연맹
동 아	동아건설산업	동아건설창동공장노조	272	전국금속노동조합연맹
동 아	동아생명보험	동아생명노조	1,224	전국보험노동조합연맹
두 산	두산개발	서울두산개발노조	88	전국자동차노동조합연맹
두 산	두산기계	두산기계노조	536	전국금속노동조합연맹
두 산	두산제관	두산제관노조	185	전국금속노동조합연맹
롯 데	롯데삼강	롯데삼강노조	724	전국화학노동조합연맹
롯 데	롯데쇼핑	롯데쇼핑노조	400	전국연합노동조합연맹
롯 데	롯데알미늄	롯데알미늄노조	585	전국금속노동조합연맹
롯 데	롯데제과	롯데제과노조	2,394	전국화학노동조합연맹
롯 데	롯데칠성음료	롯데칠성음료노조	526	전국화학노동조합연맹
롯 데	롯데칠성음료	롯데칠성양산공장노조	270	전국화학노동조합연맹
롯 데	롯데캐논	롯데캐논노조	33	전국금속노동조합연맹
롯 데	부산은행	부산은행노조	3,049	전국금융노동조합연맹
롯 데	호남석유화학	호남석유화학노조	367	전국화학노동조합연맹
롯 데	호텔롯데	호텔롯데노조	1,200	전국관광노동조합연맹
범양상선	미륭상사	미륭상사노조	115	전국화학노동조합연맹
범양상선	범양냉방공업	범양냉방노조	275	전국금속노동조합연맹
범양상선	범양상선	범양상선노조	2,177	전국해원노동조합연맹
범양상선	범양상선	범양상선㈜육원노조	359	전국연합노동조합연맹
범양상선	범양식품	범양식품노조	159	전국화학노동조합연맹
삼 성	삼성중공업	삼성중공업노조	18	전국금속노동조합연맹
삼 성	조선호텔	조선호텔노조	450	전국관광노동조합연맹
삼 성	조선호텔	조선비치노조	241	전국관광노동조합연맹
삼 양	삼남석유화학	삼남석유노조	9	전국화학노동조합연맹
삼 양	삼양사	삼양사노조	1,881	전국섬유노동조합연맹
삼 양	삼양사	삼양사노조	205	전국화학노동조합연맹
삼 양	삼양중기	삼양중기노조	208	전국금속노동조합연맹
쌍 용	굿모닝신한증권	쌍용투자증권	763	전국금융노동조합연맹
쌍 용	승리기계제작소	승리기계노조	270	전국금속노동조합연맹
쌍 용	쌍용양회공업	쌍용양회노조	2,322	전국화학노동조합연맹
쌍 용	쌍용양회공업	쌍용양회노조	36	전국화학노동조합연맹
쌍 용	쌍용자동차	쌍용자동차노조	2,053	전국자동차노동조합연맹
쌍 용	쌍용제지	쌍용제지노조	581	전국화학노동조합연맹
쌍 용	쌍용해운	쌍용해운㈜노조	190	전국해원노동조합연맹
쌍 용	S-OIL	쌍용정유노조	358	전국화학노동조합연맹
엘 지	금성계전	금성계전노조	1,506	전국금속노동조합연맹
엘 지	금성기전	금성기전노조	1,238	전국금속노동조합연맹
엘 지	금성부품	금성부품노조	499	전국금속노동조합연맹
엘 지	금성전기	금성전기노조	17	전국금속노동조합연맹
엘 지	금성통신	금성통신노조	1,600	전국금속노동조합연맹
엘 지	금성투자금융	금성투자금융노조	31	전국금융노동조합연맹
엘 지	대한유조선	대한유조선노조	223	전국해원노동조합연맹
엘 지	반도스포츠	반도스포츠노조	794	전국금속노동조합연맹

그룹명	기업명	노동조합명	조합원 수	상급단체
엘 지	성요사	성요사노조	369	전국금속노동조합연맹
엘 지	희성금속	희성금속노조	139	전국금속노동조합연맹
우성건설	우성모직	우성모직노조	691	전국섬유노동조합연맹
우성건설	우성유통	우성유통노조	130	전국관광노동조합연맹
코오롱	두산전자	두산전자노조	260	전국금속노동조합연맹
코오롱	삼경복장	삼경복장노조	570	전국섬유노동조합연맹
코오롱	코오롱유화	코오롱유화노조	70	전국화학노동조합연맹
태광산업	태광산업	태광산업노조	4,845	전국섬유노동조합연맹
태광산업	태광산업	태광산업울산공장노조	860	전국섬유노동조합연맹
통 일	일 화	일화노조	22	전국화학노동조합연맹
통 일	한국티타늄공업	한국티타늄노조	32	전국화학노동조합연맹
한 라	만도기계	만도기계노조	2,779	전국금속노동조합연맹
한 일	경남모직	경남모직노조	2,484	전국섬유노동조합연맹
한 일	국제상사	국제상사서울사무소직원노조	220	전국연합노동조합연맹
한 일	국제상사	국제상사노조	10,404	전국고무산업노동조합연맹
한 일	동서석유화학	동서석유노조	150	전국화학노동조합연맹
한 일	진해화학	진해화학노조	245	전국화학노동조합연맹
한 일	한일합섬	한일합섬노조	12,075	전국섬유노동조합연맹
한 일	한일합섬	한일합섬양구노조	60	전국섬유노동조합연맹
한 진	대한항공	대한항공노조	6,365	전국연합노동조합연맹
한 진	동양화재해상보험	동양화재해상보험노조	696	전국보험노동조합연맹
한 진	정석기업	정석기업노조	187	전국연합노동조합연맹
한 진	한국공항	한국공항노조	2,117	전국연합노동조합연맹
한 진	한국항공	한국항공노조	509	전국연합노동조합연맹
한 진	한 진	한진노조	2,347	전국자동차노동조합연맹
한 진	한진관광	서울한진관광버스노조	22	전국자동차노동조합연맹
한 진	한진해운	㈜한진해운노조	304	전국해원노동조합연맹
한 화	빙그레	㈜빙그레노조	1,188	전국화학노동조합연맹
한 화	제일화재해상보험	제일화재해상보험노조	270	전국금융노동조합연맹
해 태	해태앤컴퍼니	해태산업	79	전국화학노동조합연맹
해 태	해태유업	해태유업노조	605	전국화학노동조합연맹
현 대	강원은행	강원은행노조	440	전국금융노동조합연맹
현 대	고려산업개발	고려산업개발노조	507	전국화학노동조합연맹
현 대	대한알루미늄공업	대한알미늄노조	190	전국금속노동조합연맹
현 대	현대건설	현대건설㈜노조	1,511	전국연합노동조합연맹
현 대	현대건설	현대건설노조	860	전국자동차노동조합연맹
현 대	현대건설	㈜현대건설철구사업본부노조	51	전국금속노동조합연맹
현 대	현대리바트	현대종합목재노조	1,100	전국연합노동조합연맹
현 대	현대리바트	현대종합목재산업㈜노조	2,232	전국연합노동조합연맹
현 대	현대모비스	현대정공노조	2,000	전국금속노동조합연맹
현 대	현대미포조선	현대미포조선소노조	2,209	전국금속노동조합연맹
현 대	현대산업개발	현대산업개발노조	70	전국연합노동조합연맹
현 대	현대상선	현대상선육원노조	117	전국연합노동조합연맹
현 대	현대엘리베이터	현대엘리베이터노조	530	전국금속노동조합연맹

그룹명	기업명	노동조합명	조합원 수	상급단체
현대	현대자동차	현대자동차노조	20,780	전국금속노동조합연맹
현대	현대자동차써비스	현대자동차써비스노조	1,330	전국연합노동조합연맹
현대	현대중공업	현대중공업노조	19,124	전국금속노동조합연맹
현대	현대증권	현대증권노조	561	전국금융노동조합연맹
현대	현대해상화재보험	현대해상화재보험노조	628	전국금융노동조합연맹
현대	INI스틸	인천제철	2,005	전국금속노동조합연맹
효성	동양염공	동양염공노조	155	전국섬유노동조합연맹
효성	효성물산	효성물산노조	170	전국섬유노동조합연맹
효성	효성중공업	효성중공업노조	1,455	전국금속노동조합연맹
SK	워커힐	워커힐노조	1,024	전국관광노동조합연맹
SK	워커힐	워커힐카지노노조	388	전국관광노동조합연맹
SK	흥국상사	흥국상사노조	448	전국화학노동조합연맹
SK	흥국상사	흥국상사노조	54	전국화학노동조합연맹

〈1989년〉

그룹명	기업명	노동조합명	조합원 수	상급단체
현대	강원은행	강원은행노조	493	전국금융노동조합연맹
현대	고려산업개발	고려산업개발노조	530	전국화학노동조합연맹
현대	대한알루미늄공업	대한알루미늄노조	193	전국금속노동조합연맹
현대	동서산업	동서산업노조	200	전국화학노동조합연맹
현대	동서산업	동서산업노조	264	전국화학노동조합연맹
현대	동서산업	동서산업노조	430	전국화학노동조합연맹
현대	케피코	KEFICO노조	230	전국금속노동조합연맹
현대	현대건설	현대건설㈜사업본부노조	51	전국금속노동조합연맹
현대	현대건설	현대건설노조	890	전국연합노동조합연맹
현대	현대건설	현대건설㈜노조	2,737	전국연합노동조합연맹
현대	현대리바트	현대종합목재산업㈜노조	2,240	전국연합노동조합연맹
현대	현대모비스	현대정공노조	1,995	전국금속노동조합연맹
현대	현대미포조선	현대미포조선노조	1,935	전국금속노동조합연맹
현대	현대산업개발	현대산업개발노조	70	전국연합노동조합연맹
현대	현대상선	현대상선육원노조	38	전국연합노동조합연맹
현대	현대상선	현대상선㈜노조	1,291	전국선원노동조합연맹
현대	현대엘리베이터	현대엘리베이터노조	530	전국금속노동조합연맹
현대	현대자동차	현대자동차노조	23,390	전국금속노동조합연맹
현대	현대자동차써비스	현대자동차써비스노조	2,218	전국연합노동조합연맹
현대	현대중공업	현대중공업노조	18,528	전국금속노동조합연맹
현대	현대증권	현대증권㈜노조	731	전국사무금융노동조합연맹
현대	현대해상화재보험	현대해상화재보험노조	628	진국사무금융노동조합연맹
현대	INI스틸	인천제철	2,005	전국금속노동조합연맹
대우	경남기업	경남기업노조	100	전국금속노동조합연맹
대우	대우	㈜대우노조	3,273	전국섬유노동조합연맹
대우	대우기공	대우기공노조	193	전국금속노동조합연맹
대우	대우엔지니어링	대우엔지니어링노조	150	전국연합노동조합연맹
대우	대우자동차	경북대우자동차㈜정비사업소노조	19	전국금속노동조합연맹

그룹명	기업명	노동조합명	조합원 수	상급단체
대 우	대우자동차	대우자동차노조	38	전국금속노동조합연맹
대 우	대우자동차	대우자동차노조	9,584	전국금속노동조합연맹
대 우	대우전자	대우전자노조	10,783	전국금속노동조합연맹
대 우	대우정밀공업	대우정밀노조	1,000	전국금속노동조합연맹
대 우	대우조선공업	대우조선노조	9,771	전국금속노동조합연맹
대 우	대우중공업	대우중공업노조	4,701	전국금속노동조합연맹
대 우	대우증권	대우증권노조	7	진국사무금융노동조합연맹
대 우	대우통신	대우통신노조	1,152	전국금속노동조합연맹
대 우	신아조선공업	신아공업사노조	34	전국금속노동조합연맹
대 우	신아조선공업	신아조선노조	380	전국금속노동조합연맹
대 우	오리온전기	오리온전기노조	2,320	전국금속노동조합연맹
대 우	코람프라스틱	코람프라스틱노조	318	전국화학노동조합연맹
엘 지	금성계전	금성계전노조	1,100	전국금속노동조합연맹
엘 지	금성기전	금성기전노조	1,260	전국금속노동조합연맹
엘 지	금성부품	금성부품노조	1,350	전국금속노동조합연맹
엘 지	금성전기	금성전기노조	17	전국금속노동조합연맹
엘 지	금성전기	금성전기노조	1,252	전국금속노동조합연맹
엘 지	금성통신	금성통신노조	1,678	전국금속노동조합연맹
엘 지	금성투자금융	금성투자금융노조	31	전국금융노동조합연맹
엘 지	대한유조선	대한유조선노조	237	전국선원노동조합연맹
엘 지	반도스포츠	반도스포츠노조	750	전국금속노동조합연맹
엘 지	부민상호저축은행	㈜부신상호노조	23	전국금융노동조합연맹
엘 지	삼경석유	서울삼경석유노조	13	전국자동차노동조합연맹
엘 지	성요사	성요사노조	347	전국금속노동조합연맹
엘 지	희성금속	희성금속노조	139	전국금속노동조합연맹
삼 성	삼성중공업	삼성중공업노조	181	전국금속노동조합연맹
삼 성	조선호텔	조선비치호텔노조	269	전국관광노동조합연맹
삼 성	조선호텔	조선호텔노조	450	전국관광노동조합연맹
한 진	대한항공	대한항공노조	6,674	전국연합노동조합연맹
한 진	동양화재해상보험	동양화재해상보험노조	1,154	전국보험노동조합연맹
한 진	정석기업	정석기업노조	182	전국연합노동조합연맹
한 진	한국공항	한국공항노조	2,220	전국연합노동조합연맹
한 진	한국항공	한국항공노조	695	전국연합노동조합연맹
한 진	한불종합금융	한불종합금융노조	10	전국금융노동조합연맹
한 진	한 진	한진노조	2,803	전국자동차노동조합연맹
한 진	한진관광	서울관광특수지부한진(분)	34	전국자동차노동조합연맹
S K	워커힐	워커힐카지노노조	460	전국관광노동조합연맹
S K	워커힐	워커힐노조	1,024	전국관광노동조합연맹
S K	유공에라스토머	유공노조	1,150	전국화학노동조합연맹
S K	유공에라스토머	㈜유공노조	1,786	전국화학노동조합연맹
S K	흥국상사	흥국상사노조	54	전국화학노동조합연맹
S K	흥국상사	흥국상사노조	482	전국화학노동조합연맹
쌍 용	범아석유	범아석유노조	5	전국화학노동조합연맹
쌍 용	승리기계제작소	승리기계노조	297	전국금속노동조합연맹

그룹명	기업명	노동조합명	조합원 수	상급단체
쌍 용	승리전자공업	승리전자노조	112	전국금속노동조합연맹
쌍 용	쌍용양회공업	쌍용양회노조	2,271	전국화학노동조합연맹
쌍 용	쌍용자동차	쌍용자동차노조	2,323	전국금속노동조합연맹
쌍 용	쌍용제지	쌍용제지노조	600	전국화학노동조합연맹
쌍 용	쌍용해운	쌍용해운㈜노조	212	전국선원노동조합연맹
쌍 용	S-OIL	쌍용정유노조	350	전국화학노동조합연맹
롯 데	롯데리아	롯데리아노조	6	전국연합노동조합연맹
롯 데	롯데삼강	롯데삼강노조	715	전국화학노동조합연맹
롯 데	롯데쇼핑	롯데쇼핑노조	1,200	전국연합노동조합연맹
롯 데	롯데알미늄	롯데알미늄노조	590	전국금속노동조합연맹
롯 데	롯데칠성음료	롯데칠성양산공장노조	270	전국화학노동조합연맹
롯 데	롯데칠성음료	롯데칠성음료노조	703	전국화학노동조합연맹
롯 데	롯데캐논	롯데캐논노조	96	전국금속노동조합연맹
롯 데	부산은행	부산은행노조	3,034	전국금융노동조합연맹
롯 데	한국후지필름	한국후지필름판매노조	5	전국연합노동조합연맹
롯 데	한국후지필름	한국후지필름노조	126	전국화학노동조합연맹
롯 데	호남석유화학	호남석유화학노조	382	전국화학노동조합연맹
롯 데	호텔롯데	롯데호텔노조	1,200	전국관광노동조합연맹
기 아	아시아자동차공업	아시아자동차노조	2,420	전국금속노동조합연맹
한 화	빙그레	㈜빙그레노조	1,588	전국화학노동조합연맹
한 화	제일화재해상보험	제일화재해상보험노조	296	전국사무금융노동조합연맹
대 림	고려개발	고려개발㈜노조	310	전국연합노동조합연맹
대 림	대림산업	대림산업노조	416	전국자동차노동조합연맹
대 림	대림산업	대림산업㈜석유화학사업부노조	1,059	전국화학노동조합연맹
대 림	대림산업	대림산업건설노조	1,617	전국연합노동조합연맹
대 림	대림엔지니어링	대림엔지니어링노조	417	전국연합노동조합연맹
대 림	대림오토바이판매	대림오토바이판매㈜노조	143	전국연합노동조합연맹
대 림	대림요업	대림요업노조	400	전국금속노동조합연맹
대 림	대림자동차공업	대림자동차노조	730	전국금속노동조합연맹
대 림	대림콩크리트공업	대림콩크리트노조	550	전국화학노동조합연맹
대 림	삼호유통	㈜삼호유통노조	74	전국연합노동조합연맹
대 림	서울증권	서울증권노조	549	전국사무금융노동조합연맹
한 일	국제상사	국제상사서울사무소직원노조	220	전국연합노동조합연맹
한 일	국제상사	㈜국제상사노조	9,263	전국고무산업노동조합연맹
한 일	동서석유화학	동서석유화학노조	168	전국화학노동조합연맹
한 일	부국증권	부국증권노조	142	전국사무금융노동조합연맹
한 일	진해화학	진해화학노조	245	전국화학노동조합연맹
한 일	한일합섬	한일합섬노조	12,089	전국섬유노동조합연맹
동 아	대한통운	대한통운노조	5,245	전국항운노동조합연맹
동 아	대한통운국제운송	대한통운국제운송㈜노조	150	전국항운노동조합연맹
동 아	동아건설산업	동아건설산업㈜건설노조	20	전국연합노동조합연맹
동 아	동아건설산업	동아건설창동공장노조	272	전국금속노동조합연맹
동 아	동아건설산업	동아건설노조	1,260	전국금속노동조합연맹
동 아	동아생명보험	동아생명노조	1,669	전국보험노동조합연맹

그룹명	기업명	노동조합명	조합원 수	상급단체
동 아	동아실업	동아실업노조	30	전국택시노동조합연맹
동 아	동아엔지니어링	동아엔지니어링노조	22	전국연합노동조합연맹
동 아	동아정공	동아정공노조	434	전국금속노동조합연맹
두 산	두산개발	서울두산개발노조	94	전국자동차노동조합연맹
두 산	두산기계	두산기계노조	499	전국금속노동조합연맹
두 산	두산제관	두산제관노조	180	전국금속노동조합연맹
두 산	한국네슬레	네슬레식품노조	140	전국화학노동조합연맹
효 성	동양염공	동양염공노조	203	전국섬유노동조합연맹
효 성	한국엔지니어링플라스틱	한국엔지니어링플라스틱노조	17	전국화학노동조합연맹
효 성	효성중공업	효성중공업	1,455	전국금속노동조합연맹
금 호	금호산업	금호산업노조	16	전국화학노동조합연맹
동국제강	국제종합기계	국제종합기계노조	781	전국금속노동조합연맹
동국제강	국제통운	국제통운(지)	190	전국자동차노동조합연맹
동국제강	동국산업	동국산업노조	398	전국금속노동조합연맹
동국제강	동국제강	동국제강㈜노조	2,073	전국금속노동조합연맹
동국제강	신중앙상호신용금고	신중앙상호신용금고노조	23	전국금융노동조합연맹
동국제강	연합철강공업	연합철강노조	1,620	전국금속노동조합연맹
동국제강	조선선재	조선선재포항공항노조	46	전국금속노동조합연맹
동국제강	조선선재	조선선재노조	275	전국금속노동조합연맹
동국제강	한국철강	한국철강노조	1,574	전국금속노동조합연맹
코오롱	두산전자	두산전자노조	456	전국금속노동조합연맹
코오롱	삼경복장	삼경복장노조	541	전국섬유노동조합연맹
코오롱	코오롱	코오롱노조	3,103	전국섬유노동조합연맹
코오롱	코오롱유화	코오롱유화노조	44	전국화학노동조합연맹
코오롱	FNC코오롱	코오롱상사노조	27	전국섬유노동조합연맹
극동건설	국제종합건설	국제종합건설노조	257	전국금속노동조합연맹
극동건설	극동건설	극동건설노조	110	전국연합노동조합연맹
극동건설	극동요업	극동요업노조	122	전국화학노동조합연맹
극동건설	동서호라이즌증권	동서증권노조	1,538	전국사무금융노동조합연맹
동 부	동부고속	동부고속	328	전국자동차노동조합연맹
동 부	동부산업	동부산업노조	135	전국화학노동조합연맹
동 부	동부제강	동부제강노조	1,523	전국금속노동조합연맹
동 부	영남화학	영남화학노조	17	전국화학노동조합연맹
동 부	영남화학	영남화학노조	340	전국화학노동조합연맹
우성건설	우성모직	우성모직노조	674	전국섬유노동조합연맹
우성건설	우성유통	우성유통노조	160	전국관광노동조합연맹
통 일	한국티타늄공업	한국티타늄노조	32	전국화학노동조합연맹
범양상선	미륭상사	미륭상사노조	96	전국화학노동조합연맹
범양상선	범양냉방공업	범양냉방노조	460	전국금속노동조합연맹
범양상선	범양상선	범양상선㈜육원노조	398	전국연합노동조합연맹
범양상선	범양식품	범양식품노조	822	전국화학노동조합연맹
고 합	고려석유화학	고려화학노조	93	전국화학노동조합연맹
고 합	고려석유화학	고려화학노조	330	전국화학노동조합연맹
고 합	고려종합화학	고려종합화학노조	80	전국화학노동조합연맹

그룹명	기업명	노동조합명	조합원 수	상급단체
대 상	미 원	미원식품노조	355	전국화학노동조합연맹
대 상	미 원	미원노조	1,254	전국화학노동조합연맹
해 태	해태앤컴퍼니	해태산업	65	전국화학노동조합연맹
삼 양	삼남석유화학	삼남석유㈜노조	9	전국화학노동조합연맹
삼 양	삼양사	삼양사노조	205	전국화학노동조합연맹
삼 양	삼양사	삼양사전주제2공장노조	210	전국섬유노동조합연맹
삼 양	삼양사	삼양사노조	1,877	전국섬유노동조합연맹
삼 양	삼양중기	삼양중기노조	222	전국금속노동조합연맹
삼 양	삼양화성	삼양화성	330	전국화학노동조합연맹
동 양	동양메이저	동양시멘트노조	1,025	전국화학노동조합연맹
동 양	동양제과	동양제과노조	600	전국화학노동조합연맹
동 양	동양종합금융증권	동양증권노조	71	전국사무금융노동조합연맹
동 양	오리온프리토레이	오리온프리토레이㈜노조	218	전국화학노동조합연맹

〈1990년〉

그룹명	기업명	노동조합명	조합원 수	상급단체
현 대	강원은행	강원은행	528	전국금융노동조합연맹
현 대	대한알루미늄공업	대한알루미늄	194	전국금속노동조합연맹
현 대	케피코	케피코	492	전국금속노동조합연맹
현 대	현대건설	현대건설㈜철구사업본부	128	전국금속노동조합연맹
현 대	현대건설	현대건설㈜	4,600	전국연합노동조합연맹
현 대	현대모비스	현대정공㈜창원공장	2,860	전국금속노동조합연맹
현 대	현대모비스	현대정공㈜	4,111	전국금속노동조합연맹
현 대	현대미포조선	㈜현대미포조선소	2,373	전국금속노동조합연맹
현 대	현대산업개발	현대산업개발㈜	150	전국연합노동조합연맹
현 대	현대상선	현대상선육원	340	전국연합노동조합연맹
현 대	현대상선	현대상선㈜	1,288	전국선원노동조합연맹
현 대	현대알루미늄공업	현대알루미늄공업㈜	477	전국금속노동조합연맹
현 대	현대엘리베이터	현대엘리베이터	860	전국금속노동조합연맹
현 대	현대자동차	현대자동차	38,653	전국금속노동조합연맹
현 대	현대자동차써비스	현대자동차써비스㈜	8,000	전국연합노동조합연맹
현 대	현대중공업	현대중공업㈜	22,814	전국금속노동조합연맹
현 대	현대중기산업	현대중기산업㈜	995	전국자동차노동조합연맹
현 대	현대증권	현대증권㈜	1,429	전국사무금융노동조합연맹
현 대	현대해상화재보험	현대해상화재보험	1,920	전국사무금융노동조합연맹
현 대	INI스틸	인천제철	2,642	전국금속노동조합연맹
엘 지	금성계전	금성계전㈜	1,824	전국금속노동조합연맹
엘 지	금성기전	금성기전	1,915	전국금속노동조합연맹
엘 지	금성부품	금성부품	1,380	전국금속노동조합연맹
엘 지	금성전기	금성전기	1,631	전국금속노동조합연맹
엘 지	금성통신	금성통신	2,245	전국금속노동조합연맹
엘 지	금성투자금융	금성투자금융	110	전국금융노동조합연맹
엘 지	대한유조선	대한유조선㈜	250	전국선원노동조합연맹
엘 지	럭키제약	럭키제약	199	전국화학노동조합연맹

그룹명	기업명	노동조합명	조합원 수	상급단체
엘 지	반도스포츠	반도스포츠	728	전국금속노동조합연맹
엘 지	부민상호저축은행	㈜부민상호신용금고	35	전국금융노동조합연맹
엘 지	삼경석유	서울삼경석유	180	전국자동차노동조합연맹
엘 지	성요사	㈜성요사	260	전국금속노동조합연맹
엘 지	희성금속	희성금속	340	전국금속노동조합연맹
엘 지	LG애드	㈜엘지애드	340	전국출판노동조합연맹
엘 지	LG유통	LG유통	320	전국화학노동조합연맹
대 우	경남기업	㈜경남기업	620	전국금속노동조합연맹
대 우	대 우	㈜대우부산공장	5,600	전국섬유노동조합연맹
대 우	대우자동차	대우자동차	17,611	전국금속노동조합연맹
대 우	대우전자	대우전자	57	전국금속노동조합연맹
대 우	대우전자	대우전자	8,189	전국금속노동조합연맹
대 우	대우정밀공업	대우정밀공업	1,984	전국금속노동조합연맹
대 우	대우조선공업	대우조선	11,536	전국금속노동조합연맹
대 우	대우중공업	대우중공업	9,155	전국금속노동조합연맹
대 우	대우증권	대우증권	2,825	전국사무금융노동조합연맹
대 우	대우통신	대우통신	2,742	전국금속노동조합연맹
대 우	신아조선공업	신아조선공업㈜	750	전국금속노동조합연맹
대 우	오리온전기	오리온전기	3,610	전국금속노동조합연맹
대 우	코람프라스틱	코람프라스틱	388	전국화학노동조합연맹
삼 성	삼성생명보험	삼성생명보험	6,360	전국보험노동조합연맹
삼 성	삼성중공업	삼성중공업㈜	7,415	전국금속노동조합연맹
삼 성	새 한	새 한	42	전국화학노동조합연맹
삼 성	조선호텔	웨스턴조선비치호텔	350	전국연합노동조합연맹
삼 성	조선호텔	조선호텔	678	전국관광노동조합연맹
삼 성	중앙일보사	중앙일보사	1,677	전국출판노동조합연맹
S K	워커힐	워커힐카지노	672	전국관광노동조합연맹
S K	워커힐	워커힐	907	전국관광노동조합연맹
S K	유공에라스토머	㈜유공	5,170	전국화학노동조합연맹
S K	흥국상사	흥국상사	1,038	전국화학노동조합연맹
S K	SKC	㈜SKC	2,490	전국화학노동조합연맹
한 진	대한항공	대한항공	14,000	전국연합노동조합연맹
한 진	동양화재해상보험	동양화재해상보험	1,670	전국보험노동조합연맹
한 진	정석기업	정석기업㈜	248	전국연합노동조합연맹
한 진	한국공항	한국공항	3,061	전국연합노동조합연맹
한 진	한국항공	한국항공	1,202	전국연합노동조합연맹
한 진	한불종합금융	한불종합금융㈜	116	전국연합노동조합연맹
한 진	한 진	한 진	3,451	전국자동차노동조합연맹
한 진	한진관광	한진관광분회	58	전국자동차노동조합연맹
한 진	한진종합건설	한진종합건설㈜	940	전국선원노동조합연맹
한 진	한진중공업	㈜한진중공업	3,568	전국금속노동조합연맹
한 진	한진해운	㈜한진해운선원	758	전국선원노동조합연맹
쌍 용	범아석유	범아석유	276	전국화학노동조합연맹
쌍 용	승리기계제작소	㈜승리기계	351	전국금속노동조합연맹

그룹명	기업명	노동조합명	조합원 수	상급단체
쌍 용	승리전자공업	승리전자	450	전국금속노동조합연맹
쌍 용	쌍용양회공업	쌍용양회	3,905	전국화학노동조합연맹
쌍 용	쌍용자동차	쌍용자동차	5,211	전국금속노동조합연맹
쌍 용	쌍용제지	쌍용제지㈜	273	전국화학노동조합연맹
쌍 용	쌍용해운	쌍용해운㈜	222	전국선원노동조합연맹
쌍 용	한주석유	한주석유	100	전국화학노동조합연맹
쌍 용	S-OIL	쌍용정유노조	358	전국화학노동조합연맹
한 화	경향신문사	경향신문사	700	전국연합노동조합연맹
한 화	빙그레	㈜빙그레	2,020	전국화학노동조합연맹
한 화	제일화재해상보험	제일화재해상보험	1,255	전국사무금융노동조합연맹
기 아	기아자동차	기아자동차	23,035	전국금속노동조합연맹
기 아	기아특수강	기아특수강㈜	1,744	전국금속노동조합연맹
기 아	아시아자동차공업	아시아자동차	5,500	전국금속노동조합연맹
롯 데	국제신문	㈜국제신문	416	전국출판노동조합연맹
롯 데	롯데리아	롯데리아	130	전국연합노동조합연맹
롯 데	롯데삼강	롯데삼강	1,050	전국화학노동조합연맹
롯 데	롯데쇼핑	롯데쇼핑	2,000	전국연합노동조합연맹
롯 데	롯데알미늄	롯데알미늄	693	전국금속노동조합연맹
롯 데	롯데제과	롯데제과	1,744	전국화학노동조합연맹
롯 데	롯데칠성음료	롯데칠성음료	3,882	전국화학노동조합연맹
롯 데	롯데캐논	롯데캐논	231	전국금속노동조합연맹
롯 데	롯데크리스탈호텔	롯데호텔	3,400	전국관광노동조합연맹
롯 데	부산리스금융	부산리스㈜	73	전국사무금융노동조합연맹
롯 데	부산은행	부산은행	3,502	전국금융노동조합연맹
롯 데	한국후지필름	한국후지필름	202	전국화학노동조합연맹
롯 데	호텔롯데	롯데호텔	3,400	전국관광노동조합연맹
대 림	고려개발	고려개발㈜	442	전국연합노동조합연맹
대 림	대림산업	대림산업㈜	412	전국자동차노동조합연맹
대 림	대림산업	대림산업	611	전국고무노동조합연맹
대 림	대림산업	대림산업석유화학사업부	1,470	전국화학노동조합연맹
대 림	대림엔지니어링	대림엔지니어링	824	전국연합노동조합연맹
대 림	대림오토바이판매	대림오토바이판매㈜	221	전국연합노동조합연맹
대 림	대림요업	대림요업㈜	600	전국광산노동조합연맹
대 림	대림자동차공업	대림자동차㈜	992	전국금속노동조합연맹
대 림	대림콩크리트공업	대림콘크리트공업㈜	605	전국화학노동조합연맹
대 림	대림흥산	대림흥산㈜	57	전국화학노동조합연맹
대 림	삼호유통	삼호유통	102	전국연합노동조합연맹
대 림	서울증권	서울증권㈜	755	전국사무금융노동조합연맹
동 아	대한통운	대한통운	6,146	전국항운노동조합연맹
동 아	대한통운국제운송	대한통운국제운송㈜	240	전국항운노동조합연맹
동 아	동아건설산업	동아건설 (금속)	1,600	전국금속노동조합연맹
동 아	동아건설산업	동아건설산업㈜건설	2,675	전국연합노동조합연맹
동 아	동아생명보험	동아생명보험	2,883	전국보험노동조합연맹
동 아	동아실업	동아실업	50	전국택시노동조합연맹

그룹명	기업명	노동조합명	조합원 수	상급단체
동아	동아정공	동아정공	500	전국금속노동조합연맹
두산	두산개발	서울두산개발	96	전국자동차노동조합연맹
두산	두산기계	두산기계㈜	830	전국금속노동조합연맹
두산	두산전자	두산전자㈜	650	전국금속노동조합연맹
두산	두산제관	두산제관	350	전국금속노동조합연맹
두산	한국네슬레	한국네슬레㈜	136	전국화학노동조합연맹
한일	경남모직	경남모직공업㈜	2,400	전국섬유노동조합연맹
한일	국제상사	국제상사서울사무소	750	전국연합노동조합연맹
한일	국제상사	㈜국제상사	7,500	전국고무노동조합연맹
한일	동서석유화학	동서석유화학	257	전국화학노동조합연맹
한일	부국증권	부국증권	475	전국사무금융노동조합연맹
한일	진해화학	진해화학	246	전국화학노동조합연맹
한일	한일합섬	한일합섬㈜	13,644	전국섬유노동조합연맹
효성	동양염공	동양염공	307	전국섬유노동조합연맹
효성	한국엔지니어링플라스틱	한국엔지니어링플라스틱	62	전국화학노동조합연맹
효성	효성중공업	효성중공업	3,618	전국금속노동조합연맹
동국제강	국제종합기계	국제종합기계㈜	1,698	전국금속노동조합연맹
동국제강	국제통운	국제통운	680	전국자동차노동조합연맹
동국제강	동국산업	동국산업㈜	240	전국금속노동조합연맹
동국제강	동국제강	동국제강㈜	143	전국금속노동조합연맹
동국제강	동국제강	동국제강㈜	2,666	전국금속노동조합연맹
동국제강	부산가스	㈜부산도시가스	180	전국화학노동조합연맹
동국제강	신중앙상호신용금고	신중앙상호신용금고	62	전국금융노동조합연맹
동국제강	연합철강공업	연합철강공업㈜	1,862	전국금속노동조합연맹
동국제강	조선선재	조선선재㈜포항공장	41	전국금속노동조합연맹
동국제강	조선선재	조선선재㈜	370	전국금속노동조합연맹
동국제강	한국철강	한국철강	1,295	전국금속노동조합연맹
극동건설	국제종합건설	국제종합건설㈜	485	전국연합노동조합연맹
극동건설	극동건설	극동건설㈜	850	전국연합노동조합연맹
극동건설	극동요업	극동요업	375	전국화학노동조합연맹
극동건설	동서호라이즌증권	동서증권	2,193	전국사무금융노동조합연맹
동양	동양메이저	동양시멘트	2,073	전국화학노동조합연맹
동양	동양제과	동양제과	460	전국화학노동조합연맹
동양	동양제과	동양제과㈜판매	1,000	전국화학노동조합연맹
동양	동양종합금융증권	동양증권	110	전국사무금융노동조합연맹
동양	오리온프리토레이	오리온프리토레이㈜	277	전국화학노동조합연맹
코오롱	코오롱	코오롱	3,924	전국섬유노동조합연맹
코오롱	코오롱유화	코오롱유화㈜	158	전국화학노동조합연맹
코오롱	FNC코오롱	코롱상사	53	전국섬유노동조합연맹
한라	만도기계	만도기계	5,802	전국금속노동조합연맹
한라	한라시멘트	㈜한라시멘트	780	전국화학노동조합연맹
한라	한라중공업	한라중공업	1,800	전국금속노동조합연맹
동부	동부고속	동부고속	1,600	전국자동차노동조합연맹
동부	동부산업	동부산업	183	전국화학노동조합연맹

그룹명	기업명	노동조합명	조합원 수	상급단체
동 부	동부산업	동부산업㈜포항공장	249	전국금속노동조합연맹
동 부	동부제강	동부제강	2,352	전국금속노동조합연맹
동 부	동부화학	동부화학㈜	350	전국화학노동조합연맹
우성건설	우성모직	㈜우성모직	832	전국섬유노동조합연맹
우성건설	우성유통	우성유통	301	전국관광노동조합연맹
통 일	일 화	일화진천공장	106	전국금속노동조합연맹
통 일	일 화	일화㈜	800	전국화학노동조합연맹
통 일	한국티타늄공업	한국티타늄노조	345	전국화학노동조합연맹
고 합	고려석유화학	고려화학㈜	1,350	전국화학노동조합연맹
고 합	고려종합화학	고려종합화학	110	전국화학노동조합연맹
해 태	해태식품	해태식품㈜	482	전국화학노동조합연맹
해 태	해태앤컴퍼니	해태산업	112	전국화학노동조합연맹
해 태	해태유통	해태유통	970	전국연합노동조합연맹
동 원	동원산업	동원산업	21	전국화학노동조합연맹
동 원	동원산업	동원산업㈜	70	전국택시노동조합연맹
벽 산	동양물산기업	동양물산㈜	630	전국금속노동조합연맹
벽 산	동양물산기업	동양물산	863	전국화학노동조합연맹
벽 산	동양물산기업	동양물산㈜	1,816	전국사무금융노동조합연맹
벽 산	벽 산	벽산본사	12	전국화학노동조합연맹
벽 산	벽 산	㈜벽산	791	전국화학노동조합연맹
벽 산	진로종합식품	진로식품	171	전국화학노동조합연맹
범양상선	미륭상사	㈜미륭상사	450	전국화학노동조합연맹
범양상선	범양냉방공업	범양냉방	562	전국금속노동조합연맹
범양상선	범양상선	범양상선㈜육원	561	전국연합노동조합연맹
범양상선	범양상선	㈜범양상선	2,100	전국선원노동조합연맹
범양상선	범양식품	범양식품㈜	1,300	전국화학노동조합연맹
대 상	미 원	미원식품㈜	924	전국화학노동조합연맹
대 상	미 원	㈜미원	3,450	전국화학노동조합연맹

〈1992년〉

그룹명	기업명	노동조합명	조합원 수	상급단체
현 대	강원은행	강원은행	742	전국금융노동조합연맹
현 대	고려산업개발	고려산업개발인천지부	60	전국화학노동조합연맹
현 대	고려산업개발	고려산업개발㈜	509	전국연합노동조합연맹
현 대	대한알루미늄공업	대한알루미늄	235	전국금속노동조합연맹
현 대	케피코	케피코	317	전국금속노동조합연맹
현 대	현대건설	현대건설㈜	1,314	전국연합노동조합연맹
현 대	현대리바트	현대종합목재산업㈜	1,700	전국연합노동조합연맹
현 대	현대모비스	현대정공㈜	1,800	전국금속노동조합연맹
현 대	현대모비스	현대정공울산공장	3,963	전국금속노동조합연맹
현 대	현대미포조선	현대미포조선소㈜	2,100	전국금속노동조합연맹
현 대	현대상선	현대상선육원	22	전국연합노동조합연맹
현 대	현대상선	현대상선㈜	1,171	전국선원노동조합연맹
현 대	현대석유화학	현대석유	35	전국화학노동조합연맹

그룹명	기업명	노동조합명	조합원 수	상급단체
현 대	현대알루미늄공업	현대알미늄공업㈜	383	전국금속노동조합연맹
현 대	현대엘리베이터	현대엘리베이터	570	전국금속노동조합연맹
현 대	현대자동차	현대자동차	30,292	전국금속노동조합연맹
현 대	현대자동차써비스	현대자동차써비스㈜	8,121	전국금속노동조합연맹
현 대	현대중공업	현대중공업㈜	18,300	전국금속노동조합연맹
현 대	현대중기산업	현대중기산업㈜	600	전국자동차노동조합연맹
현 대	현대증권	현대증권㈜	1,163	전국사무금융노동조합연맹
현 대	현대해상화재보험	현대화재해상보험	1,221	전국사무금융노동조합연맹
현 대	INI스틸	인천제철	2,270	전국금속노동조합연맹
삼 성	삼성생명보험	삼성생명보험	1,332	전국보험노동조합연맹
삼 성	삼성중공업	삼성중공업㈜	41	전국금속노동조합연맹
삼 성	새 한	새 한	20	전국화학노동조합연맹
삼 성	조선호텔	조선비치호텔	280	전국관광노동소합인맹
삼 성	조선호텔	조선호텔	441	전국관광노동조합연맹
삼 성	중앙일보사	중앙일보사	781	전국출판노동조합연맹
대 우	경남기업	경남기업㈜	62	전국금속노동조합연맹
대 우	대 우	대우㈜	2,600	전국섬유노동조합연맹
대 우	대우모터공업	대우모터	42	전국금속노동조합연맹
대 우	대우자동차	대우자동차	12,475	전국금속노동조합연맹
대 우	대우자동차	대우자동차	12,663	전국금속노동조합연맹
대 우	대우전자	대우전자노동조합인천지부	1,414	전국금속노동조합연맹
대 우	대우전자	대우전자	6,227	전국금속노동조합연맹
대 우	대우정밀공업	대우정밀공업	751	전국금속노동조합연맹
대 우	대우조선공업	대우조선	8,786	전국금속노동조합연맹
대 우	대우중공업	대우중공업	4,960	전국금속노동조합연맹
대 우	대우중공업	대우중공업	4,972	전국금속노동조합연맹
대 우	대우증권	대우증권	2,030	전국사무금융노동조합연맹
대 우	대우통신	대우통신	842	전국금속노동조합연맹
대 우	오리온전기	오리온전기	3,404	전국화학노동조합연맹
대 우	코람프라스틱	코람프라스틱	271	전국화학노동조합연맹
엘 지	금성계전	금성계전㈜	1,276	전국금속노동조합연맹
엘 지	금성기전	금성기전	1,145	전국금속노동조합연맹
엘 지	금성통신	금성통신	1,678	전국금속노동조합연맹
엘 지	대한유조선	대한유조선㈜	220	전국선원노동조합연맹
엘 지	부민상호저축은행	부민상호신용금고	63	전국금융노동조합연맹
엘 지	삼경석유	서울삼경석유	70	전국자동차노동조합연맹
엘 지	성요사	성요사㈜	197	전국금속노동조합연맹
엘 지	실트론	실트론	216	전국금속노동조합연맹
엘 지	LG애드	엘지애드	200	전국출판노동조합연맹
엘 지	LG유통	엘지유통	99	전국화학노동조합연맹
S K	대한도시가스	대한도시가스	141	전국화학노동조합연맹
S K	워커힐	워커힐카지노	494	전국관광노동조합연맹
S K	워커힐	워커힐	870	전국관광노동조합연맹
S K	유공에라스토머	유공㈜	2,736	전국화학노동조합연맹

그룹명	기업명	노동조합명	조합원 수	상급단체
SK	흥국상사	흥국상사	443	전국화학노동조합연맹
SK	SKC	SKC㈜	2,554	전국화학노동조합연맹
한진	동양화재해상보험	동양화재해상보험	1,524	전국보험노동조합연맹
한진	정석기업	정석기업인천지부	35	전국연합노동조합연맹
한진	정석기업	정석기업	174	전국연합노동조합연맹
한진	평해광업개발	평해광업	61	전국광산노동조합연맹
한진	한국항공	한국항공	916	전국연합노동조합연맹
한진	한불종합금융	한불종합금융㈜	64	전국금융노동조합연맹
한진	한진	한진	1,694	전국자동차노동조합연맹
한진	한진관광	한진관광분회	58	전국자동차노동조합연맹
한진	한진종합건설	한진종합건설	60	전국선원노동조합연맹
한진	한진종합건설	한진종합건설㈜전국선원노조연맹	419	전국선원노동조합연맹
한진	한진중공업	한진중공업㈜울산조선소	440	전국금속노동조합연맹
한진	한진중공업	한진중공업㈜	1,890	전국금속노동조합연맹
한진	한진해운	㈜한진해운육원	75	전국연합노동조합연맹
한진	한진해운	한진해운선원㈜	750	전국선원노동조합연맹
쌍용	범아석유	범아석유	58	전국화학노동조합연맹
쌍용	승리기계제작소	승리기계㈜	293	전국금속노동조합연맹
쌍용	쌍용양회공업	쌍용양회 영월지부	336	전국화학노동조합연맹
쌍용	쌍용양회공업	쌍용양회	2,190	전국화학노동조합연맹
쌍용	쌍용자동차	쌍용자동차	351	전국금속노동조합연맹
쌍용	쌍용자동차	쌍용자동차	3,966	전국금속노동조합연맹
쌍용	쌍용제지	쌍용제지㈜	653	전국화학노동조합연맹
쌍용	쌍용해운	쌍용해운㈜	215	전국선원노동조합연맹
기아	기아자동차	기아자동차	12,000	전국금속노동조합연맹
기아	기아특수강	기아특수강㈜	1,450	전국금속노동조합연맹
기아	아시아자동차공업	아시아자동차	3,725	전국금속노동조합연맹
한화	경향신문사	경향신문사	501	전국출판노동조합연맹
한화	빙그레	빙그레㈜	1,230	전국화학노동조합연맹
롯데	국제신문	국제신문㈜	289	전국출판노동조합연맹
롯데	롯데리아	롯데리아	108	전국연합노동조합연맹
롯데	롯데삼강	롯데삼강	750	전국화학노동조합연맹
롯데	롯데쇼핑	롯데쇼핑	1,200	전국연합노동조합연맹
롯데	롯데알미늄	롯데알미늄	7,634	전국금속노동조합연맹
롯데	롯데전자	롯데전자	450	전국금속노동조합연맹
롯데	롯데제과	롯데제과	3,279	전국화학노동조합연맹
롯데	롯데칠성음료	롯데칠성음료	953	전국화학노동조합연맹
롯데	롯데햄롯데우유	롯데햄㈜롯데우유	620	전국화학노동조합연맹
롯데	부산은행	부산은행	3,168	전국금융노동조합연맹
롯데	한국후지필름	한국후지필름	150	전국화학노동조합연맹
롯데	호남석유화학	호남석유	585	전국화학노동조합연맹
롯데	호텔롯데	롯데호텔	2,251	전국관광노동조합연맹
대림	고려개발	고려개발㈜	396	전국금속노동조합연맹
대림	대림산업	대림산업석유화학사업부	1,118	전국화학노동조합연맹

그룹명	기업명	노동조합명	조합원 수	상급단체
대 림	대림엔지니어링	대림엔지니어링	654	전국연합노동조합연맹
대 림	대림요업	대림요업㈜	467	전국광산노동조합연맹
대 림	대림자동차공업	대림자동차주)	703	전국금속노동조합연맹
대 림	대림콩크리트공업	대림콩크리트공업㈜	416	전국화학노동조합연맹
대 림	대림흥산	대림흥산㈜	39	전국연합노동조합연맹
대 림	삼 호	삼호㈜	15	전국고무노동조합연맹
대 림	삼호유통	삼호유통	24	전국연합노동조합연맹
대 림	서울증권	서울증권㈜	578	전국사무금융노동조합연맹
두 산	두산개발	서울두산개발	72	전국자동차노동조합연맹
두 산	두산기계	두산기계㈜	640	전국금속노동조합연맹
두 산	두산음료	두산음료	900	전국화학노동조합연맹
두 산	두산전자	두산전자㈜	405	전국금속노동조합연맹
두 산	두산제관	두산제관	350	전국금속노동조합연맹
두 산	한국네슬레	한국네슬레㈜	176	전국화학노동조합연맹
동 아	대한통운	대한통운	5,352	전국항운노동조합연맹
동 아	대한통운국제운송	대한통운국제운송㈜	136	전국항운노동조합연맹
동 아	동아건설산업	동아건설	412	전국금속노동조합연맹
동 아	동아건설산업	동아건설산업㈜건설	2,020	전국연합노동조합연맹
동 아	동아생명보험	동아생명보험	1,773	전국보험노동조합연맹
동 아	동아엔지니어링	동아엔지니어링	223	전국연합노동조합연맹
한 일	경남모직	경남모직공업㈜	1,680	전국섬유노동조합연맹
한 일	국제상사	국제상사 서울사무소	220	전국연합노동조합연맹
한 일	국제상사	국제상사㈜	2,186	전국고무노동조합연맹
한 일	동서석유화학	동서석유화학	175	전국화학노동조합연맹
한 일	부국증권	부국증권	311	전국사무금융노동조합연맹
한 일	진해화학	진해화학	197	전국화학노동조합연맹
한 일	한일합섬	한일합섬㈜	6,500	전국섬유노동조합연맹
효 성	동양염공	동양염공	252	전국섬유노동조합연맹
효 성	한국엔지니어링플라스틱	한국엔지니어링플라스틱	26	전국화학노동조합연맹
효 성	효성중공업	효성중공업	1,582	전국금속노동조합연맹
동국제강	국제종합기계	국제종합기계㈜	658	전국금속노동조합연맹
동국제강	국제통운	국제통운	91	전국자동차노동조합연맹
동국제강	동국산업	동국산업㈜	148	전국금속노동조합연맹
동국제강	동국제강	동국제강㈜	785	전국금속노동조합연맹
동국제강	동국제강	동국제강㈜	1,925	전국금속노동조합연맹
동국제강	부산가스	부산도시가스㈜	100	전국화학노동조합연맹
동국제강	신중앙상호신용금고	신중앙상호신용금고	49	전국금융노동조합연맹
동국제강	연합철강공업	연합철강공업㈜	1,357	전국금속노동조합연맹
동국제강	조선선재	조선선재㈜포항공장	52	전국금속노동조합연맹
동국제강	조선선재	조선선재㈜	209	전국금속노동조합연맹
동국제강	중앙종합금융	중앙투자금융	144	전국사무금융노동조합연맹
동국제강	한국철강	한국철강	950	전국금속노동조합연맹
한 라	만도기계	만도기계	3,555	전국금속노동조합연맹
한 라	한라시멘트	한라시멘트㈜	578	전국화학노동조합연맹

그룹명	기업명	노동조합명	조합원 수	상급단체
한 라	한라중공업	한라중공업	1,278	전국금속노동조합연맹
동 양	동양매직	동양매직	137	전국금속노동조합연맹
동 양	동양메이저	동양시멘트㈜	756	전국화학노동조합연맹
동 양	동양메이저	동양시멘트	1,206	전국화학노동조합연맹
동 양	동양제과	동양제과㈜판매	170	전국화학노동조합연맹
동 양	동양제과	동양제과	610	전국화학노동조합연맹
동 양	동양종합금융증권	동양증권	781	전국사무금융노동조합연맹
동 양	동양해운	동양해운㈜	191	전국선원노동조합연맹
동 양	오리온프리토레이	오리온프리토레이㈜	171	전국화학노동조합연맹
코오롱	삼경복장	삼경복장	139	전국섬유노동조합연맹
코오롱	코오롱	코오롱	3,200	전국섬유노동조합연맹
코오롱	코오롱유화	코오롱유화㈜	56	전국화학노동조합연맹
코오롱	한국화낙	한국화낙	91	전국금속노동조합연맹
진 로	금 비	금 비	225	전국화학노동조합연맹
진 로	서울건해산물	서울건해산물직원	52	전국연합노동조합연맹
진 로	서울건해산물	서울건해산물㈜	98	전국연합노동조합연맹
진 로	진 로	진로제천공장	71	전국화학노동조합연맹
진 로	진 로	진로	520	전국화학노동조합연맹
진 로	진로건설	진로건설㈜	146	전국연합노동조합연맹
진 로	진로종합식품	진로종합식품	53	전국화학노동조합연맹
진 로	진로종합식품	진로종합식품	130	전국화학노동조합연맹
진 로	진로종합유통	진로유통	98	전국연합노동조합연맹
동 부	동부고속	동부고속	832	전국자동차노동조합연맹
동 부	동부산업	동부산업	140	전국화학노동조합연맹
동 부	동부산업	동부산업㈜포항공장	204	전국금속노동조합연맹
동 부	동부제강	동부제강	1,398	전국금속노동조합연맹
동 부	동부화학	동부화학㈜	379	전국화학노동조합연맹
고 합	고려석유화학	고려석유화학	205	전국화학노동조합연맹
고 합	고려종합화학	고려화학㈜	300	전국화학노동조합연맹
극동건설	국제종합건설	국제종합건설㈜	300	전국금속노동조합연맹
극동건설	극동건설	극동건설㈜	780	전국연합노동조합연맹
극동건설	극동요업	극동요업	298	전국화학노동조합연맹
극동건설	동서호라이즌증권	동서증권인천지부	28	전국금융노동조합연맹
극동건설	동서호라이즌증권	동서증권	1,684	전국사무금융노동조합연맹
우성건설	우성건설	우성건설㈜	800	전국연합노동조합연맹
우성건설	우성모직	우성모직㈜	721	전국섬유노동조합연맹
해 태	해태식품	해태식품㈜	400	전국화학노동조합연맹
해 태	해태유통	해태유통	500	전국연합노동조합연맹
벽 산	동양물산기업	동양물산㈜	219	전국사무금융노동조합연맹
벽 산	벽 산	벽산㈜	700	전국화학노동조합연맹
벽 산	벽산개발	벽산개발	800	전국연합노동조합연맹
벽 산	벽산건설	벽산건설, 개발	650	전국연합노동조합연맹
벽 산	벽산니또보	벽산니또보	44	전국화학노동조합연맹
대 상	미 원	미원식품㈜	333	전국화학노동조합연맹

그룹명	기업명	노동조합명	조합원 수	상급단체
대 상	미 원	미원㈜	1,210	전국화학노동조합연맹
대 상	베스트푸드미원	베스트푸드미원	100	전국화학노동조합연맹
한 보	상아제약	상아제약	303	전국화학노동조합연맹
한 보	한보에너지	한보통보광업소	704	전국광산노동조합연맹
한 보	한보철강공업	한보철강공업㈜건설	134	전국연합노동조합연맹

〈1993년〉

그룹명	기업명	노동조합명	조합원 수	상급단체
현 대	강원은행	강원은행	793	전국금융노동조합연맹
현 대	고려산업개발	고려산업개발㈜	521	전국화학노동조합연맹
현 대	대한알루미늄공업	대한알루미늄	420	전국금속노동조합연맹
현 대	현대건설	현대건설㈜	350	전국연합노동조합연맹
현 대	현대리바트	현대종합목재산업㈜	1,500	전국연합노동조합연맹
현 대	현대모비스	현대정공㈜창원공장	1,880	전국금속노동조합연맹
현 대	현대미포조선	현대미포조선소㈜	1,949	전국금속노동조합연맹
현 대	현대상선	현대상선육원	22	전국연합노동조합연맹
현 대	현대알루미늄공업	현대알미늄공업	394	전국금속노동조합연맹
현 대	현대엘리베이터	현대엘레베이터	566	전국금속노동조합연맹
현 대	현대자동차	현대자동차	29,040	전국금속노동조합연맹
현 대	현대자동차써비스	현대자동차써비스㈜	8,121	전국금속노동조합연맹
현 대	현대정유판매	현대정유㈜	512	전국화학노동조합연맹
현 대	현대중공업	현대중공업㈜	18,640	전국금속노동조합연맹
현 대	현대중기산업	현대중기산업㈜	660	전국건설노동조합연맹
현 대	현대증권	현대증권㈜	1,126	전국사무금융노동조합연맹
현 대	현대하이스코	현대강관㈜	665	전국금속노동조합연맹
현 대	현대해상화재보험	현대해상화재보험	1,221	전국사무금융노동조합연맹
현 대	INI스틸	인천제철	2,345	전국금속노동조합연맹
대 우	경남금속	경남금속㈜	88	전국금속노동조합연맹
대 우	경남기업	경남기업㈜	62	전국금속노동조합연맹
대 우	대 우	대우㈜	1,902	전국섬유노동조합연맹
대 우	대우모터공업	대우모터	42	전국금속노동조합연맹
대 우	대우자동차	대우자동차	12,475	전국금속노동조합연맹
대 우	대우전자	대우전자	6,163	전국금속노동조합연맹
대 우	대우조선공업	대우조선	8,151	전국금속노동조합연맹
대 우	대우중공업	대우중공업	4,816	전국금속노동조합연맹
대 우	대우증권	대우증권	2,008	전국사무금융노동조합연맹
대 우	대우통신	대우통신	587	전국금속노동조합연맹
대 우	동우공영	동우공영㈜	45	전국연합노동조합연맹
삼 성	삼성생명보험	삼성생명	1,309	전국보험노동조합연맹
삼 성	삼성중공업	삼성중공업㈜	320	전국금속노동조합연맹
삼 성	삼성증권	삼성증권	90	전국사무금융노동조합연맹
삼 성	삼성지게차	삼성지게차㈜	210	전국금속노동조합연맹
삼 성	삼성화재해상보험	삼성화재	40	전국금융노동조합연맹
삼 성	조선호텔	조선호텔	442	전국관광노동조합연맹

그룹명	기업명	노동조합명	조합원 수	상급단체
삼 성	중앙일보사	중앙일보사	773	전국언론노동조합연맹
엘 지	금성계전	금성계전㈜	1,276	전국금속노동조합연맹
엘 지	금성기전	금성기전	498	전국금속노동조합연맹
엘 지	금성통신	금성통신	666	전국금속노동조합연맹
엘 지	부민상호저축은행	부국상호신용금고	256	전국금융노동조합연맹
엘 지	성요사	성요사	206	전국금속노동조합연맹
엘 지	실트론	실트론	216	전국금속노동조합연맹
엘 지	LG애드	엘지애드	220	전국출판노동조합연맹
S K	대한도시가스	대한도시가스	153	전국화학노동조합연맹
S K	워커힐	워커힐	870	전국관광노동조합연맹
S K	흥국상사	흥국상사	454	전국화학노동조합연맹
한 진	대한항공	대한항공	7,992	전국연합노동조합연맹
한 진	동양화재해상보험	동양화재해상보험	1,551	전국보험노동조합연맹
한 진	한국공항	한국공항	3,088	전국연합노동조합연맹
한 진	한국항공	한국항공	979	전국연합노동조합연맹
한 진	한 진	한 진	1,694	전국자동차노동조합연맹
한 진	한진건설	한진건설	494	전국건설노동조합연맹
한 진	한진중공업	한진중공업㈜	1,850	전국금속노동조합연맹
한 진	한진해운	㈜한진해운유원	80	전국사무금융노동조합연맹
쌍 용	굿모닝신한증권	신한증권	283	전국사무금융노동조합연맹
쌍 용	범아석유	범아석유	87	전국화학노동조합연맹
쌍 용	승리기계제작소	승리기계㈜	293	전국금속노동조합연맹
쌍 용	쌍용양회공업	쌍용양회	2,168	전국화학노동조합연맹
쌍 용	쌍용자동차	쌍용자동차	3,966	전국금속노동조합연맹
쌍 용	쌍용제지	쌍용제지㈜	786	전국화학노동조합연맹
쌍 용	쌍용해운	쌍용해운㈜	215	전국선원노동조합연맹
쌍 용	S-OIL	쌍용정유㈜	735	전국화학노동조합연맹
기 아	기아자동차	기아자동차	12,234	전구금속노동조합연맹
기 아	기아특수강	기아특수강㈜	1,480	전국금속노동조합연맹
한 화	경향신문사	경향신문사	511	전국언론노동조합연맹
한 화	빙그레	빙그레	1,125	전국화학노동조합연맹
한 화	서울교통공사	서울교통	29	전국자동차노동조합연맹
한 화	한 화	한 화	1,662	전국화학노동조합연맹
롯 데	국제신문	국제신문㈜	185	전국언론노동조합연맹
롯 데	롯데기공	롯데기공	165	전국금속노동조합연맹
롯 데	롯데리아	롯데리아	108	전국연합노동조합연맹
롯 데	롯데삼강	롯데삼강	740	전국화학노동조합연맹
롯 데	롯데쇼핑	롯데쇼핑	1,081	전국연합노동조합연맹
롯 데	롯데식품	롯데식품	30	전국화학노동조합연맹
롯 데	롯데알미늄	롯데알미늄㈜	702	전국금속노동조합연맹
롯 데	롯데전자	롯데전자	457	전국금속노동조합연맹
롯 데	롯데제과	롯데제과	3,193	전국화학노동조합연맹
롯 데	롯데칠성음료	롯데칠성음료	917	전국화학노동조합연맹
롯 데	롯데캐논	롯데캐논	48	전국금속노동조합연맹

그룹명	기업명	노동조합명	조합원 수	상급단체
롯 데	롯데햄롯데우유	롯데햄, 롯데우유	600	전국화학노동조합연맹
롯 데	부산리스금융	부산리스㈜	77	전국사무금융노동조합연맹
롯 데	부산은행	부산은행	3,050	전국금융노동조합연맹
롯 데	한국후지필름	한국후지필름	156	전국화학노동조합연맹
롯 데	호텔롯데	롯데호텔	1,997	전국관광노동조합연맹
금 호	금호석유화학	금호석유	160	전국화학노동조합연맹
대 림	고려개발	고려개발㈜	396	전국연합노동조합연맹
대 림	대림산업	대림산업건설	1,567	전국건설노동조합연맹
대 림	대림엔지니어링	대림엔지니어링	654	전국전문기술노동조합연맹
대 림	대림요업	대림요업㈜	467	전국광산노동조합연맹
대 림	대림자동차공업	대림자동차	630	전국금속노동조합연맹
대 림	대림콩크리트공업	대림콩크리트	230	전국화학노동조합연맹
대 림	대림흥산	대림흥산㈜	10	전국연합노동조합연맹
대 림	대한상호신용금고	대한상호신용금고	51	전국금융노동조합연맹
대 림	삼 호	삼호㈜	1	전국고무노동조합연맹
대 림	삼호유통	삼호유통	74	전국연합노동조합연맹
두 산	두산개발	서울두산개발	72	전국자동차노동조합연맹
두 산	두산건설	두산건설	36	전국연합노동조합연맹
두 산	두산기계	두산기계㈜	600	전국금속노동조합연맹
두 산	두산상사	두산상사	34	전국사무금융노동조합연맹
두 산	두산음료	두산음료	888	전국화학노동조합연맹
두 산	두산전자	두산전자㈜	400	전국금속노동조합연맹
두 산	두산제관	두산제관	370	전국금속노동조합연맹
두 산	두산종합식품	두산종합식품	230	전국화학노동조합연맹
동 아	공영토건	공영토건	441	전국건설노동조합연맹
동 아	대한통운	대한통운	5,336	전국항운노동조합연맹
동 아	대한통운국제운송	대한통운국제운송	121	전국항운노동조합연맹
동 아	동아건설산업	동아건설산업 (금속)	1,199	전국금속노동조합연맹
동 아	동아생명보험	동아생명보험	1,835	전국보험노동조합연맹
동 아	동아엔지니어링	동아엔지니어링	262	전국전문기술노동조합연맹
효 성	동양염공	동양염공	212	전국섬유노동조합연맹
효 성	한국엔지니어링플라스틱	한국엔지니어링프라스틱	36	전국화학노동조합연맹
효 성	효성중공업	효성중공업	1,582	전국금속노동조합연맹
한 일	경남모직	경남모직공업㈜	1,151	전국섬유노동조합연맹
한 일	국제상사	국제상사서울사무소	220	전국연합노동조합연맹
한 일	동서석유화학	동서석유화학	175	전국화학노동조합연맹
한 일	부국증권	부국증권	311	전국사무금융노동조합연맹
한 라	만도기계	만도기계	3,890	전국금속노동조합연맹
한 라	한라건설	한라건설	56	전국연합노동조합연맹
한 라	한라시멘트	한라시멘트㈜	578	전국화학노동조합연맹
한 라	한라중공업	한라중공업	1,236	전국금속노동조합연맹
동국제강	국제종합기계	국제종합기계㈜	549	전국금속노동조합연맹
동국제강	국제통운	국제통운㈜	117	전국자동차노동조합연맹
동국제강	동국산업	동국산업㈜	96	전국금속노동조합연맹

그룹명	기업명	노동조합명	조합원 수	상급단체
동국제강	동국제강	동국제강㈜	1,615	전국금속노동조합연맹
동국제강	부산가스	부산도시가스㈜	102	전국화학노동조합연맹
동국제강	부산주공	부산주공㈜	269	전국금속노동조합연맹
동국제강	신중앙상호신용금고	신중앙상호신용금고	50	전국금융노동조합연맹
동국제강	조선선재	조선선재㈜포항공장	55	전국금속노동조합연맹
동국제강	중앙종합금융	중앙투자금융	127	전국사무금융노동조합연맹
동국제강	한국철강	한국철강협회	23	전국전문기술노동조합연맹
동 양	동양매직	동양매직	137	전국금속노동조합연맹
동 양	동양메이저	동양시멘트	1,229	전국화학노동조합연맹
동 양	동양제과	동양제과	480	전국화학노동조합연맹
동 양	동양종합금융증권	동양증권	864	전국사무금융노동조합연맹
동 양	동양창업투자	동양투자금융	137	전국사무금융노동조합연맹
동 양	동양해운	동양해운㈜	193	전국선원노동조합연맹
코오롱	코오롱	코오롱	2,731	전국섬유노동조합연맹
코오롱	코오롱유화	코오롱유화㈜	80	전국화학노동조합연맹
코오롱	코오롱호텔	코오롱호텔	20	전국관광노동조합연맹
코오롱	한국화낙	한국화낙	64	전국금속노동조합연맹
진 로	금비	금비	166	전국화학노동조합연맹
진 로	진로	진로	520	전국화학노동조합연맹
진 로	진로건설	진로건설㈜	146	전국건설노동조합연맹
진 로	진로종합유통	진로유통	98	전국연합노동조합연맹
고 합	고려석유화학	고려석유화학	205	전국화학노동조합연맹
고 합	고려종합화학	고려화학㈜	300	전국화학노동조합연맹
우성건설	우성건설	우성건설㈜	800	전국건설노동조합연맹
우성건설	우성모직	우성모직㈜	660	전국섬유노동조합연맹
우성건설	우성유통	우성유통	161	전국관광노동조합연맹
동 부	동부고속	동부고속	970	전국자동차노동조합연맹
동 부	동부산업	동부산업	135	전국화학노동조합연맹
동 부	동부산업	동부산업㈜포항공장	169	전국금속노동조합연맹
동 부	동부제강	동부제강	1,362	전국금속노동조합연맹
동 부	동부화학	동부화학㈜	379	전국화학노동조합연맹
해 태	해태유통	해태유통	390	전국연합노동조합연맹
극동건설	국제종합건설	국제종합건설㈜	300	전국건설노동조합연맹
극동건설	극동건설	극동건설㈜	670	전국건설노동조합연맹
극동건설	극동요업	극동요업	224	전국화학노동조합연맹
극동건설	동서호라이즌증권	동서증권	1,684	전국사무금융노동조합연맹
한 보	상아제약	상아제약	303	전국화학노동조합연맹
한 보	한보철강공업	한보철강	862	전국금속노동조합연맹
대 상	대상건설	대림산업건설	1,567	전국건설노동조합연맹
대 상	미 원	미원㈜	1,150	전국화학노동조합연맹
대 상	베스트푸드미원	베스트푸드미원	123	전국화학노동조합연맹
벽 산	동양물산기업	동양물산㈜본사	219	전국사무금융노동조합연맹
벽 산	벽산	벽산㈜	700	전국화학노동조합연맹
벽 산	벽산개발	벽산건설, 개발	630	전국건설노동조합연맹

그룹명	기업명	노동조합명	조합원 수	상급단체
벽 산	벽산건설	벽산건설, 개발	630	전국건설노동조합연맹
벽 산	벽산니또보	벽산니또보	43	전국화학노동조합연맹

〈1994년〉

그룹명	기업명	노동조합명	조합원 수	상급단체
현 대	강원은행	강원은행	756	전국금융노동조합연맹
현 대	고려산업개발	고려산업개발㈜	543	전국화학노동조합연맹
현 대	대한알루미늄공업	대한알루미늄	512	전국금속노동조합연맹
현 대	케피코	케피코	461	전국금속노동조합연맹
현 대	현대건설	현대건설㈜	480	전국연합노동조합연맹
현 대	현대모비스	현대정공㈜창원공장	1,909	중간노동조합
현 대	현대모비스	현대정공울산공장	3,200	중간노동조합
현 대	현대미포조선	현대미포조선소㈜	2,018	중간노동조합
현 대	현대산업개발	현대산업개발㈜	9	전국연합노동조합연맹
현 대	현대상선	현대상선육원	22	전국연합노동조합연맹
현 대	현대상선	현대상선㈜	1,096	전국선원노동조합연맹
현 대	현대알루미늄공업	현대알미늄공업	394	전국금속노동조합연맹
현 대	현대엘리베이터	현대엘리베이터	637	전국금속노동조합연맹
현 대	현대오일뱅크	현대정유㈜	5,103	전국화학노동조합연맹
현 대	현대자동차	현대자동차	31,558	전국금속노동조합연맹
현 대	현대자동차써비스	현대자동차써비스㈜	10,252	중간노동조합
현 대	현대종합금융	현대종합금융	78	전국사무금융노동조합연맹
현 대	현대중공업	현대중공업㈜	21,877	중간노동조합
현 대	현대중기산업	현대중기산업㈜	447	전국건설노동조합연맹
현 대	현대증권	현대증권㈜	1,128	전국사무금융노동조합연맹
현 대	현대해상화재보험	현대해상화재보험	1,102	전국사무금융노동조합연맹
현 대	INI스틸	인천제철	2,400	전국금속노동조합연맹
삼 성	삼성생명보험	삼성생명	1,212	전국보험노동조합연맹
삼 성	삼성정밀화학	삼성정밀	65	전국금속노동조합연맹
삼 성	삼성정밀화학	삼성정밀화학	420	전국화학노동조합연맹
삼 성	삼성중공업	삼성중공업㈜	320	전국금속노동조합연맹
삼 성	삼성증권	삼성증권	103	전국사무금융노동조합연맹
삼 성	삼성지게차	삼성지게차㈜	210	전국금속노동조합연맹
삼 성	삼성화재해상보험	삼성화재	33	전국금융노동조합연맹
삼 성	새 한	새 한	20	전국화학노동조합연맹
삼 성	조선호텔	조선비치호텔	279	전국관광노동조합연맹
삼 성	조선호텔	조선호텔	560	전국관광노동조합연맹
삼 성	중앙일보사	중앙일보사	773	전국언론노동조합연맹
대 우	경남금속	경남금속㈜	88	전국금속노동조합연맹
대 우	경남기업	경남기업㈜	62	전국금속노동조합연맹
대 우	대 우	대우㈜	1,375	전국섬유노동조합연맹
대 우	대우모터공업	대우모터	173	전국금속노동조합연맹
대 우	대우자동차	대우자동차	10,174	중간노동조합
대 우	대우전자	대우전자	6,104	전국금속노동조합연맹

그룹명	기업명	노동조합명	조합원 수	상급단체
대 우	대우정밀공업	대우정밀공업	751	전국금속노동조합연맹
대 우	대우중공업	대우중공업	4,646	전국금속노동조합연맹
대 우	대우증권	대우증권	1,990	전국사무금융노동조합연맹
대 우	대우통신	대우통신	554	전국금속노동조합연맹
대 우	동우공영	동우공영㈜	45	전국연합노동조합연맹
대 우	오리온전기	오리온전기	3,902	중간노동조합
대 우	코람프라스틱	코람프라스틱	273	전국화학노동조합연맹
엘 지	금성계전	금성계전㈜	1,276	전국금속노동조합연맹
엘 지	금성기전	금성기전	1,593	전국금속노동조합연맹
엘 지	부민상호저축은행	부민상호신용금고	41	전국금융노동조합연맹
엘 지	실트론	실트론	395	전국금속노동조합연맹
엘 지	호유해운	호유해운㈜	270	전국선원노동조합연맹
엘 지	LG금속	LG금속	800	전국금속노동조합연맹
엘 지	LG애드	엘지애드	221	전국출판노동조합연맹
엘 지	LG유통	엘지유통	99	전국화학노동조합연맹
엘 지	LG종합금융	엘지종합금융	98	전국사무금융노동조합연맹
S K	워커힐	워커힐카지노	502	전국관광노동조합연맹
S K	워커힐	워커힐	870	전국관광노동조합연맹
S K	유공에라스토머	유공㈜	2,676	전국화학노동조합연맹
S K	흥국상사	흥국상사	483	전국화학노동조합연맹
S K	SKC	SKC㈜	1,200	전국화학노동조합연맹
쌍 용	굿모닝신한증권	쌍용투자증권㈜	1,421	전국사무금융노동조합연맹
쌍 용	범아석유	범아석유	85	전국화학노동조합연맹
쌍 용	쌍용양회공업	쌍용양회	2,143	전국화학노동조합연맹
쌍 용	쌍용자동차	쌍용자동차	3,971	중간노동조합
쌍 용	쌍용자원개발	쌍용자원개발	516	전국화학노동조합연맹
쌍 용	쌍용제지	쌍용제지㈜	769	전국화학노동조합연맹
쌍 용	쌍용해운	쌍용해운㈜	240	전국선원노동조합연맹
쌍 용	쌍용화재해상보험	쌍용화재해상보험	407	전국사무금융노동조합연맹
쌍 용	S-OIL	쌍용정유㈜	732	전국화학노동조합연맹
한 진	대한항공	대한항공	7,755	전국연합노동조합연맹
한 진	동양화재해상보험	동양화재해상보험	1,436	전국보험노동조합연맹
한 진	정석기업	정석기업	168	전국연합노동조합연맹
한 진	평해광업개발	평해광업개발제주목장	20	전국연합노동조합연맹
한 진	평해광업개발	평해광업	56	전국광산노동조합연맹
한 진	한국공항	한국공항	2,955	전국연합노동조합연맹
한 진	한국항공	한국항공	1,020	전국연합노동조합연맹
한 진	한불종합금융	한불종합금융㈜	49	전국사무금융노동조합연맹
한 진	한진	한진	1,684	전국자동차노동조합연맹
한 진	한진건설	한진건설	474	전국건설노동조합연맹
한 진	한진종합건설	한진종합건설㈜	350	전국선원노동조합연맹
한 진	한진중공업	한진중공업㈜울산조선소	404	전국금속노동조합연맹
한 진	한진중공업	한진중공업㈜	1,850	중간노동조합
한 진	한진해운	한진해운육원	57	전국사무금융노동조합연맹

그룹명	기업명	노동조합명	조합원 수	상급단체
한 진	한진해운	한진해운육원㈜	80	전국사무금융노동조합연맹
한 진	한진해운	한진해운선원㈜	1,054	전국선원노동조합연맹
기 아	기아자동차	기아자동차	14,491	중간노동조합
기 아	기아특수강	기아특수강㈜	1,690	전국금속노동조합연맹
기 아	아시아자동차공업	아시아자동차	4,837	중간노동조합
기 아	카스코	카스코	73	전국금속노동조합연맹
한 화	경향신문사	경향신문사	504	전국언론노동조합연맹
한 화	빙그레	빙그레㈜	1,067	전국화학노동조합연맹
한 화	한 화	한 화	1,454	전국화학노동조합연맹
한 화	한화기계	한화기계	708	전국금속노동조합연맹
한 화	한화석유화학	한화종합화학PVC	461	전국화학노동조합연맹
한 화	한화석유화학	한화종합화학 (PE, CA, VCM, ECH, PVC)	1,044	전국화학노동조합연맹
한 화	한화포리마	한화포리마	80	전국화학노동조합연맹
롯 데	국제신문	국제신문㈜	289	전국언론노동조합연맹
롯 데	롯데기공	롯데기공	153	전국금속노동조합연맹
롯 데	롯데리아	롯데리아	223	전국연합노동조합연맹
롯 데	롯데삼강	롯데삼강	720	전국화학노동조합연맹
롯 데	롯데쇼핑	롯데쇼핑	1,139	전국연합노동조합연맹
롯 데	롯데알미늄	롯데알미늄㈜	700	전국금속노동조합연맹
롯 데	롯데전자	롯데전자	420	전국금속노동조합연맹
롯 데	롯데제과	롯데제과	2,937	전국화학노동조합연맹
롯 데	롯데칠성음료	롯데칠성음료	304	전국화학노동조합연맹
롯 데	롯데캐논	롯데캐논	48	전국금속노동조합연맹
롯 데	롯데햄롯데우유	롯데햄*롯데우유	602	전국화학노동조합연맹
롯 데	부산은행	부산은행	2,978	전국금융노동조합연맹
롯 데	한국후지필름	한국후지필름	156	전국화학노동조합연맹
롯 데	호남석유화학	호남석유화학	538	전국화학노동조합연맹
롯 데	호텔롯데	롯데호텔	1,997	전국관광노동조합연맹
금 호	금호건설	금호건설㈜광주사업분회	2,082	전국자동차노동조합연맹
두 산	두산개발	서울두산개발	72	전국자동차노동조합연맹
두 산	두산건설	두산건설	15	전국건설노동조합연맹
두 산	두산기계	두산기계㈜	438	중간노동조합
두 산	두산상사	두산상사	20	전국사무금융노동조합연맹
두 산	두산음료	두산음료	907	전국화학노동조합연맹
두 산	두산제관	두산제관	382	전국금속노동조합연맹
두 산	두산종합식품	두산종합식품	220	전국화학노동조합연맹
대 림	고려개발	고려개발㈜	14	전국연합노동조합연맹
대 림	고려개발	고려개발㈜	305	전국건설노동조합연맹
대 림	대림산업	대림산업석유화학사업부	22	전국화학노동조합연맹
대 림	대림산업	대림산업석유화학사업부	1,056	전국화학노동조합연맹
대 림	대림엔지니어링	대림엔지니어링	654	전국전문기술노동조합연맹
대 림	대림요업	대림요업㈜	623	전국광산노동조합연맹
대 림	대림자동차공업	대림자동차	583	전국금속노동조합연맹

그룹명	기업명	노동조합명	조합원 수	상급단체
대 림	대림콩크리트공업	대림콩크리트	232	전국화학노동조합연맹
대 림	대림흥산	대림흥산㈜	36	전국연합노동조합연맹
대 림	대한상호신용금고	대한상호신용금고	49	전국금융노동조합연맹
대 림	삼 호	삼호건설	370	전국건설노동조합연맹
대 림	서울증권	서울증권㈜	844	전국사무금융노동조합연맹
대 림	오라관광	오라관광	193	전국관광노동조합연맹
동 아	공영토건	공영토건	456	전국건설노동조합연맹
동 아	대한통운	대한통운	15	전국자동차노동조합연맹
동 아	대한통운	대한통운	133	전국항운노동조합연맹
동 아	대한통운	대한통운	440	전국항운노동조합연맹
동 아	대한통운	대한통운	5,308	전국항운노동조합연맹
동 아	대한통운국제운송	대한통운국제운송	121	전국항운노동조합연맹
동 아	동아건설산업	동아건설창동공장	265	전국금속노동조합연맹
동 아	동아건설산업	동아건설산업 (금속)	1,199	전국금속노동조합연맹
동 아	동아생명보험	동아생명보험	1,804	전국보험노동조합연맹
동 아	동아엔지니어링	동아엔지니어링	295	전국전문기술노동조합연맹
한 라	만도기계	만도기계	5,000	중간노동조합
한 라	한라건설	한라건설	219	전국건설노동조합연맹
한 라	한라공조	한라공조	718	전국금속노동조합연맹
한 라	한라시멘트	한라시멘트㈜	578	전국화학노동조합연맹
한 라	한라중공업	한라중공업	1,278	중간노동조합
한 라	한라해운	한라해운㈜	210	전국선원노동조합연맹
동국제강	국제종합기계	국제종합기계㈜	535	전국금속노동조합연맹
동국제강	국제통운	국제통운㈜	113	전국자동차노동조합연맹
동국제강	동국산업	동국산업㈜	88	전국금속노동조합연맹
동국제강	동국제강	동국제강㈜	1,511	전국금속노동조합연맹
동국제강	부산가스	부산도시가스㈜	107	전국화학노동조합연맹
동국제강	부산주공	부산주공㈜	226	전국금속노동조합연맹
동국제강	신중앙상호신용금고	신중앙상호신용금고	50	전국금융노동조합연맹
동국제강	연합철강공업	연합철강㈜	1,769	전국금속노동조합연맹
동국제강	조선선재	조선선재㈜포항공장	51	전국금속노동조합연맹
동국제강	조선선재	조선선재㈜	195	전국금속노동조합연맹
동국제강	중앙종합금융	중앙투자금융	127	전국사무금융노동조합연맹
동국제강	창 원	창원㈜	12	전국연합노동조합연맹
동국제강	한국철강	한국철강	703	전국금속노동조합연맹
효 성	동양염공	동양염공	237	전국섬유노동조합연맹
효 성	한국엔지니어링플라스틱	한국엔지니어링플라스틱	36	전국화학노동조합연맹
효 성	효성중공업	효성중공업	1,280	중간노동조합
한 보	상아제약	상아제약	175	전국화학노동조합연맹
한 보	한 보	한보㈜	134	전국건설노동조합연맹
한 보	한보에너지	한보에너지 통보광업소	677	전국광산노동조합연맹
한 보	한보철강공업	한보철강공업㈜건설	252	전국건설노동조합연맹
한 보	한보철강공업	한보철강	990	전국금속노동조합연맹
동 양	동양매직	동양매직	137	전국금속노동조합연맹

그룹명	기업명	노동조합명	조합원 수	상급단체
동 양	동양메이저	동양시멘트	1,190	전국화학노동조합연맹
동 양	동양제과	동양제과㈜판매	170	전국화학노동조합연맹
동 양	동양제과	동양제과	430	전국화학노동조합연맹
동 양	동양종합금융증권	동양증권	910	전국사무금융노동조합연맹
동 양	동양해운	동양해운㈜	190	전국선원노동조합연맹
동 양	오리온프리토레이	오리온프리토레이㈜	59	전국화학노동조합연맹
한 일	경남모직	경남모직공업㈜	970	전국섬유노동조합연맹
한 일	국세상사	국제상사서울사무소	215	전국연합노동조합연맹
한 일	국제상사	국제상사㈜	522	전국고무노동조합연맹
한 일	동서석유화학	동서석유화학	154	전국화학노동조합연맹
한 일	부국증권	부국증권	317	전국사무금융노동조합연맹
한 일	진해화학	진해화학	167	전국화학노동조합연맹
한 일	한일리조트	한일리조트	109	전국연합노동조합연맹
한 일	한일합섬	한일합섬㈜	1,740	전국섬유노동조합연맹
코오롱	두산전자	두산전자㈜	430	전국금속노동조합연맹
코오롱	코오롱	코오롱	2,600	전국섬유노동조합연맹
코오롱	코오롱유화	코오롱유화㈜	24	전국화학노동조합연맹
코오롱	코오롱호텔	코오롱호텔	50	전국관광노동조합연맹
코오롱	한국염공	한국염공㈜	19	전국화학노동조합연맹
코오롱	한국화낙	한국화낙	64	중간노동조합
고 합	고려석유화학	고려석유화학	240	전국화학노동조합연맹
고 합	고려종합화학	고려화학㈜	240	전국화학노동조합연맹
진 로	금비	금비	200	전국화학노동조합연맹
진 로	진로	진로	697	전국화학노동조합연맹
진 로	진로건설	진로건설㈜	420	전국건설노동조합연맹
진 로	진로종합식품	진로종합식품	53	전국화학노동조합연맹
진 로	진로종합식품	진로종합식품청원공장	63	전국화학노동조합연맹
진 로	진로종합식품	진로종합식품	71	전국화학노동조합연맹
진 로	진로종합유통	진로유통	90	전국연합노동조합연맹
해 태	해태유통	해태유통	500	전국연합노동조합연맹
동 부	동부고속	동부고속	970	전국자동차노동조합연맹
동 부	동부산업	동부산업	130	전국화학노동조합연맹
동 부	동부산업	동부산업㈜포항공장	169	전국금속노동조합연맹
동 부	동부제강	동부제강	1,324	전국금속노동조합연맹
동 부	동부화학	동부화학㈜	350	전국화학노동조합연맹
우성건설	우성건설	우성건설㈜	794	전국건설노동조합연맹
우성건설	우성모직	우성모직㈜	660	전국섬유노동조합연맹
우성건설	우성유통	우성유통	170	전국관광노동조합연맹
극동건설	국제종합건설	국제종합건설㈜	318	전국건설노동조합연맹
극동건설	극동건설	극동건설㈜	654	전국건설노동조합연맹
극동건설	극동요업	극동요업	200	전국화학노동조합연맹
극동건설	동서호라이즌증권	동서증권	1,684	전국사무금융노동조합연맹
벽 산	동양물산기업	동양물산필터공장	16	전국화학노동조합연맹
벽 산	동양물산기업	동양물산㈜본사	219	전국사무금융노동조합연맹

그룹명	기업명	노동조합명	조합원 수	상급단체
벽 산	동양물산기업	동양물산㈜	520	전국금속노동조합연맹
벽 산	벽 산	벽산사무	326	전국건설노동조합연맹
벽 산	벽 산	벽산㈜	573	전국화학노동조합연맹
벽 산	벽산개발	벽산건설, 개발	650	전국건설노동조합연맹
벽 산	벽산건설	벽산건설, 개발	650	전국건설노동조합연맹
벽 산	벽산니또보	벽산니또보	43	전국화학노동조합연맹
벽 산	벽산화학	벽산화학	172	전국화학노동조합연맹
대 상	미 원	미원식품㈜	330	전국화학노동조합연맹
대 상	미 원	미원㈜	785	전국화학노동조합연맹

〈1995년〉

그룹명	기업명	노동조합명	조합원 수	상급단체
현 대	고려산업개발	고려산업개발서산영농사업소	65	전국연합노동조합연맹
현 대	고려산업개발	고려산업개발㈜	580	전국화학노동조합연맹
현 대	대한알루미늄공업	대한알루미늄	512	전국금속노동조합연맹
현 대	케피코	케피코	542	전국금속노동조합연맹
현 대	현대건설	현대건설㈜	450	전국건설노동조합연맹
현 대	현대모비스	현대정공㈜창원공장	1,915	기타노동조합
현 대	현대모비스	현대정공울산공장	3,125	기타노동조합
현 대	현대미포조선	현대미포조선소㈜	2,018	기타노동조합
현 대	현대상선	현대상선육원	1	전국연합노동조합연맹
현 대	현대상선	현대상선㈜	1,164	전국선원노동조합연맹
현 대	현대석유화학	현대석유화학	866	전국화학노동조합연맹
현 대	현대알루미늄공업	현대알미늄공업	394	기타노동조합
현 대	현대엘리베이터	현대엘리베이터	721	전국금속노동조합연맹
현 대	현대오일뱅크	현대정유㈜	627	전국화학노동조합연맹
현 대	현대자동차	현대자동차	32,830	기타노동조합
현 대	현대자동차써비스	현대자동차써비스㈜	10,272	기타노동조합
현 대	현대종합금융	현대종합금융	75	전국사무노동조합연맹
현 대	현대중공업	현대중공업㈜	21,201	기타노동조합
현 대	현대중기산업	현대중기산업㈜	435	전국건설노동조합연맹
현 대	현대증권	현대증권㈜	1,149	전국사무노동조합연맹
현 대	현대해상화재보험	현대해상화재보험	1,607	전국사무노동조합연맹
현 대	INI스틸	인천제철	2,440	전국금속노동조합연맹
삼 성	삼성생명보험	삼성생명	1,443	전국사무노동조합연맹
삼 성	삼성정밀화학	삼성정밀화학	420	전국화학노동조합연맹
삼 성	삼성중공업	삼성중공업㈜	137	전국금속노동조합연맹
삼 성	삼성증권	삼성증권	91	전국사무노동조합연맹
삼 성	삼성화재해상보험	삼성화재	27	전국금융노동조합연맹
삼 성	조선호텔	조선비치호텔	325	전국관광노동조합연맹
삼 성	조선호텔	조선호텔	574	전국연합노동조합연맹
삼 성	중앙일보사	중앙일보사	577	전국언론노동조합연맹
엘 지	부민상호저축은행	부민상호신용금고	32	전국금융노동조합연맹
엘 지	실트론	실트론	395	전국금속노동조합연맹

그룹명	기업명	노동조합명	조합원 수	상급단체
엘 지	호유해운	호유해운㈜	284	전국항운노동조합연맹
엘 지	LG금속	엘지금속	848	전국금속노동조합연맹
엘 지	LG기공	LG기공	247	전국통신노동조합연맹
엘 지	LG마이크론	LG마이크론	434	전국금속노동조합연맹
엘 지	LG산전	LG산전	4,874	전국금속노동조합연맹
엘 지	LG상사	LG상사㈜	878	전국연합노동조합연맹
엘 지	LG석유화학	LG석유화학	350	전국화학노동조합연맹
엘 지	LG애드	엘지애드	241	전국출판노동조합연맹
엘 지	LG엔지니어링	LG엔지니어링	550	전국전문기술노동조합연맹
엘 지	LG유통	엘지유통	99	전국화학노동조합연맹
엘 지	LG전선	엘지전선	1,145	전국금속노동조합연맹
엘 지	LG전선	엘지전선	3,297	전국금속노동조합연맹
엘 지	LG전자부품	LG전자부품	1,500	전국금속노동조합연맹
엘 지	LG정보통신	LG정보통신	560	전국금속노동조합연맹
엘 지	LG종합금융	엘지종합금융	98	전국사무노동조합연맹
엘 지	LG투자증권	LG증권	1,582	전국사무노동조합연맹
엘 지	LG화재해상보험	LG화재해상보험	1,585	전국사무노동조합연맹
대 우	경남금속	경남금속㈜	97	전국금속노동조합연맹
대 우	경남기업	경남기업㈜	62	전국금속노동조합연맹
대 우	대 우	대우㈜	1,375	전국섬유노동조합연맹
대 우	대우모터공업	대우모터	173	전국금속노동조합연맹
대 우	대우자동차	대우자동차	10,572	기타노동조합
대 우	대우전자	대우전자	5,904	전국금속노동조합연맹
대 우	대우정밀공업	대우정밀공업	726	전국금속노동조합연맹
대 우	대우중공업	대우중공업	4,470	전국금속노동조합연맹
대 우	대우증권	대우증권	1,905	전국사무금융노동조합연맹
대 우	대우통신	대우통신	537	전국금속노동조합연맹
대 우	동우공영	동우공영㈜	52	전국연합노동조합연맹
대 우	오리온전기	오리온전기	3,900	전국금속노동조합연맹
대 우	코람프라스틱	코람프라스틱	273	전국화학노동조합연맹
S K	대한도시가스	대한도시가스	186	전국화학노동조합연맹
S K	워커힐	워커힐카지노	502	전국관광노동조합연맹
S K	워커힐	워커힐	870	전국관광노동조합연맹
S K	유공에라스토머	유공㈜	2,844	전국화학노동조합연맹
S K	흥국상사	흥국상사	483	전국화학노동조합연맹
S K	SKC	SKC㈜	1,288	전국화학노동조합연맹
쌍 용	굿모닝신한증권	쌍용투자증권㈜	1,471	전국사무노동조합연맹
쌍 용	범아석유	범아석유	184	전국화학노동조합연맹
쌍 용	쌍용양회공업	쌍용양회	2,098	전국화학노동조합연맹
쌍 용	쌍용자동차	쌍용자동차	7,135	기타노동조합
쌍 용	쌍용자원개발	쌍용자원개발	516	전국화학노동조합연맹
쌍 용	쌍용제지	쌍용제지㈜	674	전국화학노동조합연맹
쌍 용	쌍용해운	쌍용해운㈜	240	전국선원노동조합연맹
쌍 용	쌍용화재해상보험	쌍용화재해상보험	950	전국사무노동조합연맹

그룹명	기업명	노동조합명	조합원 수	상급단체
쌍용	S-OIL	쌍용정유㈜	931	전국화학노동조합연맹
한진	대한항공	대한항공	8,212	전국연합노동조합연맹
한진	동양화재해상보험	동양화재해상보험	1,323	전국사무노동조합연맹
한진	정석기업	정석기업	163	전국연합노동조합연맹
한진	평해광업개발	평해광업개발제주목장	20	전국연합노동조합연맹
한진	평해광업개발	평해광업	80	전국광산노동조합연맹
한진	한국공항	한국공항	3,304	전국연합노동조합연맹
한진	한국항공	한국항공	1,040	전국연합노동조합연맹
한진	한불종합금융	한불종합금융㈜	82	전국사무노동조합연맹
한진	한진	한진	1,860	전국자동차노동조합연맹
한진	한진건설	한진건설	495	전국건설노동조합연맹
한진	한진관광	한진관광	33	전국자동차노동조합연맹
한진	한진종합건설	한진종합건설㈜	174	전국선원노동조합연맹
한진	한진중공업	한진중공업㈜울산조선소	434	전국금속노동조합연맹
한진	한진중공업	한진중공업㈜	1,850	미가맹노동조합
한진	한진해운	한진해운육원㈜	85	전국사무노동조합연맹
한진	한진해운	한진해운선원㈜	1,133	전국선원노동조합연맹
기아	기아자동차	기아자동차	15,966	기타노동조합
기아	기아특수강	기아특수강㈜	1,550	전국금속노동조합연맹
기아	아시아자동차공업	아시아자동차	4,837	기타노동조합
기아	티알더블류스티어링	TRW㈜	54	전국금속노동조합연맹
한화	경향신문사	경향신문사	548	전국언론노동조합연맹
한화	빙그레	빙그레	13	전국연합노동조합연맹
한화	빙그레	빙그레㈜	1,082	전국화학노동조합연맹
한화	오트론	오트론	300	전국금속노동조합연맹
한화	한화	한화	1,605	전국화학노동조합연맹
한화	한화기계	한화기계	908	전국금속노동조합연맹
한화	한화석유화학	한화종합화학PVC	502	전국화학노동조합연맹
한화	한화석유화학	한화종합화학(PE, CA)	1,076	전국화학노동조합연맹
한화	한화에너지프라자	한화에너지프라자	140	전국화학노동조합연맹
한화	한화포리마	한화포리마	80	전국화학노동조합연맹
롯데	국제신문	국제신문㈜	289	전국언론노동조합연맹
롯데	롯데기공	롯데기공	153	전국금속노동조합연맹
롯데	롯데리아	롯데리아	256	전국연합노동조합연맹
롯데	롯데삼강	롯데삼강	740	전국화학노동조합연맹
롯데	롯데쇼핑	롯데쇼핑	1,110	전국연합노동조합연맹
롯데	롯데알미늄	롯데알미늄㈜	810	전국금속노동조합연맹
롯데	롯데전자	롯데전자	476	전국금속노동조합연맹
롯데	롯데제과	롯데제과	2,880	전국화학노동조합연맹
롯데	롯데칠성음료	롯데칠성음료	1,008	전국화학노동조합연맹
롯데	롯데캐논	롯데캐논	50	전국금속노동조합연맹
롯데	롯데햄롯데우유	롯데햄롯데우유	602	전국화학노동조합연맹
롯데	한국후지필름	한국후지필름㈜	372	전국화학노동조합연맹
롯데	호남석유화학	호남석유화학	524	전국화학노동조합연맹

그룹명	기업명	노동조합명	조합원 수	상급단체
롯 데	호텔롯데	호텔롯데	1,997	전국관광노동조합연맹
금 호	금호건설	금호건설㈜고속사업부분회	2,166	전국자동차노동조합연맹
금 호	금호석유화학	금호석유화학	160	전국화학노동조합연맹
두 산	두산개발	두산개발	9	기타노동조합
두 산	두산개발	서울두산개발	72	전국자동차노동조합연맹
두 산	두산건실	두산건설	100	전국건설노동조합연맹
두 산	두산기계	두산기계㈜	509	기타노농조합
두 산	두산상사	두산상사	16	전국사무노동조합연맹
두 산	두산음료	두산음료	930	전국화학노동조합연맹
두 산	두산제관	두산제관	367	전국화학노동조합연맹
두 산	두산종합식품	두산종합식품	212	전국화학노동조합연맹
대 림	고려개발	고려개발㈜	14	전국연합노동조합연맹
대 림	고려개발	고려개발㈜	305	전국건설노동조합연맹
대 림	대림산업	대림산업	20	전국화학노동조합연맹
대 림	대림산업	대림산업㈜	338	전국건설노동조합연맹
대 림	대림산업	대림산업석유화학사업부	1,168	전국화학노동조합연맹
대 림	대림엔지니어링	대림엔지니어링	725	전국전문기술노동조합연맹
대 림	대림요업	대림요업㈜	631	전국광산노동조합연맹
대 림	대림자동차공업	대림자동차	541	전국금속노동조합연맹
대 림	대림콘크리트공업	대림콘크리트	260	전국화학노동조합연맹
대 림	대림흥산	대림흥산㈜	32	전국연합노동조합연맹
대 림	삼 호	삼호건설	370	전국건설노동조합연맹
대 림	서울증권	서울증권㈜	825	전국사무노동조합연맹
대 림	오라관광	오라관광	211	전국관광노동조합연맹
한 보	상아제약	상아제약	180	전국화학노동조합연맹
한 보	한 보	한보㈜	401	전국건설노동조합연맹
한 보	한보에너지	한보에너지통보광업소	613	전국광산노동조합연맹
한 보	한보철강공업	한보철강	754	전국금속노동조합연맹
동 아	공영토건	공영토건	478	전국건설노동조합연맹
동 아	대한통운	대한통운	5,503	전국항운노동조합연맹
동 아	대한통운국제운송	대한통운국제운송	170	전국항운노동조합연맹
동 아	동아건설산업	동아건설산업	141	전국건설노동조합연맹
동 아	동아건설산업	동아건설산업㈜건설	2,767	전국건설노동조합연맹
동 아	동아생명보험	동아생명	1,813	전국사무노동조합연맹
한 라	만도기계	만도기계	3,555	기타노동조합
한 라	씨멘스브이디오한라	씨멘스	41	전국금속노동조합연맹
한 라	한라건설	한라건설	1,200	전국건설노동조합연맹
한 라	한라공조	한라공조	718	전국금속노동조합연맹
한 라	한라시멘트	한라시멘트㈜	730	전국화학노동조합연맹
한 라	한라중공업	한라중공업	3,400	기타노동조합
한 라	한라해운	한라해운㈜	210	전국선원노동조합연맹
효 성	동양염공	동양염공	215	전국섬유노동조합연맹
효 성	한국엔지니어링플라스틱	한국엔지니어링플라스틱	35	전국화학노동조합연맹
효 성	효성중공업	효성중공업	1,299	기타노동조합

그룹명	기업명	노동조합명	조합원 수	상급단체
동국제강	국제종합기계	국제종합기계㈜	527	전국금속노동조합연맹
동국제강	국제통운	국제통운㈜	113	전국자동차노동조합연맹
동국제강	동국산업	동국산업㈜	88	전국금속노동조합연맹
동국제강	동국제강	동국제강㈜	1,445	전국금속노동조합연맹
동국제강	부산가스	부산도시가스㈜	107	전국화학노동조합연맹
동국제강	부산주공	부산주공㈜	226	전국금속노동조합연맹
동국제강	연합철강공업	연합철강㈜	1,206	전국금속노동조합연맹
동국제강	조선선재	조선선재㈜포항공장	53	전국금속노동조합연맹
동국제강	조선선재	조선선재㈜	195	전국금속노동조합연맹
동국제강	중앙종합금융	중앙투자금융	120	전국사무노동조합연맹
동국제강	창 원	창 원㈜	12	전국연합노동조합연맹
동국제강	한국철강	한국철강	684	전국금속노동조합연맹
진 로	금 비	금 비	200	전국화학노동조합연맹
진 로	진 로	진 로	678	전국화학노동조합연맹
진 로	진로건설	진로건설㈜	540	전국건설노동조합연맹
진 로	진로종합식품	진로종합식품	44	전국화학노동조합연맹
진 로	진로종합식품	진로종합식품	53	전국화학노동조합연맹
진 로	진로종합유통	진로유통	100	전국연합노동조합연맹
코오롱	두산전자	두산전자	367	전국금속노동조합연맹
코오롱	코오롱	코오롱	2,600	전국섬유노동조합연맹
코오롱	코오롱유화	코오롱유화㈜	34	전국화학노동조합연맹
코오롱	코오롱호텔	코오롱호텔	20	전국관광노동조합연맹
코오롱	한국염공	한국염공㈜	19	전국화학노동조합연맹
코오롱	한국화낙	한국화낙	64	기타노동조합
코오롱	FNC코오롱	코오롱상사	6	전국섬유노동조합연맹
동 양	동양매직	동양매직	137	전국금속노동조합연맹
동 양	동양메이저	동양시멘트	1,134	전국화학노동조합연맹
동 양	동양생명보험	동양베네피트생명보험	6	전국사무노동조합연맹
동 양	동양제과	동양제과㈜판매	62	전국화학노동조합연맹
동 양	동양제과	동양제과	210	전국화학노동조합연맹
동 양	동양종합금융증권	동양증권	836	전국사무노동조합연맹
동 양	동양해운	동양해운㈜	190	전국선원노동조합연맹
동 양	오리온프리토레이	오리온프리토레이㈜	12	전국화학노동조합연맹
한 솔	한솔제지	한솔제지	130	전국화학노동조합연맹
동 부	동부고속	동부고속	991	전국자동차노동조합연맹
동 부	동부산업	동부산업	120	전국화학노동조합연맹
동 부	동부제강	동부제강	1,263	전국금속노동조합연맹
동 부	동부화재해상보험	동부화재해상보험	1,235	전국사무노동조합연맹
동 부	동부화학	동부화학㈜	350	전국화학노동조합연맹
고 합	고려석유화학	고려석유화학	240	전국화학노동조합연맹
고 합	고려종합화학	고려화학㈜	240	전국화학노동조합연맹
고 합	고합물산	고합물산	66	전국섬유노동조합연맹
고 합	고합엔프라	고합ENPLA	25	전국화학노동조합연맹
해 태	해태유통	해태유통	240	전국연합노동조합연맹

그룹명	기업명	노동조합명	조합원 수	상급단체
한 일	국제상사	국제상사서울사무소	230	전국연합노동조합연맹
한 일	국제상사	국제상사㈜	522	전국고무노동조합연맹
한 일	동서석유화학	동서석유화학	154	전국화학노동조합연맹
한 일	진해화학	진해화학	159	전국화학노동조합연맹
한 일	한일리조트	한일리조트	109	전국연합노동조합연맹
한 일	한일합섬	한일합섬㈜	990	전국섬유노동조합연맹
극동건설	국제종합건설	국제종합건설㈜	318	전국건설노동조합연맹
극동건설	극동건설	극동건설㈜	798	전국건설노동조합연맹
극동건설	극동요업	극동요업	192	전국화학노동조합연맹
극동건설	동서호라이즌증권	동서증권	1,600	전국사무노동조합연맹
뉴코아	뉴코아	뉴코아	5	전국연합노동조합연맹
벽 산	동양물산기업	동양물산필터공장	19	전국화학노동조합연맹
벽 산	동양물산기업	동양물산㈜본사	195	전국사무노동조합연맹
벽 산	동양물산기업	동양물산	307	전국화학노동조합연맹
벽 산	동양물산기업	동양물산㈜	407	전국금속노동조합연맹
벽 산	벽 산	벽산사무	342	전국건설노동조합연맹
벽 산	벽 산	벽산㈜	548	전국화학노동조합연맹
벽 산	벽산건설	벽산건설, 개발	672	전국건설노동조합연맹
벽 산	벽산니또보	벽산니또보	44	전국화학노동조합연맹
벽 산	벽산화학	벽산화학	172	전국화학노동조합연맹
신 호	대화제지	대화제지	92	전국화학노동조합연맹
신 호	대화제지	대화제지	96	전국화학노동조합연맹
신 호	동신제지	동신제지	130	전국화학노동조합연맹
신 호	동신제지	동신제지	281	기타노동조합
신 호	동양철관	동양철관	125	전국금속노동조합연맹
신 호	신호기공	신호기공망향휴게소	65	전국화학노동조합연맹
신 호	신호상사	㈜신호상사 오산열병합발전소	38	전국전문기술노동조합연맹
신 호	신호제지	신호제지	394	전국화학노동조합연맹
신 호	일성제지	일성제지	148	전국화학노동조합연맹

〈1996년〉

그룹명	기업명	노동조합명	조합원 수	상급단체
현 대	고려산업개발	고려산업개발㈜서산영농사업소	65	전국연합노동조합연맹
현 대	고려산업개발	고려산업개발㈜	580	전국화학노동조합연맹
현 대	대한알루미늄공업	대한알루미늄㈜	489	전국금속노동조합연맹
현 대	울산화학	울산화학	97	전국화학노동조합연맹
현 대	케피코	케피코	569	전국금속노동조합연맹
현 대	한국프랜지공업	한국프랜지	946	기타노동조합
현 대	현대건설	현대건설㈜	504	전국건설노동조합연맹
현 대	현대모비스	현대정공울산공장	3,200	전국금속노동조합연맹
현 대	현대미포조선	현대미포조선소㈜	2,188	기타노동조합
현 대	현대상선	현대상선㈜	1,164	전국선원노동조합연맹
현 대	현대석유화학	현대석유화학	866	전국화학노동조합연맹
현 대	현대알루미늄공업	현대알루미늄	418	기타노동조합

그룹명	기업명	노동조합명	조합원 수	상급단체
현 대	현대엘리베이터	현대엘레베이터	760	전국금속노동조합연맹
현 대	현대엘리베이터	현대엘리베이터	800	전국광산노동조합연맹
현 대	현대오일뱅크	현대정유㈜	725	전국화학노동조합연맹
현 대	현대자동차	현대자동차	34,829	기타노동조합
현 대	현대자동차써비스	현대자동차써비스㈜	10,600	기타노동조합
현 대	현대종합금융	현대종합금융	91	전국금융노동조합연맹
현 대	현대중공업	현대중공업	21,269	기타노동조합
현 대	현대중기산업	현대중기산업㈜	410	전국건설노동조합연맹
현 대	현대증권	현대증권㈜	1,134	전국사무노동조합연맹
현 대	현대해상화재보험	현대해상화재보험	2,700	전국사무노동조합연맹
현 대	INI스틸	인천제철	2,600	전국금속노동조합연맹
삼 성	보 광	㈜보광	54	전국화학노동조합연맹
삼 성	삼성생명보험	삼성생명	1,544	전국사무노동조합연맹
삼 성	삼성정밀화학	삼성정밀화학	470	전국화학노동조합연맹
삼 성	삼성중공업	삼성중공업㈜	135	전국금속노동조합연맹
삼 성	삼성증권	삼성증권	74	전국사무노동조합연맹
삼 성	삼성화재해상보험	삼성화재	45	전국금융노동조합연맹
삼 성	중앙일보사	중앙일보사	577	전국언론노동조합연맹
엘 지	부민상호저축은행	부민상호신용금고	40	전국금융노동조합연맹
엘 지	실트론	실트론	700	전국금속노동조합연맹
엘 지	호유해운	여수호유해운㈜	220	전국항운노동조합연맹
엘 지	LG금속	엘지금속	805	전국금속노동조합연맹
엘 지	LG기공	LG기공	466	전국통신노동조합연맹
엘 지	LG마이크론	LG마이크론	652	전국금속노동조합연맹
엘 지	LG산전	LG산전	4,874	전국금속노동조합연맹
엘 지	LG상사	LG상사㈜	870	전국연합노동조합연맹
엘 지	LG석유화학	LG석유화학	350	전국화학노동조합연맹
엘 지	LG애드	LG애드노동조합	323	전국출판노동조합연맹
엘 지	LG엔지니어링	LG엔지니어링	550	전국전문기술노동조합연맹
엘 지	LG유통	㈜엘지유통	97	전국화학노동조합연맹
엘 지	LG전선	엘지전선	3,200	전국금속노동조합연맹
엘 지	LG전자부품	LG전자부품	1,500	전국금속노동조합연맹
엘 지	LG정보통신	LG정보통신	548	전국금속노동조합연맹
엘 지	LG정유판매	LG정유판매. 구) 호유판매	725	전국화학노동조합연맹
엘 지	LG정유판매	LG정유	1,038	전국화학노동조합연맹
엘 지	LG칼텍스가스	LG-CALTEX가스	75	전국화학노동조합연맹
엘 지	LG투자증권	LG증권	1,509	전국사무노동조합연맹
엘 지	LG화재해상보험	LG화제해상보험	2,400	전국사무노동조합연맹
대 우	경남금속	경남금속㈜	97	전국금속노동조합연맹
대 우	경남기업	경남기업㈜	62	전국금속노동조합연맹
대 우	대 우	대우㈜	900	전국섬유노동조합연맹
대 우	대우모터공업	대우모터	173	전국금속노동조합연맹
대 우	대우자동차	대우자동차	10,333	기타노동조합
대 우	대우자동차판매	대우자동차판매㈜	2,426	기타노동조합

그룹명	기업명	노동조합명	조합원 수	상급단체
대 우	대우전자	대우전자	307	전국금속노동조합연맹
대 우	대우정밀공업	대우정밀공업	760	전국금속노동조합연맹
대 우	대우중공업	대우중공업	4,472	전국금속노동조합연맹
대 우	대우증권	대우증권	1,777	전국사무노동조합연맹
대 우	대우통신	대우통신	489	전국금속노동조합연맹
대 우	동우공영	동우공영㈜	52	전국연합노동조합연맹
대 우	오리온전기	오리온전기	4,155	전국금속노동조합연맹
대 우	코람프라스틱	코람플라스틱	193	전국화학노동조합연맹
SK	대한도시가스	대한도시가스㈜	302	전국화학노동조합연맹
SK	삼양석유	삼양석유㈜	160	전국화학노동조합연맹
SK	영남석유	영남석유	44	전국화학노동조합연맹
SK	워커힐	워커힐카지노	502	전국관광노동조합연맹
SK	워커힐	워커힐	870	전국관광노동조합연맹
SK	유공에라스토머	유공㈜	3,065	전국화학노동조합연맹
SK	흥국상사	흥국상사	260	전국화학노동조합연맹
SK	SK텔레콤	SK Telecom （구）한국이동통신	2,958	전국통신노동조합연맹
SK	SKC	SKC㈜	1,150	전국화학노동조합연맹
쌍 용	굿모닝신한증권	쌍용투자증권㈜	1,500	전국사무노동조합연맹
쌍 용	범아석유	범아석유	197	전국화학노동조합연맹
쌍 용	쌍용양회공업	쌍용양회 영월공장지부	292	전국화학노동조합연맹
쌍 용	쌍용자동차	쌍용자동차	7,870	기타노동조합
쌍 용	쌍용자원개발	쌍용자원개발	516	전국화학노동조합연맹
쌍 용	쌍용제지	쌍용제지㈜	611	전국화학노동조합연맹
쌍 용	쌍용종합금융	쌍용종합금융 （구）인천투자금융	28	기타노동조합
쌍 용	쌍용해운	쌍용해운㈜	250	전국선원노동조합연맹
쌍 용	쌍용화재해상보험	쌍용화재해상보험	780	전국사무노동조합연맹
쌍 용	S-OIL	쌍용정유㈜	1,071	전국화학노동조합연맹
한 진	대한항공	대한항공	8,369	전국연합노동조합연맹
한 진	동양화재해상보험	동양화재해상보험	1,000	전국사무노동조합연맹
한 진	정석기업	정석기업	168	전국연합노동조합연맹
한 진	코리아타코마조선공업	코리아타코마	490	전국금속노동조합연맹
한 진	평해광업개발	평해광업개발제주목장	16	전국관광노동조합연맹
한 진	평해광업개발	화학노련 평해광업㈜	80	전국화학노동조합연맹
한 진	한국공항	한국공항	3,000	전국연합노동조합연맹
한 진	한국항공	한국항공	1,050	전국연합노동조합연맹
한 진	한불종합금융	한불종합금융㈜	82	전국금융노동조합연맹
한 진	한 진	한 진	1,872	전국자동차노동조합연맹
한 진	한진건설	한진건설	465	전국건설노동조합연맹
한 진	한진관광	한진관광	40	기타노동조합
한 진	한진종합건설	한진종합건설㈜	184	전국선원노동조합연맹
한 진	한진중공업	한진중공업㈜	434	전국금속노동조합연맹
한 진	한진중공업	한진중공업㈜	1,850	기타노동조합
한 진	한진해운	한진해운선원㈜	1,189	전국선원노동조합연맹
기 아	기아자동차	기아자동차	18,983	전국외국기관노동조합연맹

그룹명	기업명	노동조합명	조합원 수	상급단체
기 아	기아특수강	기아특수강㈜	1,621	전국금속노동조합연맹
기 아	대경화성	대경화성	455	전국금속노동조합연맹
기 아	아시아자동차공업	아시아자동차	5,673	기타노동조합
기 아	티알더블류스티어링	TRW㈜	54	전국금속노동조합연맹
한 화	경향신문사	경향신문사	629	전국언론노동조합연맹
한 화	부평판지	부평판지	70	전국화학노동조합연맹
한 화	빙그레	㈜빙그레판매원	13	전국연합노동조합연맹
한 화	빙그레	㈜빙그레 김해공장	193	전국연합노동조합연맹
한 화	빙그레	빙그레㈜	1,125	전국화학노동조합연맹
한 화	오트론	오트론	274	전국금속노동조합연맹
한 화	한 화	한 화	1,510	전국화학노동조합연맹
한 화	한화관광	한화관광	10	전국자동차노동조합연맹
한 화	한화기계	한화기계	908	전국금속노동조합연맹
한 화	한화석유화학	한화종합화학PVC	530	전국화학노동조합연맹
한 화	한화에너지프라자	한화에너지프라자	117	전국화학노동조합연맹
한 화	한화에너지프라자	한화에너지	589	전국화학노동조합연맹
한 화	한화증권	한화증권	185	전국사무노동조합연맹
한 화	한화포리마	한화포리마㈜	80	전국화학노동조합연맹
롯 데	국제신문	국제신문㈜	318	전국언론노동조합연맹
롯 데	롯데기공	롯데기공	153	전국금속노동조합연맹
롯 데	롯데리아	㈜롯데리아	256	전국연합노동조합연맹
롯 데	롯데삼강	롯데삼강	872	전국화학노동조합연맹
롯 데	롯데쇼핑	롯데쇼핑	1,738	전국연합노동조합연맹
롯 데	롯데알미늄	롯데알미늄㈜	800	전국금속노동조합연맹
롯 데	롯데전자	롯데전자	397	전국금속노동조합연맹
롯 데	롯데제과	롯데제과	2,820	전국화학노동조합연맹
롯 데	롯데칠성음료	롯데칠성음료	985	전국화학노동조합연맹
롯 데	롯데캐논	롯데캐논	50	전국금속노동조합연맹
롯 데	롯데햄롯데우유	롯데햄.롯데우유	602	전국화학노동조합연맹
롯 데	한국후지필름	한국후지필름㈜	350	전국화학노동조합연맹
롯 데	호남석유화학	호남석유화학	685	전국화학노동조합연맹
롯 데	호텔롯데	롯데호텔	1,799	전국관광노동조합연맹
금 호	금호석유화학	금호석유화학	249	전국화학노동조합연맹
금 호	한아름금호관광	금호관광㈜	5	전국자동차노동조합연맹
한 라	만도기계	만도기계	5,004	전국외국기관노동조합연맹
한 라	씨멘스브이디오한라	씨멘스	66	전국금속노동조합연맹
한 라	캄 코	㈜캄코	413	전국금속노동조합연맹
한 라	한라건설	한라건설	465	전국건설노동조합연맹
한 라	한라공조	한라공조	862	전국금속노동조합연맹
한 라	한라시멘트	한라시멘트㈜	730	전국화학노동조합연맹
한 라	한라중공업	한라중공업	3,500	기타노동조합
한 라	한라해운	한라해운㈜	265	전국선원노동조합연맹
동 아	공영토건	공영토건	485	전국건설노동조합연맹
동 아	대한용역	대한용역	236	전국항운노동조합연맹

그룹명	기업명	노동조합명	조합원 수	상급단체
동 아	대한통운	대한통운㈜	133	전국항운노동조합연맹
동 아	대한통운	대한통운	440	전국항운노동조합연맹
동 아	대한통운	대한통운	5,750	전국항운노동조합연맹
동 아	대한통운국제운송	대한통운국제운송	170	전국항운노동조합연맹
동 아	동아건설산업	동아건설산업	141	전국건설노동조합연맹
동 아	동아건설산업	동아건설	878	전국금속노동조합연맹
동 아	동아생명보험	농아생명	1,913	전국사무노동조합연맹
동 아	동아텔레비전	㈜동아텔레비젼	82	전국언론노동조합연맹
두 산	두산개발	두산개발	9	기타노동조합
두 산	두산개발	서울두산개발	72	전국자동차노동조합연맹
두 산	두산건설	두산건설㈜	51	전국건설노동조합연맹
두 산	두산기계	두산기계㈜	509	기타노동조합
두 산	두산동아	두산동아	600	전국출판노동조합연맹
두 산	두산백화	두산백화	216	전국화학노동조합연맹
두 산	두산상사	두산상상	14	전국사무노동조합연맹
두 산	두산음료	두산음료	1,000	전국화학노동조합연맹
두 산	두산음료	두산음료	1,605	전국화학노동조합연맹
두 산	두산제관	두산제관	314	전국금속노동조합연맹
대 림	고려개발	고려개발	14	전국연합노동조합연맹
대 림	고려개발	고려개발㈜	460	전국건설노동조합연맹
대 림	대림산업	대림산업	18	전국화학노동조합연맹
대 림	대림산업	대림산업	338	전국건설노동조합연맹
대 림	대림산업	대림산업건설	1,650	전국건설노동조합연맹
대 림	대림엔지니어링	대림엔지니어링	872	전국전문기술노동조합연맹
대 림	대림요업	대림요업㈜	600	전국광산노동조합연맹
대 림	대림이낙스	대림이낙스㈜노동조합	50	전국화학노동조합연맹
대 림	대림자동차공업	대림자동차	541	전국금속노동조합연맹
대 림	대림콩크리트공업	대림콩크리트	223	전국화학노동조합연맹
대 림	삼 호	삼호건설	370	전국건설노동조합연맹
대 림	서울증권	서울증권㈜	759	전국사무노동조합연맹
대 림	오라관광	오라관광㈜	227	전국관광노동조합연맹
한 솔	한솔제지	한솔제지	130	전국화학노동조합연맹
효 성	한국엔지니어링플라스틱	한국엔지니어링플라스틱	45	전국화학노동조합연맹
효 성	효성생활산업	㈜효성생활산업. 구) 동양폴리에뻴	730	전국섬유노동조합연맹
효 성	효성중공업	효성중공업	1,331	기타노동조합
동국제강	국제종합기계	국제종합기계㈜	529	전국금속노동조합연맹
동국제강	국제통운	국제통운㈜	115	전국자동차노동조합연맹
동국제강	동국산업	동국산업㈜	168	전국금속노동조합연맹
동국제강	동국제강	동국제강㈜	1,455	전국금속노동조합연맹
동국제강	부산가스	부산도시가스㈜	174	전국화학노동조합연맹
동국제강	연합철강공업	연합철강㈜	1,199	전국금속노동조합연맹
동국제강	조선선재	조선선재㈜	53	전국금속노동조합연맹
동국제강	조선선재	조선선재㈜	183	전국금속노동조합연맹
동국제강	중앙종합금융	중앙종합금융. 구) 중앙투자금융	127	기타노동조합

그룹명	기업명	노동조합명	조합원 수	상급단체
동국제강	창 원	㈜창원	12	전국연합노동조합연맹
동국제강	한국철강	한국철강	684	전국금속노동조합연맹
진 로	금 비	금 비	88	전국광산노동조합연맹
진 로	진 로	진 로	680	전국화학노동조합연맹
진 로	진로건설	㈜진로건설㈜	540	전국건설노동조합연맹
진 로	진로종합식품	진로종합식품	44	전국화학노동조합연맹
진 로	진로종합유통	진로유통	100	전국연합노동조합연맹
코오롱	코오롱	코오롱	2,520	전국섬유노동조합연맹
코오롱	코오롱유화	코오롱유화	25	전국화학노동조합연맹
코오롱	코오롱유화	코오롱유화㈜	25	전국화학노동조합연맹
코오롱	코오롱호텔	코오롱호텔	20	전국관광노동조합연맹
코오롱	한국화낙	한국화낙	64	전국금속노동조합연맹
고 합	고려석유화학	고려석유화학	363	전국화학노동조합연맹
고 합	고려종합화학	고려화학㈜	90	전국화학노동조합연맹
고 합	고합물산	고합물산	66	전국섬유노동조합연맹
고 합	고합엔프라	고합 ENPLA	25	전국화학노동조합연맹
동 부	강원여객자동차	강원여객	377	전국자동차노동조합연맹
동 부	동부고속	동부고속	1,366	전국자동차노동조합연맹
동 부	동부제강	동부제강	1,168	전국금속노동조합연맹
동 부	동부한농종묘	동부한농종묘	97	전국연합노동조합연맹
동 부	동부한농화학	동부화학	329	전국화학노동조합연맹
동 부	동부화재해상보험	동부화재해상보험 (구) 한국자동차	1,235	전국사무노동조합연맹
동 양	동양매직	동양매직	240	전국금속노동조합연맹
동 양	동양메이저	동양시멘트	1,142	전국화학노동조합연맹
동 양	동양생명보험	동양생명	13	기타노동조합
동 양	동양제과	동양제과㈜판매	120	전국화학노동조합연맹
동 양	동양제과	동양제과	180	전국화학노동조합연맹
동 양	동양종합금융증권	동양종합금융	127	전국사무노동조합연맹
동 양	동양해운	동양해운㈜	195	전국선원노동조합연맹
해 태	해태유통	해태유통	240	전국연합노동조합연맹
뉴코아	뉴코아	뉴코아	20	전국연합노동조합연맹
한 일	국제상사	국제상사서울사무소	346	전국연합노동조합연맹
한 일	국제상사	국제상사	380	전국고무노동조합연맹
한 일	동서석유화학	동서석유화학	167	전국화학노동조합연맹
한 일	진해화학	진해화학	115	전국화학노동조합연맹
한 일	한일합섬	한일합섬㈜	700	전국섬유노동조합연맹
거 평	거평유통	거평유통㈜	14	전국연합노동조합연맹
거 평	대한중석	대한중석광업㈜	850	전국금속노동조합연맹
거 평	동양제철화학	동양화학	512	전국화학노동조합연맹
거 평	새한종합금융	새한종합금융	103	전국사무노동조합연맹
대 상	미 원	베스트푸드미원	108	전국화학노동조합연맹
대 상	미 원	㈜미원	150	전국화학노동조합연맹
대 상	세원화성	세원화성㈜	11	전국화학노동조합연맹
대 상	세원화성	세원화성	50	전국화학노동조합연맹

그룹명	기업명	노동조합명	조합원 수	상급단체
신 호	동양철관	동양철관	123	전국금속노동조합연맹
신 호	신호기공	신호기공 망향휴게소	75	전국전문기술노동조합연맹
신 호	신호상사	㈜신호상사 오산열병합발전소	38	전국전문기술노동조합연맹
신 호	신호제지	신호제지㈜	279	전국화학노동조합연맹
신 호	신호페이퍼	신호페이퍼 군포공장	70	전국외국기관노동조합연맹
신 호	신호페이퍼	신호페이퍼 (구) 신호제지	75	전국외국기관노동조합연맹
신 호	신호페이퍼	㈜신호페이퍼 (구) 신강세시	135	전국화학노동조합연맹
신 호	신호페이퍼	신호페이퍼	182	전국화학노동조합연맹
신 호	일성제지	일성제지	60	전국화학노동조합연맹
신 호	일성제지	일성제지	148	전국화학노동조합연맹

〈1997년〉

그룹명	기업명	노동조합명	조합원 수	상급단체
현 대	고려산업개발	고려산업개발	586	화학노련
현 대	대한알루미늄공업	대한알루미늄	490	민주금속노련
현 대	동서산업	동서산업	98	화학노련
현 대	동서산업	동서산업	233	화학노련
현 대	케피코	케피코	530	민주금속노련
현 대	한국프랜지공업	한국프랜지	844	현대금속노련
현 대	현대건설	현대건설	400	건설노련
현 대	현대리바트	현대종합목재산업	170	현대금속노련
현 대	현대리바트	현대리바트	349	상급단체미가입
현 대	현대모비스	현대정공창원공장	1,805	현대금속노련
현 대	현대모비스	현대정공울산공장	2,715	현대금속노련
현 대	현대미포조선	현대미포조선	2,248	현대금속노련
현 대	현대상선	현대상선㈜해원	1,405	해상노련
현 대	현대석유화학	현대석유화학	932	화학노련
현 대	현대알루미늄공업	현대알루미늄	380	현대금속노련
현 대	현대우주항공	현대우주항공	337	상급단체미가입
현 대	현대자동차	현대자동차	32,127	현대금속노련
현 대	현대자동차써비스	현대자동차써비스	9,850	현대금속노련
현 대	현대중공업	현대중공업	20,936	민주금속노련
현 대	현대중기산업	현대중기산업㈜	345	건설노련
현 대	현대증권	현대증권㈜	1,223	사무노련
현 대	현대하이스코	현대강관	646	현대금속노련
현 대	현대해상화재보험	현대해상화재보험	2,630	사무노련
현 대	INI스틸	인천제철	2,502	민주금속노련
삼 성	보 광	보 광	61	화학노련
삼 성	삼성정밀화학	삼성정밀화학	468	화학노련
삼 성	삼성중공업	삼성중공업㈜	297	금속노련
삼 성	삼성증권	삼성증권	72	사무노련
삼 성	삼성화재해상보험	삼성화재	35	미가입
삼 성	중앙일보사	중앙일보사	505	언론노련
대 우	경남금속	경남금속	134	민주금속노련

그룹명	기업명	노동조합명	조합원 수	상급단체
대 우	대 우	㈜대우	580	섬유노련
대 우	대우모터공업	대우모터	179	민주금속노련
대 우	대우자동차	대우자동차㈜	10,052	자동차산업노련
대 우	대우자동차판매	대우자동차판매	2,161	자동차산업노련
대 우	대우전자	대우전자	4,876	금속노련
대 우	대우정밀공업	대우정밀공업	750	민주금속노련
대 우	대우중공업	대우중공업	4,347	민주금속노련
대 우	대우증권	대우증권	1,497	사무노련
대 우	대우통신	대우통신	470	금속노련
대 우	동우공영	동우공영	91	시설관리노련
대 우	쌍용자동차	쌍용자동차	7,758	자동차산업노련
대 우	오리온전기	오리온전기	4,016	민주금속노련 (구미)
대 우	코람프라스틱	코람프라스틱	315	민주금속노련
대 우	한국전기초자	한국전기초자	1,430	민주화학노련
엘 지	극동도시가스	극동도시가스	204	화학노련
엘 지	부민상호저축은행	부민상호신용금고	43	금융노련
엘 지	실트론	실트론	700	금속노련
엘 지	엘지칼텍스정유	엘지칼텍스정유	1,174	화학노련
엘 지	호유해운	여수호유해운㈜	220	항운노련
엘 지	LG금속	엘지금속	810	금속노련
엘 지	LG기공	LG기공	405	통신노련
엘 지	LG마이크론	LG마이크론	655	금속노련
엘 지	LG산전	LG산전	4,044	금속노련
엘 지	LG상사	LG상사	748	연합노련
엘 지	LG석유화학	LG화학	30,765	민주화학노련 (청주)
엘 지	LG정유판매	LG정유판매	550	화학노련
엘 지	LG투자증권	LG증권	1,453	사무노련
엘 지	LG화재해상보험	LG화재해상보험	2,615	사무노련
S K	대한도시가스	대한도시가스㈜	292	화학노련
S K	워커힐	워커힐	819	관광노련
S K	S K	S K	3,059	화학노련
S K	SK생명보험	SK생명보험	252	사무노련
S K	SK에너지판매	SK에너지판매	165	화학노련
S K	SK증권	SK증권	484	사무노련
S K	SK케미칼	SK케미칼	1,380	화학노련
S K	SK텔레콤	SK텔레콤	2,895	통신노련
한 진	대한항공	대한항공	8,004	연합노련
한 진	동양화재해상보험	동양화재해상보험	480	사무노련
한 진	정석기업	정석기업	164	연합노련
한 진	코리아타코마조선공업	코리아타코마	450	민주금속노련
한 진	평해광업개발	평해광업개발제주목장	16	연합노련
한 진	평해광업개발	평해광업개발㈜	79	화학노련
한 진	한국공항	한국공항	2,763	연합노련
한 진	한국종합기술개발공사	한국종합기술개발공사	447	공익노련

그룹명	기업명	노동조합명	조합원 수	상급단체
한 진	한국항공	한국항공	1,150	연합노련
한 진	한불종합금융	한불종합금융㈜	94	사무노련
한 진	한 진	한 진	1,500	자동차노련
한 진	한진건설	한진건설	275	건설노련
한 진	한진관광	한진관광	40	관광노련
한 진	한진종합건설	한진종합건설	113	해상노련
한 진	한진중공업	한진중공업	430	민수금속노련
한 진	한진중공업	한신중공입	1,489	상급단체미가입
한 진	한진해운	한진해운선원	1,126	해상노련
쌍 용	굿모닝신한증권	쌍용투자증권㈜	1,195	사무노련
쌍 용	범아석유	범아섬유	105	화학노련
쌍 용	쌍용자원개발	쌍용자원개발㈜	422	화학노련
쌍 용	쌍용종합금융	쌍용종합금융	28	사무노련
쌍 용	쌍용해운	쌍용해운	230	해상노련
쌍 용	쌍용화재해상보험	쌍용화재해상보험	890	사무노련
쌍 용	S-OIL	쌍용정유	1,114	화학노련
한 화	경향신문사	경향신문사	519	언론노련
한 화	부평판지	부평판지	45	화학노련
한 화	오트론	오트론	121	금속노련
한 화	한화관광	한화관광	10	자동차노련
한 화	한화국토개발	한화국토개발	183	관광노련
한 화	한화기계	한화기계	980	금속노련
한 화	한화석유화학	한화종합화학P.V.C	430	화학노련
한 화	한화에너지프라자	한화에너지프라자	78	화학노련
한 화	한화종합금융	한화종합금융	64	사무노련
한 화	한화증권	한화증권	159	사무노련
금 호	금호미쓰이화학	금호미쓰이화학	68	화학노련
금 호	금호석유화학	금호석유화학㈜	158	화학노련
금 호	금호종합금융	금호종합금융㈜	55	사무노련
금 호	금호케미칼	금호케미칼	205	화학노련
금 호	금호폴리켐	금호폴리켐㈜	55	화학노련
금 호	한아름금호관광	금호관광㈜	5	자동차노련
동 아	공영토건	공영토건㈜	441	건설노련
동 아	대한용역	대한용역	199	항운노련
동 아	대한통운	대한통운	5,655	항운노련
동 아	대한통운국제운송	대한통운국제운송	170	항운노련
동 아	동아건설산업	동아건설산업	77	건설노련
동 아	동아생명보험	동아생명보험	1,589	사무노련
동 아	동아엔지니어링	동아엔지니어링	228	공익노련
롯 데	국제신문	국제신문	318	언론노련
롯 데	롯데기공	롯데기공	148	민주금속노련
롯 데	롯데리아	롯데리아	256	연합노련
롯 데	롯데삼강	㈜롯데삼강	677	화학노련
롯 데	롯데쇼핑	롯데쇼핑㈜	1,612	상업노련

그룹명	기업명	노동조합명	조합원 수	상급단체
롯 데	롯데알미늄	롯데알미늄	727	금속노련
롯 데	롯데전자	롯데전자	210	금속노련
롯 데	롯데제과	롯데제과	2,700	화학노련
롯 데	롯데칠성음료	롯데칠성	924	화학노련
롯 데	롯데햄롯데우유	롯데햄*우유	537	화학노련
롯 데	한국후지필름	한국후지필름	325	화학노련
롯 데	호남석유화학	호남석유화학㈜	706	화학노련
롯 데	호텔롯데	호텔롯데	1,711	관광노련
한 라	만도기계	만도기계	4,524	자동차산업노련
한 라	씨멘스브이디오한라	씨멘스	76	금속노련
한 라	캄 코	캄 코	388	민주금속노련
한 라	한라건설	한라건설	512	건설노련
한 라	한라공조	한라공조	856	민주금속노련
한 라	한라시멘트	한라시멘트㈜	718	화학노련
한 라	한라중공업	한라중공업	3,392	민주금속노련
대 림	고려개발	고려개발	14	연합노련
대 림	고려개발	고려개발㈜	530	건설노련
대 림	대림산업	대림산업	31	화학노련
대 림	대림산업	대림산업	231	건설노련
대 림	대림엔지니어링	대림엔지니어링	620	공익노련
대 림	대림요업	대림요업	494	광산노련
대 림	대림이낙스	대림이낙스	50	화학노련
대 림	대림자동차공업	대림자동차	429	민주금속노련
대 림	대림콩크리트공업	대림콩크리트㈜	143	화학노련
대 림	삼 호	㈜삼호	380	건설노련
대 림	서울증권	서울증권	474	사무노련
대 림	오라관광	오라관광㈜	227	관광노련
대 림	한림상운	한림상운	43	택시노련
두 산	두산개발	두산개발	9	상급단체미가입
두 산	두산건설	두산건설	51	건설노련
두 산	두산기계	두산기계	217	민주금속노련
두 산	두산동아	두산동아	370	출판노련
두 산	두산상사	두산상사	11	사무노련
두 산	두산전자	두산전자	412	금속노련
두 산	두산제관	두산제관	299	금속노련
효 성	동양염공	동양염공	140	섬유노련
효 성	한국엔지니어링플라스틱	한국ENG플라스틱	51	화학노련
효 성	효성미디어	효성미디어	52	화학노련
효 성	효성생활산업	효성생활산업	433	섬유노련
효 성	효성중공업	효성중공업	1,094	민주금속노련
고 합	고려석유화학	고려석유화학	363	화학노련
고 합	고려종합화학	고려화학	125	민주화학노련
고 합	고 합	고 합	560	민주섬유노련
고 합	고합물산	고합물산	27	섬유노련

그룹명	기업명	노동조합명	조합원 수	상급단체
고 합	고합엔프라	고합엔프라㈜	19	화학노련
코오롱	코오롱	코오롱	2,113	민주섬유노련
코오롱	코오롱유화	코오롱유화	28	화학노련
코오롱	코오롱호텔	㈜코오롱호텔	18	관광노련
동국제강	국제종합기계	국제종합기계	463	금속노련
동국제강	국제통운	국제통운	108	화물운송노련
동국제강	동국산업	동국산업	168	민주금속노련
동국제강	동국제강	동국제강㈜	1,164	금속노련
동국제강	부산가스	부산도시가스	183	화학노련
동국제강	부산주공	부산주공㈜	244	금속노련
동국제강	연합철강공업	연합철강공업	1,161	금속노련
동국제강	조선선재	조선선재㈜	53	금속노련
동국제강	조선선재	조선선재㈜	141	금속노련
동국제강	중앙종합금융	중앙종합금융	93	사무노련
동국제강	창원	㈜창원	12	전국연합노동조합연맹
동국제강	한국철강	한국철강	1,159	금속노련
동 부	강원여객자동차	강원여객㈜	341	자동차노련
동 부	강원흥업	강원흥업㈜	101	자동차노련
동 부	동부건설	동부건설동해공장	111	화학노련
동 부	동부고속	동부고속	1,366	자동차노련
동 부	동부자동차보험손해사정	동부자동차보험손해사정㈜	13	금융노련
동 부	동부정밀화학	동부정밀화학㈜	89	화학노련
동 부	동부제강	동부제강	797	금속노련
동 부	동부제강	동부제강㈜	1,300	금속노련
동 부	동부한농화학	동부한농화학	64	화학노련
동 부	동부한농화학	동부한농화학	299	화학노련
동 부	동부화재해상보험	동부화재해상보험	724	상급단체미가입
아 남	아남반도체	아남반도체	54	민주금속노련
아 남	아남반도체	아남반도체㈜	74	민주금속노련
진 로	진로	진로	450	화학노련
진 로	진로건설	진로건설㈜	312	건설노련
진 로	진로산업	진로인더스트리즈	220	금속노련
진 로	진로종합식품	진로종합식품	57	화학노련
진 로	진로종합유통	진로유통	83	상업노련
동 양	동양글로벌	동양글로벌㈜선원	186	해상노련
동 양	동양매직	동양매직	160	금속노련
동 양	동양생명보험	동양생명보험㈜	13	상급단체미가입
동 양	동양제과	동양제과㈜판매	67	화학노련
동 양	동양제과	동양제과	180	화학노련
동 양	동양종합금융증권	동양종합금융	39	사무노련
동 양	동양카드	동양카드	164	상급단체미가입
동 양	오리온프리토레이	오리온프리토레이	12	화학노련
해 태	해태유통	해태유통	40	상업노련
해 태	해태중공업	해태중공업	132	금속노련

그룹명	기업명	노동조합명	조합원 수	상급단체
신 호	동양철관	동양철관	174	금속노련
신 호	신호기전	신호기전㈜	12	금속노련
신 호	신호유화	신호유화	3	화학노련
신 호	신호제지	신호제지	195	화학노련
신 호	신호페이퍼	신호페이퍼	75	화학노련
신 호	신호페이퍼	신호페이퍼	129	화학노련
신 호	일성제지	일성제지	60	화학노련
신 호	일성제지	일성제지	105	화학노련
대 상	대 상	대상㈜	969	화학노련
대 상	대상음료	대상음료	14	화학노련
대 상	미 원	미 원	100	화학노련
대 상	세원화성	세원화성	73	연합노련
뉴코아	뉴코아	뉴코아	20	연합노련
거 평	대한중석	대한중석	800	금속노련
거 평	동양제철화학	동양화학	517	화학노련
거 평	새한종합금융	새한종합금융	90	사무노련
강원산업	강원산업	강원산업㈜	1,733	민주금속노련
새 한	새한미디어	새한미디어㈜	65	금속노련
새 한	새한전자	새한전자	52	금속노련

〈1998년〉

그룹명	기업명	노동조합명	조합원 수	상급단체
현 대	강원은행	강원은행	529	금융노련
현 대	고려산업개발	고려산업개발	52	화학노련
현 대	고려산업개발	고려산업개발언양공장	301	금속산업노련
현 대	기아자동차	기아자동차	13,538	금속산업노련
현 대	대한알루미늄공업	대한알루미늄	379	금속노련
현 대	칩팩코리아	칩팩코리아	1,800	건설노련
현 대	케피코	케피코	489	금속산업노련
현 대	한국프랜지공업	한국프랜지	542	금속산업노련
현 대	현대건설	현대건설	400	건설노련
현 대	현대모비스	현대정공창원공장	1,752	금속산업노련
현 대	현대모비스	현대정공	2,700	금속산업노련
현 대	현대미포조선	현대미포조선	2,367	금속산업노련
현 대	현대상선	현대상선해원	1,443	해상노련
현 대	현대석유화학	현대석유화학	928	상급단체미가입
현 대	현대우주항공	현대우주항공	339	상급단체미가입
현 대	현대자동차	현대자동차	28,276	금속산입노린
현 대	현대자동차써비스	현대자동차써비스	8,272	금속산업노련
현 대	현대중공업	현대중공업	20,069	금속산업노련
현 대	현대증권	현대증권	1,200	사무노련
현 대	현대하이스코	현대강관	635	금속산업노련
현 대	INI스틸	인천제철	2,203	금속산업노련
대 우	경남금속	경남금속	128	금속산업노련

그룹명	기업명	노동조합명	조합원 수	상급단체
대 우	경우크린텍	경우크린텍	53	화학노련
대 우	대 우	㈜대우	626	섬유노련
대 우	대우모터공업	대우모터공업	179	금속산업노련
대 우	대우자동차	대우자동차㈜	10,441	금속산업노련
대 우	대우자동차판매	대우자동판매	1,700	금속산업노련
대 우	대우전자	대우전지	4,713	금속노련
대 우	대우정밀공업	대우정밀공업	780	금속산업노련
대 우	대우중공업	대우중공업	4,136	금속산업노련
대 우	대우증권	대우증권	1,497	사무노련
대 우	대우통신	대우통신	442	금속노련
대 우	쌍용자동차	쌍용자동차	4,259	금속산업노련
대 우	오리온전기	오리온전기	3,795	금속산업노련
대 우	코람프라스틱	코람프라스틱	308	금속산업노련
대 우	한국전기초자	한국전기초자	1,308	민주화학노련
삼 성	삼성정밀화학	삼성정밀화학	415	화학노련
삼 성	삼성중공업	삼성중공업	43	상급단체미가입
삼 성	삼성증권	삼성증권	72	사무노련
삼 성	삼성투자신탁운용	삼성투자신탁	277	사무노련
삼 성	삼성화재해상보험	삼성화재	25	상급단체미가입
엘 지	극동도시가스	극동도시가스	200	화학노련
엘 지	부민상호저축은행	부민상호신용금고	32	금융노련
엘 지	실트론	실트론	630	금속노련
엘 지	엘지칼텍스정유	엘지정유	1,079	화학노련
엘 지	호유해운	여수호유해운㈜	97	항운노련
엘 지	LG금속	엘지금속	810	금속노련
엘 지	LG기공	LG기공	309	통신노련
엘 지	LG마이크론	LG마이크론	651	금속노련
엘 지	LG산전	LG산전	4,044	금속노련
엘 지	LG상사	LG상사	414	연합노련
엘 지	LG석유화학	LG석유화학	342	화학노련
엘 지	LG애드	LG애드	222	출판노련
엘 지	LG엔지니어링	LG엔지니어링	490	공익노련
엘 지	LG전선	LG전선	2,770	금속노련
엘 지	LG정보통신	LG정보통신	552	금속노련
엘 지	LG종합금융	LG종합금융	84	사무노련
엘 지	LG칼텍스가스	LG칼텍스가스	65	화학노련
엘 지	LG투자증권	LG증권	1,316	사무노련
엘 지	LG화재해상보험	LG화재해상보험	2,418	사무노련
S K	대한도시가스	대한도시가스	300	화학노련
S K	부산도시가스	부산도시가스	182	화학노련
S K	워커힐	워커힐	770	관광노련
S K	S K	S K	2,454	화학노련
S K	SK생명보험	SK생명보험	300	사무노련
S K	SK에너지판매	SK에너지판매	165	화학노련

그룹명	기업명	노동조합명	조합원 수	상급단체
S K	SK증권	SK증권	263	사무노련
S K	SK케미칼	SK케미칼	1,298	섬유노련
S K	SK텔레콤	SK텔레콤	2,500	통신노련
S K	SKC	SKC㈜	660	화학노련
한 진	대한항공	대한항공	7,253	항공노련
한 진	동양화재해상보험	동양화재해상보험	1,114	사무노련
한 진	정석기업	정석기업	108	연합노련
한 진	코리아타코마조선공업	코리아타코마조선공업	413	금속산업노련
한 진	한국공항	한국공항	2,506	연합노련
한 진	한국종합기술개발공사	한국종합기술개발공사	447	공익노련
한 진	한국항공	한국항공	1,007	연합노련
한 진	한불종합금융	한불종합금융	93	사무노련
한 진	한 진	한 진	1,206	자동차노련
한 진	한진건설	한진건설	190	건설노련
한 진	한진관광	한진관광	24	관광노련
한 진	한진정보통신	한진정보통신	18	통신노련
한 진	한진종합건설	한진종합건설	40	해상노련
한 진	한진중공업	한진중공업	1,308	금속산업노련
한 진	한진해운	한진해운선원	845	해상노련
쌍 용	쌍용자원개발	쌍용자원개발㈜	422	화학노련
쌍 용	쌍용해운	쌍용해운	150	해상노련
쌍 용	쌍용화재해상보험	쌍용화재해상보험	943	사무노련
쌍 용	S-OIL	쌍용정유	138	화학노련
한 화	부평판지	부평판지	45	화학노련
한 화	한화국토개발·	한화국토개발	183	상급단체미가입
한 화	한화에너지프라자	한화에너지프라자	673	화학노련
한 화	한화증권	한화증권	120	사무노련
한 화	한화포리마	한화포리마	80	화학노련
금 호	금호미쓰이화학	금호미쓰이화학	67	화학노련
금 호	금호석유화학	금호석유화학	154	화학노련
금 호	금호종합금융	금호종합금융	43	민주금융노련
금 호	금호케미칼	금호케미칼	190	화학노련
금 호	금호폴리켐	금호폴리켐	54	화학노련
금 호	금호피앤비화학	금호피엔비화학	196	화학노련
롯 데	국제신문	국제신문	210	언론노련
롯 데	롯데기공	롯데기공	134	금속산업노련
롯 데	롯데리아	롯데리아	316	연합노련
롯 데	롯데삼강	㈜롯데삼강	465	화학노련
롯 데	롯데쇼핑	롯데쇼핑㈜	1,612	연합노련
롯 데	롯데알미늄	롯데알미늄	723	금속노련
롯 데	롯데전자	롯데전자	143	금속노련
롯 데	롯데제과	롯데제과	2,136	화학노련
롯 데	롯데칠성음료	롯데칠성	757	화학노련
롯 데	롯데햄롯데우유	롯데햄 우유	483	화학노련

그룹명	기업명	노동조합명	조합원 수	상급단체
롯 데	한국후지필름	한국후지필름㈜	283	화학노련
롯 데	호남석유화학	호남석유화학서울지부	52	화학노련
롯 데	호텔롯데	호텔롯데	1,508	관광노련
롯 데	호텔롯데부산	호텔롯데부산	7	연합노련
동 아	대한통운	대한통운	4,627	항운노련
동 아	대한통운국제물류	대한통운국제물류	186	항운노련
동 아	동아건설산업	동아건설산업㈜건설	2,683	건설노련
동 아	동아생명보험	동아생명보험	1,442	사무노련
한 솔	한국통신엠닷컴	한국통신	45,906	상급단체미가입
한 솔	한솔건설	한솔건설	5	상급단체미가입
두 산	두산건설	두산건설	23	건설노련
두 산	두산전자	두산전자	362	금속노련
대 림	고려개발	고려개발㈜	500	건설노련
대 림	대림산업	대림산업	46	화학노련
대 림	대림산업	대림산업	146	건설노련
대 림	대림엔지니어링	대림엔지니어링	620	공익노련
대 림	대림자동차공업	대림자동차	429	금속산업노련
대 림	대림콘크리트공업	대림콘크리트㈜	141	화학노련
대 림	서울증권	서울증권	410	사무노련
대 림	오라관광	오라관광	205	관광노련
동국제강	국제종합기계	국제종합기계	400	금속노련
동국제강	국제통운	국제통운	75	화물운송노련
동국제강	동국산업	동국산업㈜	168	금속산업노련
동국제강	동국제강	동국제강㈜	629	금속노련
동국제강	부산가스	부산도시가스	182	화학노련
동국제강	부산주공	부산주공	210	금속노련
동국제강	연합철강공업	연합철강	940	금속노련
동국제강	조선선재	조선선재㈜	38	금속노련
동국제강	조선선재	조선선재	112	금속노련
동국제강	중앙종합금융	중앙종합금융	89	사무노련
동국제강	한국철강	한국철강	616	금속노련
동 부	강원여객자동차	강원여객㈜	393	자동차노련
동 부	강원흥업	강원흥업㈜	87	자동차노련
동 부	동부건설	동부건설㈜동해공장	127	화학노련
동 부	동부고속	동부고속	660	자동차노련
동 부	동부정밀화학	동부정밀화학	65	화학노련
동 부	동부제강	동부제강	771	화학노련
동 부	동부한농화학	동부한농화학	53	화학노련
한 라	만도기계	만도기계	3,937	금속노련
한 라	씨멘스브이디오한라	씨멘스	86	금속노련
한 라	캄 코	캄 코	388	금속산업노련
한 라	한라건설	한라건설	512	건설노련
한 라	한라공조	한라공조	856	금속산업노련
고 합	고려종합화학	고려화학	107	민주화학노련

그룹명	기업명	노동조합명	조합원 수	상급단체
고 합	고 합	고 합	780	민주섬유노련
고 합	고합엔프라	고합엔프라㈜	10	화학노련
효 성	동양염공	동양염공	122	섬유노련
효 성	한국엔지니어링플라스틱	한국ENG플라스틱	59	화학노련
효 성	효성미디어	효성미디어	50	화학노련
코오롱	코오롱	코오롱	1,712	민주섬유노련
코오롱	코오롱유화	코오롱유화	22	민주화학노련
동 양	동양글로벌	동양글로벌	160	해상노련
동 양	동양매직	동양매직	160	금속노련
동 양	동양생명보험	동양생명보험㈜	13	상급단체미가입
동 양	동양제과	동양제과㈜판매	41	화학노련
동 양	동양제과	동양제과	170	화학노련
동 양	동양종합금융증권	동양종합금융증권	39	사무노련
동 양	동양카드	동양카드	164	상급단체미가입
동 양	오리온프리토레이	오리온프리토레이	26	화학노련
진 로	진 로	진 로	1,564	화학노련
진 로	진로건설	진로건설	312	건설노련
진 로	진로산업	진로인더스트리즈	207	금속노련
진 로	진로종합식품	진로종합식품	50	화학노련
진 로	진로종합유통	진로종합유통	200	상업노련
아 남	아남반도체	아남반도체성수동공장	46	금속산업노련
아 남	아남인스트루먼트	아남인스트루먼트	100	금속산업노련
해 태	해태유통	해태유통	42	상업노련
새 한	새한미디어	새한미디어	65	금속노련
강원산업	강원산업	강원산업㈜	1,632	금속산업노련
대 상	대 상	대 상	597	화학노련
대 상	대상식품	대상식품	104	화학노련
대 상	미 원	미 원	25	화학노련
대 상	미 원	미 원	100	화학노련
대 상	세원화성	세원화성㈜	9	화학노련
대 상	세원화성	세원화성	39	민주화학
신 호	동양철관	동양철관	162	금속노련
신 호	삼 익	삼 익	73	화학노련
신 호	신호기전	신호기전	12	금속노련
신 호	신호유화	신호유화	2	화학노련
신 호	신호제지	신호제지	48	화학노련
신 호	신호제지	신호제지	113	화학노련
신 호	환영철강공업	환영철강	256	금속노련
삼 양	삼남석유화학	삼남석유화학	140	화학노련
삼 양	삼양사	삼양사	134	화학노련
삼 양	삼양중기	삼양중기	141	금속노련
삼 양	삼양화성	삼양화성	68	화학노련

〈1999년〉

그룹명	기업명	노동조합명	조합원 수	상급단체
현 대	고려산업개발	고려산업개발언양공장	283	금속산업노련
현 대	고려산업개발	고려산업개발리바트사업본부	123	상급단체미가입
현 대	고려산업개발	고려산업개발㈜서산영농	52	연합노련
현 대	고려산업개발	고려산업개발	37	화학노련
현 대	기아자동차	기아자동차	20,248	금속산업노련
현 대	대한알루미늄공업	대한알루미늄	370	금속산업노련
현 대	현대건설	현대건설	400	건설산업노련
현 대	현대모비스	현대정공	3,570	금속산업노련
현 대	현대모비스	현대정공㈜사무직	1	사무금융노련
현 대	현대미포조선	현대미포조선	2,344	금속산업노련
현 대	현대상선	현대상선해원	1,530	해상노련
현 대	현대석유화학	현대석유화학	931	민주화학노련
현 대	현대엘리베이터	현대엘리베이터	656	금속노련
현 대	현대자동차	현대자동차㈜	37,874	금속산업노련
현 대	현대중공업	현대중공업	19,779	금속산업노련
현 대	현대투자신탁운용	현대투자신탁증권	812	사무금융노련
현 대	현대하이스코	현대강관	725	금속산업노련
현 대	INI스틸	인천제철	2,134	금속산업노련
삼 성	삼성생명보험	삼성생명	1,388	사무금융노련
삼 성	삼성정밀화학	삼성정밀화학	450	화학노련
삼 성	삼성중공업	삼성중공업㈜	52	상급단체미가입
삼 성	삼성증권	삼성증권	67	사무금융노련
삼 성	삼성화재해상보험	삼성화재	25	상급단체미가입
엘 지	극동도시가스	극동도시가스	200	화학노련
엘 지	데이콤	데이콤㈜	2,239	공공노련
엘 지	부민상호저축은행	부민상호신용금고	28	금융노련
엘 지	실트론	실트론	671	금속노련
엘 지	엘지니꼬동제련	LG.Nikko동제련	512	금속노련
엘 지	엘지칼텍스정유	LG정유	1,089	민주화학노련
엘 지	LG건설	LG건설	490	공공노련
엘 지	LG마이크론	LG마이크론	615	금속노련
엘 지	LG산전	LG산전장항공장	127	금속노련
엘 지	LG산전	LG산전	1,964	금속노련
엘 지	LG석유화학	LG석유화학	339	민주화학노련
엘 지	LG애드	LG애드	222	출판노련
엘 지	LG전선	LG전선	2,163	금속노련
엘 지	LG정보통신	LG정보통신	474	금속노련
엘 지	LG칼텍스가스	LGCaltex가스	43	화학노련
엘 지	LG투자신탁운용	LG투자금융	84	사무금융노련
엘 지	LG투자증권	LG증권	1,453	사무금융노련
엘 지	LG필립스엘시디	LG필립스LCD	1,862	금속노련
S K	대한도시가스	대한도시가스㈜	300	화학노련
S K	부산도시가스	부산도시가스	177	화학노련

그룹명	기업명	노동조합명	조합원 수	상급단체
SK	워커힐	워커힐	516	관광노련
SK	전남도시가스	전남도시가스	34	화학노련
SK	충남도시가스	충남도시가스	93	화학노련
SK	SK	SK㈜	2,431	화학노련
SK	SK생명보험	SK생명보험	280	금융노련
SK	SK씨앤씨	SK씨앤씨	6	상급단체미가입
SK	SK에너지판매	SK에너지판매	150	화학노련
SK	SK증권	SK증권	263	사무금융노련
SK	SK케미칼	SK케미칼	875	섬유노련
SK	SK텔레콤	SK텔레콤	2,355	통신노련
SK	SKC	SKC㈜	1,158	화학노련
한진	대한항공	대한항공	7,253	연합노련
한진	정석기업	정석기업	108	연합노련
한진	한국공항	한국공항	2,506	연합노련
한진	한국종합기술개발공사	한국종합기술개발공사	447	공공노련
한진	한불종합금융	한불종합금융㈜	93	사무금융노련
한진	한진	한진	1,211	자동차노련
한진	한진관광	한진관광	251	민주관광
한진	한진중공업	한진중공업수리조선	29	금속노련
한진	한진중공업	한진중공업	340	금속산업노련
한진	한진중공업	한진중공업	1,200	금속산업노련
한진	한진중공업	한진중공업준설	35	해상노련
한진	한진해운	한진해운육원	17	사무금융노련
한진	한진해운	한진해운선원	835	해상노련
롯데	롯데기공	롯데기공	133	금속산업노련
롯데	롯데리아	롯데리아	316	연합노련
롯데	롯데물산	롯데물산㈜롯데크리스탈호텔	32	관광노련
롯데	롯데삼강	㈜롯데삼강	465	화학노련
롯데	롯데쇼핑	롯데쇼핑㈜	1,409	연합노련
롯데	롯데알미늄	롯데알미늄	684	금속노련
롯데	롯데전자	롯데전자	102	금속산업노련
롯데	롯데제과	롯데제과	2,136	화학노련
롯데	롯데칠성음료	롯데칠성음료	803	화학노련
롯데	롯데햄롯데우유	㈜롯데햄, 롯데우유	450	화학노련
롯데	한국후지필름	한국후지필름㈜	259	화학노련
롯데	호남석유화학	호남석유화학㈜	671	상급단체미가입
롯데	호남석유화학	호남석유화학서울지부	52	화학노련
롯데	호텔롯데	롯데호텔	1,293	민주관광
롯데	호텔롯데	호텔롯데	1,300	민주관광
㈜대우	대우	㈜대우	620	섬유노련
금호	금호미쓰이화학	금호미쓰이화학	68	화학노련
금호	금호석유화학	금호석유화학㈜	152	화학노련
금호	금호석유화학	금호석유화학여천공장	179	화학노련
금호	금호종합금융	금호종합금융㈜	43	사무금융노련

그룹명	기업명	노동조합명	조합원 수	상급단체
금 호	금호케미칼	금호케미칼	182	화학노련
금 호	금호폴리켐	금호폴리켐㈜	56	화학노련
금 호	동아생명보험	동아생명보험	891	사무금융노련
금 호	아시아나항공	아시아나항공㈜	1,200	공공노련
한 화	부평판지	부평판지	47	화학노련
한 화	한양상사	한양	1,000	건설산업노련
한 화	한 화	㈜한화	1,154	화학노련
한 화	한화국토개발	한화국토개발	253	관광노련
한 화	한화석유화학	한화석유화학	833	화학노련
한 화	한화종합화학	한화종합화학	309	화학노련
한 화	한화증권	한화증권	120	사무금융노련
한 화	한화포리마	한화포리마	83	화학노련
쌍 용	쌍용양회공업	쌍용양회	900	화학노련
쌍 용	쌍용자원개발	쌍용자원개발㈜삼척공장	88	화학노련
쌍 용	쌍용자원개발	쌍용자원개발㈜동해공장	346	화학노련
쌍 용	쌍용해운	쌍용해운	140	해상노련
한 솔	팬아시아페이퍼코리아	팬아시아페이퍼	136	화학노련
한 솔	한솔상호저축은행	한솔상호신용금고	89	사무금융노련
두 산	두산건설	두산건설	23	건설산업노련
두 산	두산콘프로덕츠코리아	㈜두산콘트로덕츠코리아	60	화학노련
두 산	오비맥주	OB맥주	584	화학노련
두 산	카스맥주	카스맥주	443	민주화학노련
현대정유	인천정유	인천정유	468	화학노련
동 아	대한통운	대한통운	4,175	항운노련
동 아	대한통운국제물류	대한통운국제물류	316	항운노련
동 아	동아건설산업	동아건설산업㈜청주공장	56	건설산업노련
동 아	동아건설산업	동아건설산업㈜건설	2,263	건설산업노련
동국제강	국제종합기계	국제종합기계	374	금속노련
동국제강	동국산업	동국산업㈜	209	금속산업노련
동국제강	동국제강	동국제강㈜	483	금속노련
동국제강	부산가스	부산도시가스	177	화학노련
동국제강	연합철강공업	연합철강	918	금속노련
동국제강	조선선재	조선선재㈜포항공장	38	금속노련
동국제강	조선선재	조선선재㈜	101	금속노련
동국제강	중앙종합금융	중앙종합금융	91	사무금융노련
동국제강	한국철강	한국철강	616	금속노련
효 성	동양염공	동양염공	128	섬유노련
효 성	효성	효성창원	1,100	금속산업노련
효 성	효성	㈜효성	1,758	민주섬유노련
효 성	효성미디어	효성미디어	50	화학노련
대 림	고려개발	고려개발㈜	448	건설산업노련
대 림	대림산업	대림산업	146	건설산업노련
대 림	대림산업	대림산업㈜석유화학사업부	461	민주화학노련
대 림	대림산업	대림산업	46	화학노련

그룹명	기업명	노동조합명	조합원 수	상급단체
대 림	대림자동차공업	대림자동차	429	금속산업노련
대 림	대림콘크리트공업	대림콘크리트㈜	141	화학노련
대 림	삼 호	㈜삼호	270	건설산업노련
대 림	오라관광	오라관광제주그랜드호텔	210	관광노련
에스-오일	S-OIL	쌍용정유	1,138	화학노련
동 부	동부정밀화학	동부정밀화학㈜	13	민주화학노련
동 부	동부제강	동부제강	697	금속노련
동 부	동부한농화학	동부한농화학	28	화학노련
동 부	동부한농화학	동부한농화학㈜동해공장	107	화학노련
동 부	동부한농화학	동부한농화학	265	화학노련
코오롱	코오롱	코오롱	1,562	민주섬유노련
코오롱	코오롱유화	코오롱유화	9	민주화학노련
동 양	동양메이저	동양메이저㈜선원	270	해상노련
동 양	동양메이저	동양시멘트㈜	967	화학노련
동 양	동양생명보험	동양생명보험㈜	13	상급단체미가입
동 양	동양오리온투자신탁	동양오리온투자신탁	176	사무금융노련
동 양	동양제과	동양제과㈜익산공장지부	50	화학노련
동 양	동양제과	동양제과㈜	150	화학노련
동 양	동양종합금융증권	동양증권	414	사무금융노련
동 양	동양카드	동양카드	164	상급단체미가입
동 양	오리온프리토레이	오리온프리토레이	26	화학노련
고 합	고 합	고 합	782	민주섬유노련
대우전자	대우모터공업	대우모터	160	금속산업노련
대우전자	대우전자	대우전자	5,904	금속노련
아 남	아남반도체	아남반도체성수동공장	46	금속산업노련
아 남	아남반도체	아남반도체㈜부평공장	56	금속산업노련
아 남	아남반도체	아남반도체㈜부천공장	93	금속산업노련
아 남	아남인스트루먼트	아남인스트루먼트	119	금속산업노련
새 한	새 한	㈜새한	49	섬유노련
새 한	새한미디어	새한미디어	10	금속노련
새 한	새한전자	새한전자	100	금속노련
새 한	한국케이블티브이새로넷방송	새 한	5	금속산업노련
진 로	진 로	진 로	1,405	화학노련
진 로	진로건설	진로건설㈜	200	건설산업노련
진 로	진로산업	㈜진로산업	212	금속노련
진 로	진로종합식품	진로종합식품	43	화학노련
신세계	조선호텔	조선비치호텔	168	관광노련
신세계	조선호텔	조선호텔	405	핀낑노련
영 풍	고려아연	고려아연	534	금속노련
영 풍	영풍산업	영풍산업㈜인천공장	84	금속노련

〈2000년〉

그룹명	기업명	노동조합명	조합원 수	상급단체
삼 성	삼성생명보험	삼성생명	1,299	사무금융노련
삼 성	삼성정밀화학	삼성정밀화학	450	화학노련
삼 성	삼성중공업	삼성중공업㈜	52	상급단체미가입
삼 성	삼성증권	삼성증권	67	사무금융노련
삼 성	삼성투자신탁운용	삼성투자신탁	214	사무금융노련
삼 성	삼성화재해상보험	삼성화재	25	상급단체미가입
현 대	고려산업개발	고려산업개발언양공장	260	금속산업노련
현 대	고려산업개발	고려산업개발리바트사업본부	123	싱급단체미가입
현 대	고려산업개발	고려산업개발㈜서산영농	52	연합노련
현 대	고려산업개발	고려산업개발	37	화학노련
현 대	하이닉스반도체	하이닉스반도체	4,564	금속노련
현 대	현대건설	현대건설	276	건설산업노련
현 대	현대미포조선	현대미포조선	2,607	금속산업노련
현 대	현대상선	현대상선해원	1,449	해상노련
현 대	현대석유화학	현대석유화학	783	민주화학섬유노련
현 대	현대엘리베이터	현대엘리베이터	615	금속노련
현 대	현대오토넷	현대오토넷	500	금속노련
현 대	현대중공업	현대중공업	19,595	금속산업노련
현 대	현대투자신탁운용	현대투신탁증권	1,182	사무금융노련
엘 지	극동도시가스	극동도시가스	175	화학노련
엘 지	데이콤	데이콤㈜	2,239	공공노련
엘 지	부민상호저축은행	부민상호신용금고	36	금융노련
엘 지	실트론	실트론	700	금속노련
엘 지	엘지니꼬동제련	LG.Nikko동제련	505	금속노련
엘 지	엘지칼텍스정유	LG정유	1,075	민주화학섬유노련
엘 지	해양도시가스	㈜해양도시가스	85	화학노련
엘 지	LG건설	LG건설	490	공공노련
엘 지	LG마이크론	LG마이크론	697	금속노련
엘 지	LG산전	LG산전장항공장	117	금속노련
엘 지	LG산전	LG산전	1,964	금속노련
엘 지	LG석유화학	LG석유화학	331	민주화학섬유노련
엘 지	LG석유화학	LG화학여천나주	1,240	민주화학섬유노련
엘 지	LG애드	LG애드	222	출판노련
엘 지	LG유통	LG유통FS사업부	7	상업노련
엘 지	LG이노텍	LG이노텍	1,100	금속노련
엘 지	LG전선	LG전선	3,065	금속노련
엘 지	LG칼텍스가스	LGCaltex가스	72	화학노련
엘 지	LG투자증권	LG투자증권	1,500	사무금융노련
엘 지	LG파워	LG파워전력	116	공공노련
엘 지	LG필립스엘시디	LG필립스LCD	2,253	금속노련
SK	대한도시가스	대한도시가스㈜	294	화학노련
SK	대한송유관공사	대한송유관공사	302	공공노련
SK	부산도시가스	부산도시가스	172	화학노련

그룹명	기업명	노동조합명	조합원 수	상급단체
SK	워커힐	워커힐	586	관광노련
SK	전남도시가스	전남도시가스	34	화학노련
SK	충남도시가스	충남도시가스	93	화학노련
SK	SK	SK㈜	2,418	화학노련
SK	SK글로벌	SK GLOBAL	10	연합노련
SK	SK생명보험	SK생명보험	280	금융노련
SK	SK씨앤씨	SK씨앤씨	6	상급단체미가입
SK	SK에버텍	SK에버텍	193	화학노련
SK	SK증권	SK증권	480	사무금융노련
SK	SK케미칼	SK케미칼	615	섬유*유통노련
SK	SK텔레콤	SK텔레콤	2,190	통신노련
SK	SKC	SKC㈜	551	화학노련
현대자동차	기아자동차	기아자동차	21,240	금속산업노련
현대자동차	케피코	케피코	478	금속산업노련
현대자동차	한국DTS	한국DTS	323	금속산업노련
현대자동차	현대모비스	현대정공㈜사무직	1	금속산업노련
현대자동차	현대모비스	현대정공	1,648	금속산업노련
현대자동차	현대모비스	현대정공	3,570	금속산업노련
현대자동차	현대자동차	현대자동차㈜	36,676	금속산업노련
현대자동차	현대하이스코	현대하이스코노조순천지부	200	금속노련
현대자동차	현대하이스코	현대하이스코㈜	433	금속산업노련
현대자동차	INI스틸	인천제철㈜포항공장	1,476	금속산업노련
한 진	대한항공	대한항공운항승무원	1,351	공공노련
한 진	대한항공	대한항공	9,665	연합노련
한 진	정석기업	정석기업	98	연합노련
한 진	한국공항	한국공항노조평해지부	78	연합노련
한 진	한국공항	한국공항	2,250	연합노련
한 진	한국종합기술개발공사	한국종합기술개발공사	447	공공노련
한 진	한불종합금융	한불종합금융㈜	93	사무금융노련
한 진	한 진	한 진	1,044	자동차노련
한 진	한진관광	한진관광	251	민주관광
한 진	한진중공업	한진중공업수리조선	29	금속노련
한 진	한진중공업	한진중공업	340	금속산업노련
한 진	한진중공업	한진중공업	1,200	금속산업노련
한 진	한진중공업	한진중공업준설	50	해상노련
한 진	한진해운	한진해운육원	17	상급단체미가입
한 진	한진해운	한진해운선원	828	해상노련
롯 데	롯데기공	롯데기공	126	금속산업노련
롯 데	롯데리아	롯데리아	316	연합노련
롯 데	롯데물산	롯데물산㈜롯데크리스탈호텔	52	관광산업노련
롯 데	롯데삼강	㈜롯데삼강	420	식품산업노련
롯 데	롯데쇼핑	롯데쇼핑㈜	2,408	연합노련
롯 데	롯데알미늄	롯데알미늄	654	금속노련
롯 데	롯데전자	롯데전자	70	금속산업노련

그룹명	기업명	노동조합명	조합원 수	상급단체
롯 데	롯데제과	롯데제과	1,855	화학노련
롯 데	롯데칠성음료	롯데칠성음료	829	화학노련
롯 데	롯데햄롯데우유	㈜롯데햄, 롯데우유	593	화학노련
롯 데	한국후지필름	한국후지필름㈜	242	화학노련
롯 데	호남석유화학	호남석유화학㈜	638	상급단체미가입
롯 데	호텔롯데	호텔롯데	1,500	민주관광
롯 데	호텔롯데부산	부산롯데호텔	528	관광산업노련
금 호	금호미쓰이화학	금호미쓰이화학	67	화학노련
금 호	금호석유화학	금호석유화학㈜	152	화학노련
금 호	금호석유화학	금호석유화학여천공장	177	화학노련
금 호	금호종합금융	금호종합금융㈜	43	사무금융노련
금 호	금호폴리켐	금호폴리켐㈜	56	화학노련
금 호	금호피앤비화학	금호피앤비	187	민주화학섬유노련
금 호	아시아나항공	아시아나항공㈜	2,442	공공노련
한 화	부평판지	부평판지	45	화학노련
한 화	한양상사	한 양	937	건설산업노련
한 화	한 화	한화구로공장	100	상급단체미가입
한 화	한 화	㈜한화	1,102	화학노련
한 화	한화국토개발	한화국토개발	120	관광노련
한 화	한화석유화학	한화석유화학	626	민주화학섬유노련
한 화	한화석유화학	한화석유화학울산공장	227	화학노련
한 화	한화종합화학	한화종합화학	306	화학노련
한 화	한화증권	한화증권	78	사무금융노련
한 화	한화포리마	한화포리마	90	화학노련
두 산	두산건설	두산건설	23	건설산업노련
두 산	두산테크팩	두산테크팩	531	민주화학섬유노련
두 산	오비맥주	OB맥주	557	화학노련
쌍 용	쌍용양회공업	쌍용양회	745	화학노련
쌍 용	쌍용자원개발	쌍용자원개발㈜삼척공장	88	화학노련
쌍 용	쌍용자원개발	쌍용자원개발㈜동해공장	341	화학노련
쌍 용	쌍용해운	쌍용해운	140	해상노련
현대정유	인천정유	인천정유	466	화학노련
현대정유	현대오일뱅크	현대정유㈜	666	화학노련
한 솔	팬아시아페이퍼코리아	팬아시아페이퍼청원㈜	136	화학노련
한 솔	한솔상호저축은행	한솔상호신용금고	89	사무금융노련
동 부	동부정밀화학	동부정밀화학㈜안산공장	25	민주화학섬유노련
동 부	동부정밀화학	동부정밀화학㈜	60	민주화학섬유노련
동 부	동부제강	동부제강	697	금속노련
동 부	동부한농화학	동부한농화학	28	화학노련
동 부	동부한농화학	동부한농화학㈜동해공장	107	화학노련
동 부	동부한농화학	동부한농화학	265	화학노련
대 림	고려개발	고려개발㈜	448	건설산업노련
대 림	대림산업	대림산업	146	건설산업노련
대 림	대림산업	대림산업㈜석유화학사업부	190	민주화학섬유노련

그룹명	기업명	노동조합명	조합원 수	상급단체
대 림	대림산업	대림산업	49	화학노련
대 림	대림자동차공업	대림자동차사무직	14	금속산업노련
대 림	대림자동차공업	대림자동차	429	금속산업노련
대 림	대림콘크리트공업	대림콘크리트㈜	50	화학노련
대 림	삼 호	㈜삼호	202	건설산업노련
대 림	오라관광	오라관광㈜	219	관광노련
동 양	동양메이저	동양메이저㈜선원	145	해상노련
동 양	동양메이저	동양메이저㈜	566	화학노련
동 양	동양생명보험	동양생명보험㈜	13	상급단체미가입
동 양	동양제과	동양제과㈜익산공장지부	50	화학노련
동 양	동양제과	동양제과㈜판매	60	화학노련
동 양	동양제과	동양제과㈜	100	화학노련
동 양	동양카드	동양카드	164	상급단체미가입
동 양	오리온프리토레이	오리온프리토레이	26	화학노련
효 성	동양염공	동양염공	146	섬유*유통노련
효 성	효 성	효성창원	1,126	금속산업노련
효 성	효 성	㈜효성	871	민주화학섬유노련
제일제당	제일투자신탁운용	제일투자신탁㈜	392	사무금융노련
제일제당	해찬들	㈜해찬들	133	화학노련
코오롱	코오롱	코오롱	1,520	민주화학섬유노련
코오롱	코오롱유화	코오롱유화	9	민주화학섬유노련
동국제강	국제종합기계	국제종합기계㈜	386	금속노련
동국제강	동국제강	동국제강㈜	468	금속노련
동국제강	연합철강공업	연합철강	894	금속노련
현대산업개발	현대산업개발	현대산업개발	500	건설산업노련
신세계	조선호텔	조선비치호텔	211	관광노련
신세계	조선호텔	조선호텔	450	관광노련
영 풍	고려아연	고려아연	552	금속노련
영 풍	영풍산업	영풍산업㈜인천공장	70	금속노련
영 풍	한국시그네틱스	한국시그네틱스	440	금속노련
현대백화점	현대백화점	현대백화점	2,500	상업노련
동양화학	동양제철화학	동양화학	320	화학노련
동양화학	동양화학공업	동양화학	320	화학노련
동양화학	삼광유리공업	삼광유리	110	화학노련
동양화학	유니드	㈜유니드	58	화학노련
동양화학	이양화학	이양화학	38	화학노련
동양화학	제철유화	제철유화	173	화학노련
대우전자	대우모터공업	대우모터	160	금속산업노련
대우전자	대우전자	대우전자	2,952	금속노련
태광산업	대한화섬	태광산업, 대한화섬	2,100	민주화학섬유노련
태광산업	태광산업	태광산업, 대한화섬	2,100	민주화학섬유노련
태광산업	한국케이블TV수원방송	한국케이블TV수원방송	22	통신노련
태광산업	흥국생명보험	흥국생명보험	945	사무금융노련
고 합	고 합	고 합	782	민주화학섬유노련

그룹명	기업명	노동조합명	조합원 수	상급단체
에스-오일	S-OIL	S-OIL㈜	1,287	화학노련

〈2001년〉

그룹명	기업명	노동조합명	조합원 수	상급단체
삼성	삼성정밀화학	삼성정밀화학	450	화학노련
삼성	삼성중공업	삼성중공업㈜	52	상급단체미가입
삼성	에스원	㈜에스원	6	상급단체미가입
현대	현대상선	현대상선해운	1,232	해상노련
현대	현대엘리베이터	현대엘리베이터	615	금속노련
현대	현대오토넷	현대오토넷	500	금속노련
엘지	극동도시가스	극동도시가스	175	상급단체미가입
엘지	데이콤	데이콤노동조합	1,834	공공노련
엘지	엘지니꼬동제련	LG.Nikko동제련	505	금속노련
엘지	엘지칼텍스정유	LG정유	1,063	민주화학섬유노련
엘지	해양도시가스	㈜해양도시가스	85	화학노련
엘지	LG건설	LG건설	363	민주노총
엘지	LG마이크론	LG마이크론	651	금속노련
엘지	LG산전	LG산전	1,964	금속노련
엘지	LG생활건강	LG생활건강	511	민주화학섬유노련
엘지	LG석유화학	LG석유화학노동조합	330	민주화학섬유노련
엘지	LG애드	LG애드	222	출판노련
엘지	LG유통	LG유통FS사업부	7	서비스연맹
엘지	LG이노텍	LG이노텍	918	금속노련
엘지	LG전선	LG전선	3,065	금속노련
엘지	LG칼텍스가스	LGCaltax가스	72	화학노련
엘지	LG파워	엘지파워	63	공공노련
엘지	LG필립스엘시디	LG필립스LCD	2,710	금속노련
엘지	LG화학	LG화학	2,500	민주화학섬유노련
SK	대한도시가스	대한도시가스㈜	294	화학노련
SK	부산도시가스	부산도시가스	170	화학노련
SK	워커힐	워커힐	586	관광노련
SK	전남도시가스	전남도시가스노동조합	34	화학노련
SK	충남도시가스	충남도시가스	93	화학노련
SK	SK	SK㈜	2,418	화학노련
SK	SK글로벌	SK GLOBAL	8	연합노련
SK	SK씨앤씨	SK씨앤씨	6	상급단체미가입
SK	SK텔레콤	SK텔레콤	2,190	통신노련
SK	SKC	SKC㈜	551	화학노련
현대자동차	기아자동차	기아자동차	21,240	금속산업노련
현대자동차	로템	㈜로템	641	금속산업노련
현대자동차	케피코	케피코	478	금속산업노련
현대자동차	한국DTS	한국DTS	323	금속산업노련
현대자동차	현대모비스	현대정공사무직노동조합	1	금속산업노련
현대자동차	현대모비스	현대정공	3,570	금속산업노련

그룹명	기업명	노동조합명	조합원 수	상급단체
현대자동차	현대자동차	현대자동차㈜	36,862	금속산업노련
현대자동차	현대하이스코	현대하이스코 노동조합	200	금속노련
현대자동차	현대하이스코	현대하이스코㈜	433	금속산업노련
현대자동차	INI스틸	인천제철㈜포항공장	1,450	금속산업노련
한 진	대한항공	대한항공	9,665	연합노련
한 진	정석기업	정석기업	98	연합노련
한 진	한국공항	한국공항	2,250	연합노련
한 진	한국종합기술개발공사	한국종합기술개발공사	250	공공노련
한 진	한 진	한 진	1,044	자동차노련
한 진	한진관광	한진관광	251	서비스연맹
한 진	한진중공업	한진중공업	340	금속산업노련
한 진	한진중공업	한진중공업	1,500	금속산업노련
한 진	한진해운	한진해운육원	17	상급단체미가입
한 진	한진해운	한진해운선원	804	해상노련
롯 데	롯데기공	롯데기공	129	금속산업노련
롯 데	롯데리아	㈜롯데리아	502	연합노련
롯 데	롯데삼강	㈜롯데삼강	420	식품산업노련
롯 데	롯데쇼핑	롯데쇼핑㈜	2,408	연합노련
롯 데	롯데알미늄	롯데알미늄	654	금속노련
롯 데	롯데전자	롯데전자	63	금속노련
롯 데	롯데제과	롯데제과	1,855	화학노련
롯 데	롯데칠성음료	롯데칠성음료	829	화학노련
롯 데	롯데햄롯데우유	㈜롯데햄롯데우유	593	화학노련
롯 데	한국후지필름	한국후지필름	235	화학노련
롯 데	호남석유화학	호남석유화학㈜	638	상급단체미가입
롯 데	호텔롯데	호텔롯데	1,400	서비스연맹
롯 데	호텔롯데부산	호텔롯데부산	526	서비스연맹
금 호	금호미쓰이화학	금호미쓰이화학노동조합	67	화학노련
금 호	금호석유화학	금호석유화학노동조합	174	화학노련
금 호	금호폴리켐	금호폴리켐노동조합	51	화학노련
금 호	금호피앤비화학	금호피앤비화학노동조합	186	민주화학섬유노련
금 호	아시아나항공	아시아나항공㈜	2,442	공공노련
한 화	부평판지	부평판지	45	화학노련
한 화	한 화	㈜한화	1,102	화학노련
한 화	한화국토개발	한화국토개발	120	관광노련
한 화	한화석유화학	한화석유화학노동조합	615	민주화학섬유노련
한 화	한화포리마	한화포리마	83	화학노련
두 산	두산건설	두산건설	23	건설산업노련
두 산	두산중공업	누산중공업	3,900	금속산업노련
쌍 용	쌍용머티리얼	쌍용머티리얼㈜	12	화학노련
쌍 용	쌍용양회공업	쌍용양회노동조합	687	화학노련
쌍 용	쌍용자원개발	쌍용자원개발㈜삼척공장	74	화학노련
쌍 용	쌍용자원개발	쌍용자원개발㈜ 동해공장	324	화학노련
쌍 용	쌍용해운	쌍용해운	150	해상노련

그룹명	기업명	노동조합명	조합원 수	상급단체
쌍 용	용평리조트	용평리조트	205	관광산업노련
동 부	동부정밀화학	동부정밀화학㈜	60	민주화학섬유노련
동 부	동부제강	동부제강	697	금속노련
동 부	동부한농화학	동부한농화학	28	화학노련
동 부	동부한농화학	동부한농화학	260	화학노련
현대정유	인천정유	인천정유	466	화학노련
효 성	동양염공	동양염공	146	섬유*유통노련
효 성	효 성	㈜효성	871	민주화학섬유노련
효 성	효성건설	효성건설	5	연합노련
대 림	고려개발	고려개발㈜	429	건설산업노련
대 림	대림산업	대림산업	146	건설산업노련
대 림	대림산업	대림산업	49	화학노련
대 림	대림자동차공업	대림자동차사무직노동조합	14	금속산업노련
대 림	대림콩크리트공업	대림콩크리트㈜	50	화학노련
대 림	삼 호	㈜삼호	202	건설산업노련
대 림	오라관광	오라관광㈜	220	관광노련
대 림	폴리미래	폴리미래노동조합	100	민주화학섬유노련
코오롱	코오롱	코오롱	1,503	민주화학섬유노련
코오롱	코오롱유화	코오롱유화㈜노동조합	9	민주화학섬유노련
제일제당	해찬들	㈜해찬들	133	화학노련
동국제강	국제종합기계	국제종합기계㈜	358	금속노련
동국제강	동국제강	동국제강㈜	468	금속노련
동국제강	연합철강공업	연합철강	800	금속노련
신세계	조선호텔	조선비치호텔	205	관광노련
신세계	조선호텔	조선호텔	450	관광노련
동 양	동양메이저	동양메이저㈜선원	139	해상노련
현대백화점	울산방송	㈜울산방송노동조합	70	상급단체미가입
현대백화점	현대백화점	현대백화점	2,500	서비스연맹
현대산업개발	현대산업개발	현대산업개발	500	건설산업노련
영 풍	고려아연	고려아연노동조합	573	금속노련
영 풍	영풍산업	영풍산업㈜인천공장	70	금속노련
영 풍	한국시그네틱스	한국시그네틱스	440	금속산업노련
대 상	대 상	대상㈜	590	식품산업노련
대 상	대상식품	대상식품기흥공장	86	화학노련
대 상	대상식품	㈜대상식품	110	화학노련
대 상	미 원	미원㈜	24	식품산업노련
대 상	미 원	미 원	25	식품산업노련
동 원	선진사료	선진사료	18	식품산업노련
태광산업	대한화섬	태광산업, 대한화섬 노동조합	1,431	민주화학섬유노련
태광산업	서한물산	서한물산㈜	120	섬유*유통노련
태광산업	태광산업	태광산업	2,534	섬유*유통노련
태광산업	하나컴	하나컴	6	통신노련
진 로	진 로	진 로	1,405	식품산업노련
진 로	진로발렌타인스	진로발렌타인스	165	식품산업노련

그룹명	기업명	노동조합명	조합원 수	상급단체
진 로	진로산업	진로산업	228	금속노련
대우전자	대우모터공업	대우모터	160	금속산업노련
대우전자	대우전자	대우전자	2,952	금속노련
대우전자	대우전자서비스	대우전자서비스	491	금속노련

〈부표 2-2〉 현총련의 제3기 예산안(1992.1~1992.12)

(단위: 원)

구 분	금 액	내 용	비 중
운영비	72,012,704	사무실임대, 통신, 인쇄, 소모품, 비품, 영선, 신문도서, 조세공과, 연료, 접대, 실무자급여(3인), 복지비, 출장비, 판공비(해고자활동비), 대의원대회, 중앙위원회회의, 회계감사활동비, 사무국장모임보조	52.8%
사업비	59,322,000		43.5%
조직쟁의	10,000,000	선봉대조직강화, 간부수련회, 출범식, 임단투지원비, 광주항쟁참가비, 전국연대사업비.	(7.3%)
교육선전	30,022,000	공동단협교육, 단사노조간부교육, 강연회, 교선국수련회, 공동임투교육, 간부토론회, 노개투공동교육, 울산지역교선역량 강화교육, 노동교실, 임원상집토론회, 교육지발행, 선진지발행, 편집활동비	(22.0%)
문화체육	10,800,000	대동문화제, 문화패연대활동, 등반체육대회	(7.9%)
여성	2,700,000	세계여성의날 한마당, 여성국교육강화, 여성문화부보조비	(1.9%)
후생복지산업안전	1,200,000	단위노조 후생복지, 산업보건안전실태, 조직강화	(0.9%)
조사통계	3,400,000	조직강화비, 각사단협실태조사분석, 조사연구자료집발간	(2.5%)
정책기획	1,200,000	정책기획회의	(0.9%)
예비비	5,000,000		(3.7%)
총예산액	136,334,704		100%

자료: 현대그룹노동조합협의회 청산위원회(2002)

〈부표 2-3〉 대노협의 제5기 예산안(1996.2~1997.1)

(단위: 원)

구 분	금 액	내 용	비 중
의무금	1,920,000	민주노총의무금	3.6%
운영비	22,240,000	인건비(2인), 직무활동비, 출장비, 임대료, 우편발송비, 인쇄복사비, 소모품비, 기구비품비, 신문도서비, 제세공과금	41.5%
사업비	27,814,000		51.9%
회의비	7,020,000	대의원대회비, 운영위원회비, 정책기획회의비, 기타 회의비	(13.1%)
정책기획사업비	1,644,000	자료집발간비, 자료수집연구비	(3.1%)
기관지사업비	5,850,000	인쇄편집비, 발송비	(10.9%)
조직쟁의사업비	8,000,000	임단투사업비, 구속수배해고자지원비, 각종현안대응투쟁비	(14.9%)
교육선전사업비	1,400,000	문화체육대회비	(2.6%)
조사통계사업비	1,400,000	자료집발간비, 자료수집조사비	(2.6%)
연대사업비	2,500,000		(4.7%)
예비비	1,596,434		3.0%
총예산액	53,570,434		100.0%

자료: 대우그룹노동조합협의회(1996)

〈부표 5-1〉 출자총액제한기업집단 순자산액 및 출자 현황(2002. 4. 1. 현재)

(단위: 백만 원, %)

기업집단	순자산액	출자총액	적용제외	예외인정	출자비율(1)	출자비율(2)
민간기업	117,815,909	36,186,513	10,526,310	7,117,204	30.71	15.74
삼 성	34,134,759	6,218,379	1,340,234	795,144	18.22	11.96
엘 지	16,895,156	5,965,047	384,539	2,531,258	35.31	18.05
현대자동차	14,673,297	3,565,897	1,554,350	385	24.30	13.71
에스케이	16,953,432	6,459,188	1,297,886	510,725	38.10	27.43
케이티	15,312,358	4,788,126	4,598,519	14,625	31.27	1.14
한 진	5,641,235	1,036,872	286,977	99,717	18.38	1.15
한 화	2,378,333	1,825,157	98,828	998,167	76.74	30.62
현대중공업	3,071,344	1,826,359	40,791	1,039,109	59.46	24.30
금 호	1,828,941	1,303,997	263,776	120,994	71.30	50.26
두 산	2,711,425	1,344,086	613,030	140,821	49.57	21.77
동 부	1,718,994	526,510	39,897	108,886	30.63	21.97
현 대	1,271,223	1,216,620	7,483	757,373	95.71	35.54
현대정유	1,225,412	110,275	0	0	9.00	9.00
공기업	81,853,294	18,829,180	17,496,215	0	23.00	1.63
한국전력공사	49,815,791	18,601,903	17,485,615	0	37.34	2.24
대한주택공사	5,278,580	8,718	0	0	0.16	0.16
한국토지공사	3,139,479	128,214	0	0	4.08	4.08
한국가스공사	2,554,940	11,677	10,600	0	0.46	0.04
한국도로공사	13,584,424	61,049	0	0	0.45	0.45
한국수자원공사	7,480,080	17,619	0	0	0.24	0.24
합 계	199,669,203	55,015,693	28,022,525	7,117,204	27.55	9.95

주: 출자비율(1) = (출자총액÷순자산액)×100.
　 출자비율(2) = 〔(출자총액-적용제외-예외인정)÷순자산액〕×100.

자료: 공정거래위원회(2002), 《2002년 출자총액제한기업집단 주식소유 현황 분석》.

〈부표 5-2〉 출자총액제한기업집단 순자산액 및 출자 현황(2003. 4. 1. 현재)

(단위: 백만 원, %)

기업집단	순자산액	출자총액	적용제외	예외인정	출자비율(1)	출자비율(2)
민간기업	122,120,345	32,926,335	12,073,378	4,596,144	26.96	13.31
삼 성	41,039,986	6,274,256	1,358,799	457,925	15.29	10.86
엘 지	17,860,501	4,336,318	2,137,852	259,435	24.28	10.86
현대자동차	17,399,783	3,971,994	1,681,750	0	22.83	13.16
에스케이	14,787,580	4,975,294	1,303,621	820,109	33.65	19.28
케이티	10,603,757	3,677,795	3,493,758	3,654	34.68	1.70
한 진	5,908,302	1,066,386	298,298	27,147	18.05	12.54
한 화	2,718,307	2,702,071	405,882	1,620,343	99.40	24.86
현대중공업	3,210,291	1,852,908	246,701	879,934	57.72	22.62
금 호	1,609,324	1,320,929	349,107	117,725	82.08	53.07
두 산	2,564,028	1,467,354	707,869	140,850	57.23	24.13
동 부	2,451,475	730,451	89,445	228,281	29.80	16.84
현 대	1,967,011	550,579	296	40,741	27.99	25.90
공기업	80,228,230	18,354,448	17,496,215	0	22.88	1.07
한국전력공사	53,693,382	18,150,005	17,485,615	0	33.80	1.24
대한주택공사	5,761,525	8,718	0	0	0.15	0.15
한국토지공사	3,520,372	128,214	0	0	3.64	3.64
한국가스공사	2,833,419	11,737	10,600	0	0.41	0.04
한국도로공사	14,419,532	55,774	0	0	0.39	0.39
합 계	202,348,575	51,280,783	29,569,593	4,596,144	25.34	8.46

주: 출자비율(1) = (출자총액÷순자산액)×100.
　　출자비율(2) = 〔(출자총액-적용제외-예외인정)÷순자산액〕×100.
자료: 공정거래위원회(2003), 《2003년 출자총액제한기업집단 주식소유 현황 분석》.

〈부표 5-3〉 출자총액제한기업집단 순자산액 및 출자 현황(2004. 4. 1. 현재)

(단위: 백만 원, %)

기업집단	순자산액	출자총액	적용제외	예외인정	출자비율(1)	출자비율(2)
민간기업	141,126,168	34,937,426	14,661,206	4,289,678	24.76	11.33
삼 성	47,952,194	6,060,511	1,310,588	38,967	12.64	9.82
엘 지	19,145,795	4,320,287	2,590,907	96,074	22.57	8.53
현대자동차	22,218,107	4,822,706	2,179,540	0	21.71	11.90
에스케이	14,114,843	5,423,533	1,523,857	917,181	38.42	21.13
케이티	9,887,617	4,001,621	3,699,363	4,704	40.47	3.01
한 진	6,207,627	880,274	283,578	25,524	14.18	9.20
한 화	3,155,421	2,730,935	491,810	1,670,970	86.55	18.01
현대중공업	3,852,046	1,363,551	414,825	464,980	35.40	12.56
금 호	2,377,974	1,569,182	435,501	685,178	65.99	18.86
두 산	2,661,359	1,612,202	1,029,387	129,221	60.58	17.04
동 부	2,497,302	806,666	114,978	218,241	32.30	18.96
현 대	1,031,012	425,913	638	38,638	41.31	37.50
대우건설	1,966,168	290,579	266,713	0	14.78	1.21
신세계	2,062,624	247,117	0	0	11.98	11.98
엘지전선	1,996,079	382,349	319,521	0	19.16	3.15
공기업	13,672,940	149,239	10,600	0	1.09	1.01
대한주택공사	6,666,521	8,718	0	0	0.13	0.13
한국토지공사	3,968,278	128,784	0	0	3.25	3.25
한국가스공사	3,038,141	11,737	10,600	0	0.39	0.04
합 계	154,799,108	35,086,665	14,671,806	4,289,678	22.67	10.42

주: 출자비율(1) = (출자총액÷순자산액) ×100.

　　출자비율(2) = 〔(출자총액-적용제외-예외인정)÷순자산액〕×100.

자료: 공정거래위원회(2004), 《2004년 출자총액제한기업집단 주식소유 현황 분석》.

<부표 5-4> 채무보증 현황(1993~2000년)

(단위: 억 원, %)

기업집단	자기자본(A)	채무보증액			채무비율(B/A)	기업집단	자기자본(A)	채무보증액			채무비율(B/A)
		제한(B)	제한제외	합계				제한(B)	제한제외	합계	
					1993년 4월 1일						1994년 4월 1일
현 대	52,247	194,064	124,697	318,761	371.4	현 대	69,850	92,057	103,581	195,638	131.8
삼 성	48,067	150,097	21,596	171,693	312.3	대 우	62,258	92,305	45,985	138,290	148.3
대 우	40,059	119,023	51,738	170,761	297.1	삼 성	55,789	73,142	8,654	84,796	136.5
럭키금성	40,134	87,661	4,222	91,883	218.4	럭키금성	48,447	54,269	6,518	60,787	112.0
선 경	24,216	25,078	587	25,665	103.6	선 경	25,925	13,361	797	14,158	51.5
한 진	7,128	38,007	109,449	147,456	533.2	한 진	9,705	23,826	81,656	105,482	245.5
쌍 용	22,060	43,686	9,366	53,052	198.0	쌍 용	24,273	30,906	8,917	39,823	127.3
기 아	14,272	25,172	4,163	29,335	176.4	기 아	16,856	15,763	4,414	20,177	93.5
한 화	10,904	47,199	3,972	51,171	432.9	한 화	11,284	35,855	3,937	39,792	317.8
롯 데	18,319	22,293	351	22,644	121.7	롯 데	19,958	13,836	192	14,028	69.3
금 호	9,660	43,930	2,796	46,726	454.8	금 호	9,257	29,477	3,183	32,660	318.4
대 림	5,929	20,441	16,181	36,622	344.8	대 림	6,272	16,732	14,234	30,966	266.8
두 산	8,226	42,117	4,161	46,278	512.0	두 산	7,642	18,283	4,207	22,490	239.2
동아건설	3,043	13,922	50,849	64,771	457.5	동아건설	5,814	7,028	49,328	56,356	120.9
한 일	2,768	12,781	10,126	22,907	461.7	효 성	7,779	9,503	2,152	11,655	122.2
효 성	5,999	17,703	5,205	22,908	295.1	한 일	3,054	8,593	10,266	18,859	281.4
동국제강	5,875	16,507	1,982	18,489	281.0	한 라	1,580	12,765	5,872	18,637	807.9
삼 미	3,599	30,915	336	31,251	859.0	동국제강	6,834	11,079	1,921	13,000	162.1
한 라	2,254	34,767	1,591	36,358	1,542.5	삼 미	2,112	28,498	337	28,835	1,349.3
한 양	448	45,394	642	46,036	10,132.6	동 양	4,935	4,616	2	4,618	93.5
동 양	4,276	9,591	2	9,593	224.3	코오롱	6,093	7,616	2,458	10,074	125.0
코오롱	4,911	15,652	2,856	18,508	318.7	진 로	974	13,263	127	13,390	1,361.7
진 로	1,392	17,783	8	17,791	1,277.5	고 합	2,831	20,432	417	20,849	721.7
동 부	3,802	31,354	6,914	38,268	824.7	우성건설	2,054	15,831	999	16,830	770.7
고 합	2,664	24,318	260	24,578	912.8	동 부	4,813	20,014	6,833	26,847	415.8
극동건설	1,840	5,514	7,192	12,706	299.7	해 태	2,155	15,696	1,444	17,140	728.4
우성건설	1,776	18,286	1,149	19,435	1,029.6	극동건설	2,104	5,083	7,722	12,805	241.6
해 태	1,819	23,673	1,055	24,728	1,301.4	한 보	2,608	12,036	368	12,404	461.5
벽 산	2,338	15,880	5,153	21,033	679.2	미 원	2,992	8,591	147	8,738	287.1
미 원	2,169	12,977	332	13,309	598.3	벽 산	2,508	11,608	5,035	16,643	462.8
1~5대	204,723	575,923	202,840	778,763	281.3	1~5대	262,269	328,134	165,535	493,669	125.1
6~30대	147,471	629,862	246,091	875,953	427.1	6~30대	166,487	396,930	216,168	613,098	238.4
전 체	352,194	1,205,785	448,931	1,654,716	342.4	전 체	428,756	725,064	381,703	1,106,767	169.1

(단위: 억 원, %)

기업집단	자기자본 (A)	채무보증액 제한 (B)	채무보증액 제한제외	채무보증액 합계	채무비율 (B/A)	기업집단	자기자본 (A)	채무보증액 제한 (B)	채무보증액 제한제외	채무보증액 합계	채무비율 (B/A)
		1995년 4월 1일						1996년 4월 1일			
현 대	75,496	54,905	94,364	149,269	72.7	현 대	91,489	42,131	70,679	112,810	46.1
삼 성	88,890	35,856	2,382	38,238	40.3	삼 성	132,341	25,795	4,551	30,346	19.5
대 우	66,879	61,338	42,775	104,113	91.7	엘 지	73,004	20,609	7,430	28,039	28.2
엘 지	56,453	29,640	6,650	36,290	52.5	대 우	69,627	39,170	44,003	83,173	56.3
선 경	28,257	9,747	2,963	12,710	34.5	선 경	33,236	6,208	2,858	9,066	18.7
쌍 용	24,902	22,372	8,416	30,788	89.8	쌍 용	33,447	21,601	8,060	29,661	64.6
한 진	13,228	18,010	84,070	102,080	136.2	한 진	17,300	9,491	77,489	86,980	54.9
기 아	18,071	15,599	4,711	20,310	86.3	기 아	22,398	20,578	5,508	26,086	91.9
한 화	11,168	24,746	4,216	28,962	221.6	한 화	13,086	20,213	2,361	22,574	154.5
롯 데	26,928	7,939	502	8,441	29.5	롯 데	25,952	6,657	95	6,752	25.7
금 호	10,036	19,575	4,271	23,846	195.0	금 호	11,293	11,933	5,914	17,847	105.7
두 산	7,603	9,011	3,959	12,970	118.5	두 산	8,029	4,480	3,132	7,612	55.8
대 림	6,554	11,888	13,279	25,167	181.4	대 림	10,336	10,590	17,271	27,861	102.5
동아건설	7,246	7,731	20,287	28,018	106.7	동 아	11,879	10,815	20,862	31,677	91.0
한 라	917	7,945	10,911	18,856	866.4	한 보	6,104	12,778	6,106	18,884	209.3
동국제강	11,050	8,431	1,669	10,100	76.3	한 라	1,611	4,257	18,309	22,566	264.2
효 성	8,084	7,027	2,304	9,331	86.9	효 성	8,614	3,745	2,166	5,911	43.5
한 보	5,045	10,930	661	11,591	216.7	동국제강	11,011	8,199	1,597	9,796	74.5
동 양	5,648	3,902	260	4,162	69.1	진 로	1,609	4,571	261	4,832	284.1
한 일	3,358	6,313	6,817	13,130	188.0	코오롱	7,258	6,017	2,345	8,362	82.9
코오롱	7,132	6,435	2,377	8,812	90.2	동 양	6,474	5,308	322	5,630	82.0
고 합	3,452	18,829	522	19,351	545.5	한 솔	7,271	8,723	13	8,736	120.0
진 로	771	11,681	821	12,502	1,515.0	동 부	6,387	7,302	5,508	12,810	114.3
해 태	4,082	8,957	1,117	10,074	219.4	고 합	4,321	5,244	261	5,505	121.4
삼 미	1,033	22,687	332	23,019	2,196.2	해 태	4,752	2,489	561	3,050	52.4
동 부	4,969	14,404	6,402	20,806	289.9	삼 미	761	5,180	460	5,640	680.7
우성건설	1,960	11,622	998	12,620	593.0	극 동	2,251	2,877	5,364	8,241	127.8
극동건설	2,115	4,732	7,013	11,745	223.7	한 일	2,172	1,922	6,674	8,596	88.5
벽 산	2,863	6,340	2,802	9,142	221.4	뉴코아	1,920	19,887	-	19,887	1,035.8
미 원	2,729	4,181	178	4,359	153.2	벽 산	3,149	2,993	2,977	5,970	95.0
1~5대	315,975	191,486	149,134	340,620	60.6	1~5대	399,697	133,913	129,521	263,434	33.5
6~30대	190,944	291,287	188,895	480,182	152.6	6~30대	229,385	217,849	193,584	411,433	95.0
전 체	506,919	482,773	338,029	820,802	95.2	전 체	629,082	351,762	323,105	674,867	55.9

〈부표 5-4〉계속

기업집단	자기자본 (A)	채무보증액 제한 (B)	채무보증액 제한 제외	채무보증액 합계	채무비율 (B/A)	기업집단	자기자본 (A)	채무보증액 제한 (B)	채무보증액 제한 제외	채무보증액 합계	채무비율 (B/A)
		1997년 4월 1일						1998년 4월 1일			
현 대	98,427	40,498	60,972	101,470	41.1	현 대	106,690	31,737	80,466	112,203	29.7
삼 성	140,707	19,702	5,566	25,268	14.0	삼 성	134,921	22,775	14,583	37,358	16.9
엘 지	83,140	12,882	11,309	24,191	15.5	대 우	90,352	37,472	74,981	112,453	41.5
대 우	78,246	37,382	63,856	101,238	47.8	엘 지	84,911	15,580	9,284	24,864	18.3
선 경	47,027	7,119	793	7,912	15.1	에스케이	51,217	3,756	4,403	8,159	7.3
쌍 용	32,162	22,171	7,724	29,895	68.9	한 진	18,739	6,745	71,903	78,648	36.0
한 진	21,192	8,541	73,423	81,964	40.3	쌍 용	29,842	11,338	10,330	21,668	38.0
기 아	22,892	21,498	4,466	25,964	93.9	한 화	9,175	13,395	658	14,053	146.0
한 화	12,440	17,737	2,087	19,824	142.6	금 호	9,785	8,564	10,254	18,818	87.5
롯 데	26,588	5,737	0	5,737	21.6	동 아	19,085	9,731	20,603	30,334	51.0
금 호	12,816	10,432	5,439	15,871	81.4	롯 데	27,329	5,433	-	5,433	19.9
한 라	3,061	4,506	22,723	27,229	147.2	한 라	-6,336	6,281	26,151	32,432	-99.1
동 아	13,830	10,429	17,572	28,001	75.4	대 림	10,903	8,121	25,976	34,097	74.5
두 산	8,079	4,275	2,842	7,117	52.9	두 산	9,540	3,943	1,434	5,377	41.3
대 림	11,175	12,051	16,709	28,760	107.8	한 솔	12,217	4,519	115	4,634	37.0
한 솔	12,346	6,240	34	6,274	50.5	효 성	10,075	1,789	2,670	4,459	17.8
효 성	8,785	1,488	2,211	3,699	16.9	고 합	9,011	3,719	-	3,719	41.3
동국제강	11,179	4,770	1,499	6,269	42.7	코오롱	9,016	6,389	3,325	9,714	70.9
진 로	1,095	6,475	177	6,652	591.3	동국제강	6,918	3,464	1,466	4,930	50.1
코오롱	9,185	5,919	1,899	7,818	64.4	동 부	9,966	4,576	605	5,181	45.9
고 합	5,294	4,180	77	4,257	79.0	아 남	2,690	4,222	526	4,748	157.0
동 부	9,462	5,852	2,771	8,623	61.8	진 로	-8,041	3,849	365	4,214	-47.9
동 양	6,457	5,690	410	6,100	88.1	동 양	6,252	4,142	111	4,253	66.3
해 태	4,653	2,124	529	2,653	45.6	해 태	2,341	2,960	662	3,622	126.4
뉴코아	2,112	3,668	0	3,668	173.7	신 호	3,871	12,362	3,534	15,896	319.3
아 남	4,643	16,226	552	16,778	349.5	대 상	3,802	4,530	1,112	5,642	119.1
한 일	3,835	1,710	6,567	8,277	44.6	뉴코아	1,509	6,183	-	6,183	409.7
거 평	5,271	18,619	55	18,674	353.2	거 평	4,891	5,427	5	5,432	111.0
미 원	4,441	6,403	274	6,677	144.2	강원산업	5,608	10,416	60	10,476	185.7
1~5대	447,547	117,583	142,496	260,079	26.3	1~5대	468,091	111,320	183,717	295,037	23.8
6~29대	256,870	218,524	170,655	389,179	85.1	6~29대	213,306	157,615	181,942	339,557	73.9
전 체	704,417	336,107	313,151	649,258	47.7	전 체	681,397	268,935	365,659	634,594	39.5

〈부표 5-4〉 계속

(단위: 억 원, %)

1999년 4월 1일						2000년 4월 1일					
기업 집단	자기 자본 (A)	채무보증액			채무 비율 (B/A)	기업 집단	자기 자본 (A)	채무보증액			채무 비율 (B/A)
		제한 (B)	제한 제외	합계				제한 (B)	제한 제외	합계	
현 대	192,859	8,713	4,517	13,230	4.5	현 대		0	901	901	
대 우	168,707	8,200	15,043	23,243	4.9	삼 성		0	0	0	
삼 성	181,513	3,771	2,051	5,822	2.1	엘 지		0	1,617	1,617	
엘 지	115,530	1,333	3,229	4,562	1.2	에스케이		0	1,314	1,314	
에스케이	95,632	858	1,721	2,579	0.9	한 진		0	30,985	30,985	
한 진	20,628	4,330	48,554	52,884	21.0	롯 데		0	-	0	
쌍 용	9,357	7,496	6,749	14,245	80.1	대 우		0	-	0	
한 화	29,894	6,788	465	7,253	22.7	금 호		0	3,560	3,560	
금 호	16,079	3,490	6,939	10,429	21.7	한 화		0	384	384	
롯 데	47,769	2,363	-	2,363	4.9	쌍 용		1,782	5,181	6,963	
동 아	9,346	7,820	10,819	18,639	83.7	한 솔		0	61	61	
한 솔	15,783	2,653	62	2,715	16.8	두 산		0	0	0	
두 산	15,525	1,607	205	1,812	10.4	현대정유		0	-	0	
대 림	12,588	3,374	9,538	12,912	26.8	동 아		5,066	9,650	14,716	
동국제강	13,590	1,701	1,223	2,924	12.5	동국제강		0	1,187	1,187	
동 부	14,407	2,551	265	2,816	17.7	효 성		0	0	0	
한 라	-4,074	4,590	10,306	14,896	-	대 림		0	3,074	3,074	
고합제강	-7,985	343	-	343	-	에쓰-오일		0	-	0	
효 성	13,518	664	22	686	4.9	동 부		0	0	0	
코오롱	11,276	3,509	291	3,800	31.1	코오롱		0	38	38	
동 양	8,763	1,728	28	1,756	19.7	동 양		0	0	0	
진 로	-8,549	2,385	330	2,715	-	고 합		276	-	276	
아 남	479	3,856	239	4,095	805.0	제일제당		486	-	486	
해 태	-6,291	2,733	254	2,987	-	대우전자		0	-	0	
새한아	9,322	2,563	108	2,671	27.5	현대산업개발		368	-	368	
강원산업	5,457	3,142	-	3,142	57.6	아 남		3,316	135	3,451	
대 상	7,577	451	75	526	6.0	새 한		852	68	920	
제일제당	11,271	1,108	-	1,108	9.8	진 로		1,042	54	1,096	
신 호	-4,037	2,103	3,149	5,252	-	신세계업		1,811	-	1,811	
삼 양	7,881	1,601	4	1,605	20.3	영 풍		593	-	593	
1~5대	754,241	22,875	26,562	49,437	3.0	1~5대		0	34,817	34,817	
6~30대	249,571	74,949	99,626	174,575	30.0	6~30대		15,592	23,392	38,984	
전 체	1,003,812	97,824	126,188	224,012	9.7	전 체		15,592	58,209	73,801	

자료: 공정거래위원회, 《대규모기업집단 채무보증 현황》, 각 연도.

<부표 6-1> 박사논문의 주요 참고문헌: 국내

	지은이	문 헌	출판년도	빈 도
1	조동성	한국재벌연구	1990	38
2	사공일, L. P. Jones	경제개발과 정부 및 기업가의 역할 / Government, Business, and Entrepreneurship in Economic Development: The Korean Case	1981	37
3	강철규, 최정표, 장지상	재벌: 성장의 주역인가 탐욕의 화신인가	1991	30
4	김형기	한국의 독점자본과 임노동: 예속독점자본하 임노동의 이론과 현상분석	1988	28
5	이규억, 이성순	기업결합과 경제력집중	1985	26
6	이규억, 이재형	기업집단과 경제력집중	1990	24
7	정구현	한국기업의 성장전략과 경영구조	1987	22
8	이재희	한국의 독점자본 형성에 관한 연구: 제조업 99대기업을 중심으로	1990	21
9	최장집	한국의 노동운동과 국가	1988	18
10	정병휴, 양영식	한국 재벌부문의 경제분석	1992	18
11	서재진	한국의 자본가계급	1991	17
12	송호근	한국의 노동정치와 시장	1991	17
13	박승희	대기업 일관조립 사업장의 노동통제에 관한 사례연구	1988	15
14	박준식	중공업 대기업에서의 노사관계 유형에 관한 비교연구: 철강, 자동차, 조선산업의 세 기업을 중심으로	1991	15
15	조형제	한국자동차산업의 생산방식에 관한 연구: 1980년대 국제분업의 변화를 중심으로	1992	15
16	박덕제, 박기성	한국의 노동조합(Ⅰ, Ⅱ)	1990	14
17	윤창호, 이규억	산업조직론: 경쟁정책과 구조조정의 경제학	1992	14
18	정이환	제조업 내부노동시장의 변화와 노사관계	1992	14
19	박영철, D. C. Cole	한국의 금융발전, 1945~1980	1984	13
20	이경태	산업정책의 이론과 현실	1991	13
21	김정렴	한국경제정책 30년사: 김정렴 회고록	1991	13
22	사공일	경제성장과 경제력집중	1980	12
23	박병윤	재벌과 정치	1982	12
24	배무기	노동경제학	1984	12
25	김영래	한국의 이익집단: 국가조합주의적 시각을 중심으로	1987	12
26	이태로, 이철송	회사법강의	1992	12
27	조용범, 정윤형 외	한국독점자본과 재벌	1984	11
28	정성기	한국의 대·중소기업 노동시장구조와 임금격차: 1970년대 이후 제조업부문의 생산직 노동자 계층을 중심으로	1984	11
29	박상섭	자본주의 국가론: 현대 마르크스주의 정치이론의 전개	1985	11
30	최장집 편	한국자본주의와 국가	1985	11
31	박종철	한국의 산업화 정책과 국가의 역할, 1948~1972: 1공화국과 3공화국의 비교연구	1988	11
32	김석준	한국산업화국가론	1992	11
33	이규억, 박병형	기업결합: 경제적 효과와 규제	1993	11
34	이규억	시장구조와 독과점규제: 한국의 제조업을 중심으로	1977	10
35	김낙중	한국노동운동사	1981	10
36	이대근, 정운영 외	한국자본주의론	1984	10
37	이학종, 정구현 외	한국기업의 구조와 전략	1986	10
38	김중웅	산업발전과 정책금융	1986	10

	지은이	문헌	출판년도	빈도
39	강민, 김석준 외	국가와 공공정책: 한국 국가이론의 재조명	1989	10
40	박준식, 조효래	독점대기업의 노무관리 전략에 대한 연구: 노동운동에 대한 독점 자본의 대응전략을 중심으로	1989	10
41	최기원	신회사법론	1991	10
42	공병호	대기업집단의 선택	1991	10
43	신유근	한국의 경영: ㄱ 현상과 전망	1992	10
44	양원근	대기업집단의 효율성 분석	1992	10
45	최병선	정부규제론 : 규제와 규제완화의 정치경제	1992	10
46	임영일	한국의 산업화와 계급정치	1992	10
47	유승민	우리나라 기업집단의 소유, 경영구조와 정책대응	1992	10
48	정광선	기업경쟁력과 지배구조	1994	10
49	홍성유	한국경제의 자본축적과정	1964	9
50	김만제, Edward S. Mason 외	한국 경제, 사회의 근대화 / The Economic and Social Modernization of the Republic of Korea	1980	9
51	정윤형	경제성장과 독점자본	1981	9
52	경제기획원	개발연대의 경제정책: 경제기획원 20년사	1982	9
53	서관모	현대한국사회의 계급구성과 계급분화: 쁘띠부르조아지의 추세를 중심으로	1984	9
54	박덕제	한국의 연공임금에 관한 연구	1985	9
55	이정복	산업화와 정치체제의 변화	1985	9
56	김금수	한국노동문제의 상황과 인식	1986	9
57	조일흠, 이성규	한국기업그룹의 다각화전략 연구	1987	9
58	김 견	한국의 중화학공업화 과정에서의 국가개입의 양상과 귀결	1988	9
59	한국사회연구소	한국사회노동자연구(Ⅰ, Ⅱ)	1989	9
60	유 훈	정부기업관계론	1989	9
61	정일용	한국 기술도입의 구조적 특성에 관한 연구: 종속적 축적과의 관련성 고찰을 중심으로	1989	9
62	공정거래위원회, 한국개발연구원	공정거래 10년: 경쟁정책의 운용성과와 과제	1991	9
63	최인철	1980년대 부실기업 정리과정에 대한 연구	1991	9
64	임현진, 김병국	노동의 좌절, 배반된 민주화: 국가, 자본, 노동관계의 한국적 현실	1991	9
65	강 민	한국 국가이론의 재조명: 국가정책의 이론적 위상	1991	9
66	이장규	경제는 당신이 대통령이야: 전두환 시대의 경제비사	1991	9
67	홍장표	한국에서의 하청계열화에 관한 연구	1993	9
68	황적인, 권오승	경제법	1981	8
69	이효수	노동시장구조론	1984	8
70	이규억, 이재형, 김주훈	시장과 시장구조: 우리나라의 제조업을 중심으로	1984	8
71	안병만	한국정부론	1985	8
72	김영명	제3세계의 군부통치와 정치경제: 브라질, 한국, 페루, 이집트의 비교연구	1985	8
73	박준식	한국에 있어서 노동조합과 정부의 관계: 민간제조업부문의 경우를 중심으로(1970~1980)	1985	8
74	김견	종속적 발전 사회에서의 국가의 역할 및 성격: 한국의 중화학공업화 과정을 중심으로	1986	8

	지은이	문헌	출판년도	빈도
75	이대근	한국전쟁과 1950년대의 자본축적	1987	8
76	김광모	한국의 산업발전과 중화학공업화 정책	1988	8
77	정동윤	회사법	1989	8
78	정정길	대통령의 정책결정과 전문관료의 역할: 경제정책의 경우를 중심으로	1989	8
79	김호진	한국정치체제론	1990	8
80	이성태	감추어진 독점재벌의 역사	1990	8
81	한국사회연구소	한국경제론: 80년대 한국 자본주의의 구조	1991	8
82	유인학	한국재벌의 해부	1991	8
83	강신일	대규모기업집단에 관한 연구	1991	8
84	강명헌	경제력집중과 한국경제	1991	8
85	김견	1980년대 한국 자본주의와 산업구조 조정: 국가 정책을 중심으로	1991	8
86	최병선	정치경제체제의 전환과 국가능력: 경제자유화와 민주화를 중심으로	1991	8
87	김형기	진보적 노자관계와 진보적 노동조합주의를 위하여: 한국 노자관계의 개혁과 새로운 노동운동의 모색	1992	8
88	사공일	세계 속의 한국경제	1993	8
89	임혁백	시장, 국가, 민주주의: 한국민주화와 정치경제이론	1994	8
90	한국경제연구원	한국의 기업집단: 30대 기업집단의 형성과 성장요인	1995	8
91	소일섭	경제력 집중억제시책과 기업지배구조 개선방안	1996	8
92	김성두	재벌과 빈곤	1965	7
93	유훈	공기업론	1968	7
94	Jones, L. P.	Public Enterprise and Economic Development: The Korean Case	1975	7
95	배무기, 박재윤	한국의 공업노동 연구: 근로자와 기업의 노동, 고용행태 분석	1978	7
96	김대환	1950년대 한국경제의 연구: 공업을 중심으로	1981	7
97	신유근	한국기업의 특성과 과제	1984	7
98	최장집	과대성장국가의 형성과 정치균열의 전개	1985	7
99	황인정	행정과 경제개발	1985	7
100	이성형	국가, 계급 및 자본축적 8.3조치를 중심으로	1985	7
101	박종주	한국 근대화의 국가코포라티즘적 통제: 제3·4공화국을 중심으로	1986	7
102	이병천	전후 한국자본주의 발전의 기초과정	1987	7
103	이중희	한국 자동차 독점기업에서의 노동자 계급의 상태에 관한 사례연구: 노동과정 및 내부구성을 중심으로	1987	7
104	안해균	한국행정체제론: 정치·행정분석의 체계적 접근	1988	7
105	현영석	한국 자동차산업 기술발전에 관한 실증분석: 1962~1986	1988	7
106	안병직	중진자본주의로서의 한국경제	1989	7
107	이규억, 김종석 편	경제규제와 경제정책(Ⅰ, Ⅱ)	1989	7
108	최장집	현대한국정치의 구조와 변화	1989	7
109	홍장표 외	1980년대의 한국자본주의	1989	7
110	이성훈, 김시종, 한성호	한국의 산업정책: 산업구조정책관련자료집	1989	7
111	이영희	극소전자기술혁명과 노동의 변화: 일본 및 서구에서의 논의에 대한 비판적 검토	1990	7
112	이규억	경제력 집중: 기본시각과 정책방향	1990	7
113	손호철	국가자율성, 국가능력, 국가강도, 국가경도: 개념 및 용법에 대한 비판적 고찰	1990	7
114	서울사회과학연구소 경제분과	한국에서의 자본주의의 발전: 시론적 분석	1991	7

	지은이	문헌	출판년도	빈도
115	정갑영	산업조직론	1991	7
116	홍현표	기업집단의 구조, 전략 및 성과에 관한 연구	1991	7
117	조우현	노사관계 개혁론	1992	7
118	박광주	한국권위주의 국가론: 지도자본주의 체제하의 집정관적 신중상주의	1992	7
119	박준식	한국의 대기업 노사관계 연구	1992	7
120	최장집	한국민주주의의 이론	1993	7
121	한국산업사회연구회 편	한국경제의 산업구조조정과 노동자계급	1993	7
122	홍덕률	한국 대자본가의 조직화와 계급 실천에 대한 연구	1993	7
123	이규억, 이철송 외	법경제연구(Ⅰ, Ⅱ)	1995	7
124	송 복	한국사회의 갈등구조	1980	6
125	김의균	중화학공업 투자조정의 내막	1980	6
126	김수곤, 하태현 편	노사관계 사례연구	1982	6
127	이경의	한국경제와 중소기업	1982	6
128	조동성	한국의 종합무역상사(상, 하)	1983	6
129	이재희	자본축적과 국가의 역할	1984	6
130	김대식, 유관영 외	선진국의 산업조정과 정책대응: 미, 독, 영, 일을 중심으로	1985	6
131	박현채	한국자본주의의 전개의 제단계와 그 구조적 특징	1985	6
132	박현채	한국경제구조론	1986	6
133	김광웅	관료와 발전	1986	6
134	이태주	노동과정의 변화와 생산직 노동자계급의 내부분화: 방직, 자동차공장의 비교 사례연구	1986	6
135	서관모	한국사회 계급구성의 연구	1987	6
136	임원택, 변형윤, 조순 외	한국경제의 이해	1987	6
137	이종윤	기업집단의 형성 메카니즘과 평가	1987	6
138	윤창호, 이규억, 이성순	정부와 시장: 우리나라의 산업조직과 구조조정을 중심으로	1987	6
139	김기훈	한국철강 대기업에 있어서의 노동과정의 동태: Q 제철의 사례	1987	6
140	김경동	노사관계의 사회학	1988	6
141	김수행	정치경제학원론	1988	6
142	임웅기	기업소유구조와 자본시장 발전	1988	6
143	조순경, 이용숙	신노동과정과 한국의 자동차산업: 적기생산방식의 가능성 및 한계	1989	6
144	김준	제6공화국의 노동통제 정책	1989	6
145	송호근 편	노동과 불평등: 노동시장의 사회학	1990	6
146	정성진	한국경제에서의 마르크스 비율의 분석	1990	6
147	김양화	1950년대 제조업 대자본의 자본축적에 관한 연구	1990	6
148	김준석	1980년대 자본의 집중에 대한 고찰: 재벌의 계열기업을 중심으로	1990	6
149	배무기	한국의 노사관계와 고용	1991	6
150	공병호	정부주도형 업종전문화 정책의 문제점과 개선방안	1991	6
151	Choi, Byung Sun	Economic Policy Making in Korea: Institutional Analysis of Economic Policy Changes in the 1970s and 1980s	1991	6
152	김형국	반도체 산업구조조정정책과 정부 민간기업관계의 재정립	1991	6
153	이주호	한국의 이중노동시장에 관한 실증분석	1992	6
154	강호진	한국의 경제력집중: 문제점과 과제	1992	6
155	김환석, 이영희, 조형제	기술혁신과 노사관계에 대한 한국, 일본, 스웨덴의 국제비교연구: 자동차산업의 사례분석	1992	6

	지은이	문헌	출판년도	빈도
156	조우현	경제력집중이 임금 및 임금구조에 미치는 영향: 제조업 표본 사업체 사례 연구	1992	6
157	김견	현 단계 산업구조조정의 몇 가지 쟁점들	1992	6
158	이영희	기술체계와 작업조직의 발전유형에 관한 비교연구: 현대, 도요다, 볼보 자동차공장 사례를 중심으로	1993	6
159	홍성걸	발전적 조합주의: 반도체산업에서의 국가 산업관계	1993	6
160	신광영	계급과 노동운동의 사회학	1994	6
161	염재호	국가정책과 신제도주의	1994	6
162	공병호	한국경제의 권력이동	1995	6
163	노중기	국가의 노동통제전략에 관한 연구: 1987~1992	1995	6
164	강명헌	재벌과 한국경제	1996	6
165	김건식	지주회사 규제의 재검토: 일본에서의 개정론을 중심으로	1996	6

〈부표 6-2〉 박사논문의 주요 참고문헌: 외국

	지은이	문헌	출판년도	빈도
1	Evans, Peter, Dietrich Rueschemeyer, & Theda Skocpol, eds.	Bringing the State Back In: Strategies of Analysis in Current Research	1985	22
2	Poulantzas, Nicos	Political Power and social Classes	1973	19
3	Amsden, Alice H.	Asia's Next Giant: South Korea and Late Industrialization / 아시아의 다음 거인	1989	19
4	Williamson, O. E.	Markets and Hierarchies: Analysis and Anti Trust Implication	1975	17
5	Marx, Karl	Capital (Ⅰ, Ⅱ, Ⅲ) / 자본	1867	14
6	Krasner, Stephen O.	Defending the National Interest: Raw Materials Investments and U.S. Foreign Policy	1978	14
7	Miliband, Ralph	The State in Capitalist Society: An Analysis of the Western System of Power	1969	13
8	Jensen, M. C. & W. E. Meckling	Theory of The Firm: Managerial Behavior, Agency Costs and Ownership Structure	1976	13
9	Berle, Adolf A. & Gardiner C. Means	The Modern Corporation and Private Property	1932	12
10	Olson, Mancur Jr.	The Logic of Collective Action: Public Goods and the Theory of Groups	1965	12
11	Braverman, H.	Labour and Monopoly Capital: the Degradation of Work in the Twentieth Century / 노동과 독점자본	1974	12
12	Edwards, Richard	Contested Terrain: The Transformation of the Workplace in the Twentieth Century	1979	12
13	Evans, Peter	Dependent Development: The Alliance of Multinationals, State and Local Capital in Brazil	1979	12
14	Cumings, Bruce	The Origins and Development of the Northeast Asian Political Economy: Industrial Sectors, Product Cycles, and Political Consequences	1987	12
15	Stephan, Alfred	The State and Society: Peru in Comparative Perspective	1978	11
16	Hamilton, Nora	State Autonomy and Dependent Capitalism in Latin America	1981	11

	지은이	문헌	출판년도	빈도
17	Burawoy, M.	The Politics of Production: Factory Regimes Under Capitalism and Socialism	1985	11
18	Williamson, O. E.	The Economic Institutions of Capitalism: Firms, Markets, Relational Contracting	1985	11
19	Milgrom Paul & Roberts John	Economics, Organization, and Management	1992	11
20	Gerschenkron, A.	Economic Backwardness in Historical Perspective	1962	10
21	Doeringer, P. & M. Piore	Internal Labor Market and Manpower Analysis	1971	10
22	O'Connor, James	The Fiscal Crisis of State	1973	10
23	Aglietta, M.	A Theory of Capitalist Regulation: The U. S. Experience / 자본주의 조절이론	1976	10
24	Cardoso, F. H. & Enzo Faletto	Dependency and Development in Latin America	1979	10
25	Zysman, John	Governments, Markets, and Growth: Financial Systems and the Politics of Industrial Change	1983	10
26	Haggard, Stephan M.	The Newly Industrializing Countries in the International System	1986	10
27	Woo, Jung en	Race to the Swift: State and Finance in Korea Industrialization	1991	10
28	Alavi, Hamza	The State in Post Colonial Societies: Pakistan and Bangladesh	1972	9
29	Edwards, Richard C., Michael Reich & David M. Gordon	Labor market segmentation	1975	9
30	Lindblom, C. E.	Politics and Markets: The World Political Economic Systems	1977	9
31	Schmitter, Philippe C.	Still the Century of Corporatism?	1979	9
32	Porter, Michael E.	Competitive Strategy: Techniques for Analyzing Industries and Competitors	1980	9
33	Shepherd, W. G.	The Economics of Industrial Organization / 산업조직론	1986	9
34	Wade, Robert	Governing the Market: Economic Theory and the Role of Government in East Asian Industrialization	1990	9
35	Coase, R. H.	The Nature of the Firm	1937	8
36	Chandler, A. D. Jr.	Strategy and Structure: Chapters in the History of the Industrial Enterprise	1962	8
37	Rumelt, R. P	Strategy, structure and economic performance	1974	8
38	Katzenstein, Peter J. ed.	Between Power and Plenty: Foreign Economic Policies of Advanced Industrial States	1978	8
39	Poulantzas, Nicos	State, Power, Socialism	1978	8
40	Collier, David, ed.	The New Authoritarianism in Latin America	1979	8
41	Cumings, Bruce	The Origins of Korean War: Liberation and the Emergence of Separate Regimes, 1945~1947	1981	8
42	Nordlinger, Eric A.	On the Autonomy of the Democratic State	1981	8
43	Nelson, Richard R. & Sidney G. Winter	An Evolutionary theory of Economic Change	1982	8
44	Thompson, Paul	The Nature of Work: An Introduction to Debates on the Labour Process	1983	8

	지은이	문헌	출판년도	빈도
45	Krasner, Stephen D.	Approaches to the State: Alternative Conceptions and Historical Dynamics	1984	8
46	Alford, Robert R. & Roger Friedland	Powers of Theory: Capitalism, the State, and Democracy	1985	8
47	Lipietz, A.	Mirages et Miracles Problemes de l'industrialisation dans le tiers monde / 기적과 환상	1985	8
48	Hall, Peter	Governing the Economy : The Politics of State Intervention in Britain and France	1986	8
49	O'Donnell, Guillermo & Philippe C. Schmitter	Transition from Authoritarian Rule: Tentative Conclusions about Uncertain Democracies	1986	8
50	Deyo, Frederic C. ed.	The Political Economy of the New Asian Industrialism	1987	8
51	Haggard, Stephan M.	Pathways from the Periphery: the politics of growth in the newly industrializing countries / 주변부로부터의 오솔길	1990	8
52	O'Donnell, Guillermo A.	Modernization and Bureaucratic Authoritarianism: Studies in South American Politics	1973	7
53	Offe, Claus	The Theory of the Capitalist State and the Problem of Policy Formation	1975	7
54	Pfeffer, Jeffery & Gerald R. Salancik	The External Control of Organizations: A Resource Dependence Perspective	1978	7
55	Poulantzas, Nicos	Classes in Contemporary Capitalism	1978	7
56	Schmitter, Philippe C. & G. Lehnbruch eds.	Trends toward Corporatist Intermediation	1979	7
57	Skocpol, Theda	States and Social Revolutions: A Comparative Analysis of France, Russia, and China	1979	7
58	Frobel, Folker & Heinrichs, Jurgen & Kreye, Otto.	The New International Division of Labor	1980	7
59	Hamilton, Nora	The Limits of State Autonomy: Post Revolutionary Mexico	1982	7
60	Jessop, Bob	The Capitalist State: Marxist Theories and Methods / 자본주의와 국가	1982	7
61	Lim, Hyun chin	Dependent Development in Korea: 1963 1979	1982	7
62	Carnoy, M.	The State and Political Theory	1984	7
63	Alford, Robert R. & Roger Friedland	Powers of Theory: Capitalism, the State, and Democracy	1985	7
64	Katzenstein, P. J.	Small State in World Markets: Industrial Policy in Europe	1985	7
65	Rueschemeyer, D. & P. Evans	The State and Economic Transformation : Toward an Analysis of the Conditions underlying Effective Intervention	1985	7
66	Johnson, Chalmers	Political Institutions and Economic Performance: The Government Business Relationship in Japan, South Korea, and Taiwan	1987	7
67	Aoki, Masahiko	Information, Incentives, and Bargaining in the Japanese Economy	1988	7
68	Ikenberry, G. J.	Conclusion: An Institutional Approach to American Foreign Economic Policy	1988	7
69	North, C. Douglass	Institutions, Institutional Change and Economic Performance	1990	7
70	Womack, J. et al.	The Machine that Changed the World / 생산방식의 혁명	1990	7

	지은이	문헌	출판년도	빈도
71	Smith, A.	An Inquiry into the Nature and Cases of the Wealth of Nations	1776	6
72	Baran, P. A. & P. M. Sweesy	Monopoly Capital: An Essay on the American Economic and Social Order / 독점자본	1969	6
73	Poulantzas, Nicos	The Problem of the Capitalist State	1969	6
74	Allison, Graham T.	Essence of Decision: Explaining the Cuban Missile Crisis	1971	6
75	Child, J.	Organization Structure, Environment and Performance: The Role of Strategic Choice	1972	6
76	Badie Bertrand & Pierre Birnbaum	The Sociology of the State	1983	6
77	Demsetz, H.	The Structure of Ownership and The Theory of The Firm	1983	6
78	Fama, E. F. & M. C. Jensen	Separation of Ownership and Control	1983	6
79	Clark, Gordon L. & Michael Dear	State Apparatus: Structures and Language of Legitimacy	1984	6
80	Freeman, Richard B. & James L. Medoff	What Do Unions Do?	1984	6
81	Piore, Michael J. & Charles F. Sabel	The Second Industrial Divide: Possibilities for Prosperity	1984	6
82	Benjamin, Roger & Stephen L Elkin eds.	The Democratic State: Studies in Government and Public Policy	1985	6
83	Demsetz, H. & K. Lehn	The Structure of Corporate Ownership: Cause and Consequences	1985	6
84	Esping Andersen, G	Politics against Markets: The Social Democratic Road to Power	1985	6
85	Jensen, M. C.	Agency Costs of Free Cash Flow, Corporate Finance, and Takeovers	1986	6
86	Fransman, M.	The Market and Beyond: Cooperation and Competition in Information Technology Development in the Japanese System	1989	6
87	Okimoto, Daniel I.	Between MITI and the Market: Japanese Industrial Policy for High Technology	1989	6
88	Porter, Michael E.	The Competitive Advantage of Nations	1990	6
89	Wade, Robert	East Asian Economic Success: Conflicting Perspectives, Partial Insights, Shake Evidence	1992	6
90	Krugman, Paul R.	The Myth of Asia's Miracle	1994	6
91	Hilferding R.	Finance Capital: A Study of the latest Phase of Capitalist Development	1910	5
92	Lenin V. I.	Imperialism: The Highest Stage of Capitalism	1917	5
93	Truman, David B.	The Government Process: Political Interests and Political Opinion	1951	5
94	Dunlop, John T.	Industrial Relations Systems	1958	5
95	Penrose, E. T.	The Theory of the Growth of the Firm	1959	5
96	Cyert, Richard M. & James G. March	A Behavioral Theory of the Firm	1963	5
97	Vernon, Raymond	International Investment and International Trade in the Production Cycle	1966	5
98	Hirschman, Albert O.	Exit, Voice, and Royalty: Responses to Decline in Firms, Organizations, and States	1970	5

	지은이	문헌	출판년도	빈도
99	Cole, David C. & Princeton N. Lyman	Korean Development: The Interplay of Politics and Economics	1971	5
100	Dunca, Robert B.	Characteristics of Organizational Environments and Perceived Environmental Uncertainty	1972	5
101	Lukes, Steven, ed.	Power: A Radical Review	1974	5
102	Wallerstein, Immaneul	The Modern World System Ⅰ, Ⅱ, Ⅲ	1974	5
103	Chandler, A. D. Jr.	The Visible Hand: The Managerial Revolution In American Business	1977	5
104	Holloway, John & Sol Picciotto, eds.	State and Capital: A Marxist Debate	1978	5
105	Wright, Eric O.	Class, Crisis and the State	1978	5
106	Burawoy, M.	Manufacturing Consent: Changes in the Labor Process under Monopoly Capitalism	1979	5
107	Fine B. & L. Harris	Rereading Capital / 현대정치경제학입문	1979	5
108	Williamson, O. E.	Transaction Cost Economics: The Governance of Contractual Relations	1979	5
109	Bourgeois, L. J.	Strategy and Environment: A Conceptual Integration	1980	5
110	Fama, E. F.	Agency Problem and Theory of the Firm	1980	5
111	Therborn, Goran	What Does the Ruling Class Do When It Rules?: State Apparatuses and State Power under Feudalism, Capitalism and Socialism	1980	5
112	Duvall, Raymond D. & John Freeman	The State and the Dependent Capitalism	1981	5
113	Herman, Edward S.	Corporate Control, Corporate Power	1981	5
114	Poole, Michael	Theories of Trade Unionism: A Sociology of Industrial Relations	1981	5
115	Williamson, O. E.	The Economics of Organization: The Transaction Cost Approach	1981	5
116	Balassa, Bela	The Newly Industrializing Countries in the World Economy	1981	5
117	Gordon, D., Edwards R. & Reich, M.	Segmented Work, Divided Workers: The Historical Transformation of Labor in The United States	1982	5
118	Lipetz, A.	Towards Global Fordism?	1982	5
119	Rosenberg, Nathan	Inside the Black Box: Technology and Economics	1982	5
120	Wells, L. T., Jr.	Third World Multinationals: the rise of foreign investment from developing countries	1983	5
121	Ham, Christopher & Michael Hill	The Policy Process in the Modern Capitalist State	1984	5
122	Hamilton, Clive	Class, State and Industrialization in South Korea	1984	5
123	Offe, Claus	Contradictions of the Welfare State	1984	5
124	Kochan, Thomas A., Harry C. Katz & Robert B. McKersie	The Transformation of American Industrial Relations	1986	5
125	Shleifer, A. & R. W. Vishny	Large Shareholder and Corporate Control	1986	5

	지은이	문헌	출판년도	빈도
126	Koo, Hagen	The Interplay of State, Social Class, and World System in East Asian Development: The Case of South Korea and Taiwan	1987	5
127	Kim, Eun Mee	From Dominance to Symbiosis: State and Chaebol in the Korean Economy, 1960~1985	1987	5
128	Dosi, Geovanni et al.	Technical change and economic theory	1988	5
129	Kim, Suk joon	The State, Public Policy and NIC Development	1988	5
130	Wolf, Charles Jr.	Markets or Government: Choosing Between Imperfect Alternatives	1988	5
131	Audretsch, David B.	The Market and the State: Government Policy towards Business in Europe, Japan and the United States	1989	5
132	Jessop, Bob	Putting States in Their Place: State Systems and State Theory	1989	5
133	Valenzuela, J. Samuel	Labor Movements in Transition to Democracy: A Framework for Analysis	1989	5
134	Yoon, Jeong Ro	The State and Private Capital in Korea: The Political Economy of the Semiconductor Industry (1965~1987)	1989	5
135	Amsden, Alice H.	Third World Industrialization: 'Global Fordism' or a New Model?	1990	5
136	Aoki, Masahiko	Toward Economic Model of the Japanese Firm	1990	5
137	Gereffi, Gary & Donald L. Wyman, eds.	Manufacturing Miracles: Paths of Industrialization in Latin America and East Asia	1990	5
138	Przeworski, Adam	Democracy and the Market: Political and Economic Reforms in Eastern Europe and Latin America	1991	5
139	Tyson, Laura D.	Who's Bashing Whom?: Trade Conflict in High Technology Industries	1992	5
140	隅谷三喜男	韓國の經濟 / 한국의 경제	1976	7
141	小山陽一 編	巨大企業體制と勞動者: トヨタ生産方式の研究	1985	7
142	谷浦孝雄	韓國の商人資本について / 해방 후 한국상업자본의 형성과 발전	1977	6
143	服部民夫	한국의 기업경영과 재벌(일본이 본)	1991	6
144	戸塚秀夫 外	勞使關係の轉換と選擇: 日本の自動車工業	1991	5

〈한국의 재벌〉부록CD 차례

제1권 재벌의 사업구조와 경제력 집중

▶ 사업구조.pdf

▶ 30대 계열사 명단.pdf

▶ 그룹별 내부거래 매트릭스.pdf.

제 2 권   재벌의 재무구조와 자금조달

제 3 권　재벌의 소유구조

제4권 재벌의 경영지배구조와 인맥 혼맥

▶ 경영구조_삼성.pdf

▶ 경영구조_LG.pdf

▶ 경영구조_SK.pdf

▶ 경영구조_현대자동차.pdf

▶ 경영진 부표(전체)그룹색인 가능.pdf

▶ 혼인관계인원자료.pdf

▶ 30대 기업집단 가계도.pdf

제 5 권   재벌의 노사관계와 사회적 쟁점

▶ 노사관계.pdf

▶ 한국의 재벌관련 문헌 목록별 정리.pdf

▶ 한국의 재벌정책 일지.pdf

〈한국의 재벌〉

차 례

제 1 권 재벌의 사업구조와 경제력 집중

제 2 권   재벌의 재무구조와 자금조달

제 3 권   재벌의 소유구조

제 4 권 재벌의 경영지배구조와 인맥 혼맥

17. 영풍
18. 대상
19. 태광
20. 대우
21. 동양제철화학
22. 강원산업
23. 삼양
24. 진로
25. 벽산
26. 동아
27. 대한방직·대한전선
28. 한일
29. 해태
30. 태평양
31. 갑을
32. 경방
33. 고합
34. 극동건설

35. 대농
36. 대성
37. 대신
38. 동국무역
39. 삼도
40. 삼미
41. 삼부토건
42. 삼환
43. 신동방
44. 신동아
45. 쌍방울
46. 아남
47. 우성
48. 조양상선
49. 충방
50. 한국유리(한글라스)
51. 한보
52. 한일시멘트

제 5 권   재벌의 노사관계와 사회적 쟁점

458

저 자 약 력

(게재순)

■ 강 신 준

고려대 독문학과 졸업. 동대학원 경제학 석·박사. 독일 프랑크푸르트대학 및 미국 포틀랜드 주립대학 객원교수 역임. 현재 동아대 경제학과 교수. 주요 저서로 《자본론의 세계》, 《노동의 임금교섭》, 《'자본'의 이해》, 《수정주의 연구》 등.

■ 김 성 희

고려대 경제학과 및 동대학원 석·박사. 현재 사단법인 한국비정규노동센터 소장·참여사회연구소 연구위원·상지대 경제학과 겸임교수. 주요 저서로 《노동시간단축의 새로운 쟁점과 적용모델 연구》, 《전자산업 대기업의 작업장체제와 노사관계》, 《한국의 빈곤과 불평등: 한국사회의 민주화와 관련하여》(공저), 《금융산업 비정규노동자 실태와 조직화 방안》(공저), 《성과주의 인사관리제도와 노동조합의 대응》(공저) 등.

■ 허 민 영

부산대 행정학과 및 동대학원 석사. 경성대 경제학 박사. 현재 경성대 디지털경제학과 초빙교수. 주요 논문으로 "재벌기업의 노사관계", "대기업노동조합의 형성과 전개", "현대재벌의 노사관계 연구" 등.

■ 김 상 조

서울대 경제학과 및 동대학원 석·박사. 영국 케임브리지대학 객원교수 및 민주화를 위한 전국교수협의회 총무국장 역임. 현재 한성대 무역학과 교수 및 참여연대 경제개혁센터 소장·공정거래위원회 경쟁정책자문위원회 위원. 주요 논문으로 "재벌개혁: 이해관계 충돌 및 조정의 현실적 고려사항", "비은행 금융기업의 지배구조 개선", "How to Define and Enforce Corporate Governance at the Group Level", "Financial Sector Reform in Korea: A Dilemma between 'Bank-based' and 'Market-based' Systems" 등.

■ 홍 덕 률

서울대 사회학과 및 동대학원 석·박사. 미국 캘리포니아 주립대학 교환교수 역임. 현재 대구대 사회학과 교수·대통령자문 정책기획위원회 위원·사단법인 대구사회연구소 부소장. 주요 논저로 "지방분권: 지역혁신의 현황과 과제", "한국적 보수의 위기: 구조적 요인과 전망", "한국의 메인스트림은 누구인가", 《국가와 기업의 민주화》(공저) 등.

■ 강 병 구

인하대 경제학과 및 동대학원 석사. 미국 뉴욕주립대학 경제학 박사. 현재 인하대 경제학부 교수 및 한국노동교육원 객원교수·고령화 및 미래사회위원회 자문위원. 주요 저서로 《한국경제의 개혁과 갈등》(공저), 《경제개혁의 길: 경제개혁정책의 국제비교》(공저), 《한국5대 재벌백서》(공저), *Building Chaos: An International Comparison of Deregulation in the Construction Industry*(공저) 등.

■ 이 재 희

서울대 경제학과 및 동대학원 석·박사. 미국 매사추세츠주립대학 경제학과 및 프랑스 파리 수리응용경제연구소 객원교수 역임. 현재 경성대 디지털경제학과 교수. 주요 논저로 "출자총액제한제도의 쟁점과 대안", "벤처기업, 재벌, 한국의 산업정책", 《기업민주주의와 기업지배구조》(공저), 《한국재벌개혁론》(공저) 등.